JN022659

詳解
経済連携協定

渡邊頼純【監修】

外務省経済連携協定研究会【編著】

日本経済評論社

『詳解　経済連携協定』発刊に寄せて

　日本外交に経済連携協定（EPA）が登場してから20年、日本は、多くのEPAを締結し、今や世界のGDPの8割をカバーする自由貿易圏が、日本をハブとする形で形成されつつあります。特に、世界で保護主義的な動きや内向き志向が強まる中、各国との難しい調整をリードし、日本が中心となってまとめ上げたTPP11以降、日EU・EPA、私自身が膝詰めの厳しい交渉を行った日米貿易協定、日英EPA、さらにはRCEP協定を矢継ぎ早に締結するなど、自由貿易の旗振り役としてリーダーシップを発揮してきました。

　このように、日本は、「自由で公正な経済圏」の拡大を推進しています。近年のEPAは、TPP11を契機として、3つの点で大きな変化を遂げました。

　第一に、EPAが、二国間協定からマルチの大型協定にシフトし、巨大な「一つの経済圏」を作り出すものになったということです。2002年、私が外務副大臣当時に「日本のFTA戦略」を策定し、東南アジアや中南米の国々などと二国間EPAの交渉・締結を進めてきましたが、その後、グローバル・バリュー・チェーン構築等の流れも踏まえ、TPP11を皮切りに、日EU・EPA、RCEP協定といったマルチの大型協定の締結に重点を移しています。

　第二に、EPAが、単なる貿易の自由化にとどまらず、国際経済の幅広い分野で、高い水準の新たなルール作りを担う重要な存在になったということです。TPP11以降、グローバル経済の変化に対応すべく、日本は、EPAを通じ、物品・サービスの貿易に加えて、投資、知的財産、さらに電子商取引、環境等の新たな分野でのルール作りをリードしてきています。

　第三に、EPAが、経済面だけでなく、戦略的な意義を持つものとなったということです。例えば、TPP11は、人口5億人、GDP10兆ドル、貿易総額5兆ドルを擁するこの地域に21世紀型のハイスタンダードなルールに基づく経済秩序を構築するものです。これによって、共通のルールに基づく巨大な自由経済圏ができることは、地域全体の安定と繁栄に資するもので、日本が提唱する「自由で開かれたインド太平洋」の実現に向けた協力の拡大など、戦略的な意義も大きいと考えます。

　本書は、2007年4月に刊行された『解説 FTA・EPA交渉』を全面的に改訂し、渡邊頼純慶應義塾大学名誉教授の御指導の下、単にEPAの条文の内容解説にとど

まらず、実際の交渉の流れや政策的な観点も含めて、最新の EPA についてより多くの方に知見を深めていただくべく、外務省の有志が執筆したものです。

私は、本書が 3 人の「読者」に届くことを期待しています。1 人目は、様々な分野、業種で国際的なビジネスに実際に携わっている方。せっかく締結した EPA も、利用されなければ、「宝の持ち腐れ」です。このため、本書は、特に EPA を貿易実務のツールとして活用するための方法について解説しています。

2 人目は、国際経済学、国際経済法等を研究、学習されている方。こうした方の分析、政策議論にも資するよう、TPP や日 EU・EPA を主な素材として、新たな分野を含め、EPA の多岐にわたる条文の内容について解説しています。

3 人目は、経済外交や実際の国際交渉に携わっている、または携わってみたいと考えている方。こうした方に向けて、日本の EPA 政策の変遷に加えて、実際の EPA 交渉の流れも含めて、解説しています。通商交渉以外の国際交渉やビジネス交渉でも、参考にしていただける部分があると考えています。

折しも、2020 年以降続く新型コロナ危機を受けて、サプライチェーンの多角化・強靱化、デジタル分野のルール作りなど、自由で公正な経済秩序を維持・強化する必要性がますます高まっています。その中で、EPA の果たすべき役割は更に大きくなってきており、日本としても、各種協定をまとめ上げてきた知見を活かしつつ、引き続きリーダーシップを発揮していく考えです。

本書を通じて、EPA の最新の姿についての理解が深まり、それによって EPA の利用が一層促進され、日本の経済成長につながるとともに、今後の日本の経済外交に関する議論にも資することを期待してやみません。

2021 年 11 月

元外務大臣

茂木　敏充

目次

プロローグ
－不確実性の時代を乗り切るためのビジネス・ツール

I. 本書の狙い

　外務省経済局の経済連携協定（EPA）交渉チームが『解説　FTA・EPA 交渉』を刊行してから早や 14 年の月日が経った。当時、日本は EU（欧州連合）、アメリカは言うに及ばず、隣国韓国にも FTA 締結では遅れをとっていた。その日本が今や 16 件に及ぶ二国間の EPA のみならず、いわゆる「メガ EPA」と呼ばれるスケールの大きい地域間経済連携を合意に導いてきた。それらは、「環太平洋パートナーシップに関する包括的及び先進的な協定」（TPP11、2018 年 12 月発効）、「日EU・EPA」（2019 年 2 月発効）、「地域的な包括的経済連携協定」（RCEP 協定、2020年 11 月署名）であり、いずれも日本が積極的に交渉をリードして合意に至った多国間条約である。それぞれ世界の国内総生産（GDP）の 14 パーセントから 30 パーセントを占める国々から成立しており、世界貿易に対する比率でも大きな重要性をもつ自由貿易圏を構成している。日本はこのように多くの二国間 EPA と複数のメガEPA で重層的に積みあがってきた自由貿易ネットワークの要に位置している。

　前掲書では、それまでの GATT・WTO の多国間主義にのみ則った貿易の自由化政策から EPA/FTA も取り入れたハイブリッド・アプローチによる貿易の自由化政策に日本が舵を切ったことを背景に、初期の EPA についてそれぞれの交渉経緯から条文の解説、交渉にまつわるエピソードなどを紹介し解説した。具体的には、シンガポール（2002 年 11 月発効）、メキシコ（2005 年 4 月発効）、マレーシア（2006年 7 月発効）、タイ（2007 年 11 月発効）、フィリピン（2008 年 12 月発効）との EPAを取り上げている。

　14 年後の本書は、前述の EPA 以降の二国間 EPA とメガ EPA における、代表的な規律の内容、規律の進展及びその背景を詳細に解説することに主眼を置いている。読者の皆様には前掲書から本書に至る日本の経済外交の歩みをじっくりご確認頂きたい。そこには過去の経緯や流れを踏まえつつも、時代の要請に従って交渉内容が変化してきたこと、また新たに論点として付け加えられた事項などが読者の知的関心を引くことになろう。

　前掲書との違いや発展の系譜が垣間見える一方で、本書の著者たちが一貫して追

い求めてきたことは、日本の EPA が「ビジネスのツール」であり、日本経済を支える民間のステークホルダーに「安定性」と「予見性」を提供する法的枠組みであるとの認識である。そこには本書が前掲書同様、国際ビジネスを進めて行く上での「マニュアル」としてビジネス関係者に受け入れてもらいたいとの思いがある。

2. ふたつの「離脱」に揺れた国際通商体制

　近年日本が EPA を積極的に展開してきた一方で、2017 年以降の国際通商体制は大きな挑戦を受けることになる。そこには 2016 年のアメリカの大統領選挙と英国における EU からの離脱を巡る国民投票の結果を受けての「二つの離脱」が影を落としている。

　2017 年に登場したドナルド・トランプ前米国大統領は、自らの「公約実現第 1 弾」として就任直後に TPP からの「離脱」を大統領令で指示した。オバマ政権時代には、21 世紀の貿易・投資分野における「ゴールデン・スタンダード」（ヒラリー・クリントン元国務長官）と目され、アメリカのリーダーシップのもとに日本も含めた 12 か国で 2015 年 10 月に合意されていたアジア太平洋地域の自由貿易圏構想はこうして大きく後退することになる。この地域における貿易・投資の自由化に向けてのモメンタムは大きく後退した。

　さらにトランプ政権はアメリカの貿易赤字削減を目的として、中国をはじめとする主要貿易相手国に対し一方的な形での関税賦課に踏み切った。鉄鋼とアルミニウムに対するそれぞれ 25 パーセントと 10 パーセントの追加関税をかけたのである。対象国には EU や日本などの同盟国や北米自由貿易協定（NAFTA）のパートナーであるメキシコも含まれていた。このような一方的措置は WTO 違反に該当し得るが、トランプ前大統領は WTO そのものについても意義を認めておらず、結果的に WTO ルールを無視する結果となった。

　トランプ前大統領は NAFTA についても米国にとって「悪い協定」と決めつけ、メキシコとカナダに制裁の可能性を振りかざして NAFTA に代わる新たな協定「米国・メキシコ・カナダ貿易協定」（USMCA）を交渉させた。この新しい協定からは Free の「F」の文字が消え、メキシコとカナダからの自動車輸入についてそれぞれ 260 万台を上限とするといった例に見られるように自由貿易というよりは管理貿易に傾斜した貿易取極めとなってしまった。

　そして中国に対しては、2018 年 7 月以降トランプ前大統領は累次の追加関税の賦課を繰り返し、中国もこれに反発して報復措置を対米輸入に対して追加関税の賦課という形で行ったため、世界経済は先行きの見えない「制裁・報復合戦」の様相を呈することとなった。そこに 5G 以降を見据えたインフォメーション・テクノロジー（IT）分野における覇権争いが絡み、米中関係はさらに緊張の度合いを高めて

いる。アメリカの政権が共和党のトランプ前大統領から民主党のバイデン大統領に交代した今日も米中関係の対立構造は変わっていない。

　もう一つの「離脱」は英国の EU からの脱退である。2016 年 6 月の国民投票の結果は、大方の予想に反して EU 残留勢力の敗北に終わる。その後 EU と英国の間でいわゆる「離脱協定」をめぐる交渉が開始され、2020 年 1 月末をもって英国は正式に EU から離脱した。その後英国と EU は FTA を含む協定についても何とか合意に漕ぎつけたが、アイルランドとの国境問題や漁業など難題の再燃が懸念されている。

　英国の EU 離脱、いわゆる「ブレグジット」(Brexit) には二つの歴史的含蓄 (historical implications) がある。一つは、「国家主権」がグローバル化の進んだ 21 世紀の今日においても依然として一定の重みをもっているということが実証されたという点である。難民の流入や外国人労働者の増加といった要素が英国内の不安を増長し、ナショナリズムを刺激したという事情も背景として重要であるが、統合市場のメリットより「自国によるルール形成」を優先する英国民の方が僅少差ながら多かったという事実は熟慮に値する。

　もう一つの歴史的含蓄は第二次世界大戦後の国際貿易体制の展開の中で、これまで比較的順調に「深化と拡大」を進めてきた EU が初めてその根幹である関税同盟の加盟国を失い、その統合プロセスを逆進させる結果になったという点である。そもそも EU は全体として自由貿易主義にコミットしているが、その中でも英国の果たしてきた役割は大きかった。

　景気後退局面で内向き志向を強めがちなフランスやイタリア等に対して自由貿易の筋を通してきたのは英国であった。そしてその英国に日本が助けられた局面もあった。一例をあげるとすれば、1980 年代後半にサッチャー首相（当時）の勧めもあって英国に進出した日本の自動車メーカーが現地で製造した日本車について、フランスやイタリアがその当時まだ存在した対日数量規制の枠内に入れるよう欧州委員会に働きかけた時に毅然と反対したのは英国と欧州委員会であった。また、日 EUEPA についても、日本との交渉入りに消極的だった EU 加盟国の中で真っ先に日本との交渉開始を支持したのも英国であった。このように、欧州統合が進む中で域外に対して「開かれた統合市場」を維持する上で大きな役割を果たしてきた英国が EU を離脱したことは国際貿易体制全体にとっても新たな試練となるかもしれない。

3. 不確実性時代の日本の EPA 戦略

　第二次世界大戦後の国際経済体制はブレトンウッズ会議で設立された国際通貨基金 (IMF) と世界銀行、さらには関税及び貿易に関する一般協定 (GATT) そして

その後継機関としてのWTOを軸にニクソン・ショックや石油ショック、さらにはリーマン・ショックなどの危機を曲がりなりにも乗り越えてきた。

　しかし、今世界が直面している危機はこれまでのものとは質的に異なるもののように思われる。それは中国という政治体制とイデオロギーが大きく異なる国がこれまでの秩序形成の主役であった米国に多方面でチャレンジしているという事実が背景にあるからだ。日本も1970年代後半から1990年代前半にかけて米国とのあいだで「日米貿易摩擦」で激しく衝突した。しかし、日本と米国は日米安全保障条約のもとでは同盟国であり、民主主義や市場経済主義といった根本的な価値観は共有していた。この点で中国とは大きく異なる。米中の貿易摩擦に見られる「目には目を」的な報復手段を日本はとったことがなかった。日本は「輸出の自主規制」という形で米国の対日輸入制限を回避しながら問題を平和的に解決する道を模索した。

　米中両国がいわば「力による問題解決」（power-oriented solutions）を模索し、双方が共に袋小路に入り込んでしまい、身動きできないような状況にあって、日本はどのような外交政策を展開するべきなのだろうか？　日本にとって「アメリカか、それとも中国か」という二者択一が求められるような状況は最も避けなければならない。そこで日本の外交、とりわけ経済外交に出番があるように思われる。

　日本はアメリカが離脱した後のTPP11を何とか妥結に導き、自由貿易陣営の最大のパートナーであるEUとEPAを発効させ、中国を含む東アジア諸国とRCEPを署名にまで導いた。物品貿易に限定しているとはいえ日米貿易協定を締結し、EUから離脱した英国とのEPAも発効、さらにその英国のTPP11参加を積極的に後押ししている。

　このように日本は今やEPA等を軸に「ルールに基づいた問題解決」を目指す自由貿易のリーダーになりつつあるように見える。

　本書では、ここにあげたメガEPAや二国間のEPAでルール志向の国際経済秩序構築を目指す日本が各国と合意した貿易・投資のルールとルール形成能力を読者の皆様にご紹介したいと念じている次第である。

渡邊　頼純

本書の目的

　日本は、21世紀に入り、日・シンガポール EPA をその嚆矢として、経済連携協定（EPA/FTA）交渉を推進してきた。本書の前身となる『解説 FTA・EPA 交渉』が発刊された 2007 年以降、多国間の経済連携協定である「環太平洋パートナーシップに関する包括的及び先進的な協定（TPP11）」、「日 EU 経済連携協定（日 EU・EPA）」が発効した。また、昨年 11 月には、「地域的な包括的経済連携（RCEP）協定」が署名され、第 204 回国会（常会）において承認された。日本の貿易総額に占める署名・発効済み経済連携協定のカバー率は約 8 割となった。こうした、経済連携協定交渉をめぐる近年の進展を踏まえ、今般、『詳解 経済連携協定』を新たに発刊することとした。なお、本書は、好評を得た『解説　FTA・EPA 交渉』の改訂版という位置付けではあるが、渡邊頼純教授の監修の下、新たな執筆者により、大部分を書き下ろしている。

　経済連携協定を正確に理解するためには、条文、譲許表、留保表等と格闘していただくほかない。他方、協定によっては数千ページに及ぶ協定の最初から最後まで読まなければ、既に 20 に及ぶ日本が締結した経済連携協定を使いこなせないわけでもない。そこで、本書は、読者の皆様に、御自身の御関心に照らし、どの章を実際に読み込めばよいのかを把握していただく観点から、経済連携協定のどの章にどういう内容の規律がなされているのかを効率良く把握していただくための手引書となることを目指している。

　具体的には、第 I 部では、まず、経済連携協定全体を理解するために必要な基本的事項を解説する。その上で、第 II 部では、経済連携協定において最も関心が高いと思われる物品貿易の市場アクセスについて、HS コードの特定、関税率の調べ方、原産地証明のための手続等に関する基本的事項を解説する。第 III 部では、近年の経済連携協定において重要度が増している「ルール」分野についての基本的事項（主要な条文についての解説を含む）を解説する。第 IV 部では、経済連携協定をより深く理解していただく観点から、経済連携協定交渉の一般的な流れを時系列に沿って解説する。また、同様の観点から、本書では随所にコラムを掲載している。

　本書は、外務省が擁する各分野の専門家が、実際に交渉に携わった経験も踏まえ、個人の立場で執筆したものである。したがって、本書に述べられた見解は、必ずし

も外務省の公式見解ではない可能性がある点、御了解いただければ幸いである。

　最後に、この場を借りて、監修を引き受けてくださった渡邊頼純教授、本企画を発案してくれた永森沢吾前外務省経済局経済連携課首席事務官及び林位宜前同課課長補佐、出版のための各種調整・とりまとめを担当してくれた上野裕大同投資政策室長、同経済連携課の中原尚子さん、寺戸宏嗣さん、豊富な交渉経験と知見で各執筆者をサポートしてくれた松本曜一・同官民連携室長ほか本書の執筆・編集・校閲に携わった皆さんに感謝したい。そして、企画から出版に至るまで適切なアドバイスを与え、支えてくださった日本経済評論社の柿崎均社長、清達二さん、梶原千恵さんに心からの謝意を表する次第である。

2021 年 11 月

在タイ・日本国大使館公使
（前 外務省経済局経済連携課長）
田坂　拓郎

I

日本の EPA/FTA 政策

1

日本による EPA/FTA 交渉開始の背景

　日本は 2021 年までに 24 ヵ国・地域との間で 20 の EPA を署名・発効済みである。

　日本が EPA/FTA 交渉を開始したのは、2001 年 1 月にシンガポールとの交渉を開始したのが最初である。それまで日本は、貿易自由化については関税と貿易に関する一般協定（GATT）・世界貿易機関（WTO）で多角的に議論すべしとの立場で、EPA/FTA には慎重な立場をとっていた。

　WTO 重視の姿勢は現在でも不変であるが、日本が従来の立場を転換して、EPA/FTA 交渉を始めた背景には、1990 年代後半に生じたいくつかの変化があった。第一に、世界において FTA が急増したことが挙げられる。1994 年に米国、カナダ、及びメキシコが 北米自由貿易協定（NAFTA）を発効させた前後から、世界中で FTA の締結が急増した。1994 年までに WTO に通報された発効済み地域貿易協定（RTA）は 39 件であったが、2021 年までの間に 349 件に増加した [1]。こうした FTA 急増の要因は多岐にわたるが、その一つは、コンセンサス方式で意思決定を行う WTO では、加盟国の増加に伴い、意思決定に従来以上に時間を要するようになったことであったと思われる。この傾向は 1999 年 11 月、シアトルでの WTO 閣僚会議が失敗した後、一層顕著になった。

　第二に、日本企業の海外進出が進み、関税の削減や統一的なルールの構築を通じた地域的なサプライチェーンの効率化の重要性が認識されることになったことである。特に、多くの日本企業が進出し、経済的な関係が急速に深まりつつあった

　1）出典：WTO ウェブサイト（2021 年 5 月時点）。

ASEAN 諸国と EPA/FTA を結ぼうという機運が高まった。ここには、成長著しいこれらの国々と経済上の結びつきを深めることで、停滞していた日本経済を再活性化しようという意図もあった。

　第三に、世界中で FTA が結ばれていく中、日本が FTA を結んでいないことによる不利益が認識されるようになった。典型的な例は、2002 年 11 月に開始したメキシコとの交渉である。メキシコと FTA を有している米国や EU は、メキシコへ無税で産品を輸出できるが、日本からメキシコへ輸出する産品には関税がかかっていたため、日本からの輸出は不利な状況にあった。メキシコと EPA/FTA を結ぶことにより、こうした不利益を解消することが期待された。

　こうして、日本は、まずは ASEAN の中でも貿易自由化の面で先進的な経済を有しているシンガポールと、2001 年に交渉を開始した。その後、2000 年代にカンボジア、ラオス、ミャンマーを除く ASEAN 各国と二国間 EPA を締結し、2008 年には ASEAN 全体との間でも、日・ASEAN 包括的経済連携協定を締結した。その他にも、2000 年代には上記のメキシコや、既に多くの国と FTA を締結していたチリとの EPA に加え、欧州との初めての EPA である日・スイス EPA を締結した。さらに、2010 年代に入ってからは、高い成長率とアジア第 3 位の経済規模を有するインド、中南米において安定した自由主義経済政策を有するペルー、主要貿易相手国の一つであり、特にエネルギー・鉱物資源の重要な供給国でもあるオーストラリア、豊富な鉱物資源・潜在力を有し、地政学的にも重要なモンゴルとの間で二国間 EPA を締結した。

2

近年の EPA/FTA 交渉の取組
―TPP、日 EU・EPA、日英 EPA、RCEP―

上述のとおり、90 年代以降、日本企業はアジアへ生産拠点を移し、日系の現地法人を中心としたサプライチェーンを構築し、主に東アジア域内の高度なサプライチェーンによって生産した製品を欧米諸国等へ輸出してきた。特に 2000 年代の後半に入り、日本の対外直接投資残高は米国・欧州・アジアにおいて飛躍的に増加し、2018 年には 2005 年の約 4 倍[1]となっている。

日本のこれまでの経済発展は自由貿易体制の賜物であり、同体制を維持・発展させ、他国の成長力を取り込んでいくことにより、今後の持続的成長にもつながる。近年、世界的に保護主義的な動きが高まりつつあるが、そのような中にあって、日本は自由で公正なルールに基づく経済秩序を世界へと広げるため、主導的な役割を果たしてきている。特に、2018 年 12 月の「環太平洋パートナーシップに関する包括的及び先進的な協定（TPP11[2]）」及び 2019 年 2 月の日 EU・EPA の発効は、こうした日本の意思を広く世界に示すこととなった。

日本は 2013 年 3 月に環太平洋パートナーシップ（TPP）への交渉参加を表明し、同年 7 月から正式に交渉に参加した。2015 年 10 月には大筋合意に至り、2016 年 2 月にアジア太平洋地域の 12 ヵ国による環太平洋パートナーシップ協定（TPP12）が

---

1) JETRO「日本の直接投資（残高）」を参考とした数値。
2) 本書では、「環太平洋パートナーシップ協定」及び「環太平洋パートナーシップに関する包括的及び先進的な協定」に共通する事項について言及している場合は TPP、両者を区別する必要がある場合は、前者には TPP12、後者には TPP11 との略称を用いる。

署名された。日本は、国会承認を経て、2017年1月にTPP12発効のための国内手続完了をニュージーランドに通報し、TPP12を締結した。米国は2017年1月のトランプ新政権発足後、TPPから離脱したが、その後日本が将来の米国復帰の可能性にも配慮しつつ、残る11ヵ国によるTPPの早期発効を目指して議論を主導した結果、例外的に一部の条文を「凍結」することで、11ヵ国でTPPを締結することに合意し、2018年3月、TPP11が署名された。TPP11は2018年12月に発効し、2021年9月現在、日本、オーストラリア、カナダ、メキシコ、ニュージーランド、シンガポール、ベトナム及びペルーの8ヵ国が締約国となっている。

　EUとの間では、2013年4月、日EU・EPAの交渉が開始され、2017年7月に大枠合意に至り、2018年7月に署名された。日EU・EPAは2019年2月に発効している（日EU・EPAの交渉経緯の詳細については、本書籍の第IV部3章を参照いただきたい）。

　TPP11は、人口約5億人、GDP約10兆ドル、貿易総額約5兆ドル、また日EU・EPAは人口約6億人、GDP約22兆ドル、貿易総額約10兆ドルの巨大な経済圏を生み出した。政府の行った経済効果分析によれば、TPP11は実質GDPを約1.5％押し上げ、雇用を約0.7％増加させ[3]、日EU・EPAはGDPを約1％押し上げ、雇用を約0.5％増加させることが見込まれている[4]。これらの協定の発効を受けて、一部の品目では輸出や輸入が増加してきており、既に協定の効果が表れ始めている。また、これらの協定では物品貿易の関税撤廃・引下げのみならず、サービスの貿易及び投資の自由化・円滑化を進めるとともに、知的財産、電子商取引、国有企業、環境・労働等、幅広い分野において、従来のEPAには見られない21世紀型の先進的なルールを規定している（詳細は第III部を参照いただきたい）。

　2020年には、英国のEU離脱を受け、日本は6月に英国との交渉を開始し、10月には日EU・EPAに代わる新たな貿易・投資の枠組みとして、日英EPAに署名した。同協定は、EUを離脱した英国が他国と初めて締結した本格的なEPAであり、日EU・EPAの成果を踏まえつつ、電子商取引、金融サービス等一部の分野において先進的なルールを新設するものとなっている。通常EPA交渉が数年以上かけて行われる中、迅速に署名・発効に至ったことにより、日EU・EPAの下で日本が得ていた利益を継続し、日系企業のビジネスの継続性を確保することが可能となるとともに、自由貿易を推進する日本の力強いメッセージが世界に発信されることとなった。

　さらに、同年（2020年）には、「地域的な包括的経済連携（RCEP）協定」が、11

3）内閣官房TPP等政府対策本部による2015年の試算。
4）内閣官房TPP等政府対策本部による2017年の試算。

月の ASEAN 関連首脳会議の機会に署名された。RCEP 協定は、2013 年 5 月に ASEAN、日本、中国、韓国、オーストラリア、ニュージーランド及びインドの 16 ヵ国により交渉を開始し、物品貿易に加え、サービス貿易、投資、知的財産、電子商取引等の幅広い分野で、統一的なルールを整備した。交渉参加国であったインドは署名を行わなかったが、RCEP 協定は発効後すぐにインドによる加入のために開放されると規定されており、インドが希望すれば、いつでもインドの加入交渉が開始されることになる。

　RCEP 協定は、参加 15 ヵ国の GDP の合計、参加国の貿易総額、人口がいずれも世界全体の約 3 割を占めるのみならず、日本にとって、第 1 位及び第 3 位[5] の貿易相手国である中国及び韓国との間で初めての経済連携協定となる。経済の発展段階等が大きく異なる国々による交渉であり、困難な交渉となったが、日本はこれまでの交渉経験を活かし、議論を主導した。RCEP 協定の発効により、日本と世界の成長センターであるこの地域とのつながりがこれまで以上に強固となるとともに、地域のサプライチェーンがより効率的なものになり、日本の貿易・投資に大きなメリットをもたらすことが期待されている。

---

5) 財務省貿易統計による 2019 年の数値。

3

締結済み EPA の見直し交渉

　締結から長い期間が経過した協定について、経済関係や技術の変化・発展等に鑑み、新たな分野や双方関心分野の自由化拡大等を含む見直し交渉が行われることがある。EPA の規定上、発効後 5 年目など、一定期間を経過した後に「一般的な見直し」を行うことが予定されている場合も多い。日本が最初に EPA 交渉を開始したのは 2001 年であり、既に発効後長い期間が経過した協定も多く、見直し交渉及び改正がなされたものもある。例えば、2002 年に発効した日・シンガポール EPAについては 2007 年に改正議定書が発効し、物品貿易や金融サービスの自由化拡大等が行われた。また、2005 年に発効した日・メキシコ EPA については 2007 年及び 2012 年に改正議定書が発効し、物品貿易の自由化拡大等がなされた。さらに、2008 年に発効した日・ASEAN 包括的経済連携協定は、2020 年 8 月に日本を含む一部の締約国間で第一改正議定書が発効し、サービスの貿易、人の移動、投資に関するルールや約束が追加された。現在は日・インドネシア EPA 等で見直し交渉を実施中である。

4

今後の展望

　2020年以降の新型コロナウイルス感染症の世界的拡大により、人や物の行き来が寸断され、世界経済は大きなダメージを受けるとともに、人々の生活様式は大きく変化した。医療関連製品を中心に輸出制限・禁輸措置も各国において多数導入された。同感染症の影響を受け、アフリカ大陸自由貿易圏（AfCFTA）の運用開始も2021年に延期されるなど、自由貿易体制の拡大にも大きな障害となっている。他方、このような中にあっても、平和と繁栄の不可欠な基礎として、自由で公正な経済圏の拡大を追求する日本の姿勢は不変である。成長戦略フォローアップ2020においても、日本が「世界経済が甚大な影響を受けている中にあっても、保護主義に陥ることなく、経済連携交渉等に取り組むことにより、ルールに基づく自由で公正な経済秩序の構築を引き続き目指し、世界経済の持続的成長につなげる」ことが掲げられている。そうした方針のもと、対面交渉が困難となる中でも、オンライン方式の会合も活用して交渉を進め、2020年の間に日英EPAとRCEP協定という非常に重要な二つの協定の署名に至ったことは、世界に対し、日本が自由貿易体制を更に推進していくとのメッセージとなったといえる。これらの協定を含むEPA/FTAが、今後の経済回復において重要な役割を果たすことが期待される。

　また、企業の活動がグローバル化する中、貿易・投資活動においても、進出先の外国における環境や労働等、社会問題に対応する必要性が高まっている。また人々の生活や企業活動ではさらにデジタル化が進み、デジタル分野のさらなる成長が見込まれている。TPPや日EU・EPAではこうした環境・労働や電子商取引分野で先進的なルールが規定されたが、今後も変化する状況に対応し、EPAによるルー

ル作りに取り組んでいく必要がある。

　成長戦略フォローアップ 2020 にあるとおり、自由で開かれた国際経済システム
を強化するために引き続き EPA を通じて貿易自由化を推進していくには、日・ト
ルコ EPA など交渉中の EPA/FTA 交渉を迅速に進めることに加え、TPP11 の着
実な実施及び拡大について議論を進めていくことが課題である。また、RCEP 協定
についてもその早期の発効、そして着実な履行の確保に務めていく必要がある。さ
らには、第 II 部で解説するとおり、国内では締結した EPA の活用をさらに促進し、
中小企業を含め日本企業の海外展開を支援していくことが重要である。

5

EPA/FTA とは何か

1. EPA/FTA とは

ここまで、EPA と FTA を併記して解説してきたが、EPA と FTA の違いは何であろうか。新聞等では、FTA（自由貿易協定）という名称と EPA（経済連携協定）という名称が共に用いられている。

FTA とは、一般的には、特定の国や地域との間で、物品の輸出入の際にかかる関税や数量規制、サービス貿易に対する規制などを取り払うことにより、物品やサービスの貿易を自由にすることを目的とした協定のことである。物品貿易にかかる関税を撤廃又は引き下げることにより、両国間の貿易が活発化し、経済が刺激される。サービス貿易の自由化についても同様の効果が期待される。

日本が推進している EPA は、①このような FTA で規定される貿易自由化の要素に加え、②投資、人の移動、知的財産の保護や競争政策、電子商取引におけるルール作り、③ビジネス環境整備や産業競争力強化、規制協力など様々な分野での協力の要素などを含んでおり、幅広い分野において経済上の連携を推進する協定となっている。物品やサービスの貿易を相互に自由化することに加えて、幅広い分野でのルール作りや協力を進めることで、日本企業が進出先でビジネスを進める上での望ましい環境が醸成される。近年世界で締結されている FTA の中には、日本の EPA 同様、幅広い分野のルールを含むものも見受けられる。

図Ⅰ5-1　経済連携協定（EPA）、自由貿易協定（FTA）とは

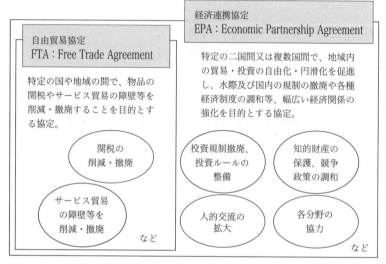

出典：外務省作成資料

2.　WTO との関係

　WTO の前身である GATT は、1948 年の発効から今日に至るまで、通商の世界における原則的なルールとなっている。その第 1 条が「最恵国待遇」や「無差別原則」と呼ばれている原則である。これは、貿易に関してある国を他の国と比べて差別してはいけない、すべての国に対して同じ待遇を与えなさいということである。

　ところが EPA/FTA を結んだ場合、特定国の間でのみ貿易の自由化を図るため、結果として相手によって課する関税が異なってくる。これは、参加国以外は優遇しない、という点において、先ほどの「無差別原則」と一見矛盾するように見える。

　GATT はこの問題に対する答えを「例外」という形で用意している。GATT 第24 条において、二国間や地域的な貿易取り決めは、「実質上すべての貿易」をカバーすることが求められている。すなわち、特定の産品のみについて関税を撤廃するような「つまみ食い」の取り決めは、国際貿易を歪曲するので良くないが、「実質上すべての貿易」について関税を撤廃するような取り決めであれば、世界的な貿易の自由化に繋がるものなので、GATT 上も許容されるということである。したがって、EPA/FTA の交渉に際しては、「実質上すべての貿易」につき関税撤廃す

ることが目標になる。もちろん、各国にとっては、関税の撤廃が容易ではない品目も存在する。そこで、上記の GATT 第 24 条の要請を達成するために、ほぼ全ての物品を最終的な関税撤廃の対象としつつも、特定の物品の関税率については、段階的に引き下げることを規定する EPA/FTA も多い。なお、どの程度の物品を対象とすれば「実質上すべての貿易」に当たるのか、あるいは、どの程度の期間内に関税を撤廃することが求められるかについては、様々な議論があるが、WTO 加盟国の間でも明確な合意はない。

　なお、EPA/FTA は、WTO に比べて「深掘り」と「拡張」ができることも特徴である。「深掘り」とは、相手国・地域との経済の実態についてよく考え、貿易の自由化やルール作りにおいて、WTO より質の高い約束をするということである。「拡張」とは、EPA/FTA を通じて、WTO 関連協定に含まれていない分野（競争政策等）においてもルール作りを進めることができるということである。

II

EPA/FTA の活用

1

EPA/FTA の活用状況と課題

1. EPA の活用状況

　第Ⅰ部で述べたとおり、EPA は幅広い分野を扱っているが、「EPA の活用」と言った時に最初に思い浮かべ、また関心が高いのは、EPA のもとでの特恵税率を適用した物品の輸出入ではないだろうか。ここでは物品の貿易における EPA の活用状況について取り上げる。

　物品の貿易における EPA の活用状況を調べるには、民間事業者の動きを見ることが必要であり、その全てを正確に把握することは難しいが、①財務省税関が公表している貿易統計（経済連携協定別時系列表）、②原産地証明書の発給件数、③日本の EPA 締約相手国への輸出を行う企業のうち EPA を利用している企業の比率などから活用状況を推定することはできる。

　「経済連携協定別時系列表」は毎月公表されているが、これは、EPA 締約国から日本へ EPA 特恵税率を適用して輸入した物品について、国別・EPA 別の輸入量・金額を整理した輸入統計である。これにより、日本との間に複数の EPA が存在する締約国であっても、ある物品についてどの EPA を利用して輸入しているかを把握することができる。

　日本における原産地証明書の発給件数については経済産業省がデータを公表している。原産地証明について詳しくは第Ⅲ部 2 章Ⅲ節を参照していただきたいが、EPA 特恵税率の適用対象となる「原産品」であることを証明する方法は大別して 3 つあり、その 1 つである第三者証明は、政府機関又は政府機関に指定された代理

機関が原産地証明書を発給する方式である。この第三者証明に基づく原産地証明書の発給件数をEPA別に整理したデータが公表されており、それによると発給件数の総数は、2005年は4,874件であったが、2010年には101,091件、2019年には295,489件と増加している。EPA別に見ると、2019年の発給件数上位3位は、日・タイEPA、日・インドEPA、日・インドネシアEPAとなっている。

図Ⅱ 1-1　日本における第一種特定原産地証明書の年間発給件数

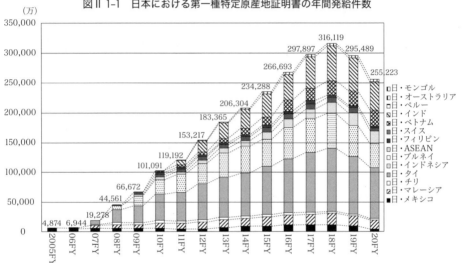

出典：経済産業省ウェブサイト

　日本のEPA締約相手国への輸出を行う企業のうちEPAを利用している企業の比率については、日本貿易振興機構（JETRO）がアンケート調査（『輸出に関するFTAアンケート調査』2021年2月）を行っている。この調査によれば、EPA締約国への輸出を行う企業のうち、EPAを締結している1か国・地域以上でEPAを利用している企業の比率は、48.6％である。特に、大企業においての利用率は63.2％と比較的高く、利用検討中の企業も合わせると80％に上る。中小企業における利用率はこれより低く、43.7％である。業種別にみると、化学、繊維・織物／アパレル、石油・プラスチック・ゴム製品、自動車・同部品／その他輸送機器、衣料品・化粧品等でEPAがよく活用されている。
　国別にみると、インドネシア、タイ、ベトナム、インド、チリ向けの輸出におけるEPA利用率が高い。また、マレーシア、EU諸国、メキシコ、スイス、オーストラリア向けの輸出における利用率は3割前後となっている。

図Ⅱ 1-2　日本の発効済み FTA の利用率（企業規模別）

注1：n は、FTA 等相手国・地域（調査時点で FTA 等が発効済みの米国、EU、インド、インドネシア、オーストラリア、カナダ、カンボジア、シンガポール、スイス、タイ、チリ、ニュージーランド、フィリピン、ブルネイ、ベトナム、ペルー、マレーシア、ミャンマー、メキシコ、モンゴル、ラオス）のいずれか一つ以上に輸出を行っている社数。
注2：利用率を計算する際の母数には、一般関税が無税または FTA 以外の関税減免措置を利用している企業も含まれる。
出典：JETRO『輸出に関する FTA アンケート調査結果概要』

表Ⅱ 1-1　日本の発効済 FTA の利用率（業種別）

(%)

	社数	利用または利用を検討している	利用している	利用を検討している
全体	1,100	52.4	48.6	13.3
大企業	277	67.5	63.2	17.0
中小企業	823	47.3	43.7	12.0
製造業	847	52.8	49.4	13.6
飲食料品	66	51.5	48.5	15.2
繊維・織物 / アパレル	30	63.3	60.0	16.7
木材・木製品 / 家具・建材 / 紙パルプ	25	36.0	36.0	0.0
化学	59	86.4	78.0	25.4
医療品・化粧品	32	62.5	56.3	12.5
石油・プラスチック・ゴム製品	49	59.2	59.2	12.2
窯業・土石	20	55.0	50.0	10.0
鉄鋼 / 非鉄金属 / 金属製品	113	52.2	47.8	11.5
一般機械	125	57.6	53.6	18.4
電気機械	64	42.2	40.6	10.9
情報通信機械 / 電子部品・デバイス	42	19.0	16.7	4.8
自動車・同部品 / その他輸送機器	87	58.6	56.3	14.9
精密機器	53	30.2	28.3	7.5
その他の製造業	82	50.0	46.3	13.4
非製造業	253	51.0	46.2	2.3
商社・卸売	210	53.3	50.0	10.5
小売	10	50.0	30.0	20.0
その他の非製造業	16	37.5	31.3	25.0

注1：網掛けは、「利用している」割合の高い上位5業種。
注2：社数が10社に満たない業種は非表示。
出典：JETRO『輸出に関する FTA アンケート調査結果概要』

図Ⅱ 1-3　相手国・地域別 FTA 等利用率

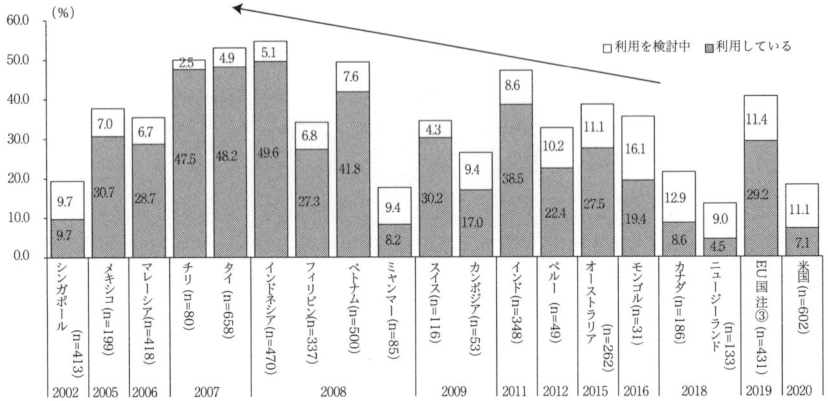

注1：nは、FTA 等相手国・地域への輸出を行っている社数。30 未満の国は非表示。左から発効年が古い順。複数の協定が併存する場合は、そのうち最も発効が早い協定の発効年を記載した。
注2：米国については、他の FTA とは異なる物品貿易協定との位置付け。
注3：英国は、調査実施時点では日 EU・EPA の加盟国扱い。
出典：JETRO『輸出に関する FTA アンケート調査結果概要』

　なお、以上３つの指標については、それぞれ限界もある点に留意する必要がある。「経済連携協定別時系列表」から分かるのは輸入のデータのみであり、日本からの輸出について相手国で EPA 特恵税率が適用されたかどうかを日本の税関で把握することはできないため、EPA が適用された輸出量・金額等のデータは得られない。原産地証明書発給件数は、輸出についての状況を把握することができるものの、ここから把握することができるのは、第三者証明方式を利用した場合のみであり、自己申告制度を利用した EPA の利用については反映されない。企業へのアンケート調査については、そもそもアンケートに回答するか否かが各企業に委ねられている上（なお、上記アンケート調査の有効回答率は 18.8％ となっている）、一定の傾向は示していると言い得るものの、正確な実態を把握するのに必ずしも十分とは言い切れない。

2.　課題

　JETRO のアンケート調査の結果からは、大企業での EPA 活用はある程度進展しているが、中小企業による活用を促進する余地が残されているといえる。EPAの活用が進まない要因は様々あると考えられるが、外務省が EPA の活用促進のために開催している EPA セミナーにおいて参加企業からよく指摘されるのは、①原産地証明にコストや時間がかかる、②社内体制の整備が困難の２点である。

　原産地証明に関するコストや時間については、原産地証明を取得・作成するためにあたり準備しなければならない書類が多いことに加え、長期にわたってこれらの書類を保存・管理する必要があること、また、原料や部品の調達先や仕様が変わった場合には変更に応じた対応が必要となるため常にフォローしていく必要があり負担が大きいこと、そもそも調達先（サプライヤー）が原産地規則等についての知識を十分に持っていない場合は協力を得るのに時間・手間がかかること等が挙げられる。また、生鮮品の輸出の場合、第三者証明では原産地証明書発給までに時間がかかり、その間に商品が傷んでしまうので活用しにくいということもある。

　社内体制については、既に EPA の活用に十分な実績のある大企業等では、統括して原産地証明に対応する部門や複数の担当者が存在したり、部門間の連携・情報共有を円滑にするためのシステムを構築しているのに加えて、EPA 担当者が収集・蓄積した情報・体験を共有すべく社内でセミナーや研修等を行う等、EPA 活用のための体制の整備が積極的に進められている印象を受ける。その一方で、規模の小さい事業者の場合は、人員や資金などのリソースに限りがある中で新たに EPA 活用のために専属の担当者を配置することが困難であったり、人員に余裕がない中で担当者を育成してもその担当者の退職や異動によってノウハウが失われてしまうといった問題もある。

　2021 年 5 月現在、日本の主要な貿易相手国の大半の国との間で EPA が署名・発効済みであり、EPA/FTA 活用の機会・可能性は広く開かれている。このような状況を踏まえ、今後はこれまで以上に EPA の活用促進に注力していく必要がある。そのためには、上記のような実情も踏まえつつ、EPA 活用の具体的な事例等も含めた幅広い情報提供を行って普及・啓発を図るとともに、原産地証明書の電子化を進める等、より利用しやすい制度を整えるべく、取り組んでいくことが重要である。

2

HS コードの特定・関税率の
調べ方・原産地手続

　ここでは、EPA が定める諸事項のうち、輸出入に係る関税の撤廃・削減につい
て、具体的にどのような手続を踏めばその利益を享受できるのかを見ていく。

　関税上の特恵待遇を得るために EPA の活用を希望する場合の手順としては、大
きく分けて、次の五つのステップを踏む必要がある。①日本との間で EPA を締結
している国・地域を確認する。②輸出する商品の「HS コード」を調べる。③当該
商品に対し適用される「関税率」を調べる。④当該商品が「原産地規則」を満たし
ているかどうかを確認する。⑤「原産地証明書」を準備する。本節での説明対象は
このうち②～④である（①については第 I 部を参照願いたい）。

1.　輸出する商品の「HS コード」を調べる

　輸出しようとしている商品の仕向先国・地域が日本との間で EPA を締結してい
ることが確認できたら、次に当該商品の「HS コード」を特定する必要がある。HS
コードとは、世界税関機構（WCO）が管理する「商品の名称及び分類についての
統一システムに関する国際条約」（通称「HS 条約」。HS は、"Harmonized Commodity
Description and Coding System" の略）の下で、世界共通の分類ルールに従って品目
ごとに割り振られた番号群であり、同条約の下では 6 桁レベルで商品の整理・分類
がなされている。しかし、HS 条約は、その締約国に対し 10 桁レベルまで更に商
品の分類を細分化することを認めており、例えば日本の場合は基本的に 9 桁での統
計細分を独自に設けている。世界共通の番号である上 6 桁のうち、上 2 桁までの分
類を「類」、上 4 桁までを「項」、上 6 桁までを「号」と呼び、それ以下の細分を

「国内統計細分」と呼ぶ。桁数が多くなればなるほど、より細かいレベルで商品が分類・特定されるわけである。HS コードをもとにして、当該商品に課せられる関税率及び満たすべき原産地規則を特定することができる。

　HS についての基礎知識を理解した上で、今度は、実際に輸出を行いたい商品のコードを特定する方法を見る。商品に割り当てられる HS コードは、公益財団法人・日本関税協会が出版している「輸出統計品目表」や「実行関税率表」を参照することで調べることができる。この HS コードは、通常、輸出入手続の際に求められる申告書に記載することになるが、日本からの輸出申告の場合には輸出統計品目表を、日本への輸入申告の場合には実行関税率表を用いることになる。いずれも、日本関税協会のホームページ上で、「web 輸出統計品目表」又は「web タリフ」というシステムの下で閲覧可能であり、キーワード検索も可能である。さらに、これらの資料は、税関のホームページ上でも閲覧可能であり、HS や関連国内法の改正等を受けて随時更新されているほか、更新される前の過去のバージョンも参照できるようになっている。

　2020 年 1 月時点での輸出統計品目表上の分類について、いくつか具体例を見てみよう。

〈例 1 〉冷凍牛肉

　冷凍牛肉の場合、第 2 類（肉及び食用のくず肉）の第 2 項として、「牛の肉（冷凍したものに限る。）」として分類がなされているが、表 1 のとおり、形状・部位によってコードが異なることが分かる。特に、第 30 号に属する「骨付きでない肉」については、部位によってかなり細かく分類がなされている。

表Ⅱ 2-1　輸出統計品目表における冷凍牛肉の分類

02. 02		牛の肉（冷凍したものに限る。）
0202.10	000	－ 枝肉及び半丸枝肉
0202.20	000	－ その他の骨付き肉
0202.30		－ 骨付きでない肉
	100	－－ ロインのもの
	200	－－ かた、うで及びもものもの
	300	－－ ばらのもの
	900	－－ その他のもの

出典：輸出統計品目表をもとに筆者作成

〈例 2 〉鉄鋼製のねじ等

　我々が日常生活でよく目にする「ねじ」の類については、第 73 類（鉄鋼製品）の下に分類されている。この例でも、ねじの形状・材質・用途に応じて異なるコードが割り振られている。「ねじを切った製品」（第 11〜19 号）と「ねじを切ってない

製品」(第16〜29号) に大別された上で、更に細かい分類がなされていることが分かる。

表Ⅱ2-2　輸出統計品目表における鉄鋼製のねじ等の分類

73.18		鉄鋼製のねじ、ボルト、ナット、コーチスクリュー、スクリューフック、リベット、コッター、コッターピン、座金 (ばね座金を含む。) その他これらに類する製品
		― ねじを切った製品
7318.11	000	―― コーチスクリュー
7318.12	000	―― その他の木ねじ
7318.13	000	―― スクリューフック及びスクリューリング
7318.14	000	―― セルフタッピングスクリュー
7318.15		―― その他のねじ及びボルト (ナット又は座金付きであるかないかを問わない。)
		――― ボルト
	110	①①①① ステンレス鋼製のもの
	190	①①①① その他のもの
	900	――― その他のもの
7318.16		―― ナット
	100	――― ステンレス鋼製のもの
	900	――― その他のもの
7318.19	000	―― その他のもの
		― ねじを切ってない製品
7318.21	000	―― ばね座金その他の止め座金
7318.22	000	―― その他の座金
7318.23	000	―― リベット
7318.24	000	―― コッター及びコッターピン
7318.29	000	―― その他のもの

出典：輸出統計品目表をもとに筆者作成

　なお、上記の輸出統計品目表を用いて調べた HS コードは、あくまで日本からの「輸出申告」に際し必要となるコードであって、輸出先国における HS コードとは必ずしも一致しない。また、本来であれば、ある産品を特定する6桁までの HS コードは世界共通のはずだが、実際には輸入国税関によって見解が相違することもあり得る。トラブルを避けるため、輸出しようとする商品が輸出先の国でどの HS コードに分類されるのかについて、輸出先国税関の見解をあらかじめ確認しておくことが望ましい。多くの EPA では、輸出先国税関に関税分類等を訊ねることが出来る事前教示制度の導入を互いに約束している (第Ⅲ部2章Ⅳ節を参照)。

　HS コードについては、差し当たり2桁 (類) のレベルで体系全体の構造を把握することが有益であろう。HS では、あらゆる産品を第1類から第97類までに分

類しているが、その一覧を掲載しておくので、参照願いたい（表Ⅱ2-3）。なお、ここまで日本からの輸出時に参照する輸出統計品目表における HS コードについて説明してきたが、日本への輸入に際し参照する実行関税率表も、その基本的構造（6桁番号を含む）は輸出統計品目表と同じである。日本における輸入業者は、むしろこちらを確認することが必要となるので注意が必要である。

2.　輸出する商品に適用される「関税率」を調べる

　HS コードが特定できたら、通常より有利な関税率（特恵税率）の設定の有無を調べるステップに進む。しかし、その前に、EPA の有無に関わらず、相手国への輸出に際し、通常であれば何パーセントの関税が課せられるのか、すなわち実行最恵国税率（MFN (Most Favoured Nation) 税率。WTO 上、EPA/FTA に基づく等例外的な場合を除き、全ての国に対して同じ税率を適用する「最恵国待遇（MFN）」義務が課されていることから、このように呼称する。詳細は第Ⅲ部2章Ⅰ節を参照）を確認する必要がある。EPA の下で約束された特恵税率と MFN 税率とが同じであれば、当該 EPA を利用することに（少なくとも関税という点では）利得はなく、特別な手順を踏む意義も必要もなくなるからである。

　輸出品目に対し、相手国において通常適用される MFN 税率を調べるには、輸出先国の税関に（現地輸入業者を通じて）問い合わせることが最も確実である（これも前述の「事前教示」制度の範疇である）。しかし、事前教示制度では回答までに時間を要することも多いため、時間的な制約がある場合等は、より簡便な方法として、FedEx 社が提供しているデータベース「WorldTariff」を使って確認するのが便利である。このツールを使えば、世界の 120 以上の仕向国における関税率を簡単に調べることができ、その情報は定期的に更新されている。また、WorldTariff では、MFN 税率や EPA 特恵税率に加え、付加価値税（VAT）をはじめとする輸入税、売上税、酒税、物品税、その他手数料や、当該商品に適用される原産地規則についても参照することが可能である。なお、JETRO と FedEx 社との間の契約により、上記データベースへのアクセスは、日本国内の居住者に限り無料となっている。ユーザー登録さえ済ませれば、すぐに利用可能である（登録方法の詳細等についてはJETRO のウェブサイトを確認願いたい）。

　MFN 税率を確認したら、当該商品に対する EPA 特恵税率の有無とその税率を確認する。上記で特定した HS コードをもとに特恵税率を調べた上で、通常適用される MFN 税率と比較し、前者が後者より低い場合には当該 EPA の活用を検討すべき、ということになる。

　EPA に基づく特恵税率を最も正確に調べるための「正攻法」は、その EPA の「譲許表」を参照することである。いわゆる譲許表とは、EPA の協定テキストの一

部で、当該 EPA によって約束された各品目の関税上の取扱いを一覧表にしたものである。譲許表とその注釈を合わせて読むことで、相手国が HS コードによって分類した個別の品目に適用する特恵税率を確認することができる。ただし、そのためには、譲許カテゴリーの定義や関税引下げ等の具体的な仕組みなどについて、若干専門的な読み方を知る必要がある（第Ⅲ部2章Ⅰ節において、日本が締結してきた二国間 EPA に見られる典型例を材料に、注釈と合わせて譲許表の読み方を解説しているので、読み方の詳細についてはそちらを参照願いたい）。また、譲許表に記載されているHS コードは、交渉当時の HS コードのままである場合があり、必ずしも最新のバージョンではない点には注意が必要である。

　もっとも、特恵税率の調べ方にはより簡単な方法もある。すなわち、上述のWorldTariff を利用し、輸出しようとする商品について日本から輸出する場合に適用される税率を調べるというものである。輸出先国の国内細分レベルでの HS コードを把握していることが前提となるが、このツールを使えば、ある商品を輸出先国に向けて輸出する場合に、EPA 特恵税率を享受できる場合も含めて、当該商品の原産国ごとに適用される最も低い税率を一覧表の形で表示させることができる。

　なお、輸出先国によっては、日本との間で複数の EPA を締結している国がある（ASEAN 構成国やオーストラリアなど。例えば、日本とベトナムとの間では、日・ベトナム EPA のほかにも日 ASEAN 包括的経済連携協定や TPP11 が発効しており、今後RCEP 協定も発効する見通しである）。こうした場合は、それぞれの EPA の下で約束された特恵税率を相互に比較し、基本的には、最も有利な税率を規定した協定に基づいて輸出手続を踏めば良いことになる（ここで「基本的には」としているのは、EPA 活用の是非は後述する原産地規則の視点も別途取り入れて判断する必要があるからである）。

　また、稀なケースではあるが、実際に EPA の下での輸出を検討する際には、いわゆる「逆転現象」に注意を要する。すなわち、EPA 特恵税率は、通常は MFN税率よりも低くなるが、輸出相手国の国内措置や当該 EPA における関税撤廃・削減等の仕組み次第では、当該 EPA 発効後の一時期において、むしろ MFN 税率の方が EPA 特恵税率よりも低くなることがある。この現象は、当該 EPA の下で約束された関税撤廃・削減等が複数年にわたって徐々に行われていく間に、その国が基本税率を一方的な国内措置として大きく引き下げたような場合に生じるものである。この期間の輸出については、MFN 税率の方がより低く、EPA を活用する必要はないので、EPA に基づく原産地証明の取得・作成も不要である（原産地証明の取得・作成は、MFN 税率と EPA 特恵税率とが同じになる場合でも不要である）。逆転現象の詳細は第Ⅲ部2章Ⅱ節を参照願いたい。

表Ⅱ 2-3　HS に基づく品

第1部	動物（生きているものに限る。）及び動物性生産品
第1類	動物（生きているものに限る。）
第2類	肉及び食用のくず肉
第3類	魚並びに甲殻類、軟体動物及びその他の水棲無脊椎動物
第4類	酪農品、鳥卵、天然はちみつ及び他の類に該当しない食用の動物性生産品
第5類	動物性生産品（他の類に該当するものを除く。）
第2部	植物性生産品
第6類	生きている樹木その他の植物及びりん茎、根その他これらに類する物品並びに切花及び装飾用の葉
第7類	食用の野菜、根及び塊茎
第8類	食用の果実及びナット、かんきつ類の果皮並びにメロンの皮
第9類	コーヒー、茶、マテ及び香辛料
第10類	穀物
第11類	穀粉、加工穀物、麦芽、でん粉、イヌリン及び小麦グルテン
第12類	採油用の種及び果実、各種の種及び果実、工業用又は医薬用の植物並びにわら及び飼料用植物
第13類	ラック並びにガム、樹脂その他の植物性の液汁及びエキス
第14類	植物性の組物材料及び他の類に該当しない植物性生産品
第3部	動物性又は植物性の油脂及びその分解生産物、調製食用脂並びに動物性又は植物性のろう
第15類	動物性又は植物性の油脂及びその分解生産物、調製食用脂並びに動物性又は植物性のろう
第4部	調製食料品、飲料、アルコール、食酢、たばこ及び製造たばこ代用品
第16類	肉、魚又は甲殻類、軟体動物若しくはその他の水棲無脊椎動物の調製品
第17類	糖類及び砂糖菓子
第18類	ココア及びその調製品
第19類	穀物、穀粉、でん粉又はミルクの調製品及びベーカリー製品
第20類	野菜、果実、ナットその他植物の部分の調製品
第21類	各種の調製食料品
第22類	飲料、アルコール及び食酢
第23類	食品工業において生ずる残留物及びくず並びに調製飼料
第24類	たばこ及び製造たばこ代用品
第5部	鉱物性生産品
第25類	塩、硫黄、土石類、プラスター、石灰及びセメント
第26類	鉱石、スラグ及び灰
第27類	鉱物性燃料及び鉱物油並びにこれらの蒸留物、歴青物質並びに鉱物性ろう
第6部	化学工業（類似の工業を含む。）の生産品
第28類	無機化学品及び貴金属、希土類金属、放射性元素又は同位元素の無機又は有機の化合物
第29類	有機化学品
第30類	医療用品
第31類	肥料
第32類	なめしエキス、染色エキス、タンニン及びその誘導体、染料、顔料その他の着色料、ペイント、ワニス、パテその他のマスチック並びにインキ
第33類	精油、レジノイド、調製香料及び化粧品類
第34類	せっけん、有機界面活性剤、洗剤、調製潤滑剤、人造ろう、調製ろう、磨き剤、ろうそくその他これに類する物品、モデリングペースト、歯科用ワックス及びプラスターをもととした歯科用の調製品
第35類	たんぱく系物質、変性でん粉、膠着剤及び酵素
第36類	火薬類、火工品、マッチ、発火性合金及び調製燃料
第37類	写真用又は映画用の材料
第38類	各種の化学工業生産品
第7部	プラスチック及びゴム並びにこれらの製品
第39類	プラスチック及びその製品
第40類	ゴム及びその製品
第8部	皮革及び毛皮並びにこれらの製品、動物用装着具並びに旅行用具、ハンドバッグその他これらに類する容器並びに腸の製品
第41類	原皮（毛皮を除く。）及び革
第42類	革製品及び動物用装着具並びに旅行用具、ハンドバッグその他これらに類する容器並びに腸の製品
第43類	毛皮及び人造毛皮並びにこれらの製品
第9部	木材及びその製品、木炭、コルク及びその製品並びにわら、エスパルトその他の組物材料の製品並びにかご細工物及び枝条細工物
第44類	木材及びその製品並びに木炭
第45類	コルク及びその製品
第46類	わら、エスパルトその他の組物材料の製品並びにかご細工物及び枝条細工物
第10部	木材パルプ、繊維素繊維を原料とするその他のパルプ、古紙並びに紙及び板紙並びにこれらの製品
第47類	木材パルプ、繊維素繊維を原料とするその他のパルプ及び古紙
第48類	紙及び板紙並びに製紙用パルプ、紙又は板紙の製品
第49類	印刷した書籍、新聞、絵画その他の印刷物並びに手書き文書、タイプ文書、設計図及び図案

目分類（第 1 類〜第 97 類）

第11部	紡織用繊維及びその製品
第50類	絹及び絹織物
第51類	羊毛、繊獣毛、粗獣毛及び馬毛の糸並びにこれらの織物
第52類	綿及び綿織物
第53類	その他の植物性紡織用繊維及びその織物並びに紙糸及びその織物
第54類	人造繊維の長繊維並びに人造繊維の織物及びストリップその他これに類する人造繊維製品
第55類	人造繊維の短繊維及びその織物
第56類	ウォッディング、フェルト、不織布及び特殊糸並びにひも、綱及びケーブル並びにこれらの製品
第57類	じゅうたんその他の紡織用繊維の床用敷物
第58類	特殊織物、タフテッド織物類、レース、つづれ織物、トリミング及びししゅう布
第59類	染み込ませ、塗布し、被覆し又は積層した紡織用繊維の織物類及び工業用の紡織用繊維製品
第60類	メリヤス編物及びクロセ編物
第61類	衣類及び衣類附属品（メリヤス編み又はクロセ編みのものに限る。）
第62類	衣類及び衣類附属品（メリヤス編み又はクロセ編みのものを除く。）
第63類	紡織用繊維のその他の製品、セット、中古の衣類、紡織用繊維の中古の物品及びぼろ
第12部	履物、帽子、傘、つえ、シートステッキ及びむち並びにこれらの部分品、調製羽毛、羽毛製品、造花並びに人髪製品
第64類	履物及びゲートルその他これに類する物品並びにこれらの部分品
第65類	帽子及びその部分品
第66類	傘、つえ、シートステッキ及びむち並びにこれらの部分品
第67類	調製羽毛、羽毛製品、造花及び人髪製品
第13部	石、プラスター、セメント、石綿、雲母その他これらに類する材料の製品、陶磁製品並びにガラス及びその製品
第68類	石、プラスター、セメント、石綿、雲母その他これらに類する材料の製品
第69類	陶磁製品
第70類	ガラス及びその製品
第14部	天然又は養殖の真珠、貴石、半貴石、貴金属及び貴金属を張った金属並びにこれらの製品、身辺用模造細貨類並びに貨幣
第71類	天然又は養殖の真珠、貴石、半貴石、貴金属及び貴金属を張った金属並びにこれらの製品、身辺用模造細貨類並びに貨幣
第15部	卑金属及びその製品
第72類	鉄鋼
第73類	鉄鋼製品
第74類	銅及びその製品
第75類	ニッケル及びその製品
第76類	アルミニウム及びその製品
第77類	（欠番）
第78類	鉛及びその製品
第79類	亜鉛及びその製品
第80類	すず及びその製品
第81類	その他の卑金属及びサーメット並びにこれらの製品
第82類	卑金属製の工具、道具、刃物、スプーン及びフォーク並びにこれらの部分品
第83類	各種の卑金属製品
第16部	機械類及び電気機器並びにこれらの部分品並びに録音機、音声再生機並びにテレビジョンの映像及び音声の記録用又は再生用の機器並びにこれらの部分品及び附属品
第84類	原子炉、ボイラー及び機械類並びにこれらの部分品
第85類	電気機器及びその部分品並びに録音機、音声再生機並びにテレビジョンの映像及び音声の記録用又は再生用の機器並びにこれらの部分品及び附属品
第17部	車両、航空機、船舶及び輸送機器関連品
第86類	鉄道用又は軌道用の機関車及び車両並びにこれらの部分品、鉄道又は軌道の線路用装備品及びその部分品並びに機械式交通信号用機器（電気機械式のものを含む。）
第87類	鉄道用及び軌道用以外の車両並びにその部分品及び附属品
第88類	航空機及び宇宙飛行体並びにこれらの部分品
第89類	船舶及び浮き構造物
第18部	光学機器、写真用機器、映画用機器、測定機器、検査機器、精密機器、医療用機器、時計及び楽器並びにこれらの部分品及び附属品
第90類	光学機器、写真用機器、映画用機器、測定機器、検査機器、精密機器及び医療用機器並びにこれらの部分品及び附属品
第91類	時計及びその部分品
第92類	楽器並びにその部分品及び附属品
第19部	武器及び銃砲弾並びにこれらの部分品及び附属品
第93類	武器及び銃砲弾並びにこれらの部分品及び附属品
第20部	雑品
第94類	家具、寝具、マットレス、マットレスサポート、クッションその他これらに類する詰物をした物品並びにランプその他の照明器具（他の類に該当するものを除く。）及びイルミネーションサイン、発光ネームプレートその他これらに類する物品並びにプレハブ建築物
第95類	がん具、遊戯用具及び運動用具並びにこれらの部分品及び附属品
第96類	雑品
第21部	美術品、収集品及びこっとう
第97類	美術品、収集品及びこっとう

3. 当該商品が「原産地規則」を満たしているかどうかを確認する

輸出しようとしている商品の HS コードと関税率が判明したら、次はその商品がEPA で定められた原産地規則を満たし、EPA 上の原産品として認められるかどうかを確認する必要がある（原産地規則とは何か、という点については、第Ⅲ部 2 章Ⅲ節を参照してほしい）。

第Ⅲ部 2 章Ⅲ節で述べているとおり、協定によって原産地規則の内容が異なるため、厳密には各協定の原産地規則章を確認する必要があるが、これは EPA に慣れた人でもかなり難しい。そのため、関係する省庁・団体では、それぞれの協定の原産地規則の内容を分かりやすく紹介している。

例えば、財務省の下にある日本税関が管理しているウェブサイト「原産地規則ポータル」では、原産地規則全般に関する解説のほか、「協定・制度別情報」として、日本が締結している協定ごとにその原産地規則の概要についてまとめているので、本書で紹介しきれないものも含め、原産地規則の詳細を知りたいときに便利である。また、（各協定の全体的な原産地規則とは別に）個々の品目ごとに定められている規則（品目別規則（PSR: Product Specific Rules））についても簡単に検索できるシステムを提供している。さらに、日本各地の税関には、原産地規則制度についての照会窓口が設置されており、電話・メールでの相談を受け付けている。

農林水産省の「EPA 利用早わかりサイト」は、農林水産品の輸出に特化した情報提供を行っており、主要な農産品の関税率をまとめていたり、検疫等原産地規則以外に確認が必要な情報も紹介している。

経済産業省は、委託事業として「EPA 相談デスク」ウェブサイトを開設し、原産地規則のみならず、本章冒頭に示した①〜⑤の各ステップについての解説を提供しているほか、対面[1]・メールでの相談も行っている。

JETRO が公開している「EPA 活用法・マニュアル」では、原産地規則全般についての解説のみならず、特に貿易実務や企業内での保存書類の例といった実務面での解説を豊富に含んだ内容となっている。

　　日本税関「原産地規則ポータル」
　　　https://www.customs.go.jp/roo/index.htm
　　日本税関「原産地規則などについての照会」
　　　https://www.customs.go.jp/question2.htm

---

1) 2021 年 5 月現在、新型コロナウイルス感染拡大防止のため、対面相談はオンラインのみとなっている。

　　農林水産省「EPA 利用早わかりサイト」

　　　https://www.maff.go.jp/j/kokusai/renkei/fta_kanren/epa_n.html

　　JETRO「EPA 活用法・マニュアル」

　　　https://www.jetro.go.jp/theme/wto-fta/epa/#japan_epa_export

　　経済産業省委託事業「EPA 相談デスク」

　　　https://epa-info.go.jp/

　こうした二次的な解説ではなく、原典に直接当たりたいという方は、是非、外務省のホームページに掲載している各協定の和訳と原文を参照してほしい。原産地規則章の本文は、初めて EPA に触れる人にとっては難解だが、主要な条文については、本書の第Ⅲ部 2 章Ⅲ節で概要を説明しているので理解の助けになれば幸いである。

　　外務省「我が国の経済連携協定（EPA ／ FTA）等の取組」

　　　https://www.mofa.go.jp/mofaj/gaiko/fta/index.html

　なお、PSR については、基本的に各協定の中に一覧表の形で定められているので、輸出しようとする商品の関税分類（6 桁レベル）が判明しており、利用する協定も決まっているのであれば、協定本文から見つけ出すことは比較的容易である。例えば、以下の表Ⅱ 2-4 は TPP11 の PSR を第 1 類〜第 3 類の途中までを抜粋したものだが、例えば自分が輸入したかれいをフィレ（0304.43）にして他の TPP11 締約国に輸出したいという場合、かれいについての PSR を調べるのであれば、以下の表から 0304.43 を探し出せば良い。0304.43 は「他の項の材料からの変更」となっているため、かれいのフィレについては 4 桁レベルの関税分類変更基準を満たせばよいことが分かる。

4.　「原産地証明」を準備する

　関税率も判明し、原産地規則を満たしていることが分かったのであれば、相手国の税関に提出する原産地証明を用意する必要がある。一口に EPA の原産地証明といっても、第三者証明（第一種特定原産地証明書）、認定輸出者自己申告（第二種特定原産地証明書）及び自己申告制度の 3 つがあり、協定によって利用できる証明制度が異なるため、自分が利用しようとしている協定でどの証明方式が採用されているのかをあらかじめ確認する必要がある（各協定で導入されている証明制度については p.95 表Ⅲ 2-1 を参照）。以下では、それぞれの手続について概説したい。

　第三者証明と呼ばれる第一種特定原産地証明書は、TPP11、日 EU・EPA 及び日

表II 2-4   TPPの品目別規則（PSR）抜粋

統一システムに基づく分類 （2012年に改正された統一システム）	品目別原産地規則
第1部　動物（生きているものに限る。）及び動物性生産品	
第1類　動物（生きているものに限る。）	
01.01 – 01.06	第01.01項から第01.06項までの各項の産品への他の類の材料からの変更
第2類　肉及び食用のくず肉	
02.01 – 02.10	第02.01項から第02.10項までの各項の産品への他の類の材料からの変更
第3類　魚並びに甲殻類、軟体動物及びその他の水棲無脊椎動物	
類注　締約国の領域において取得される魚、甲殻類又は軟体動物その他の水棲無脊椎動物は、非締約国から輸入された卵又は幼生、稚魚、幼魚、小魚その他幼生期の後も成魚ではない魚から取得されるものであっても、原産品とする。	
03.01 – 03.03	第03.01項から第03.03項までの各項の産品への他の類の材料からの変更
0304.31 – 0304.39	第0304.31号から第0304.39号までの各号の産品への他の項の材料からの変更
0304.41	第0304.41号の産品への他の類の材料からの変更
0304.42 – 0304.43	第0304.42号から第0304.43号までの各号の産品への他の項の材料からの変更
0304.44	第0304.44号の産品（メルルシウス・アングスティマヌス又はメルルシウス・プロドゥクトゥス（しろがねだら））への他の類の材料からの変更 第0304.44号の産品（その他の産品）への他の項の材料からの変更

注：正式な和訳では縦書きの表に漢数字で記載されているが、レイアウトの都合上、横書きの表にしたうえで漢数字を算用数字に変更してある。
出典：TPP附属書3-Dをもとに筆者作成

英EPAを除く日本の締結済みEPAで導入されており、日本では、経済産業省により、日本商工会議所が発給機関として指定されている（日・シンガポールEPAのみ、全国各地の商工会議所が発給している）。原産品の「輸出者」又は「生産者」は、日本商工会議所に対して原産地証明書の発給申請を行うこととなる。

　申請を行うに当たっては、原産地証明書の申請・発給のための企業登録を行う必要がある。その上で、輸出しようとしている製品が本当に原産品としての資格を満たしているかの判定を日本商工会議所に依頼（原産品判定依頼）し、同会議所の確認を受けた上で原産地証明書の発給を申請する必要がある。原産地証明書の原本は、郵送又は全国26ヵ所にある日本商工会議所事務所で受け取る必要があるものの、

2 HS コードの特定・関税率の 調べ方・原産地手続　35

原産地証明書の発給申請までの一連のプロセスは、全て日本商工会議所のウェブサイトにある「第一種特定原産地証明書発給システム」上で行うことができる。日本商工会議所のウェブサイトでは、第一種特定原産地証明書発給システムの詳細や操作マニュアルについても掲載されているので参照してほしい。

　　日本商工会議所「特定原産地証明書発給申請マニュアル」
　　https://www.jcci.or.jp/gensanchi/epa_manual.html

　認定輸出者自己証明制度は、日・メキシコ EPA、日・スイス EPA、日・ペルー EPA 及び RCEP 協定において、上記の第三者証明と選択的に利用可能な形で導入されている制度で、日本の国内法上は第二種特定原産地証明書と呼ばれている。これは、読んで字のごとく、認定された輸出者に対し、当該輸出者自身が原産地証明を作成することを認める制度である。日本においては、経済産業大臣が輸出者の認定を行っており、当該認定を受けるためには、①EPA 利用実績、②社内責任者等の配置及び③連絡体制の構築といった認定基準を満たした上で、どの協定について認定を受けるか等を特定し、経済産業省（貿易経済協力局貿易管理課原産地証明室）に対して、所定の手続を行う必要がある。詳細は経済産業省のウェブサイトに掲載されている。

　　経済産業省「認定輸出者制度（第二種特定原産地証明書を作成する者の認定）」
　　https://www.meti.go.jp/policy/external_economy/trade_control/
　　boekikanri/gensanchi/approved.html

　自己申告制度は、第三者からの特段の認定なしに、輸出者、生産者、輸入者が自ら原産地証明を行うことを認める制度で、日・オーストラリア EPA、TPP11、日 EU・EPA、日英 EPA で導入されているほか、RCEP 協定でも発効後原則 10 年以内に導入されることになっている（輸入者自己申告を除く）[2]。
　自己申告制度については、原産地証明の作成に当たり、経済産業省や日本商工会議所等の機関における手続は必要なく、作成した原産地証明が協定で定められた必要的記載事項等の要件を満たせばよいため、使い慣れれば、事務負担を大きく削減することができる。その一方で、協定ごとに定められた要件が異なるため、複数の協定を使用する場合には、それぞれの協定に定められた要件を満たしているかを注意深く確認する必要がある。

2）本書執筆時点（2021 年 5 月）において RCEP 協定は未発効。

　具体的な手引きについては、前述の日本税関「原産地規則ポータル」の協定・制度別情報に掲載されているので、協定を利用する前に確認してほしい。

　日本税関「原産地規則ポータル」
　　https://www.customs.go.jp/roo/index.htm

[コラム] 奥深き HS の世界——その進化の歴史と課題

　本節に登場する HS は、国際貿易で取り扱われる多種多様な物品を区分する仕組みとして、実際の商取引の現状を踏まえつつ、バージョンアップを繰り返してきた。通常は、5 年に 1 度改正され、1 回の改正でおよそ 200 〜 400 点の品名や分類が修正されている。2022 年 1 月からは、新たに HS2022 が発効することとなっている。

　関税という概念の起源は紀元前（古代都市国家における手数料）にまで遡るともいわれるが、今日の HS に基づく品目の分類の原点といえる存在は、1931 年の国際連盟による「ジュネーブ関税品目表 (Geneva Nomenclature)」であろう。また、1950 年には、関税率表における物品の分類のための品目表に関するブラッセル条約の下で、「関税協力理事会品目表」（又は「ブラッセル関税品目分類表」）も作成されている。さらに、1970 年には、物品の名称や分類に関する統一的なシステムの構築に向けた国際研究グループが立ち上がり、1973 年の HS 委員会設立及び 1983 年の WCO 関税協力理事会による初代 HS の採択を経て、1988 年 1 月に HS 条約が発効した。2021 年 4 月現在、HS 条約は 159 か国及び EU が加盟しているが、52 の非加盟国・地域等も実質的に HS を採用しているため、今日では計 212 の国・地域等が HS を利用していることになる。

　HS の変遷の歴史においては、今日まで品名・構造・位置を変えずに残る分類がある一方、技術の進歩や商品の盛衰、国際貿易パターン・量の変化、環境・安全保障・社会問題への対応といった時代の要請を受け、進化を遂げてきた部分もある。しかし、HS それ自体が、品目分類の画一化による貿易統計情報の収集・分析の円滑化を通じ国際貿易を促進するものとして、いかに有効なツールであっても、各国がそれを上手く使いこなすことができなければ、本来の目的も達成できないことになる。HS が有効なツールとして機能するよう、各国がこれを上手く使いこなせることを確保することが重要である。例えば、新旧 HS バージョンの間で対照関係を適切に把握することは、発効した EPA/FTA を円滑に運用していく上で必要不可欠となるが、旧バージョンの分類を新バージョンの分類の下で置き換える作業（これを「HS 変換」と呼ぶ）は、ときに複雑となる。そのため、各国は、HS 改正の度に、国内での品目分類の再整理や各 EPA/FTA における関税に係る約束との整合性の確保に頭を悩ませることもある。特に、行政資源の限られる開発途上国はなおさらである。

　こうした中、日本のように専門知見を有する国が、開発途上国の税関当局に HS についての技術的支援を提供する等の協力も

行われている。モノを分類するという一見
単純とも思える作業だが、常に変化する
HS の世界は実のところ奥深い。自由貿易
体制のポテンシャルを最大限に発揮するた
めには、各国関係者が HS への理解を深め
るとともに、その実施に必要な知見とイン
フラを整備することが求められている。

III

条文を理解する

1

EPA の構成

　日本の締結する EPA には、物品やサービスの貿易のみならず、幅広い分野の
ルールが盛り込まれているが、もとより EPA でカバーすべき範囲について最初か
ら定義があったわけではない。交渉を進めていく内に、日本の EPA の「型」がで
きてきたと言える。TPP 以前の二国間 EPA の章立ては、「政府調達」章、「自然人
の移動」章、「電子商取引」章、「エネルギー・鉱物資源」章や「食料供給章」など
の有無を除けばほぼ同様のパターンとなっているが、TPP 及び日 EU・EPA にお
いては、さらに環境、労働、国有企業、補助金、中小企業、透明性、企業統治など、
日本の初期の EPA には含まれていなかった新たな分野が独立章として盛り込まれ、
21 世紀型のハイレベルなルールが規定された。日英 EPA は、概ね日 EU・EPA を
踏襲しており、RCEP 協定は、従来の二国間 EPA と TPP 等との中間ぐらいのカ
バー範囲となっている。

　日本がこれまで締結・署名してきた EPA を構成する分野の一覧は表Ⅲ 1-1 の通
りであるが、主要な章の内容について概説すれば、以下のとおりである（詳しくは
第Ⅲ部 2〜9 章を参照願いたい）。なお、章の名称や順番は協定によって異なる場合が
ある。

1. 物品貿易に関するルール

　「物品貿易」章においては、関税の撤廃・引下げについて規定する。品目ごとの
撤廃・引下げの態様（即時関税撤廃、10 年間で段階的に撤廃していく、等）は、附属
書の「譲許表」で記述される。ありとあらゆる品目が対象となるため、譲許表は膨

表Ⅲ 1-1　日本の EPA に規定さ

国名			発効又は署名年月日（括弧内は最新の改正、特記なき限り発効日）	税関手続	SPS	TBT	相互承認	サービスの貿易	企業サービス	電気通信	自然人の移動	電子商取引	投資
		TPP	TPP12: 2016.02.04署名 TPP11: 2018.03.08署名 ※TPP11は2018年12月30日発効	○	○	○	—	○	○	○	○	○	○
		RCEP	2020.11.15署名	○	—	○	—	○	—	○	—	○	○
アジア	ASEAN	シンガポール	2002.11.30 (2007.09.02)	○	—	—	○	○	○	—	○	○	○
		マレーシア	2006.07.13	○	○	○	—	○	—	—	—	—	○
		タイ	2007.11.01	○	—	—	○	○	—	—	—	—	○
		インドネシア	2008.07.01	○	—	—	—	○	—	—	—	—	○
		ブルネイ	2008.07.31	○	—	—	—	○	—	—	—	—	○
		ASEAN	2008.12.01 (2020.08.01)	—	○	○	—	○	○（附属書）	○（附属書）	—	○	—
		フィリピン	2008.12.11	○	○	○	○	○	—	—	○	○	○
		ベトナム	2009.10.01	○	○	○	—	○	—	—	○	○	—注3
	その他	インド	2011.08.01	○	（一つの章）		—	○	—	—	○	○	○
		モンゴル	2016.06.07	○	○	○	—	○	—	—	○	○	○
中南米		メキシコ	2005.04.01 (2012.04.01)	○	物品章の中の節に規定	物品章の中の節に規定	—	○	○	—	○	○	○
		チリ	2007.09.03	○	○	○	—	○	○	—	○	○	○
		ペルー	2012.03.01	○	○	○	—	○	—	○	○	○	—注3
欧州		スイス	2009.09.01	○	○	○	○	○	○	—	○	○	○
		EU	2019.02.01	○	○	○	—	○注2	—	—	○注2	○注2	○注2
		英国	2021.01.01	○	○	○	—	○注2	—	—	○注2	○注2	○注3
大洋州		オーストラリア	2015.01.15	○	○	○	—	○	○	—	○	○	○

注1：独立した章が存在する場合は○を記載。ただし、実際の協定中の章の名前が上記の表にある分野名と若干異

注2：「サービスの貿易、投資の自由化及び電子商取引」章として規定（投資は投資自由化規律のみ）。また、資本

注3：二国間の投資協定が組み込まれ、協定の一部となっている。

注4：各分野での協力を独立章として規定（「知的所有権」「金融サービスに関する協力」「情報通信技術」「科学技

注5：「規制に関する良い慣行及び規制に関する協力」章及び「農業分野における協力」章が設けられている。

注6：食料の輸出制限に係る規定が、内国民待遇及び物品の市場アクセス章に盛り込まれている。

注7：国有企業に係る規定が、競争及び消費者の保護章に盛り込まれている。

注8：政府調達に係る規定が、ビジネス環境の整備章に盛り込まれている。

大なものとなる。物品の分類の仕方は各国により異なるが、日本の統計番号では9,000品目以上に及ぶ。また、物品貿易章には、関税引下げの結果輸入が増大した場合の緊急措置（セーフガード）の規定が盛り込まれることもある。

　「原産地規則」章においては、どのような条件を満たす物品が、協定の当事国の原産品として EPA に基づく関税撤廃・引下げの対象となるかが規定される。原産地規則は、協定本文に一般的な規則が規定されるほか、品目ごとの PSR が附属書として添付される。なお、TPP では、「繊維及び繊維製品」章を設けて同分野のみ別途の原産地規則を規定している。

　「税関手続」又は「税関手続及び貿易円滑化」章は、税関における手続を簡素化

れている主な分野※1

知的財産	ビジネス環境の整備、経済関係緊密化等	協力	エネルギー・鉱物資源	食料供給	政府調達	競争	国有企業	補助金	環境	労働	中小企業	透明性	企業統治
○	○	○	—	—注6	○	○	○	—	○	○	○	○(腐敗行為防止を含む)	—
○	—	○	—	—	○	○	—	—	—	—	○	—	—
注4	—	○注4	—	—	○	—	—	—	—	—	注4	—	—
○	○	○	—	—	—	○	—	—	—	—	—	—	—
○	○	○	○	—	○	○	—	—	—	—	—	—	—
—	○	○	○(エネルギーのみ)	—	—	—	—	—	—	—	—	—	—
—	○	○	—	—	—	—	—	—	—	—	—	—	—
○	○	○	—	—	○	—	—	—	—	—	—	—	—
○	○	○	—	—	○	○	—	—	—	—	—	—	—
○	○	○	—	—	○	○	—	—	—	—	—	—	—
—	○	○	—	—	○	—	—	—	—	—	—	—	—
○	○	—	—	—	○	○	—	—	—	—	—	—	—
○	○	—	—	—	○	○	—	—	—	—	—	—	—
○	—	○注5	—	—	○	○	○	○	○(「貿易及び持続可能な開発」章に含まれる)		○	○	○
○	—	○注5	—	—	○	○	○	○	○(「貿易及び持続可能な開発」章に含まれる)		○	○	○
○	—	○	○	○	○	—	—注7	—	—	—	—	—	—

なる場合がある。また、章がなくとも、協定内に関連する規定が存在する場合がある。
移動等に関する章も存在。

術」「人材育成」「人物交流」「中小企業」「放送」「観光」)。

すること等により、貿易が円滑に行われるよう図るものである。また、「貿易の技術的障害」(TBT) [1] 章では、規格や製品が規格に適合していることの認証手続が、相手国製品の流通を不必要に妨げ、物品の貿易の不必要な障害とならないようにするための規定を置く。「相互承認」章は、そうした規格に適合していることの認証手続について、輸出国で実施された評価の結果を、輸出先国が受け入れることについて規定する。「衛生植物検疫」(SPS) 章は、衛生植物検疫措置が物品の貿易を不

---

1) 協定によっては、章の名称を「強制規格、任意規格及び適合性評価手続」としているものもある。

必要に阻害することがないようにする。

このほか、食料供給（日・オーストラリア EPA）やエネルギー・鉱物資源（日・ブルネイ EPA、日・インドネシア EPA、日・オーストラリア EPA）に関する章など、締約国間の経済関係や関心を反映し、特定の物品に関する章が独立して置かれることがある。

2.　投資、サービス貿易や知的財産等に関するルール

物品貿易関連の章に続いて、日本の企業が外国に進出して経済活動を行う際のルールやその自由化を規定する「投資」章、及び、サービス貿易の自由化に関する「サービス貿易」章がある。投資やサービス貿易の自由化とは、関連する国内規制（外資規制等）を緩和することであり、協定ごとに形式の差異はあるが、EPA 締約国は、産業分野ごとの約束事項を記した表（約束表）や、逆に、約束できない事項を記した表（留保表）を附属書として添付することで、自由化を約束する[2]。なお、投資の一部はサービス貿易の一形態（投資によって設置した相手国内の拠点を通じたサービスの提供）でもあるため、投資章とサービス章は連関しており、両者の関係をどのように整理するかはしばしば交渉において論点になる。例えば、TPP では、「投資」章と「国境を越えるサービスの貿易」章を設けた上で、サービス貿易の分野によって章を独立させ、「金融サービス」章、「ビジネス関係者の一時的な入国」章、「電気通信」章を設けている。日本の既存の協定では、TPP の「ビジネス関係者の一時的な入国」章にあたる「自然人の移動」章を独立させることが多く、また、インドネシア、フィリピン、ベトナムとの EPA のように、同章に基づく約束に看護師・介護福祉士候補者の受入れを含んでいるものもある。

「知的財産」章は、特許権や著作権などの知的財産の保護及び権利行使に関するルールを定める。特に、TPP や日 EU・EPA 等では、WTO のルールを上回る包括的な規定を設けている。他方、日・ASEAN 包括的経済連携協定には該当する規定がないほか、日・シンガポール EPA においては、知的財産は協力の一分野として位置付けられており、また、日・メキシコ EPA においても関連の規定があるが、独立の知的財産章は設けられていない。

また、電子商取引環境を整備するため、デジタル・プロダクトの無差別待遇や国境を越える情報移転の自由の確保、また個人情報やオンライン消費者の保護などを定めた「電子商取引」章がある。日本の EPA では、日・スイス EPA で初めて盛り込まれ、その後、日・オーストラリア EPA、日・モンゴル EPA、RCEP 協定で

2）留保表の場合は、留保表で記載された事項以外については自由化を約束することになる。詳細は、第Ⅲ部 3 章 4 を参照。

も取り入れられた。TPP や日 EU・EPA 及び日英 EPA では、近年のデジタル貿易の急成長を反映し、ソース・コード（ソフトウェアの設計図といわれる）の移転・アクセス要求の禁止など先進的なルールも盛り込まれている。なお、日 EU・EPA 及び日英 EPA では、サービス貿易、投資自由化と電子商取引を一つの章にまとめている。

　この他に、市場における競争の促進を目的とし、反競争行為の規制に関する締約国の協力等を定めた「競争」章、政府機関等による調達行為の自由化を目指す「政府調達」章も多くの EPA に盛り込まれている。これらに加え、TPP、日 EU・EPA 及び日英 EPA では、他国企業と比べ、国有企業が政府に優遇され、不公平な競争が生じることにならないように規律が規定された「国有企業」章が設けられた。さらに、日 EU・EPA 及び日英 EPA では、補助金について独立章を設け、WTO の「補助金及び相殺措置に関する協定（補助金協定）」よりも広い範囲の補助金を禁止する。

3.　協力、新たな分野

　締約国間の協力についても複数の章が設けられている。日本の既存の EPA の多くに見られる「ビジネス環境の整備」章は、相手国で活動する企業が相談できる窓口を設置し、日常的なトラブルを迅速に解決できるよう、仕組みを整備するものである。「協力」章は、産業の競争力強化や協定を実施するために必要な政府の能力強化について、両国が協力していく分野を記す。こうした協力は、政府間の政府開発援助（ODA）によるものもあれば、民間レベルで行われる場合もある。日・シンガポール EPA は様々な協力分野を個別の章として規定し、日 EU・EPA では「規制協力」章、「農業協力」章においてそれぞれの分野の政府間協力に関する章が盛り込まれている。

　労働、環境について、日本の既存の EPA においては、総則章（後述）や投資章などに関連規定があるに過ぎなかったが、TPP、日 EU・EPA 及び日英 EPA では独立して章を設けている。TPP11 では「労働」章で労働法令の執行、ILO 宣言[3]上の権利を国内法等で採用・維持すること等を規定し、「環境」章で環境関連の多数国間協定の確認、漁業の保存・持続可能な管理、野生動植物の保護等について規定している。日 EU・EPA 及び日英 EPA では、両分野を「貿易と持続可能な開発章」にまとめて規定している。

　また、日本でも直接輸出を行う中小企業の数は増加傾向にあるが、TPP、日

---

3) 国際労働機関（ILO）の第 86 回総会（1998 年）にて採択された「労働における基本的原則及び権利に関する ILO 宣言」

EU・EPA、日英 EPA 及び RCEP 協定では、「中小企業」章が設けられ、締約国が協定に関するウェブサイトを開設し、中小企業のための情報を掲載することや、中小企業の協定利用の促進について規定した。なお、日・シンガポール EPA では複数の協力に係る章の一つとして「中小企業」章が規定されている。

　さらに、行政手続や、企業の経営環境全般に係る規定も存在する。日本の既存の EPA では、総則章やその他の章において行政手続等の透明性に関する条文を置くが、TPP では「透明性及び腐敗行為の防止」章が独立して置かれ、規制措置の情報公開、照会への対応、行政上の行為の審査・是正のための訴訟手続の採用・維持等について規定するとともに、腐敗行為の防止のための措置についても規定する。日 EU・EPA 及び日英 EPA では「透明性」に関する章が置かれている。TPP では、日本の EPA では唯一、「規制の整合性」章があり、自国の各種規制措置の企画、立案、発出、実施、見直しにおいて、規制案の必要性の評価や実行可能な代替案の検討、規制に関するグッドプラクティスを用いることなど、各締約国の国内規制の在り方について定めている。また、日 EU・EPA 及び日英 EPA は日本の他の EPA にはない「企業統治」章を設け、コーポレートガバナンスの重要性や経営陣・取締役会の説明責任に係る重要性等を確認するほか、株主の権利、取締役会の役割、株式公開買付けについて規定している。さらに、日英 EPA では、女性による経済への衡平な参加の機会を増大することの重要性を認識し、「貿易及び女性の経済的エンパワーメント」章が置かれている。

4.　総則・最終規定、紛争解決

　上記のような実体規定に加え、手続面では、両国間で協定に関する紛争が生じた場合の解決手段を記した「紛争解決」章が設けられる。また、冒頭の「総則」章では、主要な用語を定義したり、協定全体に関する一般原則を規定したりするほか、協定の最後には、協定の発効や終了に関して規定する「最終規定」が設けられる。加えて、TPP や日 EU・EPA、日英 EPA、RCEP 協定では合同委員会や作業部会の設置など協定の運営に関する規定を「制度的事項」章等として独立させている。二国間 EPA においては、これらの規定は、総則章にまとめられていることが多い。

　このような内容を含む日本の EPA は、通常の二国間協定の 5〜6 倍の分量があり、TPP12 に至っては、12 カ国の譲許表も入れると英文で 8 千ページを超えるなど、膨大な協定となる。

2

物品貿易

Ⅰ. 市場アクセス

1. 物品市場アクセス交渉とは

　EPA/FTA 交渉における物品市場アクセス交渉とは、物品にかかる関税の撤廃・削減等を通じて、相手国市場への輸出（アクセス）を改善し、物品の貿易の自由化を促進することを目指す交渉であり、EPA/FTA 交渉の中核部分を構成する。物品にかかる関税の撤廃・削減は、貿易の拡大をもたらし、その結果、国内外の経済活動が促進され、全体として交渉参加各国の経済厚生を向上・増大させる効果が期待されている。また、物品の貿易は、広く一般国民の生活に直結している要素でもあるため、EPA/FTA をめぐる他の交渉分野に比べても関心の高い分野である。実際、ある EPA ないし FTA について交渉が実質的にまとまると、自国の輸出関心品目の関税をどれだけ撤廃・削減させることができたか、あるいは、国産品と競合する品目に関する相手国からの関税撤廃要求にどこまで応じたのか、といった点に大きな注目が集まり、国内外での報道も、こうした点を取り扱ったものがかなり多い。日本の例で言えば、自動車・自動車部品にかかる他国の輸入関税が、いつ、どこまで軽減されるのか、あるいは、日本国内の農畜産業に打撃となるような過度な市場開放はなされていないか、といった点である。

　物品市場アクセス交渉は関税交渉と呼ばれることもあるが、そもそも関税には

様々な種類がある。世界の各国がその国内措置として独自に設定している基本税率のほか、各国が時限措置として暫定的に導入している暫定税率、WTO協定の下でその加盟国が上限として約束しているWTO協定税率、さらには、一定の条件下で開発途上国のみに対し特別に適用される一般特恵関税制度（GSP: Generalized System of Preference）等があり、ある品目について設定されている各種税率のうち、特別の取決めを有していない国に対し等しく適用される最も低い税率をMFN税率と呼ぶ。EPA/FTA交渉を通じて追求されるのは、当該EPA/FTAの締約国のみしか享受することのできない、第三国との関係でより有利なEPA/FTA特恵税率の設定であり、当該国にとってMFN税率を下回る水準まで関税を下げることが物品市場アクセス交渉の目指すところとなる。

2.　交渉の流れ

（1）交渉体制

　日本の場合、EPAの物品市場アクセス交渉には、通常、外務省、財務省、農林水産省、経済産業省の4省が一体となって参加する。

　このうち外務省は、国際条約の所管省として協定そのものに責任を負う立場から、交渉方針の総合調整及び各省間の利害調整を行うと共に、協定条文の作成等に一義的責任を有する。財務省は酒・たばこ・塩を、農林水産省は農林水産品を、経済産業省は鉱工業品を所管し、それぞれが所管物品に係る市場アクセス改善のための戦略を立案しつつ、外務省との調整を行いながら交渉に臨んでいる。なお、税関による輸入関税の運用一般を統括しているのは財務省となる。

　諸外国の交渉体制は国によってまちまちであるが、通商政策や経済外交を所掌する当局がEPA/FTA交渉に直接参画することが多い。いずれにしても、各国とも国内での協議・調整を重ねた上で相手国との国際交渉に携わっており、EPA/FTA交渉はまさに政府全体で臨むべきものとなっている。更に言えば、物品を所管する省庁の背後には、それぞれ関連の業界・団体が存在し、その多種多様なニーズを吸い上げて交渉に臨んでいるため、EPA/FTAの物品市場アクセス交渉は、民間経済界も交えた一国全体での取組とみることもできる。

（2）基本情報の交換

　交渉にあたっては、まずは、交渉参加国同士が市場アクセス交渉のベースとなる基本情報を共有するため、自国と相手国の関税データと貿易額データを交換することになる。

(a) 関税データ

　各国は、通常、各貿易対象品目にかかる自国の関税率の一覧を作成している。日本の場合、全ての物品は通常 9 桁の国内分類番号により組織的・体系的に分類され（その総品目数は 9,000 以上に及ぶ）、それぞれに関税率が設定されている。前章で見たとおり、この 9 桁の番号のうち 6 桁目までの番号は、WCO が管理する HS 条約の下で世界共通の分類ルールに従って振られている一方、7 桁から 9 桁レベルの細分は日本独自の統計細分である。HS 条約では 10 桁レベルまでの細分化が認められており、他国もそれぞれ自国の便宜に合わせて独自の細分に基づく関税率表を有している（HS の詳細については第 II 部 2 章及びそのコラムを参照願いたい）。

　交渉国は、この関税率一覧を交換することにより、相手国の物品の分類態様と個別品目の関税率を把握することができ、それぞれの品目にかかる関税についてどのような要求（即時関税撤廃や段階的関税撤廃、関税削減等。詳細は後述）を行うべきかについて検討するための基本材料とするのである。

(b) 貿易データ

　貿易データは、上述の関税率一覧に、各品目についての相手国から自国への輸入額を付したものである。自国の貿易データを参照することで、ある品目に対し自国が輸入関税を撤廃すると、相手国からの輸入総額のうち貿易額ベースで何パーセントを関税撤廃したことになるかという計算が可能となる。反対に、相手国の貿易データ（相手国の関税率一覧に、各品目についての自国から相手国への輸入額を付したもの）を参照することで、相手国が自国から輸入している総額のうち、貿易額ベースで何パーセントを相手国が関税撤廃したことになるかという計算も可能となるが、この相手国の貿易データは基本的には相手国から提供を受ける必要がある。

(3) 交渉モダリティの決定

　交渉を進めるにあたり、市場アクセス交渉に関わる様々な前提や目標水準等につき相手国との間で理解を共有しておくことは非常に重要である。したがって、個別品目の交渉を実際に開始する前に、主に以下の事項をめぐる交渉のとり進め方について、一定のルールや目標（モダリティと呼ぶことが多い）を決定するための協議・調整を行うことが多い。

(a) リクエスト＆オファー

　相手国側の個々の品目に対する関税についての要望を「リクエスト」、また、自国の品目について相手国に与える待遇（関税について、互いに相手国に「譲」り、特別な待遇を「許」すという意味で「譲許」という言葉を使うことがある）を「オファー」

と呼ぶ。これらは、個々の品目を「即時関税撤廃」や「10年以内関税撤廃」といった、関税撤廃のスケジュール等を示すカテゴリー（下記詳述）に分けることで表現され、交渉参加国間で品目一覧にリクエストあるいはオファーの内容を付したリストを交換することで、本格的な交渉がスタートすることになる。したがって、このリクエスト＆オファーを、いつ、どのような形で行うかは、いわば交渉の出発点を定めるものであり、それ自体が激しい交渉の対象となる。

　また、その際に、オファーの前提となる交渉の基準税率も設定される。市場アクセス交渉の初期に参加国が一致して採用する基準税率は、通常はその時点での最新のMFN税率となるが、場合によっては当該交渉が長期化し、その間に個別品目についてのMFN税率が変更されることもある。

(b) オファーのカテゴリー

　オファーは、(i) 即時関税撤廃、(ii) 段階的関税撤廃、(iii) 関税削減、(iv) 関税割当て、(v) 再協議、(vi) 除外等のカテゴリーに大別される。個々のカテゴリーについて、貿易自由化の度合いがより高いものから順に示すと、次のとおりとなる。

(i) 即時関税撤廃：協定発効と同時に関税が撤廃される（例：交渉の基準税率4％→協定発効日に無税）。

(ii) 段階的関税撤廃：5年間、10年間など、一定年数をかけて徐々に関税が削減され、最終的に撤廃される（例：交渉の基準税率6％→協定発効日に4％→2年目2％→3年目以降無税）。

(iii) 関税削減：関税の撤廃には至らないが、一定税率まで削減される（例：交渉の基準税率10％→協定発効日に5％→2年目以降3％）。

(iv) 関税割当て：無税あるいは低関税率が適用される一定の数量枠を設ける一方、その枠を超える輸入分については枠内よりも高い税率が適用される（例：一年間のうち、最初の500トンまでの輸入は無税、それを超える輸入分に関しては通常の関税率30％）。この仕組みにより、相手国の輸出関心が高いが完全に自由化すると国内産業に悪影響を与えるような品目がある場合に、優遇税率枠を与えることで相手国の要望をある程度満たしつつ、その数量を限定することで国内生産者の保護を図ることができる。

(v) 再協議：当該品目にかかる関税の扱い等について、一定期間後に再交渉される（例：協定発効から3年後に再交渉）。

(vi) 除外：上記 (i) ～ (v) を含め、いかなる約束も行わない。

　上記に加え、現行関税率又は交渉の基準税率以上に税率を引き上げないことを約束する現状／基準税率維持という約束の種類もある。これについては、現状より有利な取扱いとしない考え方もあるが、各国が自国の裁量により（WTOの場で合意

された上限関税率である WTO 協定税率の範囲内で）MFN 税率を引き上げる可能性が
ある中、この譲許を行うことで現状ないし交渉時と同じ扱いを将来にわたって確保
できるという意味において、譲許の一形態と見なされることが多い。

(c) 一括受諾の原則

　一括受諾（シングル・アンダーテイキング）とは、市場アクセス交渉は大きな一つ
のパッケージをまとめる交渉であり、すべての物品についての取扱いが確定して初
めて全体として合意する、という原則のことである。当然のことのように思われる
かもしれないが、実際の交渉においては多種多様な品目の市場アクセスを巡る交渉
が全く同じペースで進行することは稀であり、一方における譲歩が他方における要
求につながることもしばしばである。したがって、例えば農林水産品分野での交渉
が実質的に終了しても、鉱工業品に関する交渉を残して先に農林水産品の扱いを確
定するということはせず、正式な合意はあくまで全品目に関する交渉を済ませてか
らとする。

　この一括受諾の原則は、物品市場アクセス交渉に限って適用されるものではなく、
当該 EPA について交渉対象となる分野を跨いで協定全体について当てはめること
が通常である（例えば、サービス貿易に係る市場アクセス交渉が実質的に終了してい
ても、物品貿易に係る交渉が残されている間は、サービス貿易についてもその交渉結果を最
終確定しない等）。

(d) 原産地規則交渉との関係

　市場アクセス交渉の結果、合意された EPA 特恵税率（当該交渉に参加していない
第三国と比べて有利な税率）は、相手国からの輸入品すべてに適用されるわけではな
い。特恵税率が認められるのは、相手国の「原産品」に対してのみである（ある品
物がどのような場合に当該国の「原産品」と認められるかを定めたルールを原産地規則と
呼ぶが、これについては第Ⅲ部 2 章Ⅲ節で詳述する）。この意味で、市場アクセスと原
産地規則はいわば表裏一体である。すなわち、いくら市場アクセス交渉において関
税撤廃を獲得しても、自国の相手国への輸出品が原産品と認められなければその恩
恵を受けられず、何の意味もなさないことになる。従って、二つの交渉は互いに影
響を与え合っており、例えば、原産地規則の交渉で相手国が自国案に同意すること
を条件に、即時関税撤廃をオファーする、といった判断が実際に行われることもあ
る。

　このような関税交渉のモダリティに係る調整・決定は、ときにそれだけで相当な
時間を必要とする。特に、最終的な関税撤廃の水準についてまで目標を定めること

となる場合には、それ自体が交渉全体の成果を占うものともなり得るので、この段階で交渉参加国の思惑が複雑に交錯することも多々ある。物品貿易交渉では、個別品目をめぐる熾烈な折衝に至る前にも、交渉の枠組に関して真剣勝負の前哨戦が繰り広げられることになる。

(4) 交渉開始

上記 (3) において、リクエスト＆オファーの交換から本格的な交渉がスタートすると述べた。交渉参加国間で初めて交換するものをイニシャル・リクエストないしオファーと呼ぶが、この時点では自国のリクエスト内容と相手国からのオファー内容の間には開きがある。すなわち、自国の希望する品目がオファーされていないか、あるいはオファーされているにしても希望どおりのオファー内容・水準ではないことが普通である。

交渉参加各国は、最初のリクエスト＆オファーの交換後、相手国のオファーを分析し、相手国にとって関税撤廃が困難な品目及びその理由につき研究を行う。各国は、その分析結果を踏まえて、例えば相手国による関税撤廃が、自国のみならず相手国の経済や国民にとっても長期的には利益となることを説明する、あるいは、仮に打撃となるにしてもその影響は極めて小さいということの根拠を示すなどして、相手国からの更なる自由化を引き出すために説得を行う。または、自国のリクエストを見直し、真に必要な品目に絞り込んだ上で、より優先度の高い重要関心品目について相手国側オファーの改善を求めることもある。

各国はその後、こうしたやり取りを反映してイニシャル・オファーの内容を修正した改訂オファーを交換する。この作業を繰り返しながら、それぞれが納得できるレベルまで互いのオファーを改善することを目指し、個別品目ごと（ライン・バイ・ライン）の交渉を重ねていく。

(5) 実際の交渉の様子

「交渉を重ねていく」と簡単に書いたが、実際には常に物事が淡々と進んでいくわけではなく、時には大変緊迫感を伴った、あるいは感情的ともいえる激しい応酬が交わされることもある。各国とも、国と国民の利益を背負って交渉しているため、いつも笑顔で友好的に話が進められるわけではない。

(a) 日本の立場と相手国の立場

各国には、相手国とのこれまでの貿易実態を踏まえ、関税を引き下げることでさらに輸出を伸ばしたい「関心品目」がある。日本の場合は、自動車・自動車部品、一般機械、電気・電子製品、鉄鋼製品、化学製品等に加え、最近では、一部の農林

水産品の輸出拡大を重視している。これと同時に、それぞれの国には、国内産業構造等の観点から関税の撤廃や削減を行うことが困難な品目が存在する。国際貿易交渉の現場では、このように国にとって重要であり、輸入の増加により悪影響を受けるおそれが高い品目を「センシティブ品目」と呼んでいる。日本のみならず、各国にはそれぞれのセンシティブ品目が存在し、関税交渉においてバランスのとれた成果を得るには、各国が双方のセンシティブ品目の存在について認識しつつ柔軟性をもって交渉に臨むことが必要不可欠であると言える。

このように、物品の市場アクセス交渉は、貿易自由化の促進を基本としつつも、国内産業保護のニーズも十分に踏まえながら進めることとなる。

(b) 交渉の現場

立場の異なる各国が交渉を行うのであるから、交渉開始後は互いの主張を真っ直ぐにぶつけ合うことになる。しかし、折衝の回数を重ねるにつれ、相手が自由化を渋る理由が真に譲れないものなのか、単なる国内における調整不足なのか、あるいは交渉のカードとして戦術的に温めているのかが少しずつ見えてくる。これはいわば、交渉参加国間の信頼醸成のプロセスでもある。当初は「日本は先進国なのだから開発途上国に対しては全品目の関税を即時撤廃すべきだ」等という極端な主張を行っていた国が、粘り強く説得をしていくうちに柔軟な姿勢に転じることもあるし、交渉全体の状況によっては、日本の方から、物品貿易について相手国の要望を最大限反映した代替案を提示することもある。もちろん、お互い、相手の要求を100%呑むことは不可能であるが、その中でも歩み寄りにより打開策を見出そうと努めるのである。

また、物品の市場アクセス交渉では、相手国との交渉もさることながら、国内での調整も重要な要素である。上述のとおり、日本にとっての関心品目とセンシティブ品目をよく整理した上で、両者の間で「攻め」と「守り」のバランスを確保する必要がある。交渉を全体として成功させるためには、いずれか一方のために他方を全て犠牲にするわけにはいかない。また、日本がこれまで実行してきた関税運用上のルール等の国内制度にそぐわないような合意をすることもできない。

実際の交渉の現場には、関係省庁の中でEPAを担当している課のみならず、必要に応じ個別の物品や産業を直接所管している課(原課と呼ばれる)の担当者や関税の専門家等が交渉に加わるなどして、多い時には日本側だけで20名ほどが同じテーブルにつくこともあり、なかなか壮観である。また、忘れてはならないのが業界の存在であり、農業団体、鉄鋼業界、繊維業界等の業界との協議や業界間での合意が、市場アクセス交渉推進の原動力になることも多々ある。

こうした個別の品目や国内制度を所管する関係省庁、その背後にある業界の声を

最大限汲み取りつつ、交渉の進展、最終的な妥結に向けてギリギリの調整を行うことが、外務省には求められている。

(6) 交渉終盤の追い込み

　改訂オファーの交換を重ねた後であれば、交渉参加各国ともある程度満足のいく水準までオファー内容・水準を改善していることもあるが、自国側の重要な関心品目が相手国側のセンシティブ品目に該当する場合等、交渉の終盤になっても合意の見通しが立たないケースもある。

　そのような最終局面では、交渉頻度を上げて集中的な折衝を行い、必要な場合は関係業界や政治レベルでも最大限の国内調整を行うことがある。最終段階に至っても合意に達していないということは、交渉参加国にとって譲歩が困難ということであり、その中で何とか結果を出すために様々な駆け引きが行われるのである。特に、二国間の要人往来や多国間の国際会議等が近く行われる見通しがある場合、その場で「大筋合意」や「大枠合意」といった何らかの成果発表が期待されることも多く、いわば「締切り」が設定された状態でぎりぎりの交渉が行われことになる。こうした状況下では全ての参加国にとってプレッシャーは相当なものとなる。品目によっては、事務レベルでの通常の交渉範囲を超えて、その取扱いにつき高度な政治判断を必要とする場合も出てくるため、閣僚級や首脳級での直接折衝が行われることも少なくない。

3.　譲許表・注釈

(1) テキスト交渉

　市場アクセス交渉が終了しても、その合意内容が EPA の一部として国際的な法的文書、すなわち条文の形に直されなければ協定として機能しない。したがって、市場アクセス交渉の終了後は、各品目の関税のあり方について約束した内容を示した一覧表であるいわゆる「譲許表」、及び譲許表に含まれる特定の要素についての説明である「注釈」を作成することになる。この譲許表と注釈は、いずれも附属書として協定の一部を構成する。

　関係国間で合意済みの約束の内容を単にテキストの形式にするだけであって、それほど困難な作業ではないと思われるかも知れないが、この作業に市場アクセス交渉に匹敵するほどの多くの時間を費やすこともある。その理由は主に二つあり、一つは、譲許表では各国とも 10,000 前後にも及ぶ品目につき関税の取扱いを記すこととなり、(譲許表の形式にもよるが) 一方の国の分だけで数百から千頁にも及ぶ膨大な分量になるということ、もう一つは、譲許表及び注釈の記述方式が各国によって異なるため、日本と他国のそれが一致するとは限らないということである。譲許

表及び注釈は、全ての物品の関税率を規定するものなので、正確かつ誰にとっても誤解のないような書き振りとなるべきだが、日本が「最も正確で分かりやすい」と考える表現が必ずしも他国の賛意を得られるとは限らない。また、新たな EPA を締結する際には、各国とも、過去の類似の規定との整合性を確保する必要があり、こうした観点から、調整のための協議が必要となる。

　このように、譲許表の形式は、既存の EPA の実例やユーザーの視点等を勘案しつつ交渉参加国間で議論・決定されるものであるが、いずれのスタイルとなる場合でも、その法的な効果に違いが生じることのないよう調整・決定されている。

　以下では、テキスト交渉の成果物である譲許表及び注釈の読み方について概説を行う。

(2) 譲許表の構成要素

　譲許表の形式には様々あるが、これまで日本が締結した EPA のうち、特に二国間 EPA の一部となっている譲許表では、①関税率表番号、②品名、③交渉の基準税率、④譲許区分（カテゴリー）、⑤備考、の各欄を設けることが通常のパターンであり、これらの欄を合わせて読むと、個々の品目について当該協定の発効後に適用される関税率が分かるようになっている。

　①の「関税率表番号」とは、日本の関税を定める法律である関税定率法の別表（関税率表）で使用されている番号のことで、上記 2.（2）で説明した番号のうち HS 条約と同じ 6 桁までが該当する。日本独自の統計細分である 7 桁から 9 桁レベルの分類は、毎年少しずつ変更されていることから、日本が締結してきた二国間 EPA では、譲許表上では 6 桁までの番号を記載しつつ、7 桁から 9 桁までの細分については品名のみを後述の「段落ち」により表現するという体裁をとっている。

(a) 日本の譲許表の特徴──「段落ち」と統合

　これまで日本が採用してきた譲許表の形式の最大の特徴は「段落ち」と呼ばれる記載方法である。日本の譲許表では 6 桁までの番号を記載する旨上述したが、交渉過程において他国との間で交換するオファー品目リストでは全品目を記載することとなるため、そこでは 9 桁の番号を使用することになる。したがって、日本の譲許表に記載される品目の分類は、本来は 6 桁番号のみでは表示しきれない。この問題を解決するため、6 桁の番号で表されるレベルの分類を更に細かく分ける際には、9 桁の番号までをそのまま記載するのでない限り、分けた後の品名の行頭を一段下げて記載する等の措置（インデント：これを「段落ち」と呼ぶ）が必要になる。以後、分類のレベルが一段階下位の細分となるごとに一定の幅で行頭が更に下がっていく。行頭が同じ位置にあるものは、同じレベルの細分となる。

図Ⅲ 2-1　段落ちの例

HSコード（上段・右から左）：
○七・一一　　○七一一・二○　　○七一一・一三　　○七一一・一四　　○七一一・一五一　　○七一一・一五九

品目：

一時的な保存に適する処理をした野菜（例えば、亜硫酸ガス又は塩水、亜硫酸水その他の保存用の溶液により保存に適する処理をしたもので、そのままの状態では食用に適しないものに限る。）

オリーブ
ケーパー
きゅうり及びガーキン
きのこ及びトリフ
　きのこ（はらたけ属のもの）
　その他のもの
その他の野菜及び野菜を混合したもの
　なす（一個の重量が二〇グラム以下のものに限る。）、らっきょう及びわらび
　　なす
　　らっきょう及びわらび
　その他のもの
　　ごぼう
　　その他のもの
　　　なす
　　　その他のもの

税率（下段）：
九% 九%　　一二%　　六% 六%　　九%　　九%　　七・五%
B7 B15　　B10　　B5 B15　　A B7　　B7　　B7 B7 A7

出典：日・マレーシアEPA

左の図においては、0711.90 の部分で「段落ち」が行われている。すなわち、0711.90 で表される「その他の野菜及び野菜を混合したもの」はまず（A）「なす（一個の重量が20グラム以下のものに限る。）、らっきょう及びわらび」と（B）「その他のもの」に分類される。（A）は（A-1）「なす」と（A-2）「らっきょう及びわらび」に分類され、（B）は（B-1）「ごぼう」と（B-2）「その他のもの」に分類される。（B-2）は更にもう一度細分化されている。（A）と（B）は 0711.90 を二つに分けたものなので、同じレベルの細分であり、両者の行頭は同じ位置にある。

　このように段落ちを繰り返すことによって、どれほど細かい細分であっても表現することができる。

　日本の譲許表でよく見られるもう一つの特徴は、タリフライン（税率が付される各品目）の統合・整理である。HS条約においては、2桁の分類区分を「類」、4桁を「項」、6桁を「号」と呼んでいるが、これらの分類区分の中にあるタリフラインが全て同じ譲許内容であれば[1]、個々のタリフラインを記載することはせず、類（あるいは項、号）の単位で一つにまとめてその譲許内容を記載する（例：「第72類

1）但し、段階的関税撤廃のように毎年一定の割合で税率を引き下げて撤廃する場合は、同じ年数での撤廃（例えば5年）であっても、基準税率が異なる場合は当然毎年の税率も異なってくるため統合できない。

鉄鋼　A」など）。これに対し他国の譲許表では、譲許内容が同じであっても、オファー品目リストのように全てのタリフラインを記載する例が比較的多い。

（b）譲許表の読み方

では、実際の譲許表の例を見てみよう。

上述のとおり、各タリフラインには、基本的には対応する譲許のカテゴリーが併記される（上から4つ目の欄）。この欄にはA、B、Q、Xの4種類の記号が並んで

図Ⅲ 2-2　譲許表の例

第八類 番号	品名	税率	区分
〇八・〇一	食用の果実及びナット、かんきつ類の果皮並びにメロンの皮		A
〇八・〇二	ココやしの実、ブラジルナット及びカシューナット（生鮮のもの及び乾燥したものに限るものとし、殻又は皮を除いてあるかないかを問わない。）		
	アーモンド		
〇八〇二・一一	殻付きのもの	一〇%	A
〇八〇二・一二	殻を除いたもの	一〇%	A
	ヘーゼルナット（コリュルス属のもの）		
〇八〇二・二一	殻付きのもの		A
〇八〇二・二二	殻を除いたもの		A
	くり（カスタネア属のもの）		
〇八〇二・三一	殻付きのもの	九・六%	B 7
〇八〇二・三二	殻を除いたもの		B 7
〇八〇二・四〇	ピスタチオナット		B 15
〇八〇二・五〇	その他のもの		A
	くるみ		
〇八〇二・九〇	びんろう子、マカダミアナット及びペカン		B 10
	その他のもの		A
〇八・〇三	バナナ（プランテインを含むものとし、生鮮のもの及び乾燥したものに限る。）	一二%	
	生鮮のもの		Q
	その他のもの		A
〇八・〇四	なつめやしの実、いちじく、パイナップル、アボカドー、グアバ、マンゴー及びマンゴスチン（生鮮のもの及び乾燥したものに限る。）		
〇八〇四・一〇	なつめやしの実		A
〇八〇四・二〇	いちじく	三%	B 5
〇八〇四・三〇	パイナップル		X
〇八〇四・四〇	アボカドー		A
〇八〇四・五〇	グアバ、マンゴー及びマンゴスチン		A

2

出典：日・マレーシアEPA

おり、Bには異なった数字及び基準税率が記載されていること、Qの下の欄には番号が振られていることが分かる。これらの記号の意味は、次項で触れる「一般的注釈」において説明されており、Aは即時関税撤廃、Bは段階的関税撤廃、Qは関税割当て、Xは除外を意味する。したがって、Aと付されている品目（例えば0802.11及び0802.12のアーモンド）は、協定の発効日に無税となることが分かる。一方、Bに続く数字は関税が最終的に撤廃されるまでに必要な年数を表しており、B5なら5年間で撤廃（6年目の初日から無税）となる。このBカテゴリーの品目は、付されている数字＋1回の均等な引下げにより関税が撤廃されることとなっており、第1回目の引下げは協定の発効日、その後は毎年1回ずつ行われる。基準税率は関税引下げの起点となる税率なので、例えば「B5」とされている0804.10の「なつめやしの実（生鮮及び乾燥したもの）」については、3％を5＋1の計6回の均等な引下げにより無税にするということになる。つまり協定発効日に2.5％となり、2年目以降も毎年0.5％ずつ引き下げられ、6年目の初日に無税となることが分かる。では、Qが付された生鮮バナナについてはどうであろうか。このQだけでは税率は読みとれないが、更に下の欄にある2という注釈番号に従って注釈を読めば、バナナについてどのような取扱いになるかの説明がある。最後に、Xとなっているパイナップル（0804.30）については、除外、すなわち何ら約束を行っていないので、現行の税率が適用されることになる（また、WTOで約束している範囲内であれば、将来的に税率を変更することも可能）。

　このように、譲許表においては、譲許区分のみで税率が分かる場合もあれば、区分と基準税率を用いて計算が必要となる場合、さらには注釈まで読んで初めて税率が分かる場合もある。いずれの場合においても、全ての品目の取扱いが譲許表と注釈によって判明するようにできている

（3）注釈

　注釈は、適用税率を決定する上で必要な情報であるが、譲許表には記載し得ない詳細な内容を規定したもので、通常、一般的注釈（当該協定の締約国に共通する事項を記載）と個別注釈（各締約国の譲許表の注釈）から構成される。

（a）一般的注釈

　一般的注釈は、即時関税撤廃や段階的関税撤廃などの譲許区分の具体的説明、毎年の税率引下げ日等、主に協定参加各国の譲許表に共通して適用される内容について説明するものである。例えば、日・マレーシアEPAにおける実際の注釈について、一部内容を説明すると以下のとおりである。

第一部　一般的注釈

1　　第十九条の規定の適用に当たっては、第二部第二節及び第三部第二節の
　　各締約国の表の2欄に掲げる品目について、それぞれの表の4欄に掲げる
　　次の区分及びそれぞれの表の5欄の注釈に定める条件を適用する。

　(a)　表の4欄に「A」を掲げた品目に分類される原産品の関税については、
　この協定の効力発生の日に撤廃する。

　(b)　表の4欄に「B3」を掲げた品目に分類される原産品の関税については、
　この協定の効力発生の日から行われる基準税率から無税までの四回の毎年均
　等な引き下げにより、撤廃する。

　（中略）

　(l)　表の4欄に「P」を掲げた品目に分類される原産品の関税については、
　表の5欄の注釈に定める条件に従う。

　(m)　表の4欄に「Q」を掲げた品目に分類される原産品の関税については、
　表の5欄の注釈に定める条件に従う。

　（以下略）

　譲許表の読み方については既に説明したとおりであるが、上記の (a) は、表の
4欄に「A」と記載があればその品目は協定の効力発生の日から無税となる、すな
わち即時関税撤廃であることの説明である。(b) は、「B3」と記載のある品目につ
いて、協定発効の日、2年目、3年目、4年目の4回の毎年均等な引下げによって
基準税率から無税に至ることを示す、段階的関税撤廃の説明である（なお、この
日・マレーシアEPAの場合は「B」に続く数字＋1回の均等な引下げを意味しているが、
TPP等の一部のEPAでは「B」に続く数字の回数の均等な引下げを意味する場合があり、
各EPAの注釈を確認する必要がある）。(l) 及び (m) については、記号がPかQか
ということを除いては全く同じ記述だが、どちらも第5欄にある注釈番号に対応す
る個別注釈の説明を見れば、「P」が関税率の不規則な引下げによる撤廃、関税削
減及び現行関税率の維持、「Q」が関税割当てを示すものであることが分かる。

2　　この附属書の規定に従って行われる関税の撤廃又は引下げについては、
従価税の場合には、0.1パーセント未満の端数は、これを四捨五入し（0.05パー
セントは、0.1パーセントとする。）、従量税の場合には、各締約国の公式貨幣単
位の0.01未満の端数は、これを四捨五入する（0.005は、0.01とする。）。（以下
略）

　従価税とは、輸入品の価格の何％という形でかかる税、従量税とは輸入品の数量（重量、個数、容積等）に対し、単位数量あたりいくらという形でかかる税のことである。上記の「B」カテゴリーのような段階的関税撤廃の場合、基準税率と引下げ回数によっては毎回税率が端数なく割り切れるとは限らない（例えば、19％を３回の均等な引下げで無税にする場合）。本規定は、そのような場合の端数の処理について定めた規定である。四捨五入によって、従価税については小数点第一位まで、従量税については小数点第二位までとすることになる。

> 4　この附属書の規定の適用上、「基準税率」とは、第二部第二節及び第三部第二節の各締約国の表の３欄に定める税率であって、関税の引下げ又は撤廃に向けた毎年均等な引下げの開始点におけるもののみをいう。

　基準税率についての説明である。「この附属書」、つまり譲許表において、「基準税率」とは、表の３欄に表示している税率であり、それは毎年均等な税率引下げを行う品目につき引下げの開始点となる税率である、ということを述べている。開始点（基準税率）と終着点（無税または関税撤廃に至らない関税引下げの場合は個別注釈で定める最終税率）、及び引下げ回数が判明することで毎年の税率の計算が可能になる。

> 6　この部及び第二部の規定の適用上、「年」とは、一年目については、この協定の効力発生の日からその後の最初の三月三十一日までをいい、その後の各年については、当該各年の四月一日に開始する十二箇月の期間をいう。

　「第二部」とは日本の譲許表と注釈を指し、日本では国内制度上毎年の税率の変更を４月１日に行うことになっているので、物品にかかるEPA税率の文脈では「年」がいわゆる暦年ではなく、会計年度（４月～３月）に倣う必要があることを踏まえた記載である。日・マレーシアEPAにおいては、この次にマレーシアにとっての「年」を定義する注釈が続くが、両国で同じ「年」の定義を採用することもあり、その場合は注釈は一本化される。

> 8　関税割当ての実施に当たっては、一年目が十二箇月未満の場合には、第二部第一節及び第三部第一節に規定する一年目の合計割当数量は、残余の完全な月数に比例する数量に減ずる。この8の規定の適用上、第二部第一節及び第三部第一節の関連する規定に特定する単位が適用されることを条件として、一・〇未満の端数は、これを四捨五入する（〇・五は、一・〇とする。）。

　関税割当てについては 2.（3）の譲許のカテゴリーの説明で触れたとおりであるが、通常関税割当数量は年間枠として与えられる。上記注釈 6 で明らかなとおり、1 年目に関しては必ずしも 12 か月にはならないため、通常の年間枠をそのまま適用はせず、1 年目が 12 か月の何分の 1 にあたるかに応じて同じ割合になるように減らす、ということである。このとき、「完全な月」というのは、月の初日から最終日までが含まれている場合を指し、例えば仮に 9 月 10 日に協定が発効したとすると、9 月は「完全な月」とはみなされない。したがって、日本がマレーシアに年間枠 500 トンを与えている品目があったと仮定すると、1 年目の合計割当数量は 10 月から 3 月までの 6 か月分、500×（6÷12）＝ 250 トンとなる。

　また、後段の「第二部第一節〜これを四捨五入する」というのは、上記のように割当数量を減らすにあたって、小数点以下は四捨五入して数量を整数とする、また、その際の単位は各国の注釈に記載している単位（例：トン）を使用するということを意味する。例えば、計算の結果 8.5 トンとなった場合に「8500 キロ」とすれば整数であるが、注釈に記載のある単位がトンの場合には、トンで計算した結果である 8.5 の小数点以下を四捨五入した 9 トンが割当数量となる。

（b）個別注釈

　それぞれの国の個別注釈では、各国の関税削減、関税割当て、再協議の品目等について、その扱いの詳細を規定している。関税削減、あるいは毎年均等ではない引下げによる関税撤廃に関しては毎年の関税率、再協議に関しては再協議の時期等について規定している。例えば関税割当てについての注釈を見ると以下のようになっている。

（日本側注釈）

2（a）関税割当ては、次の規定に従って行う。

　①　一年目及びその後の毎年の合計割当数量は、それぞれ千メートル・トンとする。

　②　枠内税率は、無税とする。

　③　①及び②の規定の適用上、関税割当ては、それぞれの輸出について輸出締約国が発給する証明書に基づき輸入締約国が発給する関税割当ての証明書により行う。

　④　両締約国は、四年目の終了後、第十九条3の規定に従って、その後の合計割当数量について交渉する。交渉の結果、両締約国間で合意が得られない場合には、合意が得られるまでの間、（i）に規定する合計割当数量を適用する。

図Ⅲ 2-3

関税品目	品名	基準税率	1年目	2年目	3年目	4年目	5年目	6年目
	第52類　綿及び綿織物							
52.01								
520100.000	実綿及び繰綿（カードし又はコームしたものを除く。）		無税	無税	無税	無税	無税	無税
52.02	綿のくず（糸くず及び反毛した繊維を含む。）							
520210.000	糸くず		無税	無税	無税	無税	無税	無税
	その他のもの							
520291.000	反毛した繊維		無税	無税	無税	無税	無税	無税
520299.000	その他のもの		無税	無税	無税	無税	無税	無税
52.03								
520300.000	綿（カードし又はコームしたものに限る。）		無税	無税	無税	無税	無税	無税
52.04	綿製の縫糸（小売用にしたものであるかないかを問わない。）							
	小売用にしたものでないもの							
5204.11	綿の重量が全重量の85％以上のもの							
520411.010	1 合成繊維若しくはアセテート繊維又はこれらの繊維を合わせたものの重量が全重量の10％を超えるもの		無税	無税	無税	無税	無税	無税
520411.020	2 その他のもの		無税	無税	無税	無税	無税	無税
520411.020	2 その他のもの	3.0%	2.7%	2.5%	2.2%	1.9%	1.6%	1.4%
5204.19	その他のもの							
520419.010	1 合成繊維若しくはアセテート繊維又はこれらの繊維を合わせたものの重量が全重量の10％を超えるもの		無税	無税	無税	無税	無税	無税
520419.020	2 その他のもの		無税	無税	無税	無税	無税	無税

出典：RCEP 協定

譲許表の例

7年目	8年目	9年目	10年目	11年目	12年目	13年目	14年目	15年目	16年目	17年目	18年目	19年目	20年目	21年目以降	備考
無税	無税	無税	無税	無税	無税	無税	無税	無税	無税	無税	無税	無税	無税	無税	
無税	無税	無税	無税	無税	無税	無税	無税	無税	無税	無税	無税	無税	無税	無税	
無税	無税	無税	無税	無税	無税	無税	無税	無税	無税	無税	無税	無税	無税	無税	
無税	無税	無税	無税	無税	無税	無税	無税	無税	無税	無税	無税	無税	無税	無税	
無税	無税	無税	無税	無税	無税	無税	無税	無税	無税	無税	無税	無税	無税	無税	
無税	無税	無税	無税	無税	無税	無税	無税	無税	無税	無税	無税	無税	無税	無税	
無税	無税	無税	無税	無税	無税	無税	無税	無税	無税	無税	無税	無税	無税	無税	ASEAN、オーストラリア、韓国及びニュージーランドに対する待遇
1.1%	0.8%	0.5%	0.3%	無税	無税	無税	無税	無税	無税	無税	無税	無税	無税	無税	中国に対する待遇
無税	無税	無税	無税	無税	無税	無税	無税	無税	無税	無税	無税	無税	無税	無税	
無税	無税	無税	無税	無税	無税	無税	無税	無税	無税	無税	無税	無税	無税	無税	

> （b）関税割当ての下で輸入される原産品以外の原産品に適用する関税率は、
> この協定の効力発生の日から、次のとおりとする。
> 　①　毎年四月一日から同年九月三十日までに輸入される原産品については、
> 十・〇パーセント
> 　②　毎年十月一日から翌年三月三十一日までに輸入される原産品については、
> 二十・〇パーセント

　この注釈は生鮮バナナに関するものである。（a）では関税割当てがどのように行われるかにつき説明されているが、①及び②によって毎年マレーシアは1,000トンまで無税で日本に生鮮バナナを輸出する枠が与えられたことが分かる。但し、無税枠のもとで輸出するには、③にあるとおり輸入締約国、すなわち日本が発給する関税割当ての証明書が必要である。この1,000トンという無税枠の数量については、④で4年目終了後に両国間で交渉されるものとされており、両国間で新たな数量に合意するまでは毎年1,000トンが適用され続ける。（b）に記されているのは、（a）にある関税割当制度外での輸入の際の税率（枠内税率に対し枠外税率と呼ぶ。また、枠内税率を一次税率、枠外税率を二次税率と呼ぶこともある）だが、これは無税枠の1,000トンを超えて輸出される生鮮バナナに適用される税率である。なお、EPAにおいては、関税割当枠の設定に当たり枠外税率を約束しない場合もあり、この場合は注釈に枠外税率の説明はなく、単に通常の関税率（MFN税率）が適用される。

　本節では、日本が締結してきた二国間EPAの譲許表において通常採用されてきた形式を主に紹介してきた。これに対し、特に、より最近の協定（TPP11、日EU・EPA、日英EPA、RCEP協定）では、譲許表の基本的な構成要素の概念はそれまでの協定と同じではあるものの、6桁ではなく9桁レベルまで品目番号とともに国内分類を示すことに加えて、発効後の各年において具体的に適用される税率そのものを、表に記載される全ての個別品目について明記する形式（通称「ステージング表」）がとられており、譲許表のボリュームとしては相当大きくなっている。また、このうちTPP11やRCEP協定では、輸入統計品目表に記載された全ての品目を、譲許内容に関係なくすべからく記載する形式となっている（日EU・EPA及び日英EPAでは、基本的に、即時関税撤廃を約束する品目は譲許表に記載しない形式となっている）。一方、このように各年の適用税率まで詳細に記載する場合は、譲許区分とその説明を別途記載することの付加価値が実質的に失われることになる。そこで、RCEP協定では、日本が締結したEPAの譲許表としては初めて、譲許区分の欄そのものを取り除いた形式が採用された。また、譲許区分の欄が消えることで、一般的注釈及び個別注釈の主要部分の記述も不要となったため、RCEP協定では注釈の

分量が他の EPA に比べ格段と少なくなっているのも特徴である。なお、TPP11、RCEP 協定では、品目によっては相手国に応じて約束内容を差別化しているため、譲許表においてはその区別が分かるように「備考欄（Remarks）」に当該ラインの対象国を明記する形式がとられている。

[コラムⅢ (1)] 特恵税率に係る判断 ── RCEP 交渉を例に

日本の EPA 交渉の歴史を振り返ると、以前は東南アジアや中南米の国々との二国間交渉に多くの努力が傾けられたが、近年では、いわゆる「メガ EPA」の下で、複数国が参画する多国間交渉にも積極的に挑むようになっている。多数国間協定をめぐっては、過去の二国間交渉で相手となった国と再び折衝することもあり、そのような「再会相手」への譲許が交渉の焦点になることもある。

2020 年 11 月に署名された RCEP 協定も、日本を含む 15 か国からなる多数国間協定である。これは、現時点において発効又は署名済みで日本が参加する EPA のうち最も新しいものだが、ある国との間で発効済みの他の協定で譲許済みの品目であっても、RCEP 協定下でその国に対し同程度あるいはそれ以上の関税撤廃や削減を自動的に約束しているわけではない。当該国だけを見れば交渉相手は同じだが、協定が変わると交渉参加国全体の構成や目指すべき自由化水準等も変わるため、同じ品目であっても日本が約束できる関税の水準も変わり得るのである。

また、RCEP 協定では、経済・貿易の発展段階やその構造が一様でない 15 か国が参加しているほか、日本との間で締結済みの EPA がない国も含まれる。こうした事情を踏まえると、品目によっては全ての参加国に対し同じ約束はできない（すべきでない）ため、約束の水準を相手国に応じて意図的に差別化していることも多い。

EPA 特恵税率は、過去の実績のみに依拠して設定されるのではなく、攻守両面での交渉の結果であると同時に、協定全体を俯瞰した利益バランスや目標水準、さらには交渉ペース等にも配慮しながら、国益を確保する上でのベスト・オプションを選択した結果でもあるのだ。

Ⅱ. 物品一般ルール

1. 概要

物品一般ルール（以下、物品ルール）は、市場アクセス交渉の成果である関税撤廃又は削減の履行を法的に確保するため、関税撤廃・削減の根拠となる条文の他、内国民待遇、物品の分類、輸出入の制限等、物品の貿易を行う上での基本的な諸規則を定めている。

　市場アクセス交渉の結果、EPA 相手国の関税が大幅に撤廃・削減されたとしても、当該相手国が日本からの原産品に対し、関税以外に様々な名目の課徴金を徴収したり、厳しい輸入許可制度等の非関税措置を実施して実質的に輸入できないようにしたりすれば、関税撤廃・削減の効果がなくなってしまう。また、譲許表上では課税される産品であっても、特定用途であれば輸入関税が免除されるケース等がある。このように譲許表には示されないが、EPA 締約国間の貿易に実質的に影響を与える措置が多々ある。最近締結された EPA では、以前の EPA に比べ、こうした非関税措置や免税措置に関する規定がより拡充され、詳細に規定されている。さらに日・オーストラリア EPA、TPP、日 EU・EPA 等では農業分野に特化した規定が多く盛り込まれている他、日本のエネルギー安全保障上、安定供給を確保することが重要な相手国との EPA では、エネルギー安定供給に関する条文も盛り込まれるなど、物品ルールとして規律する内容も多様化してきている。

　急激な貿易自由化に伴う国内産業への悪影響を緩和するための貿易救済措置も物品ルールの重要な要素である。ここでいう貿易救済措置には、大きく分けて、一定の条件の下に関税の一時的な引き上げを認めるセーフガード措置と、輸出国が不当な廉売行為（ダンピング）を行っている場合の対抗措置（アンチダンピング）に分かれる。いずれも、WTO 協定の下のセーフガードに関する協定（以下、セーフガード協定）や千九百九十四年の関税及び貿易に関する一般協定第六条の実施に関する協定（以下、アンチダンピング協定）等で、世界共通のルールが設けられているが、特にセーフガードについては、EPA が本質的に WTO 協定以上の関税の引き下げを定めたものであることから、各協定の中で独自のルールが設けられている場合が多い。ただし、従来の EPA では、EPA 上の譲許（関税撤廃・削減の約束）が存続する限り継続する「恒久措置」となっていたが、最近締結した EPA ではセーフガードの存在自体を「経過期間」に限定し、品目別セーフガードを設定するなど、セーフガードの行使をより制限的にする方向にある。

　また、日本が締結した従来の EPA では、アンチダンピングについては、WTO 協定上の権利・義務を確認するに止まっていたが最近締結された EPA では、アンチダンピングについても、WTO 協定以上に詳細な手続き等を盛り込んでいる。これに伴い、物品ルール章とは独立した貿易救済章も設けられている。

2.　条文解説

　本書では比較的最近に締結された日・オーストラリア EPA、TPP、日 EU・EPA 等の規定の一部を参照しつつ物品ルールの主要な規定の内容を紹介することとしたい。

(1) 内国民待遇（TPP 第 2.3 条、日 EU・EPA 第 2.7 条等）

　内国民待遇とは、内国の課税及び規則に関して、輸入品に対し同種の国内産品に対して与える待遇より不利でない待遇を与える規律であり、そもそもは GATT の重要な原則の一つである（GATT 第 3 条）。EPA でも、相手国の産品に対して内国民待遇を与えることを改めて規定している。例えば、市場アクセス交渉の結果、原産品 A の関税が撤廃されたとしても、それと同等の物品税を国内税として輸入品のみに賦課することが認められれば、関税撤廃の意味がなくなってしまう。このような事態を回避するために、EPA 締約国間で輸入品を国内産品と差別的に扱ってはいけないことを規定している（ただし、本条の適用範囲は、EPA に基づく特恵税率の対象である「原産品」に限られず、締約国から輸入される産品全般。また、TPP では、附属書 2-A において、本条の適用除外とされる措置を列挙している）。

(2) 関税の撤廃・削減
(a) スタンドスティル義務（TPP 第 2.4 条第 1 項、日 EU・EPA 第 2.13 条第 1 項等）

　譲許表（TPP では附属書 2-D の各国の表）に記載された原産品に対する関税を引き上げる、又は新設することを禁止している。

(b) 関税の撤廃・削減（TPP 第 2.4 条第 2 項、日 EU・EPA 第 2.8 条第 1 項等）

　EPA における市場アクセス交渉の結果、締約国は相手国から輸入される実質上すべての原産品に対し、自国の市場へのアクセスを改善する、すなわち、関税を撤廃・削減することを約束することになる。この交渉結果が譲許表に記載される。この譲許表に従い、原産品に対する関税の撤廃・削減が行われることを確保するのがこの規定であり、その意味において、EPA の物品貿易に関する最も核心的な義務を規定している条文と言える。

　冒頭で「別段の定めがある場合を除くほか」というのは、後述する EPA 独自のセーフガード措置の適用、一般例外・安保例外等、協定上の規定に基づき、譲許表に定められた税率を一時的に引き上げることが許容されている場合を想定している。

(c) 関税の定義（TPP 第 1.3 条、日 EU・EPA 第 2.4 条等）

　「関税」とは、一般的には物品の輸入に課される輸入関税をさすが、日本が締結した EPA のほとんどでは「関税」とは、いわゆる一般的な輸入関税のみならず、「その他あらゆる種類の課徴金」を含むと定義されている。これは関税以外に様々な名目の課徴金（例えば、「証明書類等の交付手数料」等）が課されることによって、実質的に関税が課されているのと同様の状況が発生するのを回避するためである。

ただし、(i) 内国税、(ii) 提供された役務の費用に相応する手数料、(iii) ダンピング防止税又は相殺関税等は、「関税」の定義から除かれているので、これらのものは課すことは禁じられない。「内国税」が認められることにより、輸入の際に関税と同様の効果を持つ課徴金を課すことはできないが、一旦輸入された産品に、国内産品と同じ条件で消費税を課したりすることは許される。

(d) 原産の定義（TPP 第 1.3 条、日 EU・EPA 第 2.3 条等）

　譲許表に従って関税の撤廃・削減の対象となる（EPA の特恵税率が適用される）のは「原産品」であり、「原産品」とは各 EPA で定める原産地規則（TPP では第 3 章原産地規則及び原産地手続及び第 4 章繊維及び繊維製品、日 EU・EPA では第 3 章原産地規則及び原産地手続）を満たして協定上の「原産」となった産品に限られる。どのような条件を満たせば「原産品」となるかについては原産地規則章に定められている（第Ⅲ部 2 章Ⅱ節参照）。

(e) 関税撤廃の繰上げ（TPP 第 2.4 条第 3 項、第 4 項、第 5 項及び第 7 項等）

　TPP では、いずれかの締約国の要請に応じ、自国の表（譲許表）に定める関税の撤廃時期の繰上げ（時期を早めること）について検討するため、協議するという規定を設けている（TPP 第 2.4 条第 3 項）。かかる協議について合意に達した場合に、各国が国内法上必要な手続きを経て承認する場合には、自国の譲許表に優先して適用する旨規定している（TPP 第 2.3 条第 4 項）。また、締約国がいつでも一方的に関税撤廃の時期を繰り上げることができること（TPP 第 2.3 条第 5 項）、関税率の一方的な引下げの実施後に、譲許表で定められている各年の税率を上限として、関税を再度引き上げることができることを定めている（TPP 第 2.3 条第 7 項）。これらは、譲許表に示された関税撤廃のスケジュールを最低限確保しつつ、当事国が適当と判断する場合には、さらに速いスピードで関税の撤廃を行えるよう、柔軟性を確保したものといえる。

(f) 実行最恵国税率（MFN 税率）が EPA 税率を下回る場合の MFN 税率の適用

　日 EU・EPA 第 2.8 条第 2 項では、「一方の締約国は、実行最恵国税率を引き下げる場合において、引下げ後の実行最恵国税率が附属書 2-A の規定に従って計算される他方の締約国の原産品に関する関税率を下回るときに限り、当該実行最恵国税率を当該原産品について適用する。」として、MFN 税率が EPA 税率を下回る場合に、締約国が MFN 税率を適用することを明記している。

　また、TPP 第 2.3 条第 6 項では、「いずれの締約国も、世界貿易機関設立協定の下で原産品について適用される関税率の適用を輸入者が要求することを禁止しては

ならない。」として、輸入者が MFN 税率の適用を要求することを輸入国が禁止できないとする規定をおいている。

　こうした規定はいかなる事態を想定しているのであろうか。既述のとおり、市場アクセス交渉では、交渉開始当時の MFN 税率を起点として関税の撤廃・削減を交渉することが多いため、通常の場合、EPA 上の特恵税率は MFN 税率より低くなっていることが想定される。一方、EPA 交渉妥結までの間や、発効しても複数年をかけて関税率を削減している間に、何らかの事情（WTO での関税交渉で譲許税率を引き下げる等）で MFN 税率を引き下げた結果、その産品の EPA 税率よりも MFN 税率が下回るという逆転現象が生じる場合がある。

　例えば、市場アクセス交渉を開始した時に、産品 A に関する締約国 B の MFN 税率が 10%であり、これを基準税率とし、10 年間の段階的撤廃に合意したとする。発効 3 年目の EPA 特恵税率は 7% となるが、この場合において、協定発効後 2 年目の年に、締約国 B が産品 A に対する MFN 税率を何らかの理由で 5% まで引き下げたとしたら、MFN 税率と EPA 税率の逆転が生じる。これも既に述べたとおり、EPA 税率が適用されるためには、当該産品の原産性を証明する必要があり、そのためにコストも労力もかかるが、MFN 税率が EPA 税率よりも低い税率であれば、そうしたコストや労力をかけずに低い税率（MFN 税率）で輸入できることとなる。この規定は、ユーザーが関税率の逆転が起こっていることを知らないまま原産地証明を経て EPA 税率で輸入申告した場合について、税関が低い税率を適用すること、又は、ユーザーが事後的により低い MFN 税率との差額の還付を受けることを可能とするものである。

(4) 関税上の評価（日 EU・EPA 第 2.11 条等）

　EPA/FTA 相手国から輸入された原産品に課税する場合、その税率を確定するためには、特恵税率とともに、その特恵税率を適用して実際に徴収する関税額を計算するベースとなる原産品の価格（課税価額という）を決定する必要がある。実際の輸入価格に基づかず、恣意的に課税価額が決められれば、実質的に税率の引き上げと同じ効果をもたらすことになりかねない。このような事態を回避するために、EPA/FTA 上、課税価額を決めるための共通ルールが定められている。日本が締結している多くの EPA では、輸入貨物の課税価額の決め方を定めた WTO 協定附属書一千九百九十四年の関税と貿易に関する一般協定第七条の実施に関する協定（関税評価協定）の規定を準用することとしている。

(5) 免税措置

　国境をまたいだビジネスには、修理のために産品を生産した海外の工場に戻した

り、輸出相手国にいる顧客に商用サンプルを送ったり、あるいは展示会で展示するために一時的に産品を別の国から持ち込み、展示会が終了すれば再度運び出すといった様々な状況がある。こうしたケースにおいて、通常の貿易のように一々関税が課せられれば不便この上ない。こうした状況を避けるため、最近日本が締結したTPP や日 EU・EPA では一定の場合の免税措置について規定されている。

　具体的には、TPP 第 2.6 条は、産品の原産地に関わらず、締約国の領域から一時的に他の締約国の領域に修理又は変更のために輸出される産品について、その一時輸入の際に関税を課してはならないこと、また、修理又は変更の後に、輸出国の領域に再輸入される際に、関税を課してはならないこと、を規定している（日 EU 第2.9 条も同様）。また、TPP 第 2.7 条では、産品の原産地に関わらず、他の締約国の領域から輸入された著しく価額の低い商品見本及び印刷された広告資料に対し、免税輸入を認めること等を規定している。さらに、TPP 第 2.8 条（産品の一時輸入）は、産品の原産地に関わらず、展示又は実演のための産品、商品見本等、特定の産品について一時免税輸入を認めること等を規定している（日 EU・EPA 第 2.11 条も同様）。

（6）非関税措置（日・オーストラリア EPA 第 2.8 条等）

　EPA/FTA の市場アクセス交渉の結果、関税が引き下げられても、非関税措置により様々な障壁が設けられ、結果として EPA/FTA 相手国への輸出を難しくしていれば、関税引下げの効果が無くなってしまう。このような考えから、従来の日本の EPA では日・オーストラリア EPA 第 2.8 条のような非関税措置に関する包括的な規定を設けてきた。

　ただし、どのような措置が非関税措置にあたるかについては、WTO 協定でも日本が締結したこれまでの EPA でも定義はない。GATT 第 11 条で禁止されている数量制限や、国際貿易に対する偽装した制限となるような検疫措置や基準・認証制度は代表例だと思われるが、実際に問題となる事例はこうしたものに限られない。

　そこで、最近日本が締結した EPA の物品ルール章では、非関税措置に関する包括的な規定を設けるのではなく、輸出入制限、輸出入許可手続、行政上の手数料及び手続など、貿易に影響を与えうる非関税措置をより具体化、明確化した規定を設け、さらに問題が発生した場合の協議メカニズムを設けている場合もある（検疫措置や基準・認証制度については、SPS 章や TBT 章で扱う）。

（7）輸入及び輸出の制限（TPP 第 2.10 条、日 EU・EPA 第 2.15 条等）

　GATT 第 11 条（数量制限の一般的禁止）1 は、輸入又は輸出の禁止又は制限となる措置について「関税その他の課徴金以外」のものを原則として禁じており、多く

のEPA/FTAでは、このGATT第11条の義務を遵守することを求めている。

　TPP第2.11条では、さらに、①輸出価格や輸入価格に要件を設けること、②特定措置（例えば、輸入国企業への技術移転等。）の履行を条件とする輸入許可手続、③WTOルールに適合しない輸出自主規制、④商用暗号について輸入や販売に制限を設けることを、明示的に禁止する一方、附属書2-Aにおいて、本条の適用除外となる各国の法令や措置を規定し、許容される措置の範囲を明確化している。

　また、日EU・EPAでは附属書2-Bに列挙された産品に対して輸出制限措置をとる場合は、相手国への通報、要請による協議義務などを規定している。

(8) 輸入許可手続（TPP第2.12条、日EU・EPA第2.17条等）

　関税がいくら撤廃・削減されても、輸入許可手続が煩雑、恣意的で、許可の基準が不透明で許可を得ることが難しければ、貿易の障壁となる。この点、WTO・IL協定（輸入許可手続に関する協定）では、輸入許可が貿易制限的なものとならないよう公正かつ衡平に運用すべきことや、手続に関する規則や情報の公表を含む詳細を定めている。これまで日本が締結した多くのEPAでは、IL協定の義務を確認したもの（日EU・EPA第2.17条第1項）や特に規定をおいていない場合も多かったが、TPPでは、このようなWTOルールを補強し、同ルールに適合しない措置の採用を禁止するとともに、他の締約国からの合理的な照会に対して60日以内に回答する義務等を規定している。

(9) 輸出許可手続の透明性（TPP第2・13条）

　WTO協定では、事実上の数量制限に当たるような輸出及び輸入許可手続を禁止した上で、輸入許可手続については、透明性の確保の観点から、より具体的な規定を置いている。他方、輸出許可手続については、数量制限の禁止以上に具体的な規定は存在しない。

　しかしながら、実際には輸入許可手続のみならず、不透明で恣意的な輸出許可手続によって突如輸出が止まるリスクもある。特に、対象産品が、食料やエネルギーであれば、輸入国の食料・エネルギー安全保障にかかわる大問題である。こうしたことを踏まえ、TPPでは、締約国が自国が定める輸出許可手続について通報し、その後、新たな手続を採用したり、既存の手続の変更を行った場合は、効力発生後30日以内に公表することなど、輸出許可手続の透明性向上に資する規定を設けている。また、日本がこれまで締結したEPAの中には、輸出許可手続の観点から、食料、エネルギーの安定供給に特化した規定を設けているものもある（(13)食料とエネルギーの安全保障を参照）。

（10）行政上の手数料及び手続（TPP 第 2.14 条、日 EU・EPA 第 2.16 条等）

　行政上の手数料は、通常、関税の定義からは除外されており、関税の撤廃・削減義務の対象ではないが、とはいえ、無条件に賦課できることになれば、市場アクセス交渉による関税の撤廃・削減の効果が台無しである。このため、TPP や日 EU・EPA では、輸出入に関する手数料等について、実際に提供された役務の費用の概算額を超えてはならない旨の GATT 第 8 条 1 の規定を確認するとともに、国内産品への間接的な保護又は輸入に対する財務上の目的のための課税としてはならないこと、従価により手数料及び課徴金を課してはならないことを定めている。また、オンライン上での公表義務や定期的見直しの義務等を定めている。

（11）輸出税、租税及びその他の課徴金（TPP 第 2.15 条、日 EU・EPA 第 2.12 条、日・オーストラリア EPA 第 2.6 条等）

　日本は輸出税の徴収は行っていないが、特に開発途上国の中には、国内の加工産業育成、資源保護、あるいは財源確保の観点から、原材料となる農林水産品や鉱物資源などに対して輸出税を設定している国がある。WTO 協定では輸入関税については様々な規律がある一方、輸出税については GATT の最恵国待遇以外の規律はない。しかしながら、輸入国側にとっては、EPA/FTA を締結して関税を削減・撤廃したにも関わらず、輸出国側で輸出税が課されるとすれば、その効果が減殺されかねない。TPP や日 EU・EPA 等では、他の締約国の領域への産品の輸出について、関税、租税その他の課徴金を採用し又は維持してはならない旨の規定を置いている。ただし、TPP では、マレーシア及びベトナムの一部の産品に対する輸出税を適用除外としている（附属書 2-C）。

（12）農業輸出補助金（TPP 第 2.21 条等）

　特定の国内産業による輸出を促進する目的で交付される輸出補助金は WTO の下の補助金協定により一般的に禁止されているが、農産品に対する輸出補助金については、ウルグアイラウンドにおける農業交渉の結果、一定の条件の下で交付することが許されていた。農業品に対する輸出補助金は、貿易歪曲効果を持つことが大きいことから、日本は、その禁止を EPA で盛り込むべく、交渉を重ねてきたが、WTO 上も許容される権利であることから、こうした補助金の撤廃を勝ち取ることは困難な場合もあった。

　他方、その後のドーハラウンド交渉を経て、2015 年にナイロビで採択された第 10 回 WTO 閣僚宣言（以下、ナイロビ閣僚宣言）において、先進国については、農業輸出補助金の原則即時廃止（例外は 2020 年末まで）等が合意された。こうした経緯も踏まえて、TPP、日 EU・EPA では、輸出入される農産品について農業輸出

補助金を採用・維持することを禁じた条文を設けている（TPP第2.21条。ただし、TPPではWTOにおける締約国の立場を害さないとする注記がある）。また、日EU・EPAでは、輸出競争条（第2.14条）において、ナイロビ閣僚宣言における閣僚決定の規定するところにより、輸出補助金及びこれと同等の効果を有する輸出措置について、最大限に抑制することを確認している。

（13）食料とエネルギーの安全保障
（a）食料
　WTOではGATT第11条2（a）において、食糧その他の輸出国にとって不可欠の産品が危機的な不足を防止又は緩和するために、一時的に措置をとることを認めている。これは、輸出制限は一般的に禁止すべきである一方、当該輸出国内で天候その他の理由により食料不足が発生しているにもかかわらず、国内需要を無視して当該食料の輸出を継続すべきと主張するのも問題があるとの発想に基づくものである。一方、農産品分野で貿易自由化を促進し国際分業を進めた結果、特定の食料（例えば小麦、コメ）の国内生産が減少し、他国からの輸入に強く依存している状況で、輸出国が自国で食料不足等を理由に輸出を停止・制限できるようであれば、輸入国側にとっても食料の安全保障に関わる重大事であり、貿易自由化を躊躇する大きな理由となる。
　こうしたことを踏まえ、日本にとっての主要食料供給国であるオーストラリアとのEPAでは食料供給に関する独立した章（第7章）を設け、牛肉、乳製品、小麦、大麦及び砂糖などの重要な食料について、食料貿易における安定的な関係強化の重要性を認識し（第7.1条）、相手国に対する重要な食料輸出の禁止または制限については、たとえ、GATT第11条2（a）に許容される措置であったとしても、導入・維持しないよう努めること（第7.3条）、仮にかかる措置を採用しようとする場合においても、禁止や制限を必要な範囲に限定するよう努め、禁止又は制限をその理由、性質及び期間を事前通報するよう努めること、また、相手国に合理的な協議の機会を与えることを定めている。加えて、重要な食料輸出について顕著な減少が予見される場合には、他方の締約国に速やかに通報し協議すること（第7.5条）が定められている。
　日本にとっての主要な食料供給国を含むTPPでも第2.24条として同様の規定が設けられている。この条は、水産品を含む食料全般を対象とし、各国がGATT第11条2（a）に基づいた一時的な措置を取ることを許容したうえで（同条1）、そのような措置を講ずる際には事前に通報すること、実質的な利害関係を有する輸入国と協議すること及びそのような措置は6か月以内に終了すべきで、原則として12か月を超えてはならないこと等を規定している。

(b) エネルギー

　石油及び多くの鉱物資源を輸入に依存している日本にとっては、エネルギー・鉱物の円滑な輸入確保も重要な課題である。

　WTO 協定上、エネルギー・鉱物資源を含む天然資源については、食糧その他輸出国にとって不可欠な産品について規定した GATT 第 11 条 2 (a) に加え、同第 20 条 (g) によって、有限天然資源の保護に関する措置は、国内の生産又は消費に対する制限と関連して実施される場合に限り許容されている。日本にとっての主要エネルギー供給国であるオーストラリアとの EPA では、こうした WTO の規定を踏まえつつ、エネルギー及び鉱物資源章（第 8 章）で安定供給についての規律を設け、石油や特定の鉱物資源について、安定的な供給に重大な中断が懸念される際の協議要請に応じる義務（第 8.3 条）、GATT 第 11 条 2 (a) や第 20 条 (g) によって許容される輸出禁止や制限的な措置を導入・維持しないように努めることを規定している。また、こうした措置を採用する場合についても、事前に相手国に通知し、要請に応じて協議のための合理的機会を与えること（第 8.4 条）等を規定している（日・インドネシア EPA 第 8 章エネルギー及び鉱物資源、日 EU・EPA 第 2.17 条第 2 項から第 8 項等）。

(14) 協議メカニズム、意見・情報交換

　EPA においては、物品貿易を始めとする分野毎に小委員会が設置され、問題が発生した場合に協議するメカニズムを設定している。TPP でも、物品貿易に関する小委員会（第 2.18 条）が設置されているが、これに加え、「臨時の討議」というメカニズムを設けている。これは、TPP のように多くの国が参加する協定においては、全締約国の参加する小委員会を招集し、そこで議論して決着させることは必ずしも効率的でも容易でもない。そこで、当時国間で速やかに問題を解決するために協議することを可能としたのである。具体的には、関税や非関税措置（TPP の他の章に規定される SPS や TBT を除く）に関する規定の下で生じる事項であって、自国の物品の貿易に関する利益に悪影響を及ぼすと信ずる事項について、問題の措置を実施している相手締約国に臨時の討議を求めることができる。

　また、TPP では、農業貿易に関する小委員会（第 2.25 条）や、現代のバイオテクノロジーによる生産品に関する作業部会（第 2.27 条）、日 EU・EPA ではぶどう酒に関する作業部会（第 2.35 条）等々、分野に応じた協議メカニズムや意見・情報交換の場が設置されている。

　このほか、日 EU・EPA では、EPA の利用促進につなげるべく、日本と EU の間で、EPA の活用の実態の分析に必要な輸入統計データを交換することを規定している（第 2.32 条）。

(15) 貿易救済

(a) セーフガード

　WTO 協定では、GATT 第 19 条及びセーフガード協定に従って、関税譲許（撤廃・削減の約束）を含む協定上の義務の履行の結果、ある産品の輸入が急増し、国内産業に重大な影響を与え得る場合にセーフガード措置、すなわち、協定上の譲許等を一時的に停止する措置をとることを認めている（なお、特定の農産品については、一般的なセーフガード措置とは別に、農業に関する協定（以下、WTO 農業協定）の下での特別セーフガード措置（SSG）が規定されており、輸入量が特定の閾値に達した場合に自動的にセーフガードが発動される）。これは輸入急増による国内産業への影響が時として大きな政治的・社会的問題を引き起こしかねないため、これに対する安全弁として位置づけられおり、また貿易自由化の実施にあたっては、このような安全弁があることにより、各加盟国がより前向きに取り組むことができる面もある。貿易自由化の結果、他国からの輸入が急増し、国内産業に急激な影響が及びそうな場合、国内の産業構造の調整が進められるまでの猶予期間を保証するのがセーフガードの目的である。

　EPA でも、こうした WTO 上の考えを踏まえて、EPA に基づく関税の撤廃・削減を原因とする輸入急増に対応する措置として EPA 独自のセーフガードを設けている（二国間の EPA では二国間セーフガードと呼ばれることもある）。この EPA 独自のセーフガードは、品目横断的に発動することが可能であるが、日・オーストラリア EPA、TPP や日 EU・EPA 等では、これに加え、WTO 農業協定の下の特別セーフガード措置に類似した、特定の品目（牛肉、豚肉等）に対して品目別特別セーフガードを設定している（後述⑥）。更に TPP では、第 4 章に繊維章を設け、第 4.3 条で繊維に関する緊急措置を規定している。

　WTO の一般的セーフガードと EPA 独自のセーフガードとの関係については、EPA において、WTO セーフガードを発動する権利を認めたうえで（日・オーストラリア EPA 第 2.19 条第 1 項、日 EU・EPA 第 5.9 条、TPP 第 6.2 条第 1 項及び第 2 項）、同じ産品について、両者を同時に適用してはならないことを定めている場合が多い（日・オーストラリア EPA 第 2.19 条 2、日 EU・EPA 第 5.10 条、TPP 第 6.2 条 5）。また、日 EU・EPA 等では、独自の農産品セーフガード措置を設ける一方で、協定上の原産品は WTO の SSG の対象とはならないことを定めている（日 EU・EPA 第 2.5 条）。

① EPA 独自のセーフガードの特徴（TPP 第 6 章 A 節、日 EU・EPA 第 5 章 B 節、日・オーストラリア EPA 第 2 章 2 節）

　日本が締結している EPA 独自のセーフガード措置は、WTO 協定上の一般的

セーフガードと基本的な思想は同じであるが、以下の3点において大きな違いがある。

　第一に、WTO協定上の一般的セーフガード措置は輸出国がどこであるかを問わず、輸入が急増した場合に発動され、また、引き上げられた関税も輸出国の如何を問わずWTO加盟国全体（ただし、セーフガード協定第9条に開発途上国の例外あり）に適用されるのに対し、EPA独自のセーフガード措置はEPA相手国からの輸入が急増した場合に、その相手国原産品に対してのみ発動される。TPPのように複数の国が参加するEPAにおいても、セーフガード措置の対象は、締約国全体が対象になるわけではなく、輸入増加が認められた特定の輸出国に限定されており（例えば、メキシコからの輸入が急増する場合はメキシコ産品のみがセーフガード措置の対象となる）、輸入が増加していなければ、措置の対象とはならない（TPP第6.3条第1項）。

　第二に、引き上げられる関税の上限が異なる。WTOセーフガードにおいては、「重大な損害を防止し又は救済し、かつ、調整を容易にするために必要な限度において」という水準で税率の引上げ等が許容されるのに対し、EPAセーフガードにおいては、原則として（協定発効日前日もしくはセーフガード措置をとる時点での）MFN税率を上限として関税を引き上げることが許容される。これは、EPA独自のセーフガードによる関税引上げの上限がMFN税率を超えた場合、EPA締結国の産品に対する関税率がその他の国の産品に対するものよりも高くなることになり、EPAを締結した国がかえって不利益を被るという不合理な状態が生じることになるためである（そもそも、EPAを利用せずに輸出すれば、MFN税率が適用されるため、そのような引上げは意味がないとも言える）。

　第三に、WTOセーフガードは、WTO協定に基づく関税譲許が有効である限りいつでも発動可能な恒久措置（ただし、1回の発動で関税の引き上げられる期間には、最長でも8年との制約がある。）である一方、日本が締結した過去のEPAでは協定発効から10年目でセーフガード措置の見直しを行うとしており、将来的にこの仕組み自体を廃止する余地を残している（ただし、現在のところ、見直しの結果として、実際にEPA独自のセーフガードが廃止された例はない）。さらに、最近締結されたEPAでは、セーフガードの仕組み自体が存続する期間を一定期間に限定し、それを「経過期間」と呼ぶ（TPPでは、独自のセーフガード措置そのものを「経過的セーフガード」と呼ぶ）。例えば、日・オーストラリアEPAでは協定発効日の後から8年間又は関税撤廃もしくは削減が完了した日の後5年間のいずれか長い期間、日EU・EPAでは協定発効日から関税の撤廃又は削減が完了した日の後10年間、TPPでは協定発効の日から3年間（それよりもステージングが長いものはその間）が「経過期間」と定義されており、その期限に限って、セーフガード措置をとること

が認められている。

②条件および制限

　セーフガード措置が発動された場合の持続期間について、WTO の一般的セーフガードでは、上述のとおり 4 年を原則とし、8 年を超えないことを条件に延長を認めている（セーフガード協定第 7 条 1 及び 3）。これに対して、日 EU・EPA では、一回のセーフガード発動期間を 2 年とし、4 年を超えないことを条件として延長を認めているものの、重大な損害を防止し又は救済し、国内産業の調整を容易にするために必要な限度及び期間を超えて維持してはならないとしている。また、2 年よりも短い期間で損害が防止できるのであれば、より短い期間で発動されることが求められる（日・オーストラリア EPA では 3 年＋ 1 年、TPP では 2 年＋ 1 年）。このように EPA セーフガードは、WTO セーフガードよりも短い期間のみ発動することが許容されている。なお、TPP のセーフガードは、短い発動期間に加えて、一つの産品に対して一回しか発動できないことになっており（TPP 第 5.6 条第 6 項）、日本が締結した EPA に規定された EPA 独自のセーフガードの中でも、極めて抑制的なセーフガード措置となっている。

③調査手続

　セーフガードを発動するに当たっては、輸入の増加が国内産業に重大な損害を与えているとの事実を調査し、立証しなければならないが、この点について、EPA 独自のセーフガードは、WTO の規定を基本的に踏襲している。具体的には、セーフガード協定第 3 条及び第 4 条第 2 項 (c) と同様の手続きに従い、①調査を実施した後でなければ措置を取ってはならないこと、②右調査結果を公表しなければならないこと、③輸入の増加が国内産業に重大な損害を与えているかどうかを決定するために評価すべき経済指標の例示を行うこと、④輸入の増加と重大な損害又はそのおそれとの間の因果関係を客観的な証拠に基づいて立証しなければならないこと、⑤輸入以外の要因で国内産業に同時に損害を引き起こしているものがあればこれを考慮すること等が定められている。

　EPA では、日・オーストラリア EPA（第 2.14 条第 2 項）や日 EU・EPA（第 5.4 条第 2 項）のように、発動前の調査について、いかなる場合においても調査開始から 1 年以内（又は 12 か月を原則に 18 か月までの延長を認める）に完了すべきことを規定している場合が多い（TPP には調査期間の定めはないが、これはそもそもセーフガードが経過措置として規定されていることに加えて、暫定措置も認められていないためと考えられる）。セーフガード措置発動前の調査については、輸出する側からすれば、調査が開始されたということは、まもなくセーフガード措置発動があるかもしれな

いとの見込みが生じることになり、輸出を控えたり、あるいは、いわば「駆け込み」で輸出したり、といった通常の貿易を阻害する動きを誘発しかねない。このような不安定な状態をいたずらに長期化させるのは良くないとの発想から、一定時間内に結論を出すべきとの制約を課しているものである。このような規定は、WTOにはなく、EPA独自の規定といえる。

④補償協議及び対抗措置

　EPA独自のセーフガードは、一時的とはいえ、市場アクセス交渉の結果を覆す効果を持つ措置であり、その発動にあたって、相手国はEPAで約束された特恵税率が受けられないとの不利益を被ることになるため、EPAでは、補償や対抗措置についての規定を設けている（同様の規定は、WTOの一般的セーフガードについても、WTO協定に規定されている）。

　例えば、日EU・EPAにおいて、日本がEUのワインの輸入急増に対して日EU・EPA独自のセーフガードを発動し、関税率を上げる場合は、当該セーフガード措置で発生する損失に対する補償を行うべく、EUと協議を行うことが義務付けられている。その上で、どのような補償を行うべきかについて意見が一致せず、協議が整わない場合には、EU側は、日本からEUに輸出される日本原産品の関税を上げる等の対抗措置をとることができる。ただし、このような対抗措置は、当該セーフガードが輸入の絶対量の増加の結果としてとられたものである場合、セーフガード措置が発動された後最初の24か月は実施してはならないことになっている（日EU・EPA第5.6条第4項）。この期間のことを一般にモラトリアムと呼んでいる。これは、WTOセーフガード協定にもあり、対抗措置があることによって、セーフガードを発動する側が必要以上に躊躇し、安全弁として存在するセーフガードの仕組みが形骸化することを防ぐための規定である。他方、EPAを締結し、貿易自由化を進めようという国の間では、そもそも対抗措置に制限をする必要はないとの考えもあり、日本が過去に締結したEPAでは、モラトリアム期間を設けていないケースもある。

　なお、ここでいう「絶対量の増加」とは、例えば、EU原産ワインの日本への輸入が年間100トンから200トンに増加したような場合をいう。一方、日本への輸入が100トンで変わらない状況であっても、日本におけるワインの消費が（消費者の好みの変化などにより）半分になった場合は、日本の国内産業（ワイン生産者）にとってみればその分だけ輸入が増えたのに等しいことになり、これを「相対的増加」という。

⑤暫定措置

　上述したとおり、EPA 独自のセーフガード措置を発動する前提となる調査は 1 年以内に完了することが決められていることが多いが、損害が生じている国内産業にとって 1 年の調査を待つのも困難である。その間に重大な損害が生じ、国内産業が壊滅してしまえば、本末転倒である。そこで、EPA の一部においては、WTO セーフガード協定第 6 条と同様に遅延すれば回復しがたい損害を引き起こすような危機的事態が存在する場合は、調査の結果を待つことなく、仮の決定に基づいて暫定措置を発動することができることを規定している（日・オーストラリア EPA 第 2.17 条、日 EU・EPA 第 5.7 条等。TPP には規定はなし）。ただし、暫定措置の乱用を防ぐ観点から、暫定措置が認められる期間は 200 日以内とされており、発動した後行われる調査の結果、重大な損害を引き起こしていると決定されない場合は、暫定措置発動中に徴収した追加分の関税は払い戻されることが決められている。

⑥品目別特別セーフガード

　上述の EPA 独自のセーフガードは、基本的には、EPA 相手国に対して関税に関する何らかの約束を行った原産品全般に共通して取りうる措置であるが、EPA によっては、これとは別に、品目を特定して発動する品目別のセーフガード措置を設けている場合がある。例としては、日・オーストラリア EPA における牛肉、TPP や日 EU・EPA における牛肉・豚肉・ホエイ等が挙げられ、譲許表の注釈等に上限数量等の詳細が記載されている場合もあれば、日 EU・EPA 第 2.5 条第 2 項のように、物品ルール章に根拠規定を置いている場合もある（日・オーストラリア EPA では第 2.18 条）。多くの場合、特定の品目について一定の輸入量に達することを条件に自動的に関税を引き上げる仕組みとなっており、前述した EPA 独自のセーフガードのように、調査し、発動する側で輸入急増が国内産業に損害を与えていること等を証明する必要はない。また、WTO 農業協定に基づく SSG との重畳適用は排除されている。

(b)　ダンピング防止税と相殺関税

　「ダンピング防止税」とは、ある国がその国の物品を正常な価額（自国内での販売価格等）よりも低い価格で他国に輸出（ダンピング）し、それによって輸入国側の産業に損害が生じる場合に、輸入国側が、自国の産業を保護するため、追加的に課する関税である。WTO の GATT 第 6 条及びアンチダンピング協定に課税条件や調査手続が規定されており、課すことのできる関税の額は、低く設定された輸出価格と正常な価額との差額が限度となる。これは、本来、閉鎖的な国内市場を持つ国の企業が、国内で国際価格よりも高い価格で物品を販売して得た利益を元にダンピ

ングを行い、輸出先の国の産業に損害を与えるような状況に対処しようとするものであるが、逆に、保護主義的な傾向を持つ国が、競争力のない国内産業の保護を目的に発動したり、政治的な目的を持って利用されたりするケースも少なくない。

　ダンピング防止税は、多くの場合、輸入国の国内産業の申立てにより調査が開始され、ダンピング輸入の事実があること、国内産業に損害があること、ダンピング輸入と国内産業の損害に因果関係があることが、輸入国によって認定された場合に課税が行われる。WTO で認められた貿易救済措置として、多くの国で活用されており、日本の輸出者が巻き込まれている例は枚挙にいとまがないことから[1]、日本は WTO の場でも調査手続の透明性や適正手続を求めてきている。

　ダンピング防止税が国際的なダンピング行為に対する税であるのに対し、相殺関税は、輸出国の政府による補助金に対処しようとするものである。相殺関税とは、物品の原産国又は輸出国において、その物品の生産又は輸出について直接又は間接に与えられていると認められる奨励金及び補助金を相殺する目的で課される関税であり、GATT 第 6 条及び補助金及び相殺措置に関する協定に詳細が規定されている。

　日本がこれまで締結した EPA においては、GATT6 条、アンチダンピング協定、補助金及び相殺措置に関する協定については、WTO 協定上の権利義務を確認するのみという場合が殆どであったが、日 EU・EPA や TPP では、それに加えダンピング防止税及び相殺関税の手続の透明性や適正手続に関する規定を盛り込んでいる。

　TPP では、附属書 6-A で「ダンピング防止税及び相殺関税の手続に関する慣行」として、①調査当局がダンピング防止税又は相殺関税の賦課を求める申請書を受理した旨を調査開始の 7 日前までに他の締約国に通報すること、②調査当局が現地調査を行うときは、調査の意図を直ちに通知すると共に、現地調査の実施予定日を、その 10 稼働日前までに調査対象企業に通知すること、③現地調査事項及び検証する書類についても 5 稼働日前までに調査対象企業に通知すること、④調査当局が最終決定の前に、最終措置の基礎となる重要事実の開示を行い、利害関係者に意見を提供するための機会を与えること等、WTO 協定上記載のない手続を詳細に規定している。ただし、これらはいずれも推奨される慣行であって、締約国の義務とまではされていない。

　日 EU・EPA では、締約国の義務として、調査当局による調査が公正・透明性をもって行われることのほか、最終措置の基礎となる重要な事実の開示に含まれる

---

1) 詳細は、経済産業省が公表する不公正貿易白書を参照。https://www.meti.go.jp/policy/trade_policy/wto/3_dispute_settlement/32_wto_rules_and_compliance_report/wto_rules_and_compliance.html

べき内容の詳細、公共の利益の考慮として代表的な消費者団体等の見解を書面で提出する機会を与える義務、調査当局の調査開始 10 日前までの輸出締約国への通報義務などを規定する。

　日 EU・EPA や TPP ではともに、これらの規定が EPA の紛争解決章の対象となるものではない点を明記しており、実効性の確保の観点からは十全とはいえない部分もあるが、WTO ルール交渉がとん挫し、近年、世界的にもアンチダンピング措置の発動件数が増加している中、EPA にこうした規定を盛り込むことにより、WTO 関連協定では規定されていない点を明確化し、手続の透明性向上に寄与することが期待される。

3.　まとめ

　物品一般ルールは、市場アクセス交渉の成果である関税撤廃・削減の履行の根拠となる条文の他、内国民待遇の確保、非関税措置の禁止、EPA 独自のセーフガード措置など物品貿易一般の基本原則を定めるものであり、市場アクセス交渉の成果である関税の削減・撤廃が真に意味のあるものになることを確保するためのものである。

　物品ルール章は条文数が決して多くはないが、市場アクセス交渉と密接に関係していることから、非関税措置の規定ぶり、EPA 独自のセーフガードの適用期間なども含め、市場アクセス交渉が妥結した後でなければ交渉自体が進まないといった論点も多く、交渉最終局面まで難しい議論が残る傾向にある。特に、日本が最近締結した日・オーストラリア EPA、TPP、日 EU・EPA では、それ以前の EPA と比較しても、農林水産品分野での市場アクセスの自由化を一層進めており、それに対応する形で、農林水産品の貿易を規律するための規定や品目別特別セーフガードが盛り込まれている。

　また、TPP や日 EU・EPA では、様々な非関税措置や免税措置の規定が拡充され、関税撤廃・削減の履行に影響を与える措置の明確化、透明性向上が進んでいる。さらに、国際分業が進み、相互依存が強まる中で、特に食料やエネルギー・鉱物資源などをはじめ、国民生活に必要不可欠な物資の安定的な確保のために輸出制限的措置に関する規律も設けられるようになった。

　物品ルール章には、WTO の関連規定を再確認するものも多いが、上述のとおり、一部には WTO にはそもそも規律が存在しない事項や、ルールは存在しても不十分である事柄もあり、WTO でのルール分野の交渉がなかなか進まない中、例えば、輸出を制限する措置やダンピング防止課税の手続きについて、EPA の中で手続きの明確化や規律を強化していくことができれば、ひいては WTO その他のフォーラムに貢献することも期待できる。

[コラム]　日本ワインの輸出促進

　日本の物品貿易の交渉と言えば、攻めの鉱工業品と守りの農林水産品という印象が強いかもしれないが、農林水産品やその加工品の輸出を促進するための規定も EPAに盛り込まれるようになっている。例えば、日 EU・EPA においては、第 2 章第 C 節「ぶどう酒産品の輸出の促進」が設けられている。日 EU・EPA 締結以前は、EU において、EU のワイン醸造に関する規則に従って製造されたものしか、EU 市場でワインとして流通できなかったが、気候・風土の相違等により、日本ワイン（国産ぶどうのみを原料とし、日本国内で製造された果実酒）のほとんどはこの EU の規則を満たすことが困難であった。そのため、同節では、EU が日本ワインの醸造方法を容認すること（補糖、補酸、ぶどう品種の承認等）や、日本ワインの輸出に際して、日本のワイン生産者による自己証明を新たに承認すること等が規定された。また、日本と EU が相手国・地域でワインに使用されている主要な添加物の指定に向けた手続を行うことも規定されている。日本側交渉団は、時には、交渉会合の会場の一角に日本ワインを試すことができる場を設けるなどして EU 側の理解を得るよう努めた。日本ワインの品質の高さを実際に示したことが奏功したのか、本節の合意に至った。日 EU・EPA 発効後、ワインの輸出額は増加している。ワインの本場である EU 諸国で、日本ワインを楽しむ風景が日常となることを期待したい。

Ⅲ.　原産地規則

　本章では、EPA/FTA 交渉において、物品市場アクセス交渉と密接に関係する原産地規則について、その概要を解説する。なお、本書では紙幅の都合もあり、EPA/FTA について初めて触れる読者向けに主なルールについて大まかなイメージを掴むための説明に留めている。実際の協定においては、各ルールについてより詳細な規定がなされているとともに、協定毎に規定振りは異なっている。そのため、EPA を利用する場合には、第Ⅱ部 2 章を参考に自分が利用する協定がどのようになっているかを調べていただく必要がある点留意願いたい。

1.　原産地規則とは

(1) モノの国籍

　原産地規則とは、簡単にいえばその名のとおりある産品の原産国を決めるためのルールである。EPA/FTA は相手国の原産品について、他の国の同種の産品に対する関税率よりも低い税率の適用を約束するものであるため、当然ながら相手国の原産品とは何かを決めるためのルールが必要となる。いわばモノの国籍を決めるようなものである。

　様々な国、地域における、複雑な工程を経て製造されたモノの原産国を一つに定めるのは容易ではない。日本国内で育てたお米が日本原産であることを疑う人はいないだろうが、オーストラリアから生きた牛を輸入し、日本国内で加工して輸出された牛肉は日本原産牛肉だろうか。サウジアラビアの石油を日本で化学繊維の布にしてベトナムで縫製した服、アメリカで設計して日本で生産された部品を使って中国で組み立てたスマートフォンはどうだろうか。

　こうした状況の中で、どのような産品をEPA/FTA相手国の原産品として認め、第三国に比べて有利な特恵税率の対象とするかについて決定するためには、締約国間で予め詳細な規則を定めておくことが必要となる。

(2) 物品市場アクセスとの関係

　モノの国籍を決めるだけであれば、話がどれだけ複雑であっても、共通のルールを定めれば済む技術的な話のようにも思える。ところが実際には、原産地規則は、EPA/FTA交渉において各国の利害が鋭く対立し、交渉が最も難航する分野の一つである。どうしてだろうか。

　原産品、すなわちEPA/FTAの特恵税率の適用対象としての資格が原産地規則によって決定されるということは、実質的には、それが物品市場アクセス交渉の一部をなすことを意味する。極端に言えば、原産品として認められることがほとんど不可能な厳しい原産地規則が決められてしまった場合、物品市場アクセス交渉でどれだけ関税を引き下げたとしても特恵税率の適用は受けられず、何の意味もない協定となってしまう。反対に、EPA/FTAを締結した相手国からの輸出品であれば全て原産品として認められるという非常に「緩い」原産地規則とした場合、その相手国を経由して全世界に対して特恵税率を認めることに等しくなる。したがって、原産地の決定という一見技術的なルールは、実際上は特恵税率の適用範囲をどこまで認めるかという物品市場アクセス交渉と表裏一体の関係とならざるを得ないのである。物品市場アクセス交渉では、関税の引下げを穴掘りに例えて、「深掘り」すると言うことがあるが、市場アクセス交渉が穴の深さを決めるものだとすれば、原産地規則のルール作りは、実質的に穴の直径を決めるものだと考えることもできるだろう[2]。

(3) 原産地規則章の２つの構成要素

　日本が締結しているEPAにおける原産地規則章は、いずれも、①原産品として

2) 原産地規則の厳格さとEPA利用の関係については、水尾・野田 (2020)「経済連携協定 (EPA) 利用率の決定要因」（財務省「ファイナンス」令和2年6月号 pp.28-35）がサーベイとして分かりやすいので興味ある方は参照してほしい。

の資格をどのように決定するかの基準やそのための規則を定めた部分と、②決まった原産品としての資格を満たすことをどのように証明するのかを定めた部分の2つで構成されている（ここでは便宜的に、①を「規則」、②を「証明」と呼ぶ）。

(a) 規則

「規則」は、どのような性質の産品が原産品かあるいは非原産品か、どのような条件を満たすと非原産材料を用いても原産品と認められるかを詳細に定めている。具体的には、原産品として認められる産品の要件及びその調整のための規定のほか、付加価値等の計算方法、包装・梱包材料（例えば、衣服を詰めた段ボール箱、ビールの瓶等）、原産品と非原産品が混在している在庫（例えば、EPA/FTA締約国と非締約国それぞれから輸入された穀物が一緒のサイロに入っている場合等）、産品に附属する部品（例えば、組立家具付属の工具等）の扱い等の補足的な事項についても定めている。

(b) 証明

「規則」に従ってある産品が締約国の原産品となったとしても、それを輸入国の税関に証明しなければ特恵は付与されない。当該産品の原産品としての資格を証明する書類（原産地証明）を取得・作成し、それを輸入国税関が認めて初めて、その産品にEPAの特恵関税が適用される。「証明」部分はこの原産地証明の要件などのほか、輸入国税関による原産地証明の確認についての規定など、産品の原産品としての資格を証明するための手続規則を定めている。

[コラム1] 色々な原産地

本稿では、EPAの原産地規則について解説しているが、原産地や原産国を判断するためのルールが存在するのはEPAの世界に限られない、むしろEPAの原産地規則は特殊例に過ぎないとも言える。そこで、以下では原産地に関するルールを俯瞰的に眺めてみたい。

1 輸出入に関する原産地規則

(1) 非特恵原産地規則

(2) 特恵原産地規則

　ア　EPAの原産地規則

　イ　一般特恵関税（GSP）の原産地規則

2 国内で販売される商品の原産地表示に関するルール

1 輸出入に関する原産地規則

(1) 非特恵原産地規則

実は、EPA等による特恵税率を受ける場合でなくとも、全ての輸入品は一定のルールに従って原産地が決められている。この規則は、特恵税率を受けるためのものでないことから、「非」特恵原産地規則と呼ばれている。その詳細や用途は各国それぞれで決めているものの[注1]、例えばどの国からどれだけ輸入があったかという統計

や前章で触れたダンピング防止税のために原産国を特定するといった用途が挙げられる。国によっては、輸入の際にこの非特恵原産地規則に基づく証明書の提出が必要な場合があり、そうした場合のため日本ではEPAの原産地証明書と同様、商工会議所が発給している。なお、日本への輸入に際しては原則として必要ないが、北朝鮮に対する制裁措置に関連して、周辺国から輸入される農水産品の一部について非特恵原産地証明書が必要な場合がある。

(2) 特恵原産地規則

　MFN税率よりも低い特恵税率の適用を受けるための原産地規則を特恵原産地規則というが、この中には本章で解説したEPAの原産地規則のほかに、GSPが含まれる。GSPは先進国が開発途上国に対してMFN税率よりも低い関税率を適用する開発支援のための優遇措置で、EPAと同様、WTOの最恵国待遇義務の例外にあたる。GSPでは、「開発途上国」からの輸入品に対して特恵税率を与えるため、それがGSPの対象国である開発途上国の原産品であるかを決定する規則が必要となる点は、EPAの原産地規則と同じだが、GSPの規則は国内法で定められている[注2]というのがEPAとの大きな違いといえる。

2　国内で販売される商品の原産地表示に関するルール

　さて、これまで輸出入に関する「原産地規則」について述べてきたが、ある商品の原産国・原産地がどこかを決定するルールという広い視点で見た場合、輸出入に関するいわゆる「原産地規則」のほかに、国内で商品を販売する上での「原産地表示」に関するルールも存在する。これらは、食品表示法、不正競争防止法、景品表示法と

いった国内法令や業界団体が定めたルールに従って決められるため、EPAに基づく原産地規則とは基本的に無関係である[注3]。したがって、例えば、スリランカで生産された紅茶を英国の紅茶会社が（ブレンドをせずに[注4]）ティーバッグの紅茶に仕上げ、日英EPAの原産地規則を満たして日本に輸出した場合、この紅茶は日英EPA上の英国原産品となるが、食品国内表示上の原産国は（かつ非特恵原産規則上も）はスリランカ産の紅茶となるなど、EPA上の原産国と国内表示上の原産国が違うこともありうる。

注1) 日本では関税法施行令等で定めている。その下位法令である関税法施行規則を見ると、本章で説明した完全生産品（第1条第6項）や、実質的変更基準（CTH）とミニマルオペレーション（第1条第7項）が規定されているのが分かるので、興味があれば見てほしい。また、財務省関税局のウェブサイト（https://www.customs.go.jp/roo/origin/gaiyou.htm#04）でも概要が掲載されている。

注2) 日本では関税暫定措置法で定められている。

注3) EPAにおいて、こうした国内表示に関する内容を含むのは原産地規則章ではなく、貿易の技術的障害（TBT）で扱われる。詳しくは第III部2章V節を参照。

注4) 現在の日本の国内基準（食品表示基準Q&A）の考え方によれば、紅茶の原産国は荒茶生産国（この例ではスリランカ）を原則とするが、複数の荒茶のブレンドを行った場合は実質的変更があったとみなすため、英国の紅茶会社がブレンドを行えば、日本国内の表示上も英国産となる。

2.　規則

(1) 原産品の決定

　それでは、上述の「規則」の中で最も基本となる、何が原産品として認められる
かを規定した条文を、日 EU・EPA の第 3.2 条（原産品の要件）を例にとってみて
みよう。この規定は原産品をいかに決定するかについて、以下の 3 つの類型を定め
ている [3]。

完全に得られ、又は生産される産品：原産品としての資格を得るための第 1 の類型
は、「完全生産品（WO：wholly obtained）」と言われるもので、その国の中で生産プ
ロセスの最初から最後までが完結するものである（日 EU・EPA 第 3.2 条第 1 項 (a)）。
この中には、その国の中で収穫された野菜（例：イタリアで栽培・収穫されたトマト）
や水産物（例：フランスで獲れたオマール海老やフィンランドの領海で漁獲されたサー
モン）、天然資源（例：石油や鉱物）等が該当する。

原産材料のみから生産される産品：第 2 の類型は、「原産材料のみから生産される産
品（PE：produced entirely/exclusively）」と言われ、締約国の原産品のみを使用して
生産した産品もまた原産品とするものである（日 EU・EPA 第 3.2 条第 1 項 (b)）。
例えば、ピクルスで言えば、きゅうりだけでなく、きゅうりを漬ける酢も含めて全
て原産品である必要がある。ただし、ここでいう「締約国の原産品」とは、必ずし
も上述の完全生産品である必要はなく、元々非原産材料、すなわち締約国以外から
輸入されたであったものが以下に述べる第 1 項 (c) に規定する実質的変更基準を
満たして原産品となったものでも良い。ピクルスの例に戻ると、アメリカ産のリン
ゴ（非原産材料）からドイツで製造したリンゴ酢（EU 域内であるドイツにおいて下記
の実質的変更基準を満たしているので、日 EU・EPA 上の原産品となる。）を用いて、ド
イツ国内でドイツ産のきゅうり（完全生産品）を漬けた場合、そのピクルスは日
EU・EPA における原産品となり得る。

実質的変更基準：第 3 の類型は、実質的変更基準と呼ばれ上述の 2 類型と異なり、
非原産材料を用いて生産された産品を原産品として認めるためのルールである（日
EU・EPA 第 3.2 条第 1 項 (c)）。こうしたルールがないと、EPA 原産品として認め
られるのは締約国の完全生産品と完全生産品のみからなる加工品となってしまい、

---

3) 日本の多くの EPA がこの 3 類型を規定しているが、日・インド EPA など、PE を明示
的に規定していないもの等例外はある。

他の国から輸入した原材料（非原産材料）を全く使用できない現実離れしたルールとなってしまう。そこで、締約国以外からの輸入品を原材料として使用した場合でも、締約国内において、その原材料に「実質的な変更（substantial transformation）」が加えられた場合にはその締約国の原産品としてみなすこととされている。具体的にどのような行為を「実質的な変更」とみなすかは、その産品の性質によって様々であり、多くの EPA においては、HS 分類の品目ごとに実質的な変更とみなすための具体的な規則が設けられている[4]（HS 分類については、第Ⅱ部 2 章を参照）。こうした規則は、品目別規則（PSR：product specific rules）と呼ばれ、日 EU・EPA では、附属書 3-B として一覧が掲げられている。

　PSR として詳述される実質的変更基準は、以下の 3 つに大別される。

(a)　関税分類変更基準（CTC：Change in Tariff Classification）

　使用した非原産材料の関税分類番号と製造・加工を経て完成した産品の関税分類番号が異なれば、番号の変更があった、すなわち産品の特性が変わるほどの実質的変更があったと考え、その製造・加工が行われた国を完成品の原産地とするものである。この基準では、基本的には使用されるすべての材料について、HS 番号の、号（6 桁水準）、項（4 桁水準）、類（2 桁水準）のいずれかのレベルでの変更を要求する（EPA/FTA では、それぞれ CTSH（Change in Tariff Subheading）、CTH（Change in Tariff Heading）、CC（Change in Chapter）と呼称されている）。ここで指定される番号の桁が多い（号＞項＞類）ほどカテゴリとしては細分化されており、したがって産品の変更の度合いは少なく、原産性を満たしやすい規則といえる。

　具体例として、図Ⅲ 2-4 のように、日本でビール（2203.00）を生産し、TPP11 を利用してオーストラリアに輸出しているケースを考えてみよう。ここでビールは麦芽、ホップ、酵母のみから製造され、麦芽とホップはそれぞれ英国とチェコから輸入された非原産材料（輸入材料）、酵母は国内で培養された原産材料と仮定する。TPP におけるビールの品目別規則は「第 22.03 項の産品への他の項の材料からの変更」となっている。したがって、最終産品であるビールが日本原産と認められる、すなわち日本においてビールへの「実質的変更」があったと認められるためには、全ての非原産材料についての関税分類番号の 4 桁水準での変更（CTH）が日本において起こることが必要である。図Ⅲ 2-4 のとおり、英国産麦芽（1107.20）、チェコ産ホップ（1210.20）がそれぞれ日本に輸入され、原産品である国産ビール酵母

4）日・ASEAN 包括的経済連携協定等のように、多くの品目に共通して適用される実質的変更基準を一般ルールとして協定本文で定め、一般ルールが適用されない一部品目についてのみ PSR を規定する協定もある。

図III 2-4　関税分類変更基準の例

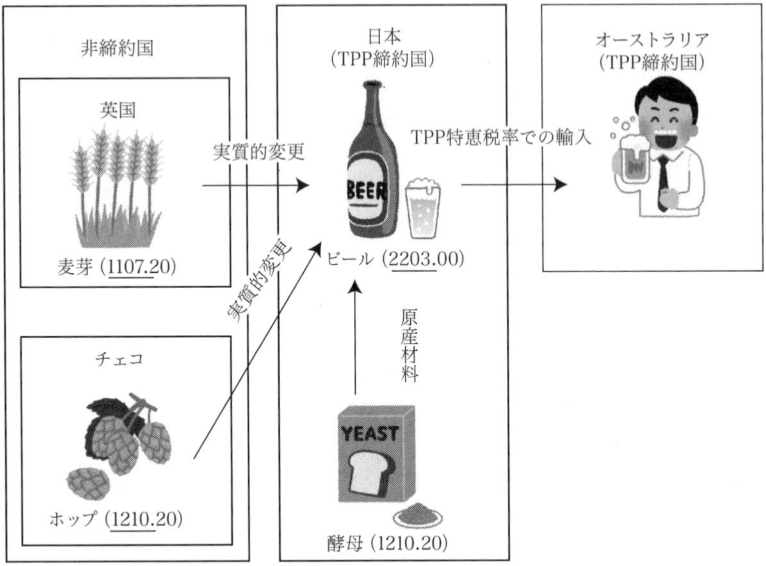

注：TPPにおけるビールの品目別規則は、「第22.03項の産品への他の項の材料からの変更（4桁変更）」

出典：筆者作成

（2102.10）でビール（2203.00）が醸造されている場合、麦芽とホップで類（2桁水準）の変更が起こっているため、必然的に項（4桁水準）での変更という品目別規則を満たしている（このとき、酵母も同様に関税分類番号の変更が起きている。この例ではもともと原産品であるため考慮する必要はないが、輸入酵母を使用しても醸造されたビールが原産品であることは変わらない）ため、TPP11 の特恵税率の対象となる。

　関税分類変更は、使用された材料さえ特定されれば最終製品が原産品であるかどうかが自動的に導かれるため、非常に明確な基準と言えるが、他方において、多数の材料からなる産品について厳格にこのルールを適用する場合、原産品としての資格を満たすことを証明することは、実務上困難となり得る。

（b）付加価値基準

　製造・加工により加えられた価値（付加価値）が最終産品全体の価値に占める割合が一定の比率以上となれば、その価値が加えられた国を原産地とするものである。EPA においては、協定文等において、産品に占める原産国の付加価値をどのように計算するかが決められている。図III 2-5 に示したとおり、TPP では、これまで

図III 2-5　TPP の付加価値基準の計算方法

①控除方式

$$RVC(\%) = \frac{産品の価格　非原産材料の価格}{産品の価格}$$

②積上げ方式

$$RVC(\%) = \frac{原産材料の価格}{産品の価格}$$

③重点価額方式

$$RVC(\%) = \frac{産品の価格　FVNM}{産品の価格}$$

④純費用方式

$$RVC(\%) = \frac{純費用　非原産材料の価格}{純費用}$$

RVC：域内原産割合（Regional Value Content）
FVNM：PSRで定められた特定の非原産材料の価額

酵母（1210.20）

出典：筆者作成

　日本が締結してきた協定と同様の控除方式と積上げ方式に加え、一部品目について
は重点価額方式ないし純費用方式が採用され、全部で 4 つの計算方式が規定されて
いる。これらのいずれを用いるかは PSR で個々の品目ごとに定められている。
　図III 2-5 に示したとおり、①控除方式は、産品の価格から非原産材料の価格を差
し引くことで域内原産割合（RVC: regional value content）を求めるのに対し、②積
上げ方式は使用される原産材料の価格を足し合わせて RVC を求める。これら 2 つ
の計算方法は、どのように原産割合を計算するかという意味において同じだが、
TPP のように、積上げ方式の原産材料価格に労務費等の経費を算入できない等、
両者で原産割合の範囲が異なることもあり、そのため TPP では同じ品目について
積上げ方式と控除方式では要求される RVC の割合が異なる。③重点価額方式は一
部の鉱工業品で利用可能な方式で、非原産材料のうち、PSR に定められた主要な
材料の価額のみを用いて計算する。④純費用方式は一部の自動車関連の品目で利用
可能な方式で、産品の価額の代わりに純費用（総費用からマーケティング費用等を控
除したもの）を用いている。これらは前述の控除方式の一種であり、特定の品目に
合わせて調整されたものとして理解できる。
　なお、複数の計算方法が利用可能な場合は、利用者が、自身にとって有利かつ証
明負担が少ない方式を選択することができる。

(c) 加工工程基準

　産品について特定の製造作業、加工作業が行われた国を原産地とするものであり、化学製品や繊維製品に用いられることが多い。例えば、TPP の品目別規則を定めた附属書 3-D では、化学工業製品についてそれぞれ関税分類変更基準（上記（a））が規定されているが、注釈として「適用可能な品目別規則の規定にかかわらず、第二八類から第三八類までの各類の産品であって化学反応が行われるものは、当該化学反応が一又は二以上の締約国の領域において行われる場合には、原産品とする。」との記載があり、関税分類変更基準を満たしていない場合でも、化学反応が当該国で行われていれば、原産品とみなされるようになっている。

　加工工程基準は、生産工程を正確に反映し、どのような作業を行えば原産性が得られるかが明確に記載されているため、関税分類変更基準のように使用材料ごとの分類変更の立証や付加価値基準のような複雑な計算を経ることなく、原産性を得ることができるという利点がある。他方、全ての産品について、このような規則を設けることは規則の複雑化を招き、現実的ではない。また、技術発展に伴う生産工程の変化が起きれば規則の変更が必要となることも考えられる。

(2) その他のルール

　(1) で述べたのが原産地規則の基本ルールであるが、これらをそのまま適用するだけでは、過度に厳格、ないし過度に緩いルールとなって、使いづらい原産地規則となってしまいかねない。そのため、各 EPA ではこれらを調整するルールが設けられている。そのうちいくつか代表的なものを以下で紹介したい。

(a) 累積

　累積とは、一方の締約国の原産品や生産行為を、他方の締約国の原産品や生産行為としてみなす規定である。TPP では第 3.10 条（累積）で規定されており、日本が輸出国となる場合で言えば、他の TPP 締約国であるカナダ、ベトナム等の原産品やこれらの国で行われた生産行為を自国で行われたものとみなすこととなる。

　このうち、一方の締約国の原産品を自国の原産品とみなすルールは、「モノの累積」とも呼ばれ、同条第 2 項で規定されている。これにより、「原産材料のみから生産される産品（PE)」や「品目別規則（PSR)」の基準を満たす場合に、日本の原産品だけでなく他の TPP 締約国の原産品も日本の原産品として扱うことが可能となる。例えば、日本で生産したエンジンを TPP を利用して輸出し、メキシコで自動車（PSR は付加価値基準）を生産した場合、他の全部品がメキシコ（や他の TPP 締約国の原産品）であればその自動車は PE の基準を満たすことになる。また、付加価値基準の計算においても、日本製エンジンの価格もその全額を原産材料の価格

に含めることができるため、メキシコで付加された価値だけを原産割合の計算にいれる場合よりも、原産地規則を満たしやすくなる。

モノの累積が原産材料の累積を可能にするものであるのに対し、生産行為の累積は、非原産材料であっても累積を可能とするものである（TPP 第 3.10 条第 3 項）。これにより、モノの累積だけでは原産材料と見なせない非原産材料の価額のうち相手国内で付加された価値や生産行為（加工工程基準の場合）も自国の生産に含まれるものとして算入できる。例えば、前述の自動車の例では、日本から輸出されたエンジンが TPP 原産品として認められなかった場合であっても、そのエンジンに日本で付加された価値が少しでも、例えば 10% でも含まれているならば、その 10% 部分を原産割合の計算に含めることができる。また、衣服など、製糸、製織、縫製の 3 工程を満たすことが要求されている繊維製品（61 類〜63 類）については、日本で生産した糸（これは非原産材料であってもよい）をベトナムで織って裁断・縫製した場合、日本での工程（製糸）をベトナムで行ったものとみなすことができるため、PSR を満たし、TPP 原産として認められることになる。このようなモノの累積に加えて生産行為の累積が規定されていることを、一般に完全累積と呼んでいる。

当然ながら、他国の原産材料を利用できるモノの累積だけでなく、非原産材料に加えられた価値や生産行為も利用できる完全累積が規定されている協定の方が、理論上は原産品としての資格を満たしやすくなる。もちろん、非原産材料に付加された価値や生産行為について証明することが困難な場合もあり、いつでも容易に利用できるとは限らないが、利用者にとって選択肢の幅は間違いなく広がる。こうした累積規定により、単に相手国からの輸入品に対して特恵税率を適用するだけでなく、自国から相手国への輸出品を製造する際に、相手国の材料を使用するインセンティブを高めることで、相手国とのサプライチェーン構築に一層の効果をもたらすことになる。

(b) 僅少の非原産材料（デミニミス）

TPP 第 3.11 条や日 EU・EPA 第 3.6 条等で規定されているこのルールは、僅少の非原産材料、あるいはラテン語で「デミニミス」と呼ばれる。このルールは、関税分類変更基準の例外として、要件を緩和するためのルールである。というのも、文字通りネジの一本を含む全ての材料について関税分類の変更とその証明を求めるのは、利用者にとって酷な場合もあるため、産品の価格の一定割合（例えば、TPP では 10%。協定や品目によっては価格ではなく重量の一定割合を規定する場合もある）以内であれば非原産材料（原産材料であっても、そのことを証明することが困難な材料を含む）を含んでも原産品として認めるとのルールである。ピクルスでいえば、主要部分（キュウリと酢等）が TPP 原産品としての要件を満たしているのであれば、価

格の 10% に満たない部分にインド（非締約国）の香辛料が使われていてもそこは大目にみて TPP 原産品としようということになる。

(c) 原産品としての資格を与えることとならない作業（ミニマルオペレーション）

　上述の「累積」と「僅少の非原産材料」が原産地規則を緩和する方向のルールであったのに対し、一般にミニマルオペレーション（MO）と呼ばれるルールは、それとは反対に規則を厳格化するための例外規定であり、日 EU・EPA では第 3.4 条（十分な変更とはみなされない作業又は加工）で規定されている。例えば、包装や組み合わせる行為で関税分類番号が変更となった場合、形式上は実質的変更基準（関税分類変更基準）を満たしうるものの、実質的な変更として認められる作業を行っていないのであれば原産品としては認められないという考え方である。どのような作業・工程を MO として規定するかは各協定によって異なるものの、単なるラベルや包装等は多くの協定において MO の一つとして規定されている [5]。

(d) 包装材料・容器

　小売用の包装材料・容器の取扱いについては、例えば日 EU・EPA 第 3.15 条（小売用の包装材料及び包装容器）で定められている。同条第 1 項では、原産品か否かの判断に完全生産品や関税分類変更、加工工程基準を用いる場合には包装材料・容器が原産品であるかは考慮しない、つまり、これらが非原産材料であってもかまわないとしている。これに対し、同条第 2 項では、付加価値基準によって原産品としての資格を判断する場合には、包装材料・容器の価格を付加価値の計算に含めなければならないとしている。包装材料は産品の本質的な部分とは言えず、完全生産品や関税分類変更、加工工程基準でそこまで求めると不合理なまでに厳しいルールとなってしまうが、全体として付加価値を算出する付加価値基準の場合に包装材料を計算に含めることは不合理と言えず、包装材料・容器も考慮に入れるべきと考えられるからである。

(e) 積送基準

　相手国の原産品に対して特恵待遇を与える EPA において、相手国から輸出された原産品が、経由国（非締約国）での加工を経て輸入された場合、その産品に対し

---

5) TPP のようにこうした規定を置かない協定もある。なお、TPP では原産品としての資格に関連して MO は規定されていないが、適用税率の決定に関して MO を準用している。詳細は日本税関「TPP11 協定（CPTPP）の概要（税率差等）」(https://www.customs.go.jp/kyotsu/kokusai/news/TPP_Siryou.pdf) を参照。

て特恵税率の適用を認めてしまうと、実質的にはその非締約国が裨益することになってしまう。そのため、EPA においては、特恵税率の適用と対象となるためには、①輸出締約国から輸入締約国に直接輸送されること（例えば TPP では、第3.18条第1項）、又は②天候、航路等の理由により非締約国を経由する場合でもその国において保存のために必要な作業等以外の加工が行われていないこと（同条第2項）を証明する必要がある旨を定めており、こうしたルールを一般的に積送基準と呼んでいる。この積送基準を満たさない場合、その産品は原産品としての資格を失うこととなる（例えば、TPP では、第3.18条）。なお、TPP では、通過する国が締約国であれば、そこで加工を行うことが認められるのに対し、TPP と同様に多数国間協定である RCEP 協定では、他の締約国を通過する際も原則として加工は行ってはならない等、協定によって細かい要件が異なるので注意が必要である。

3. 証明

　原産地規則では、どのような産品が原産品となるかのルールを定めているが、原産地規則章の「証明」部分は、そのルールに基づいて産品が原産品であることをどのように証明するかを定めている。出入国でいえば、日本人として国籍を取得する要件を定める「規則」部分に対し、証明部分は「国籍はパスポートで証明する」、「パスポートは入国管理官に示す」といった証明書や手続について定める部分と言える。こう書くと一見地味に思えるかもしれないが、「証明」は EPA の利用のしやすさと直結する常に重要な問題である。すなわち、出入国の際にパスポートで国籍を証明しなければ入国できないのと同様、EPA を利用した輸出入の際は実際に輸入品が原産地規則を満たしていることを証明しなければ特恵関税を適用されないため、どのように証明するかは、「規則」部分と同様、EPA の利用に直結する重要な規定である。細かい規定ぶりは協定ごとに異なるが、その主要な内容は以下のとおりである。

(1) 原産地証明の種類
　原産品であることを証明するための書類である原産地証明について、日本が締結済みの EPA で導入されているものは、以下の3つに大別できる。表III 2-1 に示したとおり、どの証明制度が利用可能かは協定によって異なるが、中でも RCEP 協定（本稿執筆の2021年5月時点では未発効）第3.16条（原産地証明）はこれら3つをいずれも含むユニークな条文となっているため、以下では同条を参照しつつ、それぞれの証明制度についてみてみよう。

(a) 第三者証明

　RCEP 協定第 3.16 条第 1 項 (a) で規定されているのは、輸出国の生産者や輸出者の申請に基づき、政府機関もしくは政府機関に指定された代理機関が原産地証明書を発給する「第三者証明」と呼ばれる方式であり、日本では、経済産業省が日本商工会議所を「発給機関」として指定している[6]。日・シンガポール EPA（2002年発効）から日・モンゴル EPA（2016 年発効）までの二国間 EPA 及び RCEP 協定で導入されている、いわば従来型の方式であり、国内法上は第一種特定原産地証明書と呼ばれている。出入国でいえば日本国民の申請に基づいて日本政府が発給するパスポートに当たるものといえるだろう。第三者証明では、政府機関もしくは政府機関に指定した代理機関が原産品としての資格を審査し原産地証明書を発給することで、原産地証明書に記載されている情報の真正性についての責任の所在が明らか、かつ確実となり、仮に問題が生じた場合の捕捉・追及が容易となる。一方で、後述する自己証明制度と比較して、証明書の発給までに手間と時間を要することがある。

(b) 認定輸出者自己申告制度

　RCEP 協定第 3.16 条第 1 項 (b) で規定されているのは、予め資格認定を受けた認定された輸出者に対し、自ら原産地申告（国内法上は第二種特定原産地証明書と呼ばれる）を作成することを認める制度であり、日・スイス EPA、日・ペルー EPA 及び日・メキシコ EPA 及び RCEP 協定においても同様の制度が導入されている。日本では、上述の第三者証明の発給を一定程度以上受けたことがある等の要件を満たした事業者の申請に基づき、権限のある当局として経済産業省（経済産業大臣）が認定を行っている。予め資格の認定を受けるという手間はあるものの、一度認定されれば自ら証明書を作成できるという利点があり、上記の第三者証明と後述する自己証明制度の折衷案と捉えてもよい。

(c) 生産者・輸出者・輸入者による自己申告制度

　上述の認定輸出者自己申告制度の対象が予め認定を受けた輸出者に限られていたのに対し、RCEP 協定第 3.16 条第 1 項 (c) 及び同条第 4 項で規定されている自己申告制度は、その名のとおり、全ての生産者、輸出者、輸入者に幅広く原産地申告の作成を認めるものである。日本では日・オーストラリア EPA で初めて導入され

6）日・シンガポール EPA のみ、日本商工会議所ではなく全国各地の商工会議所が発給機関となっている。ただし、シンガポールの実行税率は酒類 4 品目以外無税であるため、日本からの輸出に際しては、この 4 品目を輸出する場合のみ商工会議所が発行する原産地証明書が必要となる。

（第三者証明との選択制）、TPP及び日EU・EPAでは原則自己申告制度のみが用いられている。発給機関から第三者証明を取得する時間や手間が省けることから、EPAの利用者にとっては利便性の高い制度である。また、輸入国税関にとっても、輸入者自己申告を導入すれば、輸出者である国外の政府機関や業者ではなく、輸入者たる自国の業者に確認を行えば足るといった利点もある。こうした利点から、日・オーストラリアEPA以降に日本が締結したEPAでは、日・モンゴルEPAを除いて導入されている。ただし、こうした利点は裏を返せば産品が原産品であることを事業者自らが判断・証明する責任を負い、場合によっては後述する輸入国税関からの検認に対応する必要があることには注意する必要がある。人の場合に例えれば、パスポート取得の手間は必要ないが、旅行先の入国管理官に対し、その国の手続に従って自分が日本人であることを自分で証明する必要があるようなもので、その活用には「慣れ」が必要な場合もあるだろう。

表III 2-1 日本の締結済EPA/FTAで導入されている証明制度一覧

	第三者証明	認定輸出者自己申告	生産者・輸出者・輸入者自己申告
RCEP協定	○	○	注1
日EU、日英	×	×	○
TPP	注2	×	○
日・オーストラリア	○	×	○
日・スイス、日・ペルー、日・メキシコ	○	○	×
その他のEPA	○	×	×

注1：RCEP協定では、生産者・輸出者による自己申告の導入には猶予期間が定められている。また、輸入者自己申告は協定の発効後に議論されることになっているが、例外的に日本だけは発効直後から導入できることとなっている。
注2：TPPは生産者・輸出者・輸入者自己申告を原則としているが、附属書3-Aにおいて例外的に輸出締約国に発給を認める経過措置を規定しており、2021年5月現在、ベトナムがこの経過措置を利用して自己申告制度に代えて第三者証明制度を導入している（ただし、これはベトナムが輸出締約国となる場面に適用されるもので、ベトナムも輸入締約国として自己申告を受け入れる義務がある）。

（3）輸入国税関による確認

　輸入者が原産地証明書とともに特恵待遇の要求を行った場合に輸入国税関がその全てを認めることができるのであればいいのだが、残念ながらその原産地証明書が本物なのか、産品が本当に書類通りに「規則」に則った原産品なのか疑わしいケースも存在する。そのため、EPAでは、原産品なのかどうかを輸入国が確認する手段（検認）を定めている。
　例えば、RCEP協定では、第三者証明と自己申告制度が併用されていることもあり、第3.24条において、(a) 輸入者に加え、(b) 輸出者又は生産者、(c) 発給機関又は権限のある当局への確認が規定され、さらに、(d) 輸出締約国の輸出者又は生

産者への訪問も規定されている。ただし、相手国のコンタクトポイント（同条注釈）を経由した間接的な確認の実施もできるよう想定されている。また、訪問検認についても、相手国の同意が必要とされている。

　輸出国は、こうした検認に期限内に対応しない場合、輸入国において特恵税率の否認、つまり EPA によらない通常の関税率が課税されうるので、検認を受けた場合には迅速な対応が必要となる。なお、原産地証明書の発給申請や原産地申告の作成においてそもそも虚偽の申告を行ったり、原産品でないことが後で判明したにも関わらず必要な報告を怠った場合には、日本の国内法令上、罰則が科されることとなっている。

（4）記録の保管

　EPA では、輸入者や、（採用されている証明制度に応じて）発給機関、輸出者、生産者が、原産地証明を行った際に用いた資料を含む記録を一定期間保管するよう求めている（例えば TPP 第 3.26 条）。実務上、一切書類を保管しないというケースはあまり想定されないが、協定によって定められた保管期間が異なる点には注意する必要がある。日本がこれまで締結した協定では、3 年〜5 年の保管期間が規定されている。また、TPP 第 3.26 条を見てもらえれば分かるとおり、保管期間の起算日について、輸入者は「輸入の日から」、生産者又は輸出者は「原産地証明書の作成の日から」となっており、主体によって異なることに注意が必要である。

4.　結びにかえて

　冒頭述べたとおり、市場アクセス交渉で、関税撤廃を含め、どれだけ低い特恵税率が定められたとしても、原産地規則に基づいて原産品としての資格を得ない限り、その恩恵を得ることができず、何の意味もない。原産地規則は、EPA/FTA を利用しその恩恵を得ようとする事業者が日々直接影響を受けるものであるため、原産地規則の交渉においては、事業者から見て利用しやすいものとするという視点が必要である。他方、「利用のしやすさ」という意味では、協定の条文交渉を妥結して終わりではなく、協定の発効後、実際の運用においても事業者の利用しやすいものとなっているか、また、時代の変化に対応しているか、必要に応じて相手国とも協議・調整をし、不断の改善を行っていくことが重要である。以下では、結びに代えて原産地規則の改善のための取り組みの例として、「原産地証明の電子化」及び「HS 変換」を紹介したい。

（1）原産地証明書 の電子化

　EPA による特恵税率の適用を受けるためには、原産地証明書を輸入国税関に対

して提出する必要がある。従来の EPA で導入されてきた第三者証明制度では、原産地証明書の原本の提出を輸入国税関から求められていたため、発給機関（日本で言えば商工会議所）が発給した原産地証明書を事業者が受け取り、輸入国まで送付する必要があり、緊急・確実性を要する場合にはしばしば事業者自身が原本を運ぶこともあった（全国に 26 か所ある日本商工会議所事務所の窓口までに原産地証明書を取りに行き、輸出相手国へ出張する等）。

　輸入国税関に対して原産地証明書を電子データで提出できれば、こうしたコストや紛失等のリスクを避けられるため、政府としては、EPA の原産地証明書の提出についても電子化を推進している。実際、日本に産品を輸入する場合については、事業者が原産地証明書の PDF データを輸出入・港湾関連情報処理システム（NACCS）上で提出できるようになっている。しかし、輸出を行う場合、相手国によっては、依然として原産地証明書の原本を要求されることが多く、こうした国においても PDF 等による原産地証明書の提出が認められるよう、引き続き働きかけていく必要がある。

　また、日本では未だ導入されていないが、世界では、PDF 等の画像データでの提出だけでなく、輸出国の発給当局から輸入国税関の間で直接原産地証明書に関するデータを送付するシステムの導入も始まっている。例えば、ASEAN 加盟国間の物品貿易協定である ASEAN 物品貿易協定（ATIGA）においては、通関システムである ASEAN シングルウィンドウ（ASW）を通じて ASEAN 内の通関手続きの電子化を進めており、原産地証明についても当局間で直接データを送受信する方式の利用が進んでいる。このようなデータ交換を行うためには、相応のシステム構築が必要となり、事業者が画像データで提出する方式よりも導入のハードルは一段高いものの、事業者の利便性は大きく向上するため、日本政府としてもその可能性について検討を始めている。

(2) HS 変換

　2.（1）の実質的変更基準の個所で述べたとおり、多くの EPA においては、HS分類の各品目について PSR が定められている。この HS 分類は WCO において 5年毎に改定されているため、どの時点の HS 分類に基づいているかは協定が作られた時期によって様々である（例えば、TPP では 2012 年版、日 EU・EPA では 2017 年版が用いられている）。

　原産地証明は、当然のことながら、各協定が定める HS 分類に基づいて記載する必要があるが、一方において、各国の輸入国税関においては、原則としてその時点で有効な最新の HS 分類（2021 年現在で有効な HS 分類は 2017 年版だが、2022 年 1 月からは 2022 年版が有効となる。）に基づき、国内の輸入品目表を作成しているため、

各協定の PSR と、各国税関が参照している輸入品目表の分類との間には、時とともにズレが生じていく。

　例えば、鯉の HS 分類は、0301.93 であるが、2017 年版への改訂の際に、2012 年版では 0301.99 に含まれていた一部の魚類が 0301.93 に統合されることになった。仮に、ある EPA/FTA が 2012 年版の HS 分類に基づいており、0301.93 と 0301.99 に異なる PSR が設定されていた場合、2017 年版を参照する税関当局から見ると、0301.93 という同じ品目の中に異なる PSR が混在することになる。

　こうした HS 分類のズレによって直ちに EPA の利用ができなくなるわけではないものの、原産地証明書の発給や輸入国税関における通関においては、様々な版の HS 分類が混在することによって混乱が生じることもありうる。また、こうしたズレは HS の改訂が進めば進むほど大きくなっていく。したがって、本来であれば、HS が改訂される度に全ての EPA の PSR を改正していく（この作業を「HS 変換」と呼ぶ。）ことが望ましいといえるが、元々の協定で規定された合意内容を保ちつつ、複雑な組み換えが行われた HS 分類の変更を反映した分かりやすい PSR を相手国との合意の下で作成するのは容易でない場合もある。多くの国と複数の EPA を持つに至っている日本にとって、こうした HS 変換をタイムリーかつ効率的な形で進めていくことは、重要な課題となりつつある。

［コラム 2］RCEP 協定における税率差の扱い

　RCEP 協定では、日本のほか、中国、タイ、韓国、フィリピン、インドネシア、ベトナムは、一部の品目について原産国毎に異なる譲許税率を設定しており、同じ品目であっても、原産地によって税率が異なる、いわゆる「税率差」が発生している。

　例えば、日本はピクルスについて 12〜15%（種類によって異なる）の関税率（MFN 税率）を設定しており、RCEP 協定では韓国に対しては除外（関税引下げも撤廃もしない、譲許の対象外）、それ以外の国に対しては最終的に撤廃することとしている。したがって、RCEP 協定が日韓を含め発効した場合、韓国とそれ以外の RCEP 締約国から日本に輸入されるピクルスでは、適用される関税率に最大で 12〜15% の差が生じる。

　こうした品目について、複数の RCEP 締約国が生産に関与する場合に、単純に最終輸出国に対する税率を適用することにすると、実際に製品を生産した国がどこであるかにかかわらず、適用される税率が低い国を経由させて輸出する、いわゆる迂回行為を行うインセンティブが生じる。この迂回行為はルール違反ではないものの、これを制約なしに認めてしまうと、国別に異なる譲許税率を設定した意味がなくなってしまうおそれがある。このような理由もあり、RCEP 協定では（原産地規則章ではなく）物品貿易章の第 2.6 条で、税率差に関するルールを規定している。以下各パラグラフの内容を紹介する。

まず、第2.6条第1項では、税率差のある品目について、輸出国が「RCEP原産国」である場合に限り特恵税率が適用されるとした上で、第2項第1文でRCEP原産国とは、「原産品としての資格を取得した締約国」を意味するとしている。産品が原産品としての資格を得るのは、（中継国で加工を行った場合には原産品としての資格を失うため）輸出国にほかならず、したがって第1項と第2項第2文では、税率差のある品目には原則として輸出国の税率が適用されることを述べている。

次に第2項第2文は、PE（原産材料のみから生産される産品）の場合に輸出国がRCEP原産国となるためには、第5項で規定する「軽微な工程（原産地規則章第3.6条と同一）」を超える生産工程を行う必要があることを述べている。これは、適用される税率の高い国で生産した産品を税率の低い国に輸出し、最低限の工程なしに再輸出する迂回行為を防ぐルールの一つと言える。

また、第3項は、上述の第1項で規定された輸出国原則の例外として、一部品目について迂回防止が強化されている。具体的には、附属書I付録に掲載された品目については、追加的要件（付録に記載されているとおり、輸出国で産品の価格の20%以上が付与されていること）を満たした場合にのみ、輸出国がRCEP原産国になるとしている。このため、輸入国が税率差を設定している品目を輸出する場合には、その品目がこの付録に掲載されているかどうかも確認する必要が出てくる。

第4項では、これらのルールでRCEP原産国が決まらない場合、つまり、①PEであっても輸出国において軽微な工程を超える工程が行われていない、あるいは②附属書I付録に掲載されている品目で追加的要件を満たしていない場合について、RCEP原産国は「生産において使用された原産材料のうち合計して最高価額のものを提供した締約国」となり、その国に対する特恵税率が適用されるとしている。

最後に、こうした複雑なルール（簡略化のために図III 2-6にフローチャートを示した）に記載された条件を満たしていることの証明を常に要求されるのは不合理であるとの判断もあり得るため、第6項では、輸入者が（a）「生産において使用された原産材料を提供する締約国」に適用される税率のうち、最も高いもの（ただし、原産材料を提供した締約国を証明できる場合に限る）、もしくは（b）RCEP締約国に適用される税率のうち、最も高いもの、のどちらかの適用を要求できることを定めている。これは、適用されうる税率のうち最も高い税率を支払うことで、RCEP原産国を特定する手間を省くことを認めるルールといえよう。

第7項及び第8項は第2.6条及び附属書I付録の見直しについて定めている。

このような税率差ルールは、二国間のEPAでは発生せず、TPPやRCEP協定のような多数国間協定特有の現象と言える。なお、日本が締結している多数国間EPAのうち、日ASEAN包括的経済連携協定は、全ての相手国に対して同じ税率を適用する共通譲許（すなわち税率差の問題は発生しない。）であるが、TPPにおいてはわずかな品目について税率差が設定されている[注1]

注1）TPPの税率差については財務省関税局「TPP11協定（CPTPP）の概要（税率差等）」https://www.customs.go.jp/kyotsu/kokusai/news/TPP_Siryou.pdf

のほか、岸本「TPP 協定における国別譲　　　　覚え書」貿易と関税 2017 年 10 月号が詳し
許の場合の適用税率決定ルールについての　　　い。

図Ⅲ 2-6　RCEP 原産国決定のフローチャート

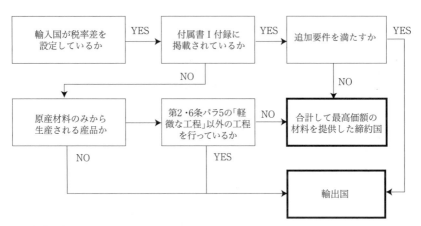

出典：筆者作成

IV.　税関手続及び貿易円滑化

1.　概要

　税関手続及び貿易円滑化については、日本が締結している全ての EPA において
関連の規定があり、ほぼ全ての EPA において独立した章が設けられている。これは、
たとえ EPA 締結によって多くの物品の関税が撤廃・引き下げられても、締約国税
関での手続が不透明・恣意的に運用されれば、通関がスムーズにできず、EPA 締
結の効果を台無しにしてしまうことすらあり得るからである。比較的短い章ではあ
るが、EPA の適切な実施・運用を確保する観点からは極めて重要な意味を持つ章
であると言える。
　なお、TPP 以前の EPA では章の名称が単に「税関手続」とされているものも多
く、その内容も税関手続におけるリスク管理、税関当局間の協力等に限られ、各国
の関係法令の範囲内で実施するものとして、協定本体と同時に署名される実施取極

で細則を定めたものが多かったが、2016 年に締結した日モンゴル EPA 以降は基本的に、「税関手続及び貿易円滑化章」としている。これは 2017 年に WTO 貿易円滑化協定（以下 TF 協定）が発効したことが大きく影響している（WTO での採択は 2014 年）。TF 協定は、1995 年の WTO 設立以降初めて全加盟国・地域が参加して新たに作成された協定であり、日本が EPA を締結する全ての国が批准している。内容的には税関手続について包括的に規定されており、税関手続及び貿易円滑化について語られる際には、この協定が世界的な基準の一つとなっている。

　日本が締結した最近の EPA の税関手続及び貿易円滑化章では、税関手続について予見可能性、一貫性及び透明性のある適用を確保するとともに、税関手続の簡素化、国際基準への調和、情報技術の適用、締約国間の協力の促進、通関の迅速化等を通じた貿易円滑化に関する規定を定めている。

2.　条文解説

　税関手続及び貿易円滑化章の主要な条文について、比較的包括的な内容を含む TPP を参考例として、必要に応じ TF 協定の規定も紹介しつつ解説する。

(1) 第 5.2 条　税関協力

　税関手続及び貿易円滑化章に定められた規定を実施及び運用するにあたり、協定の締約国間（協定によっては税関当局間）で行う支援や協力内容が規定される。支援や協力の具体的な内容については、実施取極において定められている場合もある。

　日本が締結した EPA では、ほとんどの EPA において税関協力に関する規定があるが、TPP では、関税上の特恵待遇の要求等の規定の実施及び運用、輸入又は輸出の制限又は禁止、関税に係る法令の違反の調査及び防止等に関する法令の遵守のために協力すること、また、要請を受けた締約国は、要請を行った締約国に対し、物品の通関のための手続の簡素化、税関職員のスキルアップ等のための技術的な助言及び支援を行うよう努めること等、協力の内容について広範な事柄が具体的に規定されている。

(2) 第 5.3 条　事前教示

　事前教示とは、貨物の輸入を検討している者やその他の関係者が、貨物を輸入する前に、税関に対して、当該貨物の関税分類、原産地、関税評価等についての照会を行い、その回答を受けることができる制度である。

　この事前教示制度を利用して税関から文書で回答を得ていれば、事前に正しい関税分類等の確認ができ、利用者の予見可能性が著しく向上するというメリットがある（一部の協定では、原産地規則章に規定がある）。TF 協定でも、事前教示について

の規定がある。

　TPP では、各締約国は、自国の輸入者、他の締約国の輸出者又は生産者からの
書面による要請がある（正当な委任を受けた代理人を通じた提出も含む）場合には事
前教示を行うこと、事前教示の対象となる事項や事前教示を行うにあたって遵守す
べき事項、事前教示の修正・撤回を行うことができる場合の要件等を定めている。
日・インド EPA 等にも事前教示の規定はあるが、努力義務であったのに対し、
TPP では、具体的な数値目標を示した義務規定とした。例えば、要請者から事前
教示を行うために締約国が要求する全ての情報が提出された場合には、各締約国は
事前教示を可能な限り迅速に、いかなる場合にも要請を受領した後 150 日以内に行
うことや、事前教示の有効期間を少なくとも 3 年とすることを定めている。

(3) 第 5.6 条　自動化

　世界的な EPA/FTA 締結の広がりを受け、ますます複雑・煩雑になる通関業務
の効率化を図るため、電子的な又は自動化されたシステムを利用することは、利用
者の利便性向上の観点からも極めて重要になってきている。

　情報通信技術の利用促進に関する一般的な規定は日本が締結した EPA/FTA の
税関手続章におかれてはいたが、TPP では、情報通信技術、自動化の対象とする
ことが望まれる事柄やその基準・規範等を詳細に規定している。具体的には、各締
約国が、物品の引取りの許可のための手続に関する国際的な基準を使用するよう努
めること、WCO の基準、勧告等を考慮すること、輸入者及び輸出者が単一の入口
（シングルウィンドウ）において輸入及び輸出に関する標準的な手続を電子的に完了
することを認める便宜を提供するよう努めること等を規定している。

(4) 第 5.7 条　急送貨物

　急送貨物の迅速な引取りのための税関手続の簡素化に関する規定である。TPP
以前に締結された日本の EPA/FTA にはなかった規定であり、近年の国際宅配便
の利用の増加を反映して設けられた新しい規定である [6]。本条では、各締約国は、
急送貨物のための迅速な税関手続を採用し、又は維持することが定められており、
通常の状況において、急送貨物が到着していることを条件として、税関書類の提出
の後 6 時間以内に当該急送貨物の引取りの許可を行うこと等を規定している。

---

6) TPP11 では、急送少額貨物の関税免除見直しにかかわる第 5.7 条第 1 項（ f ）の第 2 文
が凍結対象となっている。

(5) 第 5.9 条　危険度に応じた管理手法

　税関手続におけるリスク管理に関する規定である。各締約国税関も無限にリソースがあるわけではなく、危険度の異なる貨物を同じ精度で検査するのは効率が悪いため、各締約国税関が危険度の高い物品の検査活動に集中し、危険度の低い物品の通関及び移動を簡素化すること、評価及び特定のための危険度に応じた管理手法の制度を採用し、又は維持すること等を規定している。TF 協定にも同様の規定がある。

　なお、日本の締結済み EPA の多くは、実施取極で危険度に応じた管理手法について規定してきたが、TPP 以降は協定本体で規定している。

(6) 第 5.10 条　物品の引取り

　TPP 以前の日本が締結済みの EPA にはなかった規定である。本条は、税関当局が輸入申告を受領してから引取りの許可を出すにあたり、簡素化された税関手続を採用し、効率的な通関を推進することを規定し、自国の関税法の遵守を確保するために必要な期間内（可能な限り物品の到着後 48 時間以内）に引取りを許可すること、電子的な処理の採用、最終納税金額の決定前の引取り許可の採用等の手続が盛り込まれている。この規定に従って、輸入貨物の引取りに透明性、一貫性、予見可能性が確保されることは、貿易実務において極めて重要である。ただし、リスク管理上、引取りの許可のための要件が満たされていない場合には追加的な措置を取ることも可能とされている。

(7) 第 5.11 条　公表

　EPA/FTA の利用者にとって、税関手続に関わる書式や書類、手数料等の情報が容易に入手可能かどうかは極めて重要である。本条では、各締約国は、自国の関税法令や一般的な行政上の手続等を可能な限り英語により、公に利用可能なものとすること、利害関係者からの照会に応ずる照会所を指定し、又は維持すること等を規定している。TPP 以前の EPA/FTA で照会所の指定についての規定を設けているものは、日・チリ EPA、日・ペルー EPA、日・オーストラリア EPA、日・モンゴル EPA の 4 つのみである。

　TF 協定では、自国言語以外で公表する義務を規定していない一方、TPP では英語で公表するよう努力義務規定としている。

3.　まとめ

　EPA/FTA の税関手続及び貿易円滑化章を通じて、税関手続や各種の書類の取り扱いについて基準の統一化・簡素化が行われることにより、輸出入に係る不確実

性やコストが削減され、貿易がより円滑に行われるようになることが期待される。多くの国・地域が締結している TF 協定をベースとしつつ、どこまでより高い規律を盛り込むことができるかが、EPA/FTA で当該章を盛り込む付加価値となる。例えば、近年のサプライチェーンのグローバル化や国際的な電子商取引の発展に伴い貿易量が増加し、かつ EPA/FTA も増加する中、適切なリスク管理を維持しながらも、原産地証明書も含めた関係書類の電子化等を通じた通関手続の更なる効率化を図ることが求められてきており、EPA/FTA を通じてこうした課題に取り組むことが期待される。

Ⅴ．衛生植物検疫（SPS:Sanitary and Phytosanitary）措置、貿易の技術的障害（TBT:Technical and Barriers to Trade）

1．概要

関税や輸入数量制限などの国境措置以外にも、貿易に関連する措置は存在する。例えば、各国は、人、動物又は植物の生命、健康の保護、消費者保護、環境保護、品質要求、情報提供等を目的として、衛生植物検疫上の措置[7]を講じたり、様々な製品の品質等に関する規格・基準を設け、特定の産品がその規格・基準に適合しているかについて判断する認証[8]を行っている。例えば、農作物に有害な害虫の侵入を防ぐために、害虫発生地域から特定の産品の輸入を停止したり、食品の安全のために食品衛生基準を定めたり、自動車や電化製品、医薬品に様々な基準・規格を定めたりしている。

また、EPA における原産地規則と混同されがちであるが、原産地表示も含めた日本の表示制度は、原材料や原産地などの適正な表示により消費者の選択に資するための情報提供等を目的とした国内措置（EPA の原産地規則とは、EPA 締約国への輸入の際に EPA 特恵税率が適用されるために満たすべき規則であり、国内の表示義務とは無関係）であり、本来貿易と無関係に策定され、少なくとも貿易制限を目的としたものではない。

一方、国産品と輸入品を差別的に取り扱う場合や、国産品と輸入品を同様に規律していても、それが過剰な規制である場合、こうした措置は、貿易制限的な効果を持つ。各国の関税や数量制限等の国境措置がいくら撤廃されたとしても、これら措

7）衛生植物検疫措置について
　　各国は、消費者の食品安全確保や動植物間での有害動植物や病気のまん延防止のため、輸入産品の場合、産地では病気が発生してない地域であることの証明を求めたり、輸入に際し

置や基準・規格またはそれが適合しているか判断する認証に関する手続が原因で輸入品の他の締約国市場での流通が実態として困難となりうる。WTOでは、GATTの一般的例外を規定した第20条（b）等でこうした措置や基準・規格を設けること自体は許容しつつ、衛生植物検疫の適用に関する協定（WTO・SPS協定）、貿易の技術的障害に関する協定（WTO・TBT協定）により、本来の正当な政策目的を達成するとともに、貿易に与える影響を最小限にすることを確保し、国際貿易に不必要な障害をもたらすことのないように諸ルールを定めている。EPAのSPS章やTBT章でも、これらの協定を基礎とし、EPA締約国間での情報交換、協議メカニズム等についての規定を設けている。

ての検査、食品添加物の使用規制など様々な衛生植物検疫措置をとっている。例えば、かんきつ類等の生果実の害虫にミカンコミバエ種群と呼ばれる害虫がある。日本では、植物防疫法により、こうした害虫の既発生地域からの寄生植物の輸入を禁止している。そのため、A国とEPA交渉の結果、A国産オレンジの関税を撤廃としても、当該A国においてミカンコミバエが発生していれば、A国産オレンジを日本に輸入することができない。

8）規格・基準・認証

　各国は、人の健康保護、環境保全等の観点から、医薬品、通信機器、自動車等、幅広い製品やサービスに対して規格・基準を設定しているが、遵守が法律で義務付けられたものを「強制規格」、義務付けられていないものを「任意規格」と呼ぶ。任意規格であっても、基準値や試験、検定方法、規制の手段として他の法規の中で遵守が求められ、事実上強制力があるものもあり、特定の産品が特定国の市場に参入するには、こうした規格・基準を満たしている必要がある。また規格や基準に適合しているかどうかを評価し、認証することを「適合性評価」とよび、またその手続を「適合性評価手続」と呼ぶ。

　日本の強制規格の例として、電気用品安全法（PSE）、有機農産物日本農林規格（有機JAS）、前述した食品表示基準などがある。任意規格の例としては、日本産業規格（JIS）、日本農林規格（JAS）、機能性食品表示などを挙げることができる。製造者・生産者等は、関連する法律等が定める適合性評価手続に従い、産品が強制規格又は任意規格に適合していることの認証を得る必要がある。適合性評価手続には様々な種類があり、製造者・生産者等が自ら適合性評価を行い、供給者適合宣言等を発行する第一者適合性評価や、政府機関や適合性評価機関が適合性評価を行う第三者適合性評価等がある。また、適合性評価機関が特定の適合性評価業務を行う能力を有していることを公式に実証することを「認定」と呼び、政府機関によって登録された認定機関が適合性評価機関の認定を行うこともある。例えば、JIS（日本産業規格）マークは、我々の身の回りにあるさまざまな鉱工業品の品質の改善、生産の合理化、取引の単純公正化、使用や消費の合理化を図ることなどを目的として定められたある一定の基準であり、鉱工業品の種類、形式、形状、寸法、構造、品質などの要素や、鉱工業品の生産方法、設計方法、使用方法、試験方法や検査方法などが、標準として定められている。製造した製品や技術にJISマークを付けるためには、国により指定された民間の適合性評価機関（「登録認証機関」と呼ばれる）から認証を受ける必要がある。

2.　日本の EPA における SPS 章・TBT 章の概要

　日本が締結した初期の EPA では、SPS 章が全くないか、SPS 章が設けられても、WTO・SPS 協定上の権利・義務の確認、照会所の設定、小委員会といった条文に限定される極めて短い章であった。しかし、近年締結した EPA では、WTO・SPS 協定を基礎として、各国の SPS 措置に関する通報や情報交換について詳細な規定を設け、締約国の措置の透明性、予見可能性を高め、さらに SPS 章独自の協議メカニズムを設置するなど、ボリュームのある章に変化してきている。

　また、日本の初期の EPA の SPS 章や TBT 章は、各協定に設けられた紛争解決手続の適用外とされていたが、TPP や日 EU・EPA では、一部規定は除外としつつも、基本的に紛争解決章の対象となっている。

　TBT 章については、① TBT 章が全くない協定（日・インドネシア、日・ブルネイ EPA）、② SPS 章と TBT 章が一つにまとまった日・インド EPA、③任意規格、強制規格及び適合性評価手続（STRACAP）章と呼ばれる協定（日・ベトナム、日・ペルー、日・オーストラリア、日・モンゴル EPA 等）、④相互承認[9]章が設けられている協定（日・シンガポール、日・タイ、日・フィリピン EPA）等、様々なバリエーションがある。

9）相互承認

　TBT 協定第 6 条第 3 項は、「加盟国は、他の締約国から要請があった場合には、それぞれの適合性評価手続の結果の相互承認のための合意をすることを目的として交渉するように奨励される」と規定し、加盟国は相互承認を結ぶことが奨励されている。強制規格は、各国ごとに異なるものを採用し、国際的に調和されていないものが数多く存在するため、相互承認の仕組みがない場合、日本企業がある製品を外国に輸出して販売しようとする時は、この外国が定める強制規格に製品を適合させる必要がある。そのため、日本企業は、外国政府の指定を受けた適合性評価機関に、その国の言語で書いた申請書を提出したり、製品を送って適合性評価を実施したりしてもらい、その結果の証明書を日本まで送付してもらって、その証明書とともに製品を輸出する必要がある。

　相互承認の仕組みがあれば、当該相互承認の仕組みがカバーする分野の製品（例えば情報通信機器等）については、日本にある適合性評価機関に輸出相手国の規格に関する適合性評価を実施してもらい、認証を取得できるので、手間、費用、時間を節約することができる。ただし、相互承認の仕組みは相手国との規格の調和とは異なり、自国の規格に沿った製品を相手国が受け入れることを約束するわけではない。あくまでも相手国の規格に沿っているかの適合性評価を自国の機関が行えるようになるだけである。

　なお、相互承認には、①政府間相互承認、②認定機関間相互承認、③適合性評価機関間相互承認があり、日本の EPA に盛り込まれるのは政府間相互承認にあたる。政府間承認にも、

④の相互承認章は、電気通信分野等の特定分野で相手国において行われた自国の強制規格との適合性の評価結果を自国において行われたものと同等であるとして政府が相互に認め合い、かつ、受け入れる政府間相互承認を規定するものである。

TPP の TBT 章では、TBT 協定の一部を組み入れた上で、TBT 措置に関する通報や情報交換についての追加的な規定を設け、透明性や予見可能性を高めようとしている。なお、同章には個別の産品分野に関する附属書がついているが、これらの分野について相互承認を認める規定が含まれているわけではない。ちなみに、EUとの間では、日 EU・EPA とは別に日 EU 相互承認協定がある。

3. 条文解説

以下では、主に TPP の SPS 章、TBT 章に関し、各条文の解説を行う。

(1) SPS 章

(a) 第 7.1 条 定義

SPS 章で用いられる用語の定義について定め、WTO・SPS 協定附属書 A の定義「衛生植物検疫措置」「措置の調和」「国際的な基準、指針及び勧告」等がこの章に組み込まれ、本章においても同一の定義が適用されることを定める。また、WTO・SPS 協定附属書 A で定義されていない用語「輸入検査」「輸入プログラム」「危険性の分析」等について本条で定義している。

日 EU・EPA 第 6.3 条第 3 項では、SPS 章の下で設置される衛生植物検疫措置に関する専門委員会（SPS 専門委員会）が、SPS 章で定義されていない他の用語の定義について合意することができること、SPS 専門委員会が合意する定義と WTO・SPS 協定に定める定義が抵触する場合には後者が優先することを定めている。

（ア）指定委任型相互承認と、（イ）域外指定型相互承認がある。（ア）は、基準や適合性評価手続が相手国との間で異なる場合であっても、輸出国政府が指定した適合性評価機関が輸入国政府の技術基準及び適合性評価手続に基づいて適合性評価を行った場合、輸入国政府はその評価結果を自国で実施した適合性評価と同等の保証が得られるものとして受け入れるもので、日・シンガポール EPA が該当する。また、（イ）は、輸出国にある適合性評価機関を輸入国政府が自国の関係法令に基づき直接指定し、輸出国側の適合性評価機関が輸入国政府の技術基準及び適合性評価手続に基づいて行った適合性評価の結果を相互に受け入れる仕組みであり、日・フィリピン、日・タイ EPA が該当する。

相互承認の枠組みは、カバーされる分野の産品の交渉相手国との間の貿易を後押しする上で強力なツールになり得るが、大きな交渉コストが発生するため、市場規模、貿易額、日本の産業界がどれほどそれを必要としているか、過去締結された相互承認協定がどれほど活用されているか等を考慮した上で、交渉するかを決める必要がある。

(b) 第7.2条 目的

　通常、総則章で協定全体の目的について記載した条文が置かれるが、各章毎の目的を記載しているケースはそれほど多くない。TPP の SPS 章では目的条として、(a) 衛生植物検疫上の問題に対処し、問題を解決するように努めるために種々の手段を活用することにより貿易を円滑・拡大すること、(b) WTO・SPS 協定を強化・拡充すること等が規定されている。日 EU・EPA の SPS 章にも目的条はあるが、同条には「貿易の円滑・拡大」や「WTO・SPS 協定の強化・拡充」といった文言はない。

(c) 第7.3条 適用範囲

　本条では、締約国間の貿易に直接又は間接に影響を及ぼす可能性がある全ての SPS 措置について SPS 章の規定を適用することを定めている（WTO・SPS 協定第1条第1項及び日 EU・EPA 第6.2条も同旨）。

(d) 第7.5条 衛生植物検疫措置に関する小委員会

　SPS 章の下で設置される衛生植物検疫措置に関する小委員会（SPS 小委員会）について、その構成員、目的、任務、開催頻度等について規定している。特定の任務を遂行するための適当な方法を決定すること（第3項 (d)）、締約国が相互に関心を有する事項について検討すること（第2項 (b)）や、締約国間で生じた問題について討議を通じて対処しようとした後に行う情報共有の場として機能すること（第3項 (f)）、WTO・SPS 委員会等の会合における事項、立場について協議することができること（第3項 (g)）等を規定している。

(e) 第7.7条 有害動植物又は病気の無発生地域及び低発生地域その他の地域的な状況に対応した調整

　GATT 第1条の最恵国待遇や第3条の内国民待遇は WTO の大原則で、産品に対する国籍に基づいた差別的取り扱いの禁止を定めるが、衛生植物検疫の世界では、SPS 措置をそれぞれの地域の状況に応じて、SPS 措置を調整することを求めている（WTO・SPS 協定第6条）。

　WTO・SPS 協定第2条第2項では、加盟国は、衛生植物検疫措置を、人、動物又は植物の生命又は健康を保護するために必要な限度においてのみ適用することを規定しており、SPS 措置の対象である農産物に害を与える病害虫や動物の病気の伝播・分布が気候（寒冷である、乾燥している等）や地理的状況（海に囲まれている等）の影響を受けるため、病害虫や病気の発生している地域と発生していない地域等を区別し、その地域によって SPS 措置の実施条件を調整することとしている。

例えば、広大な国土を持つ A 国の特定地域（例えば B 州）の特定の家畜の間で疫病が発生した際に、A 国全体から当該家畜の肉を禁輸するのではなく、A 国 B 州産の家畜だけに限定して SPS 措置（禁輸等）をとることによって疫病の日本への侵入を防げるのであれば、貿易制限的な効果のより少ない措置を検討すべきである。

輸出国における特定の地域の状況に応じた SPS 措置を輸入国が導入するためには、輸出国が特定の地域が有害動植物又は病気の無発生地域又は低発生地域であることを輸入国に対して証明する必要がある。TPP 第 7.7 条では、こうした地域的な状況に対応した調整の重要性を認識した上で、輸出締約国から地域的な状況に応じた措置をとるよう要請があった場合に輸入締約国が従うべき手続を詳細に定めている。具体的には、輸入締約国は、輸出締約国が提供する地域的な状況に関する情報が十分だと判断する場合には、合理的期間内に評価を開始した上で、決定を行う過程を説明し、進捗情報を輸出締約国に通報する義務を負う。WTO においても、WTO・SPS 委員会で採択されたガイドラインでこうした手続が定められているが、同ガイドラインには法的拘束力がないのに対し、TPP 締約国間ではこのガイドラインに含まれる手続を法的義務としている。

日 EU・EPA 第 6.10 条でも、同様に、WTO・SPS 協定以上に詳細な手続を規定している。その上で、動物等の産品に関する第 1 項から第 6 項では国際獣疫事務局の陸生動植物衛生規約及び水生動植物規約に、植物等の産品に関する第 7 項から第 11 項では国際植物防疫条約に、それぞれ依拠しつつ、分けて規定している。

(f) 第 7.8 条 措置の同等

WTO・SPS 協定第 4 条は、輸出締約国の SPS 措置により輸入締約国で要求される適切な保護の水準が達成されることが証明される場合には、輸入締約国は当該輸出締約国の SPS 措置を自国が要求する SPS 措置と同等の効果があるものとして受け入れなければならないと定める。

本条は、このような輸入締約国による SPS 措置の同等性の認定に関する手続を詳細に定めることで、WTO・SPS 協定を補完している。第 6 項では、輸入締約国が同等性を認定しなければならない場合を、輸出締約国の措置が輸入締約国の措置と（a）同等の保護の水準を達成していること、又は、（b）同様に目的を達成する上で同等の効果を有することのいずれかを輸出締約国が客観的に証明する場合と定めている。（b）の条件は WTO・SPS 協定第 4 条第 1 項にはなく、WTO・SPS 委員会で採択された決定（それ自体に法的拘束力はない）に盛り込まれているにとどまる。ただし、第 6 項（b）の注において、同規定には紛争解決章（第 28 章）が適用されないと規定されている。

(g) 第 7.9 条 科学及び危険性の分析

　SPS 措置が科学的な原則に基づくものであること、関連国際機関が作成した「危険性の評価」の方法を考慮しつつ、自国の措置がそれぞれの状況において適切なものに基づいてとることを確保することは、WTO・SPS 協定第 2 条及び第 5 条に規定された重要な原則・義務である。

　本条は、WTO・SPS 協定第 5 条を確認しつつ、「危険性の分析」について締約国の権利・義務を詳細に規定することで、同協定を補強している。この「危険性の分析」とは、定義条（第 7.1 条）で、「危険性の評価」のみならず、「危険性の管理」、「危険性の意思疎通」の三つの要素から構成されると定義されている。したがって、本条のスコープは「危険性の評価」のみについて規定した WTO・SPS 協定第 5 条より広い。「危険性の管理」とは政策の代替手段についての評価の結果を踏まえた比較衡量並びに必要に応じた適切な管理方法の選択及び実施を意味し、「危険性の意思疎通」とは危険性及び危険性に関連する要因について利害関係者の間で行う情報交換を指す（第 7.1 条）。病害虫を例にとれば、「危険性の評価」とは病害虫が日本に侵入・まん延し、日本の農業に与える経済的な影響の大きさ等への評価で、「危険性の管理」とは病害虫の侵入・まん延を防止するための措置、例えば、植物防疫所職員が空港や港で行う目視検査、顕微鏡や遺伝子診断による判定、あるいは植物の輸入後に一定期間の栽培・観察を行う隔離検疫などである。「危険性の意思疎通」とは、これらの過程における利害関係者の間でのコミュニケーションを指す。

　本条の具体的な規定としては、締約国が自国の市場への製品のアクセスを認める前に「危険性の分析」を行うことを義務付ける承認の手続を採用・維持すること等を妨げない（第 3 項）ことを規定した上で、①「危険性の分析」を行う際は利害関係者や他の締約国がコメントする機会を設けること（第 4 項 (b)）、②SPS 措置が締約国間において恣意的又は不当な差別とならないことを確保すること（第 4 項 (a)）、「危険性の評価」が危険の状況に応じて適当なものであり、かつ合理的に入手可能な関連する科学データを考慮するものであることを確保すること（第 5 項）、③「危険性の分析」を行う際に国際的な基準等を考慮すること（第 6 項 (a)）、④自国が適切と決定した保護の水準を達成するために必要である以上に貿易制限的でない管理手法の選択肢を検討すること（第 6 項 (b)）、⑤技術的及び経済的な実行可能性を考慮し、衛生植物検疫上の目的を達成するために必要である以上に貿易制限的ではない危険性の管理手法の選択肢の一を選択すること（第 6 項 (c)）等を定めている。また、⑥輸出締約国からの要請に応じ、輸入締約国が「危険性の分析」に必要な情報についての説明を行うこと（第 7 項）や、⑦進捗状況や遅延を通報すること（第 8 項）、「危険性の分析」の結果として、⑧輸入が可能となった場合に輸入締約国が合理的な期間内に当該措置を実施すること（第 9 項）等を定めている。

　なお、日 EU・EPA では、各締約国の SPS 措置が WTO・SPS 協定第 5 条等にある「危険性の評価」に基づいたものであることを確認しているのみである（日 EU 第 6.6 条）。

(h)　第 7.10 条 監査

　本条第 1 項は、輸出締約国が輸入締約国により必要とされる保証を与え、輸入締約国の SPS 措置を履行する能力を有するかどうかを判断するために、輸入締約国が輸出締約国の関係当局や指定された検査制度に対して監査を行う権利があることを規定している。例えば、輸入締約国 A では、輸入豚肉調製品は特定の検疫基準を満たしている必要があり、当該豚肉調製品の輸出締約国 B の工場で、当該基準を満たした上で A 国に輸出されることになっていたとする。本条の規定に基づけば、輸入締約国 A は、輸出締約国 B にある工場を訪問すること等の監査によって、B 政府当局がその工場における検疫基準を確保する上で十分な検査能力があるかどうかを確認する権利がある。

　また、本条では、監査を行うに当たり国際基準等を考慮し（第 3 項）、輸入締約国及び輸出締約国は監査の開始に先立ち、監査の必要性について討議し、目的等について決定を行うこと（第 4 項）、監査を行った締約国は、措置をとる前に監査を受けた締約国に対して意見を述べる機会を提供し、当該意見を考慮すること（第 5 項）、さらに、監査の結果実施する措置は、検証可能な客観的証拠及びデータによって裏付けられていること等（第 6 項）を規定する他、必要な費用（第 7 項）、秘密の情報の取り扱い（第 8 項）等について規定する。なお、WTO・SPS 協定には、こうした監査に特化した条文はない。

　日 EU・EPA では第 6.8 条に監査に関する規定があり、監査を実施する際に依拠すべき国際的基準として、食品規格委員会（Codex Alimentarius）、国際獣疫事務局（OIE）や国際植物防疫条約（IPPC）を特記している。

(i)　第 7.11 条 輸入検査

　輸入検査とは、定義条（第 7.1 条）で、貨物が SPS 要件を満たしているかどうかを決定するために国境、具体的には空港の動物検疫所等において実施する検査、検討、試料採取、書類の審査等と定義されている。本条では、輸入検査に関する締約国間の情報提供の詳細を規定している。輸入国側の措置の透明性を確保するための規定といえる。

　具体的には、輸入締約国による輸入プログラム（輸入締約国が義務付ける SPS に係る政策、手続、要件）が、輸入に伴う危険性に基づくこと及び輸入検査が不当に遅延することなく行われることを確保すること（第 1 項）、要請に応じ、輸入締約国

の輸入手続や輸入検査の内容及び頻度を決定するための根拠に関する情報を提供できるようにすること（第2項）、輸入検査等の結果として、輸入検査の頻度を変更することができることを確認しつつ（第3項）、要請に応じ、物品の試験に利用する分析の方法等に関する情報を提供すること（第4項）等が定められている。また、輸入締約国が輸入検査の結果、輸入を禁止・制限する場合は輸入者若しくはその代理人、輸出者、または輸出締約国等に通報すること（第6項）、その通報内容の詳細を規定している（第7項）。

　なお、WTO・SPS 協定にも日 EU・EPA にも輸入検査に特化した条文はない。

（j）第 7.13 条 透明性

　本条では、締約国間で自国がとる SPS 措置に関する情報共有等、締約国間の SPS 措置の透明性を向上させるための手続について定めている。WTO・SPS 協定でも第 7 条及び附属書 B に透明性に関する規定があるが、本条はより詳細に SPS 措置を導入しようとする締約国が提供・公表すべき情報・方法及び要請に応じた議論を行う義務を規定している。日 EU・EPA 第 6.11 条でも透明性に関する規定があるが、TPP のような詳細さはない。

　通報すべき SPS 措置の範囲に関しては、国際基準等に適合する措置を含め、締約国の貿易に影響を及ぼす可能性がある提案された SPS 措置（第 3 項）及び最終的な SPS 措置（第 9 項前段）とし、これらをオンライン上の WTO の SPS 通報システムを用いて他の締約国に通報する義務を定める（第 3 項）。WTO・SPS 協定附属書 B 第 5 項では、国際基準等に適合する措置の通報は義務づけられていないため、本条では同協定よりも通報対象を拡大させている。

　また、緊急措置の場合等を除き、利害関係者及び他の締約国が書面による意見を受け付ける期間を、通報を行った後から少なくとも 60 日とすることを義務づける（第 4 項）。WTO・SPS 協定では、同協定附属書 B 第 5 項（d）において「他の加盟国」に対して書面による意見提出のための「適当な期間」を与えることを義務づけているのみであるが、本条第 4 項は加盟国以外の「利害関係者」からも意見提出を認め、意見提出期間を通報から「60 日」と明示している。

　また、WTO・SPS 協定附属書 B には規定されていない内容として、SPS 措置に関する法的根拠、公衆から受領した書面による意見又は意見の要約を公開すること（第 5 項）や、最終的な SPS 措置を実施する日及び SPS 措置の法的根拠を公開すること（第 9 項）、要請に応じ、意見の提出期間中に受領した重要な書面による意見及び当該期間中に受領した当該 SPS 措置を裏付けると認められる関連する文書を他の締約国が入手できるようにすること（第 9 項）、最終的な SPS 措置が提案された措置から実質的に変更されている場合、措置の目的等に加え、実質的な修正につ

いての説明を公告に含めること（第10項）等を定める。また、SPS措置の最終的な公表から実施まで、適当かつ実行可能な場合には、6ヵ月以上の期間を置くことを奨励する規定を設け（第12項）、さらに、国際基準等に適合していないSPS措置を提案する場合には、他の締約国からの要請に応じ、当該措置の作成に当たり考慮した関連する文書を提供する義務を定める（第6項）。

(k) 第7.14条 緊急措置

TPP第7.1条（定義条）で、「緊急措置」とは、輸入締約国が他の締約国に対してとるSPS措置であって、緊急の問題に対処するためのものと定義し、本条では、緊急措置実施の通報や見直しすべき期限等を具体的に規定している。

具体的には、締約国が緊急措置を実施する場合には、他の締約国に対して、主たる代表及び第7.6条に規定する連絡部局を通じ速やかに通報すること、通報に対して他の締約国から提供された情報を考慮すること（第1項）、緊急措置を実施した場合には、6か月以内にその科学的根拠を見直すこと、要請に応じて見直し結果を提供すること、見直しの後も緊急措置の要因が存続するために緊急措置を維持する場合には、当該緊急措置を定期的に見直すべきこと（第2項）が定められている。

日EU・EPA第6.13条でも、緊急措置についての規定があり、その第3項では科学的根拠のない措置を維持してはならないとし、措置の廃止も念頭に置いた規定となっている。

(l) 第7.17条 協力的な技術的協議

本条では、締約国の間で生じた問題を協議し、解決を図る独自の仕組みとして技術的協議が導入されている。締約国間の問題を解決するために紛争解決章を利用する前に、本技術的協議を利用することが義務づけられている（第8項）。

締約国は、まず既存の行政手続又はその他の利用可能な仕組みを通じて解決するよう努める（第1項）。技術的協議の対象はこの章の規定の下で生じる事項であって要請国が自国の貿易に悪影響を及ぼすおそれがあると認めるものとされ、協議要請国は要請を行う理由及び関連規定を明示し書面により要請する（第2項）。

被要請国は原則として要請を受領した日から7日以内に当該要請を書面により確認し（第3項）、協議国は協議要請から180日以内に解決することを目的として、原則として被要請国が協議要請を確認した日から30日以内に会合を持つことが義務づけられている（第4項）。協議要請から37日以内又は合意する期間内に協議が開催されない場合、又は初回の協議が開催された後に、技術的協議を停止し協定上の紛争解決手続による解決を求めることができる（第7項）。

日EU・EPAの第6.12条においても同様に技術的協議が設けられ、協定上の紛

争解決手続を開始する前に、技術的協議を通じて解決するよう努めることになっている（第5項）。本条の技術的協議の他に既に利用可能な仕組みを設けている場合には、不必要な重複を避けるため、当該仕組みを利用することを求められる（第4項）。被要請国は不当に遅延することなく要請に回答し、技術的協議を行う（第2項）。技術的協議において各締約国は必要な情報を提供するよう努め（第3項）、協議要請国が被要請国から要請に関する回答を受領した後90日経過した後、又は両締約国が合意するとき、技術的協議を終了させることができる（第6項）。

(m) 第7.18条 紛争解決

本条では、本章の規定を第28章（紛争解決）の適用対象とすることについて規定している。ただし、第7.8条（措置の同等）、第7.10条（監査）及び第7.11条（輸入検査）に関しては、本協定が被要請国について発効する日の1年後の日から、第7.9条（科学及び危険性の分析）に関しては、本協定が被要請国について発効する日の2年後の日から紛争解決章の適用対象となる（第1項）。なお、第7.8条（措置の同等）第6項（b）及び第7.9条（科学及び危険性の分析）第2項については、当該規定の注において、紛争解決章の適用除外となることが明記されている。さらに、科学的又は技術的な事項を含む紛争において、パネルは紛争に関与する締約国と協議の上選定した専門家から助言を求めるべきことを規定している。

日EU・EPA第6.16条では、第6.6条（危険性の評価）、第6.7条（輸入条件、輸入手続及び貿易円滑化）第4項（b）から（d）まで並びに第6.14条（措置の同等）第1項及び第2項の規定については紛争解決章（第21章）の適用除外と定められ、これら以外の規定については紛争解決章が適用される（第1項）。また、科学的又は技術的な事項を含む紛争において、パネルは両締約国と協議の上選定した専門家から助言を求めることを規定している（第2項）。

(2) TBT 章

(a) 第8.1条 定義

WTO・TBT協定附属書1で規定される定義「強制規格」、「任意規格」、「適合性評価手続」等を、必要な調整を加えた上で本章に組み込んで適用すると定めている（第1項）。WTO・TBT協定附属書1の柱書には、国際標準化機構（ISO）及び国際電気標準会議（IEC）が公表している指針書第二巻（ISO・IECガイド2）に提示される用語を用いることを規定しているところ、前記のWTO・TBT協定附属書1の規定の組み込み及び適用の結果、本章においてもWTO・TBT協定が定める範囲でISO・IECガイド2の用語が用いられることになる。また、本条では、WTO・TBT協定に定義されていない用語「販売許可」「相互承認協定」「相互承認

取決め」「販売後の監視」「検証する」等の定義を定めている（第2項）。

(b) 第 8.2 条 目的

　不必要な貿易の技術的障害を撤廃し、透明性を高め、規制に関する一層の協力及び規制に関する良い慣行を促進すること等により貿易を促進することを本章の目的とする旨規定する。

　日 EU・EPA の TBT 章の目的条（第 7.1 条）では、強制規格等が貿易に不必要な障害をもたらすことのないようにすることを確保すること、両締約国間の協力を促進すること、TBT 章の対象となる措置の貿易への不必要な悪影響を軽減する適当な方法を追求することが規定されている。

(c) 第 8.3 条 適用範囲

　各国の強制規格、任意規格及び適合性評価手続が対象とする分野・製品は極めて多岐にわたり、国によって、また対象となる製品によって、規格等を立案、制定、適用する機関は、中央政府機関の場合もあれば、地方政府機関又は民間機関の場合もある。

　本章の規定は、締約国間の貿易に影響を及ぼす可能性がある中央政府機関によるすべての強制規格、任意規格及び適合性評価手続、及び、明示的に規定される場合には中央政府の段階の直下の段階に属する政府の機関の全ての強制規格、任意規格及び適合性評価手続の立案、制定及び適用に適用される（第1項）。また、自国内の地域政府又は地方政府機関について、第 8.5 条、第 8.6 条、第 8.8 条及び本章の附属書の規定を遵守することを奨励するため、自己の権限の範囲内において妥当な措置をとることを規定している（第2項）。

　なお、WTO・TBT 協定第 1 条第 4 項及び第 5 項と同様に、本章の規定は政府機関が自ら生産又は消費の必要上作成する技術仕様、SPS 措置には適用されず、これら技術仕様、SPS 措置には、政府調達章、SPS 章の規定が適用される（第 4 項、第 5 項）。

　日 EU・EPA 第 7.2 条もおおむね同様の内容を規定している。

(d) 第 8.4 条 貿易の技術的障害に関する協定の特定の規定の組込み

　WTO・TBT 協定第 2 条（強制規格の中央政府機関による立案、制定及び適用）及び第 5 条（中央政府機関による適合性評価手続）の一部規定及び附属書 3（任意規格の立案、制定及び適用のための適正実施規準）D、E、F が必要な変更を加えた上で、この協定に組み込まれ、本協定の一部となることを規定している（第 1 項）。他方、組み込まれた WTO・TBT 協定の規定に関する違反を申し立てるのみの紛争につい

ては、TPP の紛争解決章の規定による紛争解決を求めてはならないことを定め（第 2 項）、WTO と TPP のそれぞれの紛争解決手続の下で TBT 協定の同一規定について重複した紛争が行われ、また異なる判断が行われることを回避している。

　なお、日 EU・EPA 第 7.3 条にも同旨の規定があるが、TPP では第 2 条と第 5 条及び附属書 3 の一部の規定のみである一方、日 EU・EPA では、TBT 協定第 2 条から第 9 条及び附属書 1 と 3 のすべてを組み込んでいる。

(e) 第 8.5 条 国際規格、指針及び勧告

　WTO・TBT 協定第 2 条第 4 項、第 5 条第 4 項及び附属書 3 第 F 項では、自国の強制規格、任意規格及び適合性評価手続の基礎として、関連する国際規格、指針若しくは勧告又はこれらの関連部分を用いる。本条では、これら WTO・TBT 協定の規定に言及しつつ、WTO・TBT 協定第 2 条、第 5 条及び附属書 3 に規定されている国際規格、指針又は勧告が存在するか否かを判断する際に、WTO・TBT 委員会によって採択された決定及び勧告（G/TBT/1/Rev.12）を用いることを定める。この WTO・TBT 委員会による決定は、国際規格等が作成される時の原則として、透明性、開放性、公平性、効率性・市場適合性、一貫性、途上国への配慮を定めたものである。

　なお、日 EU・EPA では、第 7.6 条で一定の標準化機関等の名称を列挙し、それらが発表した規格は、その作成の際に WTO・TBT 委員会の決定（G/TBT/9）に定める原則及び手続が遵守されたことを条件として、日 EU・EPA の TBT 章、WTO・TBT 協定第 2 条、第 5 条及び WTO・TBT 協定附属書 3 に定める関連する国際規格等とみなす旨を規定している。

(f) 第 8.6 条 適合性評価

　本条では、締約国間での適合性評価の結果の受け入れ促進のための規定等を定める。第 1 項では、他の締約国の領域内に存在する適合性評価機関に対し、自国の領域内の適合性評価機関、又は、その他のいずれかの締約国の領域内に存在する適合性評価機関に与える待遇よりも不利でない待遇（内国民待遇・最恵国待遇）を与える義務を規定する。同項は、他の加盟国に所在する適合性評価機関に内国民待遇・最恵国待遇を与えるよう努めるとの努力義務にとどまる WTO・TBT 協定第 6 条第 4 項の内容を、義務として定めるものである。

　また、①適合性評価機関が自国領域内に存在することを求めないこと、②他の締約国領域内に存在する適合性評価機関が自国領域内で事業所を運営することを事実上も求めないこと、③他の締約国領域内に存在する適合性評価機関が自国の適合性評価機関認定手続又は認可手続を申請することを認めることを規定している（第 2

項）。

なお、いずれの締約国も自国の外にある適合性評価機関の認定、認可、その他の承認を行うために相互承認協定を利用することは妨げられないことが規定されている（第5項）。

さらに、適合性評価機関の認定が、政府ではなく、非政府機関である認定機関により行われることもある。そこで、本条では、そのように認定された適合性評価機関による適合性評価結果の受け入れを拒否する場合に援用してはならない理由を列挙する。具体的には、適合性評価機関を認定した認定機関が、①2以上の認定機関が存在する締約国で運営されていること、②非政府機関であること、③認定機関を認める手続を維持していない締約国の領域に住所を有していること、④当該締約国の領域内で事務所を運営していないこと、⑤営利団体であることを理由に適合性評価の結果を拒否してはならないことが規定されている（第9項）。

加えて、透明性を確保するため、他の締約国に存在する適合性評価機関の認定等を拒否する場合（第12項（a））、相互承認取決めの利用を拒否する場合（同項（b））、他の締約国で行われた適合評価手続の結果を受け入れない場合（第13項）、適合性評価手続の結果についての相互承認協定を締結するための交渉開始の要請を拒否する場合（第14項）には、締約国は、他の締約国の要請に応じ、その決定の理由を説明する義務が規定されている。

日EU・EPA第7.8条は、締約国間での適合性評価手続の結果の受け入れを促進する様々な仕組みに関する情報交換の義務（第4項）やこれらの仕組みの利用に関する追加的な義務（第5項）を規定しているが、他の締約国に所在する適合性評価機関に内国民待遇・最恵国待遇を付与する義務は定められていない。

(g) 第8.7条 透明性

本条では、強制規格、任意規格及び適合性評価手続の作成、公表、実施の過程の透明性を向上させるために、WTO・TBT協定を越えた、極めて詳細な規則を定めている。

強制規格、任意規格及び適合性評価手続の作成手続に関しては、他の締約国の者に対し、自国の者に与えられる条件よりも不利でない条件で自国の中央政府機関による強制規格等の作成に参加することを認めることを規定している（第1項）。この義務の履行方法について、同項の注釈には、利害関係者に対して提案する措置について意見を提出するための合理的な機会を与え、提出された意見を考慮することにより義務を満たすと記載されている。

また、強制規格及び適合性評価手続の公表に関し、本条では、中央政府機関の強制規格及び適合性評価手続に関する新規提案、改正提案、及び最終条文を全て公表

する義務を規定する（第4項）。WTO・TBT協定第2条第11項、第5条第8項では中央政府の強制規格及び適合性評価手続の最終条文のみ、すなわち制定された強制規格及び適合性評価手続のみの公表義務を規定するが、TPPでは公表義務の対象が拡大された。また、中央政府機関の強制規格及び適合性評価手続の新規提案、改正提案及び最終条文であって、WTO・TBT協定又は本TBT章に基づき通報又は公表が求められ、貿易に著しい影響を及ぼす恐れのあるものの全てについて、なるべく電子的手段で単一の官報又は公式ウェブサイトに公表する義務を定める（第6項）。

WTO・TBT協定第2条第9項及び第5条第6項の下では国際規格等に適合するものについてはWTOに通報する義務はないが、本条では関連する国際規格等に適合する強制規格案及び適合性評価手続案であっても、「貿易に著しい影響を及ぼすおそれのあるもの」はWTOに通報することを定める（第9項）。そのため、TPPではWTO通報の対象となる措置の範囲が拡大している。その上で、ここでいう「貿易に著しい影響を及ぼすおそれがあるもの」を判断するために、WTO・TBT委員会の関連決定及び勧告を考慮すると規定されている（第12項）。

また、他の締約国又は他の締約国の利害関係者が公告又は通報された措置の案に対して意見を提出するために、通常60日の期間を置くとの義務を規定している（第14項）。WTO・TBT協定上、措置通報後に他の加盟国に対して認める意見提出期間の長さは明確にされていないが、通常60日間とするべきと規定するWTOのTBT委員会の決定[10]の内容を義務化している。

日EU・EPAのTBT章では、第7.9条（透明性）だけでなく、第7.5条（強制規格）、第7.7条（任意規格）、第7.8条（適合性評価手続）においても措置の作成時や実施時における情報交換や説明義務を定めている。

(h) 第8.8条 強制規格及び適合性評価手続の遵守期間

WTO・TBT協定第2条第12項及び第5条第9項では、強制規格及び適合性評価手続の要件の公表と実施との間に「適当な期間」を置くとある。本条では、この「適当な期間」を通常6ヵ月以上と規定し（第1項）[11]、また、実行可能かつ適当な場合には、6ヵ月を超える期間を設定するよう努める義務を規定する（第2項）。

日EU・EPA第7.9条（透明性）第2項(f)でも、強制規格の公表と実施との間に通常6ヵ月以上の適当な期間を置くことを定めるが、強制規格についてのみ新し

---

10) G/TBT/1/Rev.12
11) WTO閣僚決定（WT/MIN/（01）/17）のパラ5.2において、適当な期間は通常6か月以上と理解されるとされている。

い措置に適応するための期間を設けることを規定しており、適合性評価手続については規定がない。

(i) 第8.9条 協力及び貿易円滑化

本条では、適合性評価手続結果の受け入れの相互承認、認定機関間や適合性評価機関間の地域的又は国際的な相互承認取決め、規制に関する対話や、国内任意規格の関連国際規格への一層の調和など、協力の仕組みの例を確認した上で、地域における適合性評価の結果の受け入れの促進、規制に関する一層の調和の支援及び不必要な貿易の技術的障害を撤廃するための交流及び協力の強化を定める(第1項、第2項、第4項)。また、他の締約国の要請に応じ、分野別の協力の提案について十分な考慮を払うこと(第5項)や、WTO・TBT協定第2条第7項の規定を適用するほか、他の締約国の強制規格を同等なものとして受け入れなかった場合にはその理由を説明すること等を定めている(第6項)。

(j) 第8.10条 情報の交換及び技術的討議

他の締約国に対し、TBT章の下で生ずる事項に関して情報提供を要請でき、情報提供要請を受けた締約国は、合理的な期間内に、可能であれば電子的手段で情報を提供すること(第1項)、TBT章の下で生ずる事項の解決を目的として他の締約国に対して技術的討議を要請できること(第2項)、地方政府の強制規格又は適合性評価手続であっても、貿易に著しい影響を及ぼすものに関し、技術的討議を要請することができること(第3項)、関係締約国は技術的討議を要請の日から60日以内に行うこと(第4項)等を定める。

なお、TPPでは、SPS章にも協力的な技術的協議という枠組みが設けられており、本条の規定と比べるとより詳細な手続を定めている。

(k) 第8.11条 貿易の技術的障害に関する小委員会

本条では、TBT章の実施及び運用の監視、TBT章の潜在的な改正及び解釈の特定、技術的討議の監視等の任務を規定している。

(l) 第8.13条 附属書

本章には、①ワイン及び蒸留酒、②情報通信技術産品、③医薬品、④化粧品、⑤医療機器、⑥あらかじめ包装された食品及び食品添加物の専有されている製法、⑦有機産品の7つの分野別附属書がある。

なお、本条では、適用範囲、附属書の実施状況の見直し、他の分野に関する新しい附属書の交渉開始の検討等について定めており、締約国が別段の合意をしない場

合には、貿易の技術的障害に関する小委員会は、この協定発効後5年以内に、その後は5年毎に、(a) 附属書の実施状況の見直し又は勧告及び (b) 他の分野に関する附属書作成の交渉開始について検討することを規定している。

(m) 附属書 8-A ワイン及び蒸留酒

本附属書では、ワイン及び蒸留酒に関するラベリングの要件や認証に関する規則を定めている。ワイン及び蒸留酒に関する法令についての情報を公に入手可能にする義務、供給者に対し蒸留酒のラベルに情報を表示することを要求する場合には、供給者が当該情報を蒸留酒の容器に貼付される補助ラベルに表示することを認める義務等を定める。

(n) 附属書 8-B 情報通信技術産品

本附属書は、暗号法を使用する情報通信技術産品、情報技術機器の電磁両立性、電気通信機器に関する地域的な協力活動の3つの節から構成されている。

暗号法を使用する情報通信技術産品の節は、暗号法を利用する産品の製造、販売、流通、輸入又は使用の条件として、特定の暗号化アルゴリズム又は暗号の使用又は統合等を要求する強制規格又は適合性評価手続の適用又は維持の禁止等について定める。

情報技術機器の電磁両立性の節は、電磁両立性に関する任意規格又は強制規格を満たす旨の明確な保証を要求する場合には、供給者適合宣言を受け入れること等について定める。

電気通信機器に関する地域的な協力活動の節は、電気通信機器の適合性評価についてのアジア太平洋経済協力（APEC）の相互承認に関する取決め（MRA-TEL）の実施を奨励することを定める。

(o) 附属書 8-C 医薬品

本附属書は、中央政府機関による強制規格、任意規格、適合性評価手続のみならず、販売許可及び届出の手続の立案、制定及び適用について適用される。

WTO・TBT 協定第2条第1項及び第5条第1項1が強制規格及び適合性評価手続に関する内国民待遇及び最恵国待遇の付与を定めているが、本附属書はそれらに加えて、(1) 医薬品に関する販売許可、届出の手続又はそれらの要素の立案、制定又は適用についても内国民待遇及び最恵国待遇を与える義務、(2) 医薬品に関する規制上の要件を設ける場合に、医薬品の安全性確保のための手続の効果を抑制する等のおそれがある要件の実施を最小限にするため、自国の利用可能な資源及び技術的能力を考慮する義務、(3) 医薬品の検査に関し、実行可能な場合に他の締約国の

代表者が検査に立ち会うことを認める義務等について規定する。

(p) 附属書 8-D 化粧品

　本附属書の規定は、附属書8-C（医薬品）と同様に、中央政府機関による化粧品の販売許可及び届出の手続の立案、制定及び適用についても適用され、これら手続等の立案、制定又は適用についても内国民待遇及び最恵国待遇を与える義務を規定している。これらの適用範囲並びに内国民待遇及び最恵国待遇の付与については、附属書8-E（医療機器）、附属書8-F（あらかじめ包装された食品及び食品添加物の専有されている製法）にも同様の規定が定められている。

　本附属書では、人の健康又は安全に対する重大な懸念を特定する場合を除き、色合い又は芳香のみが異なる化粧品について別個の販売許可の手続又は補助的な手続を実施することを禁止している。また、他に有効と認められた方法がない場合を除き、化粧品の安全性を判断するために当該化粧品について動物を用いる試験を求めることを禁止している。

(q) 附属書 8-E 医療機器

　上述のとおり、附属書8-C（医薬品）、附属書8-D（化粧品）と同様に、本附属書の規定の適用範囲は販売許可及び届出の手続を含めるよう拡大されており、これら手続に対して内国民待遇及び最恵国待遇を与えることを規定している。

　本附属書では、医療機器に対する販売許可手続が適正に行われるための手続的規則として、(1) 医療機器の販売許可を求める申請者に対し、合理的な期間内に決定を示す義務、(2) 審査中の医療機器の販売許可の申請について、その販売を不許可とする不備があると決定した場合に、その決定理由を申請者に示す義務、(3) 販売許可に関する決定等に対する上訴又は審査の手続を確保する義務等について規定している。

(r) 附属書 8-F あらかじめ包装された食品及び食品添加物の専有されている製法

　本附属書では、強制規格及び任意規格の立案、制定及び適用において専有されている製法に関する情報収集に関する規律について定めている。本附属書では、締約国が専有している製法に関する情報を収集する場合に、(1) 情報の要求は正当な目的を達成するために必要なものに限られること、(2) 提供された秘密が、国内産品に関する情報の秘密と同様に、かつ、正当な商業的利益を保護するような態様で尊重されることを規定している。

(s) 附属書 8-G 有機産品

本附属書は、(1) 有機産品としての生産、加工又は表示に関する強制規格、任意規格又は適合性評価手続（以下「措置」）の承認又は同等性の認定を求める他の締約国からの要請を可能な限り速やかに検討することを奨励すること、(2) 他の締約国の措置が自国の措置の目的を適切に満たすことを認める場合には、それらを自国の措置と同等なものとして受け入れ、又は承認することを奨励すること、(3) 他の締約国の措置を同等なものとして受け入れず、又は承認しない場合には、要請に応じてその理由を説明すること等を規定している。

4.　EPA における SPS 章、TBT 章の意義、課題と今後の展開

グローバル化が進む中、人、モノの行き来はますます盛んであり、新型コロナウイルスの急速な感染拡大のように、世界の特定地域で発生したウイルスや害虫があっという間に世界規模で広まる。このように、自国の畜産物や農産物に影響が出る恐れが日々高まっている状況に対し、衛生植物検疫当局は、自国の動植物の安全、健康を守るため、効果的な SPS 措置を講ずる必要性がある。また、技術の進歩によって、ますます新しい製品、例えば電子通信機器や自動運転自動車、電気自動車が普及し、それに伴い様々な規格・基準・認証を用いて、自国民の生命、健康、安全等を守ったり、消費者からの要請を受けて食品の生産過程や原材料に関する情報が分かるような措置を講じたりしていく必要がある。こうした強制規格や任意規格、適合性評価手続の内容や運用次第で、EPA 相手国の特定の製品が自国の市場に参入できない、または困難になるという事態が生じ得る。EPA 交渉の結果いくら関税が削減・撤廃されたとしても、強制規格などの措置により、交渉の成果が大きく損なわれることになる。

自国の人、動植物の健康、安全、環境保護等のために措置を講じることは、各国政府の正当な権限・権能であり、それ自体を妨げることはできないし、各国それぞれの状況、要請を受けてとる国内措置を国際的に調和することにも限界がある。一方、EPA を締結し、締約国間で貿易の自由化を進めると約束した以上、締約国間の貿易に与えるこれらの措置の影響を必要最小限とし、貿易に対する影響を限定するよう能動的に検討していく必要がある。

締約国間で貿易上の問題が発生した時、WTO の紛争解決メカニズムを使って議論し、解決していくことは可能である。これに対して、日本のこれまでの EPA の SPS 章や TBT 章は、EPA 独自の紛争解決章の適用除外となっていたものが多かった。しかし、問題が EPA 締約国間のみで発生している場合に EPA の紛争解決手続を適用しないことは、紛争を解決する方途が制約されてしまう。また、紛争が WTO の紛争解決メカニズムを利用して解決することが可能であったとしても、

加盟国の多い WTO の場を活用するのは、時間も費用もかかり非効率である場合もある。今後、EPA に規定された通報に係る手続や協議・紛争処理メカニズムを活用することにより、締約国間の諸措置に関する透明性が高まり、貿易上の問題が生じるのを効果的に未然に防止し、対処することができるようになることが期待される。

3

サービス貿易・自然人の移動

1. 概要

　EPA のサービス貿易章は、サービス貿易の障壁を取り除くとともに、政府の規制の透明性向上等を図ることにより、サービス貿易自由化を促進することを目的とする。貿易というと典型的には、物品の国際取引がイメージされる。しかしながら現代社会において取引されるのは物品だけではなく、サービスもまた国境をまたいで提供され、国際的な取引の対象とされる。これがサービス貿易である。サービス貿易に関する規律については既に WTO の「サービス貿易一般協定」（GATS：GENERAL AGREEMENT ON TRADE IN SERVICES）があり、EPA のサービス貿易章では、GATS を踏まえつつ、より高いレベルの自由化を追求し、サービス貿易に関する市場アクセス、内国民待遇、最恵国待遇の義務、国内規制の透明性等について規律するとともに、その対象又は例外となる分野や国内措置を約束表又は留保表という形で示している。

　また、GATS はサービス貿易に従事する自然人の移動について初めてルールを定めたが、EPA の目的である締約国間の経済上の連携強化のためには、サービス貿易だけではなく、締約国間の物品貿易や投資の促進（自由化）に関連して、締約国間を往来するビジネス関係者の移動全般について、ビジネス関係者が他の締約国へ円滑に入国できることを確保するなど、各締約国への「入国及び一時的な滞在」をビジネス関係者に対して保証することが極めて重要であることから、EPA においては、締約国間を移動するビジネス関係者の「入国及び一時的な滞在」に関する

措置について、その手続に関する透明性の向上、申請処理の迅速化などに関する規定が置かれている。これらの規定は、日本が締結済みの EPA の多くにおいては、適用範囲をサービス貿易に従事する自然人に限らないという趣旨で自然人の移動に関する独立章において扱われているが、日 EU・EPA ではサービス貿易章の中で扱われている。

2.　サービス貿易の4つの形態（モード）

GATS（第1条第2項）は、サービス貿易を次の4つの形態（モード）に分けて規定している。

①いずれかの加盟国の領域から他の加盟国の領域へのサービスの提供

②いずれかの加盟国の領域内におけるサービスの提供であって他の加盟国のサービス消費者に対して行われるもの

③いずれかの加盟国のサービス提供者によるサービスの提供であって、他の加盟国の領域内の業務上の拠点を通じて行われるもの

④いずれかの加盟国のサービス提供者によるサービスの提供であって他の加盟国の領域内の加盟国の自然人の存在を通じて行われるもの

以上のうち、①に当たるのが、サービスが国境を越えて提供される形態である。これをサービス貿易の世界では、第1モード（Mode 1）という。

次に②は、サービスの消費者が、サービスの提供される国まで移動して提供を受ける形態のことである。これをサービス貿易の世界では、第2モード（Mode 2）という。

第三に③は、サービス提供者がサービス消費者の所在する国に拠点を設置し、その拠点を通じてサービスを提供する形態である。これをサービス貿易の世界では、第3モード（Mode 3）という。

そして最後に④は、サービス提供者がサービス消費者の所在する国に拠点を設置することなく、入国・滞在してサービスを提供する形態である。これをサービス貿易の世界では第4モード（Mode 4）という。（図Ⅲ 3-1 参照）

EPA のサービス貿易章も、上記のサービス貿易の4つのモードを踏襲している。ただし、同じ EPA に投資章がある場合、第3モード（業務上の拠点を通じたサービス提供）については、「業務上の拠点」が投資によって設立された財産であることが多いことから、協定によって異なるが、サービス貿易章と投資章の規定を重複して適用する場合や、サービス章ではなく投資章を適用する場合等がある。

3.　条文解説

ここではサービス貿易章の規律の具体例として TPP の条文について解説する。

図III 3-1　サービス貿易の形態

態様	内容	典型例	典型例のイメージ図
1 国境を越える取引 （第1モード）	いずれかの加盟国の領域から他の加盟国の領域へのサービス提供	・電話で外国のコンサルタントを利用する場合 ・外国のカタログ通信販売を利用する場合など	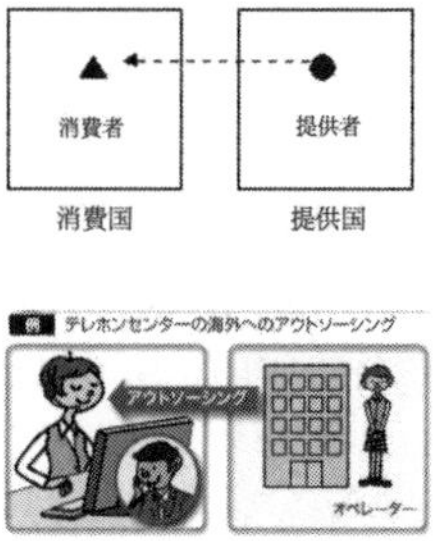
2 海外における消費 （第2モード）	いずれかの加盟国の領域内におけるサービスの提供であって、他の加盟国のサービス消費者に対して行われるもの	・外国の会議施設を使って会議を行う場合 ・外国で船舶・航空機などの修理をする場合など	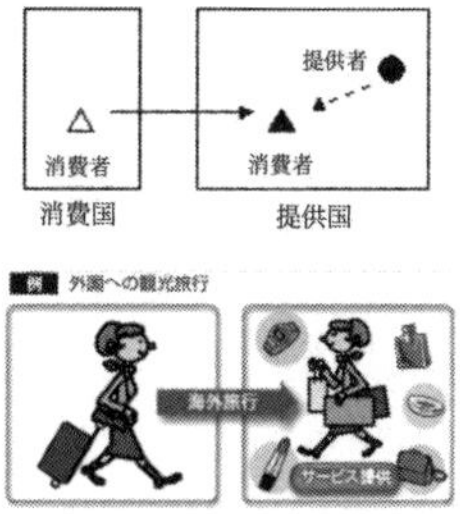
3 業務上の拠点を通じてのサービス提供（第3モード）	いずれかの加盟国のサービス提供者によるサービスの提供であって他の加盟国の領域内の業務上の拠点を通じて行われるもの	・海外支店を通じた金融サービス ・海外現地法人が提供する流通・運輸サービスなど	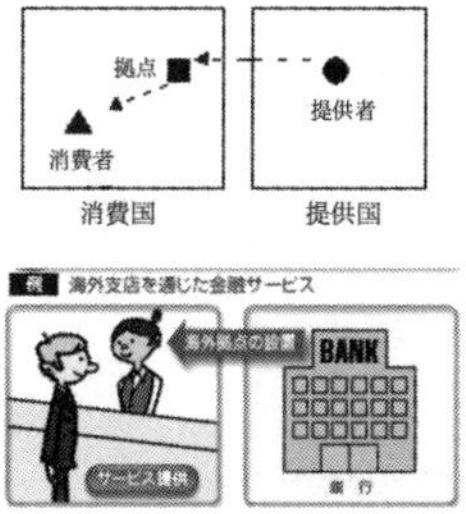
4 自然人の移動によるサービス提供（第4モード）	いずれかの加盟国のサービス提供者によるサービスの提供であって他の加盟国の領域内の加盟国の自然人の存在を通じて行われるもの	・招聘外国人アーティストによる娯楽サービス ・外国人技師の短期滞在による保守・修理サービスなど	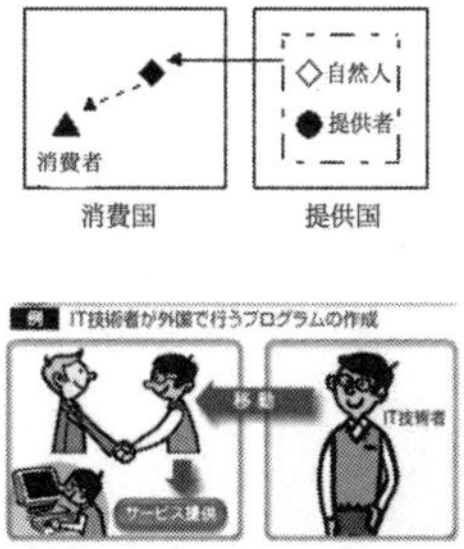

出典：外務省ウェブサイト

　なお、必要に応じて、日本の締結した他の協定についても言及することとする。

　TPP の「国境を越えるサービスの貿易」章（以下、第10章）では、国境を越える取引、海外における消費の態様によるサービスの提供、及び自然人の移動によるサービスの提供に関し、内国民待遇、最恵国待遇、市場アクセス（数量制限の禁止等）、現地における拠点設置要求禁止等について規定している他、自由職業サービスにおける資格の承認、免許又は登録等に関する附属書（附属書10-A）や、書類、印刷物、小包、物品その他の品目の収集、運送及び配達に係る急送便サービスについて規定した附属書（附属書10-B）等も含まれる。

　TPP はネガティブリスト方式（下記4.（1）「留保表と約束表」参照）を採用しており、各義務規定に適合しない措置又はこれらの義務規定が適用されない分野、小分野、活動（以下「分野等」）は附属書Ⅰ及びⅡに列挙されている（なお、金融サービスに関する留保は第11章（金融サービス）（以下、第11章）の附属書Ⅲに列挙されている）。

(1) 第10.1条 定義

　第10章の重要な用語についての定義が定められている。

　第10章は、「国境を越えるサービスの貿易」又は「国境を越えるサービスの提供」、すなわちサービス貿易に影響を及ぼす締約国の措置を適用対象とする（第10.2条参照）が、このサービス貿易が何を指すのか、本条で定義されている。

　上述のとおり、サービス貿易には4つのモードがあるが、TPP では第3モードについては基本的に投資章の規律を適用した上で、投資章に含まれない規定（市場アクセス、国内規制及び透明性）についてのみ例外的に適用対象としている（（2）第10.2条「適用範囲」の解説参照）。そのため、本条で定義されるサービス貿易には、第1モード、第2モード、第4モードが含まれる一方で、第3モードは含まれていない。

　また、TPP では、国境を越えるサービスの貿易に関する規律の適用範囲（第10.2条）として、「専門的な航空サービス」、「空港運営サービス」及び「地上取扱サービス」が含まれることとなったことから、これらの用語についてもここで定義されている。

(2) 第10.2条 適用範囲

　第10章の規定が適用される範囲について規定している。第10章の規定の対象となる、締約国が採用・維持する措置について第1項及び第2項で規定し、第3項他では、第10章の規定の適用対象外となるものについて規定している。

　具体的には、第1項では、第3項他の適用除外対象以外の全てのサービス分野に

影響を及ぼす締約国の措置が第 10 章の適用対象となるとし、例えば流通、運送、電気通信網及び電気通信サービス（第 1 項 (c)）、他の締約国のサービス提供者の自国における存在（第 1 項 (d)）、サービス提供の条件としての保証金等（第 1 項 (e)）に影響を及ぼす措置等を例示している。

　第 2 項では、第 1 項に加えて、第 10 章の規定が適用されるものについて定めている。上述のとおり、第 3 モードのサービス提供については、「国境を越えるサービスの貿易」に含まず、第 9 章（投資）（以下、第 9 章）の適用対象となっているが、その上で、第 3 モードのサービス提供に影響を及ぼす締約国の措置について、第 10.5 条（市場アクセス）、第 10.8 条（国内規制）及び第 10.11 条（透明性）の規定を適用することを定めている。これは、第 3 モードのサービス提供に関し、サービス貿易に関する基本的な規律である第 10.3 条（内国民待遇）及び第 10.4 条（最恵国待遇）については第 9 章の同様の規定（第 9.4 条、第 9.5 条）でカバーされること、また、第 10.6 条（現地における拠点）（拠点設置要求を禁止する規定）は、そもそも拠点の設置を前提として行われる第 3 モードのサービスの提供に適用されるものではない一方で、第 10.5 条（市場アクセス）、第 10.8 条（国内規制）及び第 10.11 条（透明性）の 3 つの規定については、第 3 モードのサービス提供に適用されるべきであるにもかかわらず、第 9 章には規定されていないためである。ただし、これらの 3 つの規定に反する場合を含め、第 10 章の規定は、第 9 章第 B 節（投資家と国との間の紛争解決）の規定に基づく紛争解決の対象にはならない。

　また、附属書 10-B（急送便サービス）の規定は、（国境を越えることのない）急送便サービス（第 3 モードによるものを含む）に影響を及ぼす措置についても適用することを規定している。

　第 3 項では、第 10 章の規定が適用されないものとして、(a) 金融サービス、(b) 政府調達、(c) 政府の権限の行使として提供されるサービス、(d) 政府が交付する補助金を挙げる。金融サービスについては、第 11 章との重複を避けるため適用除外とされる。政府調達については、GATS 以来、今後の WTO 交渉にゆだねるとされており、市場アクセスや内国民待遇、最恵国待遇等の義務は政府調達には適用しないこととされている。なお、政府調達については第 1.3 条に定義があり、そのうち「対象調達」（第 15.2 条）に該当するものは第 15 章（政府調達）の対象となる（第Ⅲ部 6 章参照）。「政府の権限の行使として提供されるサービス」とは、商業的な原則に基づかず、かつ、一又は二以上のサービス提供者との競争を行うことなく提供されるサービスのことである（第 10.1 条）が、これも GATS を踏襲して適用除外となっている。さらに政府が交付する補助金等については、日本が過去に締結した EPA と同様、サービス貿易に関する規律が適用されない。ただし、それが「援助」（第 17.1 条）その他の要件に該当する場合は、第 17 章（国有企業及び指定独占企業）

の対象となる（第Ⅲ部9章Ⅱ節参照）。

　第4項では、求職（永続的な雇用を含む）を目的とした労働者、すなわち、いわゆる「移民」については、第10章の規律が適用されないことを定めている。

　第5項に関し、運輸権及び運輸権の行使に直接関係するサービスについては、専ら1944年国際民間航空条約（シカゴ条約）の下における二国間航空業務協定の枠組み（以下、「シカゴ条約体制」）の下で規律されていることを踏まえ、「航空サービス」及び「航空サービスを支援するための関連のサービス」に第10章の規律は適用されないとした上で、例外的に適用対象とする事項が第5項（a）〜（f）に挙げられている。このうち、（d）専門的な航空サービス、（e）空港運営サービス及び、（f）地上取扱サービスは、GATS及び日本が締結したEPAにおいて約束した例はなく、TPPにおいて初めて、サービス貿易に関する規律の適用対象とされた。

　第6項、第7項も航空サービスに関連し、シカゴ条約体制の下での規律を尊重する趣旨のものである。具体的には、第10章と各航空業務協定が抵触する場合、当該航空業務協定が優先することを定めている（第6項）。日本の締結済みEPAにおいて同様の規定を置いた例はない。さらに、二以上の締約国がTPP及び航空業務協定において、それぞれ同一の義務を有しており、どちらの紛争解決手続も利用可能な状態にある場合、当該締約国は航空業務協定に定める紛争解決手続が尽くされた後にのみ、TPPの紛争解決手続（第28章）を援用できることとし、シカゴ条約体制を優先させている（第7項）。ここにいう「他の協定に定める紛争解決手続」とはシカゴ条約第18章等が挙げられる。また、第8項において、GATSの航空運送サービスに関する附属書が将来的に改正されて、用語が新たに定義され、又は用語の定義が変更される場合に、必要に応じてこれらの新たな定義を第10章に調和させるために共同で検討を行うことを定めている。

(3) 第10.3条 内国民待遇

　サービス貿易に関する規律の中核を成す、GATSから継承されてきた義務であり、他の締約国のサービス及びサービス提供者に対して、自国のサービス及びサービス提供者に与える待遇よりも不利でない待遇を与えなければならないことが定められている。ただし、無条件に内外無差別の取扱いを義務付けるのではなく、「同様の状況において（in like circumstances）」他の締約国のサービス及びサービス提供者について内外無差別の取扱いを行うことを義務付けている。本条の義務に反する現行の措置又は将来的に本条の義務に反する措置を採る可能性のある分野等については、附属書Ⅰ又はⅡにおいて留保することができる。

（4）第 10.4 条 最恵国待遇

　サービス貿易に関する規律の中核を成す、GATS から継承されてきた義務である。第 10.3 条（内国民待遇）と同様に、「同様の状況において（in like circumstances）」他の締約国のサービス及びサービス提供者に対し、最恵国待遇を与えることを義務付けている。これは、第三国のサービス及びサービス提供者に対し、TPP で約束した待遇よりも有利な待遇を与えた場合には、それを他の TPP 締約国に与える（均霑する）ことを規定するものである。本条の義務に反する現行の措置、又は将来的に本条の義務に反する措置を採る可能性のある分野等については、附属書Ⅰ又はⅡにおいて留保することができる。

（5）第 10.5 条 市場アクセス

　サービス貿易に関する規律の中核を成す、GATS から継承されてきた義務である。いわゆる「数量制限」と「形態制限」を禁止する規定である。サービスに関する各種規制について、経済的要因から実施されるもので、さらに貿易を行う上で障害となり得る規制を限定列挙し、原則として禁止している。ただし、本条の義務に反する現行の措置、又は将来的に本条の義務に反する措置を採る可能性のある分野等については、附属書Ⅰ又はⅡにおいて留保することができる。

　同条（a）では、（i）～（iv）において禁止される措置を示している。

　（i）では、サービス提供者の数の制限を禁止する。例えば、サービスの提供に際して免許又は許可を要求する措置それ自体は「市場アクセス」の制限に当たらないが、その総数を制限する措置は禁じられる。また、需給調整の目的で行われる新規出店の制限等も本項（経済上の需要を考慮するとの要件（Economic Needs Test））に該当しうる。そのため、外国のサービス提供者にサービスの提供を認めない場合、内国民待遇義務の違反となると同時に、外国のサービス提供者のみに対して免許又は許可の総数を 0 に制限することであるとの観点から本項にも違反しうる。

　（ii）では、サービスの取引総額又は資産総額の制限を禁止する。例えば、外国のサービス提供者の市場におけるシェアの上限を設定する措置が該当する。もっとも、本項に該当する措置は、あくまで上限を設定するものであり、市場参入に当たっての最低資産総額を設定する等、下限を設定する措置は該当しない（ただし、内外差別的な措置である場合には第 10.3 条（内国民待遇）に抵触し得る）。

　（iii）では、サービスの事業の総数又は指定された数量単位によって表示されたサービスの総産出量の制限を禁止する。例えば、外国映画の上映時間の制限等、サービス提供の回数や時間等の数量単位についての制限を設ける措置が該当する。ただし、サービスの提供のために必要な営業時間や営業床面積等のいわゆるサービスの「投入」についての制限は該当しない。

（ⅳ）では、サービス分野で雇用される者の総数の制限を禁止する。例えば、特定のサービスにおける外国人労働者の総数の制限等が該当する。ただし本項は、あくまで「総数の制限」を禁止するものであって、外国人労働者の入国にあたって一定の要件を課す等の措置は本項には該当しない。

また同条（b）では、サービス提供に当たり、法定事業体又は合弁企業について特定の形態を制限又は要求する措置を禁止する。例えば、外国のサービス提供者が参入するに当たり、現地企業との合弁を要求することや、法人形態を要求する措置等が該当する。

(6) 第 10.6 条 現地における拠点

サービスの提供にあたり、現地に拠点を設置し、又は居住することを要求することを禁止する規定である。第 10.1 条に定義される「国境を越えるサービスの提供」に当たり、現地に拠点の設置を要求した場合、実質的に「国境を越えるサービスの提供」を制限したのと同様の効果が生じるため、現地における拠点設置要求がサービス貿易を制限する目的で行われないことを確保するために本規定が設けられた。一方で、現地における拠点設置要求を行う必要がある措置や分野については附属書Ⅰ又はⅡで留保することが可能である。なお、事業所や営業所等の特定の形態の拠点の設置を要求する場合には、本条に加えて第 10.5 条（市場アクセス）（b）にも同時に抵触することとなると解される。

(7) 第 10.7 条 適合しない措置

本条は、いわゆるネガティブリストに関する規定であり、第 1 項は、各締約国が附属書に記載する（留保する）ことによって、第 10.3 条から第 10.6 条までの規定が適用されないこととなる現行の措置及び分野等について定めている。

第 10.3 条（内国民待遇）から第 10.6 条（現地における拠点）までの規定は附属書Ⅰに記載する中央政府又は地域政府が維持する現行の措置及び地方政府が維持する現行の措置には適用されない（第 1 項（a））。ここで、「現行の」とは、この協定の効力発生の日において効力を有することをいう（第 1.3 条）。なお、「地域政府」とは米国、オーストラリア、メキシコ他については州や準州等の政府のことである。日本については、附属書 1-A（締約国別の定義）のとおり、「地域政府」は存在せず、「地方政府」は都道府県・市町村以下のものを指す。

また第 1 項（a）の措置については、その措置を継続的に適用する場合や、間を空けずに（措置の適用に切れ目ができないような態様で）更新する場合にも第 10.3 条（内国民待遇）から第 10.6 条（現地における拠点）までの規定は適用されない旨を明らかにしている（第 1 項（b））。第 1 項（c）は、第 1 項（a）の措置について、当該

措置に関連する法令を変更する際は、かかる規定との適合性の水準を下げないこと、すなわち、自由化の程度を後退させないことを求める規定であり、いわゆるラチェット条項である。この条項は、投資・サービス分野において海外で日本企業が長期的に活動するに際し、規制の予見可能性が高まることを通じて、想定外の規制強化によって損害を被ることを防ぐ効果がある。本規定により、各締約国が附属書Ⅰに記載する適合しない措置についてはラチェット条項が適用されることとなる。

　第2項では、政策上、将来にわたって規制を導入し、又は強化する必要があり得る分野については、本項の規定にしたがって附属書Ⅱに記載し、留保することが認められている（「包括的な留保」＝いわゆる「将来留保」）。包括的な留保をした分野にはラチェット条項は適用されない。日本は、社会事業サービス（保健、社会保障、社会保険等）、政府財産、公営競技等、放送業、初等及び中等教育、エネルギー産業、領海等における漁業、警備業、土地取引等について、本規定に基づく包括的な留保を行っている。

　第3項では、締約国が、他の締約国の第1項（a）の措置について、国境を越えるサービスの提供に重大な障害をもたらすと認めるときには、本項の規定に基づいて協議を要請することができ、協議を要請された締約国は協議に応じなければならない旨を規定する。米国、カナダ、オーストラリア及びメキシコ等の連邦制国家は、現行の州政府の措置について附属書Ⅰで個別措置を列挙せず一括して留保しているところ、日本のサービス提供者がこれらの国の州政府の措置により実際に利益侵害を受けた場合、協議を行う余地を確保するという点で本規定は有意義であり、TPPにおいて初めて導入された。

(8) 第10.8条 国内規制

　サービスの貿易は、各国の国内規制を通じて制限されるため、その削減・撤廃を通じて自由化は実現される。一方で国内規制には、公共性、安全性の確保や社会政策と密接に関連するものが存在する。そこで、各国のサービス提供を規制する主権的権能を当然の前提として、国内規制が合理的、客観的、公平な態様に基づき、それらが貿易制限的なものとならないよう規律を設けている。これはGATSから踏襲されてきたアプローチである。

　第1項では、締約国は本項の規定に従って、一般的に適用される措置（特定の行為や取引にしか適用されないようなものは除く）の合理性、客観性及び公平性を確保しなければならないことを規定する。これらの要件を満たさない措置については、

　第2項では、資格要件、資格の審査手続、技術上の基準及び免許要件に関する措置が、サービスの貿易に対する不必要な障害とならないことを確保するよう、これらの措置がサービス提供能力などの客観的かつ透明性のある基準に基づき、免許の

手続についてはそれ自体がサービスの提供に対する制限とならないよう努めることが定められている。第3項では、締約国が第2項の義務を遵守しているかどうか判断するに当たり、関係国際機関の国際基準を考慮すべき旨規定している。ここでいう「関係国際機関」とは、標準化の分野で活動を行っており、少なくともTPP締約国全てが参加可能な国際機関とされている。

　第4項では、サービスの提供に当たって許可を得ることを求める場合に、締約国の権限のある当局による実施事項として締約国が確保しなければならないこと（合理的期間内の決定の通知、申請処理状況に関する情報提供等）を定める。さらに許可に係る手数料が合理的かつ透明性のあるものであり、手数料自体がサービス提供の制約とならないよう確保すること（第5項）、サービスの提供のための免許要件又は資格要件に試験の合格が含まれる場合、その試験自体が実質的な参入に対する障害となることを防止するため、当該試験が合理的な期間ごとに行われること、合理的な出願期間を与えること（第6項）、弁護士等の自由職業家の能力を評価するための手続を国内に確保すること（第7項）を規定する。第7項に関し、日本の場合、各自由職業家（弁護士、弁理士、公認会計士等）の資格試験の受験資格に国籍要件を設けておらず、これらの資格試験の存在をもって、「他の締約国の自由職業家の能力を評価するための手続を確保」している。

　第8項では、本条と適合しない措置についての附属書との関係を規定する。附属書Ⅰに記載される措置については、一つの措置の中に、義務に適合している点と義務に適合しない点が併存し得るため、第1項から第7項までの規定が適用されないのは、義務に適合しない点のみとされている。一方で附属書Ⅱについては、将来にわたって規制を導入し、又は強化する可能性のある分野等を記載し、政策的余地を確保することを目的としているため、第1項から第7項までの規定は、措置のうちの義務に適合しない点ではなく、附属書Ⅱの記載によって義務の対象とならない措置それ自体に適用しないこととされている。

　第9項では、「資格要件、資格の審査に係る手続、技術上の基準及び免許要件に関連する措置がサービスの貿易に対する不必要な障害とならないことを確保するため」（GATS第6条4）に行われる交渉等により、新たな規律が作成される場合に、必要に応じてこれらの規律をTPPに調和させることについて、共同で検討を行うことが定められている。

(9) 第10.9条 承認

　サービスの提供にあたって、締約国が許可、免許又は資格証明を求める場合に、「承認」を行うことは、サービス貿易を促進する上で望ましいとの観点から、本条の規定が置かれている。ここでいう「承認」とは、他の締約国等で得られた「教育、

経験、満たされた要件又は与えられた免許若しくは資格証明」について、自国の許可、免許又は資格証明を得るための要件又は手続の一部若しくは全部を満たすものとして、当該要件又は手続の免除を認めることをいう。ただし、本条の規定は締約国に「承認」を義務付けるものではない（以下第1項の解説を参照）。同様の規定はGATSにも置かれている（GATS第7条）。

第1項は、締約国がサービス提供者に許可、免許又は資格証明を与える際に、他の締約国等で得られた「教育、経験、満たされた要件又は与えられた免許若しくは資格証明」を承認することが「できる」ことを定めている。また、「承認」は、協定や取決めに基づいて、又は一方的な措置としての「調和」その他の方法によって行うことができるとされている。ここでいう「調和」とは、自国の許可、免許又は資格証明の基準や手続要件等を、他の締約国の基準や手続要件等と同様又は類似のものとすることを意味する。本項はあくまで、締約国が「承認」を「行うことができる」ことを定めるものであって、行うことを義務付けるものではない。

第2項は、「承認」がサービス貿易の促進の観点から奨励されるべきものであることを踏まえ、「承認」を第10.4条（最恵国待遇）の例外として認めることを確認した規定である。ただし、承認のための基準の差別的な適用、サービス貿易に対する制限となるような態様での承認を行ってはならない（第4項）。また、ある締約国に対して「承認」を行う場合、他の締約国に対しても、要請があれば交渉の機会を与えなければならないことを定めている（第3項）。「承認」は最恵国待遇義務の例外とされているものの、可能な限り、特定の締約国のみを優遇する手段とならないよう確保する規定である。

第5項では、附属書10-Aの規定に従って、各締約国は自由職業サービスの貿易の円滑化に努めることが定められている。

(10) 第10.10条 利益の否認

第10章による利益の享受を否認できる場合を定める。この利益の否認は各国のGATS上の義務に反しない範囲で実施される。

第1項は、非締約国に対して経済制裁を課しているような場合を想定している規定である。締約国Aがある非締約国Cに経済制裁を課している状況の下で、C国の者が他の締約国Bにおいて企業を所有し、又は支配している場合、A国は当該企業をB国のサービス提供者とはみなさず、第10章の利益を否認することができる。それができなければ、経済制裁の実効性が失われる結果となる可能性があるからである。

第2項では、非締約国又は自国の者が、他の締約国にペーパーカンパニー（他の締約国において実質的な事業活動を行っていないもの）を所有又は支配し、自国へサー

ビス提供を行う場合、第 10 章による利益を否認できることを定めたものである。第 10 章の規律は、そもそも他の締約国との間のサービス貿易を自由化・円滑化することを目的としており、非締約国又は自国の者に利益を与えることを目的とするものではないからである。

(11) 第 10.11 条 透明性

　各国の国内規制について、透明性を確保するための制度及び手続について定める。

　第 1 項では、各国が実施する国内規制について、締約国は利害関係者からの照会に回答するための適当な仕組みを維持し、又は設けなければならないことが定められている。これは、規制当局が問い合わせを受け付けない場合、サービス提供者が規制の詳細な内容についての情報を得ることができず、サービス貿易に対する障壁となることがあるためである。

　第 2 項に関し、第 26.2 条（公表）第 2 項で、可能な限り締約国がとろうとする措置を事前に公表したうえで、パブリック・コメントに付すことが定められているが、本条第 2 項では、パブリック・コメントの機会を設けない場合には、実行可能な範囲でその理由を書面又は他の方法で通知することを定めている。

　さらに、第 3 項では、措置の公表と実施との間に合理的な期間を置くことを定めている。この第 3 項の規定は、サービス提供者がその措置に自らの実務を適合させるべく、内部規則や商習慣等を変更するためには一定の期間が必要となることに配慮したものである。

(12) 第 10.12 条 支払及び資金の移転

　サービスの提供に関する支払又は資金の移転に関する制限がサービス貿易の自由化の障壁となることを防止するための規定である。

　第 1 項及び第 2 項は、各締約国に対し、国境を越えるサービスの提供に関連する資金の移転及び支払が自由に、かつ遅滞なく行われることを認めることを義務付ける規定である。この規定は、一方の締約国のサービス提供者が他方の締約国においてサービスの提供を行うにあたっては、資金の移転及び支払を自由に行えることが大前提となることから設けられたものであり、その趣旨は GATS 第 11 条と同一である。第 3 項では、例えば債権者の権利の保護や刑事犯罪に関する法令を適用する場合など、第 1 項及び第 2 項の規定に対する例外として、支払又は資金の移転を妨げ、又は遅らせることができる場合を限定列挙している。

　なお、第 3 モードのサービスに関連して行われる支払及び資金の移転については、第 9 章（投資）に同様の規定（第Ⅲ部 4 章 3 (9) 第 9.9 条（移転）参照）が存在するため、本条は適用されない。

表III 3-1　ＷＴＯ事務局のサービスの分類（MTN.GNS/W/120）

大分類	中分類	小分類
実務サービス	自由職業	弁護士、会計士、税理士、建築士、医師、歯科医師、看護師等11分野
	電子計算機等	データベース、データ処理等5分野
	研究／開発	自然科学系、社会科学系、学際の3分野
	不動産	不動産業2分野
	賃貸	船舶、航空機、その他輸送機器等5分野
	その他の実務	市場・世論調査、経営相談、技術検査、調査及び警備、清掃、梱包、出版、会議運営等20分野
通信サービス	郵便	
	クーリエ	
	電気通信	電話、パケット通信、テレックス、電報、ファクシミリ、電子メール、電子データ交換等15分野
	映像音響	映画、ビデオ、ラジオ及びテレビの番組構成、放送、録音等6分野
建設／エンジニアリングサービス	総合建築（建築物）、総合建築（土木）、設置及び組立工事、建築物の仕上げ工事等5分野	
流通サービス	問屋、卸売、小売、フランチャイズ等5分野	
教育サービス	初等教育、中等教育、高等教育、成人教育等5分野	
環境サービス	汚水、廃棄物処理、衛生関連等4分野	
金融サービス	保険	生命保険／傷害保険、その他の保険、再保険／再々保険等4分野
	銀行等	預金、貸付、ファイナンシャル・リース、送金、保証、外国為替等の金融取引、資産運用、決済・清算業務等12分野
健康／社会事業サービス	病院、その他の健康関連、社会事業等4分野	
観光／旅行サービス	ホテル／飲食店、旅行業、観光客の案内等4分野	
娯楽、文化、スポーツのサービス	興業、通信社、図書館／博物館、スポーツ等5分野	
運送サービス	海上運送	旅客、貨物、船舶の賃貸（乗組員付き）、船舶の保守・修理、海上運送支援等6分野
	内陸運送	旅客、貨物、船舶の賃貸（乗組員付き）、船舶の保守・修理、内陸水路運送支援等6分野
	航空運送	旅客、貨物、航空機の賃貸（乗組員付き）、航空機の保守・修理、航空運送支援等5分野
	宇宙運送	
	鉄道運送	旅客、貨物、鉄道輸送機器の保守・修理、鉄道運送支援等5分野
	道路運送	旅客、貨物、業務用車両の賃貸（運転手付き）、道路運送機器の保守・修理、道路運送支援等5分野
	パイプライン輸送	燃料、燃料以外の2分野
	補助的なサービス	貨物運送取扱、貨物運送代理店、倉庫等4分野
その他のサービス		

出典：外務省作成資料

図Ⅲ 3-2　約束表と留保表

ポジティブリスト方式（約束表）

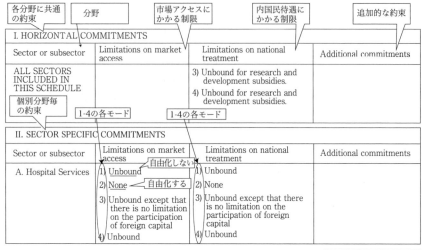

各分野に共通の約束　分野　市場アクセスにかかる制限　内国民待遇にかかる制限　追加的な約束

I. HORIZONTAL COMMITMENTS			
Sector or subsector	Limitations on market access	Limitations on national treatment	Additional commitments
ALL SECTORS INCLUDED IN THIS SCHEDULE		3) Unbound for research and development subsidies. 4) Unbound for research and development subsidies.	

個別分野毎の約束　　1-4の各モード　　1-4の各モード

II. SECTOR SPECIFIC COMMITMENTS			
Sector or subsector	Limitations on market access	Limitations on national treatment	Additional commitments
A. Hospital Services	1) Unbound 2) None 3) Unbound except that there is no limitation on the participation of foreign capital 4) Unbound	1) Unbound 2) None 3) Unbound except that there is no limitation on the participation of foreign capital 4) Unbound	

自由化しない　自由化する

日ベトナムの約束表の例

留保表

ネガティブリスト方式

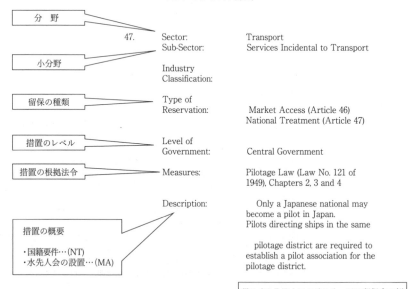

分　野

小分野

留保の種類

措置のレベル

措置の根拠法令

措置の概要
・国籍要件…(NT)
・水先人会の設置…(MA)

47.　Sector:　　　　　　　Transport
　　　Sub-Sector:　　　　Services Incidental to Transport

　　　Industry
　　　Classification:

　　　Type of
　　　Reservation:　　　Market Access (Article 46)
　　　　　　　　　　　　National Treatment (Article 47)

　　　Level of
　　　Government:　　　Central Government

　　　Measures:　　　　Pilotage Law (Law No. 121 of 1949), Chapters 2, 3 and 4

　　　Description:　　　　Only a Japanese national may become a pilot in Japan. Pilots directing ships in the same

　　　　　　　　　　　　pilotage district are required to establish a pilot association for the pilotage district.

日スイスＦＴＡにおけるサービス留保表の例
日本側の水先人自由化に関する留保

出典：外務省ウェブサイト

4.　サービス貿易の自由化の具体的な約束方法について

（1）留保表と約束表

　EPA のサービス貿易章における具体的な自由化約束の記述方法は、厳密には協定によって異なるが、代表的なものとして二つの方式があり、それぞれネガティブリスト（留保表）方式と、ポジティブリスト（約束表）方式と呼ばれる。

　前者のネガティブリスト方式では、原則として全てのサービス分野を適用対象とした上で、内国民待遇、最恵国待遇、市場アクセス、現地における拠点設置要求禁止等の各義務規定に適合しない措置又はこれらの義務規定が適用されない分野等を留保表に記載する。後者のポジティブリスト方式では、締約国は、まずサービスの各種の分野のうち、協定上の義務（市場アクセス・内国民待遇等の義務）が適用される分野を特定し、約束表に記載する。次にその特定した各分野において、先述のサービス貿易の4つのモードのそれぞれについて、自国がそれらの義務との関係で、制限の有無、制限がある場合にはどのような制限を行うかを特定し、併せて約束表に記載する。

　日本がこれまでに締結又は署名した EPA のうち、日・シンガポール EPA、日・マレーシア EPA、日・タイ EPA、日・インドネシア EPA、日・ブルネイ EPA、日・フィリピン EPA、日・ベトナム EPA、日・インド EPA、日・モンゴル EPA、日 ASEAN 包括的経済連携協定はポジティブリスト方式を採用しており、日・メキシコ EPA、日・チリ EPA、日・スイス EPA、日・ペルー EPA、日・オーストラリア EPA、TPP11、日 EU・EPA、日英 EPA はネガティブリスト方式を採用している。RCEP 協定では、いずれの方式を選択することも可能となっているが、ポジティブリスト方式を選択した国に対しては、将来的にネガティブリスト方式に移行することが定められている。

　一般にネガティブリスト方式では、規制の存在するサービスの分野、当該サービスの該当するサービスの産業分類、協定に規定される適合しない義務の種類、とられる措置の根拠・概要等が記載される（これについては第Ⅲ部4章にて詳しく述べる（第Ⅲ部4章3（12）参照））。他方でポジティブリスト方式においては、締約国が約束するサービスの分野、各サービスのそれぞれのモードにおける市場アクセス及び内国民待遇のそれぞれの義務に抵触する措置の内容及び追加的な約束を記載する。

　ネガティブリスト方式とポジティブリスト方式を比較すると、一般に、ネガティブリスト方式は締約国が約束していない（＝自由化の対象外となる）分野を明確に把握できる利点があるといわれるのに対し、ポジティブリスト方式は、締約国が約束表に記載した分野についてのみ自由化の義務を負うものであるため、自由化に後ろ向きな国内産業を多数抱える国にとっては、より現実的なアプローチといえる。い

ずれの方式を採用するかが交渉において重要な争点の一つとなることもある。かつ
てのWTOにおける議論においては、米国・ECの自由化推進派がネガティブリス
ト方式を支持し、他方で、開発途上国が自由化約束を強いるものとしてこれを拒否
し、ポジティブリスト方式を支持したという経緯があり、開発途上国のネガティブ
リスト方式に対する反対は、単に技術的な観点からのみならず、強いものがあった。
ただし、これは条約上の約束の形式の問題であるので、必ずしも実体的な自由化レ
ベルの高低と直接に係わるものではない。

（2）約束表の構成

　約束表は、「各分野に共通の約束（Horizontal Commitments）」と、後述のサービ
ス分類の順番に従った「分野毎に行う特定の約束」から構成されている。

　前者の「各分野に共通の約束」の例としては、日・インドEPAの例があるが、
EPAによっては「各分野に共通の約束」が無い約束表も存在する。後者の「分野
毎に行う特定の約束」では、EPA締約国が自由化の約束を行うサービス分野を掲
げ、それぞれのサービス分野において前述の四つのサービス・モード毎に「市場ア
クセスに係る制限」、「内国民待遇に係る制限」、「追加的約束」を記載することと
なっている。

（3）約束表の読み方

　サービス分野又は小分野（sector or subsector）：締約国が自由化約束を行うサー
ビス分野又は小分野を記載する。このサービス分野の分類方法について、日本が締
結又は署名したEPAのうちポジティブリスト方式を採用したEPAでは、GATS
にならい、基本的にWTO事務局のサービス分類（MTN. GNS/W/120）による12
の大分類と155の小分類（表Ⅲ3-1参照）を用いている。加えて、小分類について、
より締約国間の共通理解を高めるため、中央生産物分類（Central Product
Classification：CPC）も併せて採用することが多い。以下は、約束表において使用
される略号等である。
- ・現状維持（Standstill（SS））：約束表に記載されている条件又は制限が、協定発
　効時点での措置に限定されていることを示す記号。「SS」という記号をサービ
　ス分野又は小分野の該当欄に記載することで表記する。
- ・「市場アクセスに係る制限」（Limitation on market access）：市場アクセスに関す
　る制限を4つのモード毎に記載する。市場アクセスにかかる義務に抵触する措
　置を全くとらないことを約束する場合は「制限しない（None）」、自由化を約
　束しない場合は「約束しない（Unbound）」と記載する。なお、何らかの制限
　を設けた上で約束する場合は、該当欄に具体的な制限内容を記載する。

・「内国民待遇に係る制限」（Limitation on national treatment）：内国民待遇に関する制限を４つのモード毎に記載する。全面的に自由化を認める約束を行う場合は「制限しない（None）」、自由化を約束しない場合は「約束しない（Unbound）」と記載する。なお、何らかの制限を設けた上で約束する場合は、該当欄に具体的な制限内容を記載する。

・「追加的約束」（Additional commitments）：追加的約束の具体的な内容を該当欄に記載する。

5.　自然人の移動

(1) 概要

　EPA の自然人の移動章は、広範なビジネス活動に関わる自然人の移動に関する規律を定めている。

　前記１で述べたとおり、EPA では締約国間を移動するビジネス関係者の入国及び一時的な滞在に関する措置について定めている。TPP を含む締結済みの EPA の多くでは独立章が設けられている一方、日 EU・EPA ではサービス貿易章の中で規定されている。ここでいう「入国及び一時的な滞在」は、「一時的な」との文言からも明らかなとおり、受入れ国への永住を含まず、また、雇用市場への参加（職を求めて入国すること）を認めることを意味するものでもなく、いわゆる移民にかかわる問題とは関係がない。なお、「自然人」とは、「法人」ではない生身の人間であることを意味している。

　多くの場合、締約国ごとに附属書を作成し、その中で「短期の商用訪問者」、「企業内転勤者」、「投資家」、「資格を有する自由職業家」、「独立の自由職業家」、「契約に基づくサービス提供者」等に分類された各カテゴリーのビジネス関係者に対し、入国及び一時的な滞在を許可することを約束している。日本は、家族を持つビジネス関係者の入国を促進することがひいては貿易の促進に資するという考えから、ビジネス関係者に同行する配偶者及び子に対しても、同様に入国及び一時的な滞在を約束することを相手国に要望することも多い。

　各締約国が約束する内容は、基本的に、現状の出入国管理制度に基づき入国及び一時的な滞在が許可されている範囲を超えないものである。ただし、日・インドネシア EPA、日・フィリピン EPA、日・ベトナム EPA における「看護師・介護福祉士候補者等」の受入れのように、EPA に基づき新たに受入れの枠組みを設けた場合もある。こうした受入れについても、一定の年限を区切って一時的な滞在を認めるという基本的な考え方を維持する形で行われている。

　自然人の移動に関する約束によって、締約国間の人の移動が円滑に行われるための骨格を形成し、もって締約国間の経済活動の活性化に貢献することが期待されて

いる。

(2) TPP 第 12 章（ビジネス関係者の一時的な入国）概要

　ここでは自然人の移動に関する独立章の具体例として、TPP 第 12 章の条文について解説する。

(a) 第 12.1 条 定義

　第 12 章における用語の定義について規定している。

(b) 第 12.2 条 適用範囲

　第 12 章の規定は、締約国のビジネス関係者の他の締約国の領域への一時的な入国に影響を及ぼす措置について適用されること（第 1 項）、雇用又は移民に係る政策は適用の対象外であること（第 2 項）、締約国が自国の領域への他の締約国の自然人の入国又は自国の領域における他の締約国の自然人の一時的な滞在を規制するための措置をとることができること（第 3 項）、出入国管理許可に関する文書の取得を要求することを利益の無効化または侵害とはみなさないこと（第 4 項）を規定している。

(c) 第 12.3 条 申請手続

　締約国は、出入国管理に関する文書（例えば査証など）に係る申請を受領した後できる限り速やかに、当該申請に関する決定を行い、当該決定を申請者に通知する旨、申請者の要請があった場合には、申請の処理状況に関する情報を速やかに提供するよう努める旨、及び自国の権限のある当局が出入国管理に関する文書の申請の処理について徴収する手数料が合理的なものであることを確保する旨を規定している。

(d) 第 12.4 条 一時的な入国の許可

　締約国は、ビジネス関係者の一時的な入国に関して自国が行う約束を附属書に記載すること（第 1 項）、当該約束に定める範囲内で一時的な入国又は一時的な滞在の延長を許可すること（第 2 項）、弁護士や会計士などの専門資格保有者が一時入国許可を受けたとしても、当該専門資格の承認を求めたり、受入国で必要な要件等を満たさずにサービスを提供したりしてはならないこと（第 3 項）、労働争議の解決等に悪影響を及ぼす可能性がある場合には出入国管理に関する文書の発給を拒否することができること（第 4 項）を規定している。なお、本条第 3 項、第 4 項のような規定は、他の日本の締結済みの EPA では見られず、透明性の向上に寄与する

ものといえる。

(e) 第 12.5 条 商用の渡航

締約国は、ビジネス関係者の移動を促進するための APEC における相互の約束を確認する旨、及び APEC 商用渡航カード・プログラムの強化のための努力に対する支持を確認する旨を規定している。

(f) 第 12.6 条 情報の提供

締約国は、第 26.2 条（公表）及び第 26.5 条（情報提供）に加え、可能な場合にはオンラインで、ビジネス関係者の一時的な入国の最新の要件及び出入国管理に関する文書の申請が処理される標準的な期間を速やかに公表すること（(a)）、一時的な入国に関する措置について、利害関係者からの照会に回答するための仕組みを設立又は維持しなければならないこと（(b)）を規定している。本条の規定は、TPP 以前に日本が締結済みの EPA より進展した内容といえ、ビジネス関係者の移動に必要な手続きの迅速化への寄与が期待される。

(g) 第 12.7 条 ビジネス関係者の一時的な入国に関する小委員会

第 12 章に関する小委員会の設置及びその目的等について規定している。

(h) 第 12.8 条 協力

締約国は、査証の処理及び国境の安全に関し、利用可能な資源の範囲内で、相互に合意した協力活動を行うことを検討することを規定している。

(i) 第 12.9 条 他の章との関係

一部の規定を除くほか、TPP 内のいかなる規定も、締約国の出入国管理に関する措置について締約国に義務を課するものではないこと等を規定している。

(j) 第 12.10 条 紛争解決

一定の要件を満たす場合を除き、一時的な入国の拒否について、第 28 章（紛争解決）の規定による紛争解決を求めてはならないこと等を規定している。

(k) 第 12 章に係る附属書（附属書 12–A）

各締約国が受入れを約束するビジネス関係者の対象を類型化した区分（カテゴリー）ごとに、その定義、条件、制限等を記載している。

5.　まとめ

　サービス貿易の自由化は、関係国の国内産業政策と深い関わりをもち、利害関係者も多岐にわたり、自由化の結果が波及する範囲も広い。このことからGATSという交渉の基盤があるとはいえ、サービス貿易自由化交渉は大変に複雑な交渉とならざるを得ない。EPA全体の中では、サービス貿易の自由化よりも成果が判り易い、物品貿易の自由化の方がとかく注目されがちである。

　だが、直接投資等による業務拠点の設置を通じたサービス提供（第3モード）を除いても、サービス貿易は世界の貿易の約2割を占めている。また、今日の日本の経済活動において、サービス産業の占める割合及びその重要性は高まっており、製造業のみならずサービス業もグローバル化への対応が迫られている。さらに、サービス貿易も新型コロナウイルスの感染拡大により非常に大きな影響を受けている。移動制限措置・社会的距離の確保により、観光サービス、運送サービス、流通サービスが低迷する一方、オンライン上での小売、保健、教育、映像音響サービスの消費が急増し、これらサービスの供給と消費を支える電気通信サービスやコンピューター関連サービスの重要性が高まっている。サービス産業の更なる発展は国内外の経済停滞からの回復に資するものであり、また、日本の製造業事業者を支援する観点からも、サービス貿易の自由化を図ることは重要である。

4

投資

1. EPA における投資章

(1) 日本の EPA における投資章とは

　EPA の投資章では、締約国における投資環境を整備し、投資活動を促進するための規定や、締約国の投資家が安定的に、かつ、予見可能性が存在する状態で投資活動を行うため、相手国の投資家や投資財産を保護する規定等を置く。これは、従来から締結が進められてきた投資協定と基本的に同様の内容である。但し、包括的な経済連携協定の一部である EPA の「投資章」と独立した協定である「投資協定」では、EPA には総則章やサービス貿易章など他の章との関係があることから、自ずと条文の書きぶりが異なってくる。

　投資協定では、元来、投資を受け入れるホスト国が投資財産を没収したり、国有化したりするような事態が生じた場合の補償のあり方について規定することが主眼であったが、特に 2000 年代以降、そうした側面に加えて、投資の許可・実施の段階での投資の「自由化」について規定するという潮流に変化してきている。これは例えば内国民待遇義務の投資参入段階への拡大や、外国の投資家に対して輸出義務や現地調達要求、技術移転要求などの投資条件が課せられないようにする「特定措置の履行要求の禁止」の規定等に加え、これら義務を特定の分野で留保する場合であっても、「ラチェット義務」（投資家や投資財産に関する規制を改正する場合には、改正前のものよりも制限的なものとはしない義務）を付加した自由化の約束を交わし、将来にわたり外資に不利な規制が課されないようにすること等が挙げられる。これ

までに日本が締結した EPA の投資章では、その内容に差異はあるものの、基本的に全てにおいて「自由化」の要素を規定している。

（2）紛争解決手続としての投資仲裁

　EPA 投資章や投資協定（以下まとめて「投資関連協定」）には、投資家と投資受入国との間の紛争解決（ISDS：Investor-State Dispute Settlement ）に関する規定が盛り込まれることが多い。投資家は、締約国により協定違反があると判断する場合には、この規定に基づき、仲裁を申し立て、当該協定違反によって投資家が被った損害の回復を図ることができる。一部の協定には投資仲裁の判断例が積み上がっているものもあり、協定義務の解釈を理解するうえで助けになる。

2.　TPP 投資章の概要と特徴

　本章は、TPP の条文を中心に解説し、必要に応じて他の協定についても言及する形をとる。

　TPP は、内国民待遇（第 9.4 条）、最恵国待遇（第 9.5 条）、特定措置の履行要求（第 9.10 条）、経営幹部及び取締役会（第 9.11 条）について、投資参入段階についてもそれらの義務の遵守が求められている。そのうえで、各国がそれぞれ定める留保表に基づき、一定の分野や国内措置については、その義務の適用を免れることができるようになっている（第 9.12 条：適合しない措置）。

　投資が許可され、投資参入した後についても、上記の義務に加え、待遇に関する最低基準（第 9.6 条）、武力紛争又は内乱の際の待遇（第 9.7 条）、収用及び補償（第 9.8 条）、移転（第 9.9 条）、代位（第 9.13 条）を規定することで、投資家及び投資財産の保護が図られている。

　その他、①環境・健康や企業の社会的責任に関する規定（第 9.16 条、第 9.17 条）、②ISDS 条項（第 9.18 条以降）などには、従来規定されてこなかったものが含まれ、投資家の保護と国家の正当な規制権限の確保をバランスする試みとして注目に値する。

3.　条文解説

　引き続き、TPP の投資章に関し、各条文の解説を行う。

（1）第 9.1 条 定義
（a）概要

　本条では、締約国の投資家及び投資財産の他、投資章の紛争解決で使用される各種用語の定義について規定する。こうした定義を定めることの重要性は、協定の適

用範囲を定める第9.2条において、TPP の適用範囲を「投資家」及び「対象投資財産」に関する措置としていることからも明らかである。すなわち、締約国の投資家や投資財産を明確に定義することにより、投資章がどのような者に、あるいはどのような行為に対して適用されるかが明確になる。なお、日本は、投資を受け入れるよりも、投資を行う側となるケースが多いため、これまでの日本の交渉の基本姿勢としては、投資家、投資財産の定義の範囲を可能な限り「広く」設定することを重要視してきた傾向があると言えるであろう。

(b)「対象投資財産」「投資財産」「締約国の投資家」の定義

　TPP における「対象投資財産」には、協定発効時に既に存在している「投資財産」だけでなく、協定発効後に設立され、取得され、若しくは拡張されるものも含まれる。

　「投資財産」は、「投資家が直接又は間接に所有し、又は支配するすべての資産」とされており、包括的に定義されている。但し、「資本その他の資源の約束、収益若しくは利得についての期待又は危険の負担」といった投資としての性質を欠いていると考えられる資産については投資財産とは認められない。この点、単なる物品やサービスの売買契約などは、投資財産としての性質を有する可能性が低い等の注釈が付記されている。

　「締約国の投資家」は、「締約国又は締約国の国民若しくは企業であって、他の締約国の領域において投資を行おうとし、行っており、又は既に行ったもの」とする。これに関し、TPP では締約国自体や締約国の永住者もその定義に含まれているほか、締約国の企業として、締約国の領域内に所在する支店、すなわち外国の企業の支店であっても含むこととなっており、幅広い定義となっていることが特徴的と言える（冒頭の規定及び一般的定義章の一般的定義（第1.3条）も参照）。

(c) ポートフォリオ投資と直接投資

　上述のとおり、日本は基本的に投資を行う側となることが多く、したがって、投資財産の定義の範囲も可能な限り広く取ることが望ましいとの立場をとってきたが、これに対して、開発途上国を中心とする投資受入国は、基本的に投資の保護対象はその国の経済発展に資する直接投資のみに限定し、短期的な投資や投機を始めとする、いわゆる「ポートフォリオ投資」等はその保護対象から除外したい、と考えることが多い。言い換えれば、自国内に会社を設立し、雇用を創出し、ホスト国の税収にも寄与するような投資のみを保護し、そうでない投資をわざわざ促進・保護する必要はないという考え方である。しかしながら、直接投資やポートフォリオ投資を厳密に区別・定義することは難しい上、仮に投資家が物理的な会社の設立等を伴

わずに行う投資が保護対象から不用意に除かれれば、投資家及び投資財産の保護は不十分なものとなる。こうした事情も踏まえ、基本的にはすべての投資財産に保護を与えるべき、というのが日本の従来からの立場である。

　一方で、「投資財産」の定義からポートフォリオ投資を除外するとの投資受入国側の立場が反映された例もある。日・マレーシア EPA の交渉時には、1990 年代末にアジア諸国に短期的な投資や投機に伴う大量の資金が流入し、これらが一斉に引き上げられたことにより金融危機が発生したことを踏まえ、こうした事態が再び繰り返されないよう、必要に応じて投機的な資金の流入に対して特別な措置を取ることができるように規定が設けられた。具体的には、「(a) 証券取引所で取引されている株式等であって、企業の資本総額の 10%未満のもの（ポイント：当該企業の経営に携わろうという意図を持つ投資かどうか）、(b) 証券投資であって満期が 12 ヶ月未満のもの（ポイント：安定した長期の投資を念頭に置いているかどうか）」のいずれかを満たす投資をポートフォリオ投資と定義とした上で、これらの投資形態を投資参入段階の内国民待遇の義務の対象から除いている。また、日・インドネシア EPA においても、投資財産の一部として保護対象となる株式・出資等の企業の持ち分や貸付債権のうち、ポートフォリオ投資については無差別原則に基づいて除外することができるとしている。

(d) 日 EU・EPA の規定

　日 EU・EPA の投資に関する規定（第 8 章第 B 節）の適用範囲は、通常の投資関連協定におけるそれと比較すると、相当に狭いものとなっている。通常の投資関連協定では投資財産ベースで適用範囲を規定しているが、日 EU・EPA では企業ベースとなっている。具体的には、「対象企業」と「締約国の企業家」が適用対象とされている。「対象企業」は、他方の締約国の企業家によって直接又は間接に設立される企業であり、企業には法人に加え支店・代表事務所が含まれる。「締約国の企業家」は、締約国の自然人又は法人で、他方の締約国で企業を設立しようとし、設立中であり、又は既に設立したものである。いずれの定義においても「設立」の意味に注目する必要があり、その定義上、「設立」とは「持続的な経済的つながりを確立し、又は維持することを目的とする」ものとされている（定義はいずれも日 EU・EPA 第 8.2 条）。このように、日 EU・EPA では、上述したような「ポートフォリオ投資」と異なり、長期的な投資を前提としたような「直接投資」としての性質を有する投資をその保護の対象とすることを明確にしている。これは、「直接投資」でなく、企業の経営及び支配に影響を与える意図を有さない「ポートフォリオ投資」については、EU が加盟国との関係で排他的権限を有していない（EU と加盟国が権限を共有する）[1] ことが関係している。

(2) 第 9.2 条 適用範囲

本条第 1 項では、投資章が「他の締約国の投資家」、「対象投資財産」に対する締約国の措置に適用されることを規定する。ただし、第 9.10 条（特定措置の履行要求）及び第 9.16 条（投資及び環境、健康その他の規制上の目的）については、投資章が締約国の領域内の全ての投資財産に対する措置に適用される旨定める。

また、第 2 項では、締約国の義務については、締約国の中央政府だけではなく、地域政府や地方政府、公的機関による措置も対象となる旨規定している。

投資関連協定では、国家の課税権を尊重し、租税に係る課税措置を適用除外とした上で、その例外として特定の条項のみ適用することが多い。TPP も第 29.4 条第 2 項で投資章を含む協定全体について課税措置を適用除外とすることを原則として規定した上で、課税措置が適用対象となる条項について規定する。投資章では内国民待遇（第 9.4 条）、最恵国待遇（第 9.5 条）、利益付与等に係る特定措置の履行要求の禁止（第 9.10 条第 2、3、5 項）及び、収用及び補償（第 9.8 条）が課税措置に適用される（第 29.4 条第 6 項（b）及び第 7、8 項）。第 9.10 条では減税措置など課税措置に係る利益付与の代償として特定措置の履行要求を行うことも禁止の対象とすることが目的であり（同条第 2 項、下記（10）参照）、また、第 9.8 条の収用及び補償においては、間接収用に当たる課税措置を行うような場合に、同条の適用範囲とすることが目的である。どのような措置が間接収用を構成するかは、個別具体的な検討を要するものの、極端な例を挙げれば、突然特定の企業に対して 300％ の法人税を課し、結果として当該企業を国外に追い出すことになるような場合、間接収用と見なされる可能性が高い。

(3) 第 9.3 条 他の章との関係
(a) 投資章とサービス貿易章の関係

サービス貿易章（第Ⅲ部 3 章参照）は、業務上の拠点を通じたサービスの提供（いわゆる第 3 モードのサービス提供）をその対象としている場合があり、業務上の拠点そのものが投資財産である場合や、サービス提供者が投資家に該当する可能性があることから、投資章とサービス貿易章の両方の規定が適用される場合がある。例えば、日本の投資家が外国で機材のメンテナンスのためのサービスセンターを設置・運営するようなビジネスをイメージしていただくとわかりやすい。

日本の EPA では、このような場合を想定して大きく分けて二つの対応がなされている。一つは、業務上の拠点を通じたサービスについては、投資章の義務のみを適用することとし、サービス章は原則として適用しないとすることである。あるい

1）2017 年 5 月 16 日付 EU 司法裁判所意見書。

は、もう一つの対応方法として、両方の章を重畳的に適用させることとし、齟齬が
あった場合の調整規定を置く場合もある。前者は、古くは NAFTA で見られた形
であることから、NAFTA 型などと呼ばれることがあり、TPP をはじめ、日・メ
キシコ、日・チリ EPA 等ではこの形式が採用されている。その一方で、後者につ
いては、非 NAFTA 型と呼ばれることがあるほか、過去に ASEAN と締結した
EPA の基本となる発想であるため ASEAN 型などと呼ばれたりすることもある。

(b) TPP における規律

　TPP が NAFTA 型であることは投資章を読んだだけでは判断ができず、サービ
ス貿易章を合わせて確認する必要がある。サービス貿易章は「国境を越えるサービ
スの貿易に影響を及ぼす措置」について適用されるところ（第 10.2 条柱書）、「国境
を越えるサービスの貿易」の定義を確認すると、これには第 3 モードサービスは含
まれていない（第 10.1 条）。その上で、投資章を見ると、「サービス貿易に影響を及
ぼす措置は適用しない」といった規定は特段存在していないため、第 3 モードサー
ビスについては投資章のみが適用されることがわかる。その結果、第 3 モードサー
ビスについては、サービス貿易章で規定されている内国民待遇や最恵国待遇の規定
は適用されず、投資章のそれが適用されることとなる。もっとも、例外的に、サー
ビス貿易章の規定のうち市場アクセス（第 10.5 条）、国内規制（第 10.8 条）、透明性
（第 10.11 条）については、第 3 モードサービスにも適用されることとなっている
（第 10.2 条第 2 項）。また、仮にこれらのサービス貿易章の規定と投資章の規定に齟
齬が生じる場合は、前者の規定が優先する旨の調整規定も設けられている（第 9.3
条第 1 項）。

　第 9.3 条第 1 項は、投資章とサービス貿易章の関係を規律するのみならず、第 1
章（冒頭規定・一般的定義）や第 29 章（例外・一般規定）等との関係でも、齟齬があ
る場合にはこれらの章が優先することを規定している。

　第 9.3 条第 2 項は、「国境を越えるサービスの提供」について扱っており、投資
章が適用される第 3 モードサービスとはモードが異なるが、その場合であっても、
保証金等が対象投資財産に該当する場合には、投資章の規定が適用されることを確
認的に規定したものである。

　また、金融サービス分野への投資については、原則として投資章の適用はなく
（第 9.3 条 3）、一部の投資の保護に関する規定等が金融サービス章に組み込まれるこ
とで適用され（第 11.2 条第 2 項 (a)）、それに関する限りにおいて ISDS 条項も適用
されるにとどまる（同条第 2 項 (b)）。

(4) 第 9.4 条 内国民待遇

(a) 概要

　内国民待遇は、最恵国待遇とならび、投資関連協定における基本的な規律の一つである。

　本条の第 1 項と第 2 項は、他の締約国の投資家及び投資財産に対し、投資参入段階及び参入後（いわゆるプレ及びポスト）において自国の投資家に与える待遇よりも不利でない待遇を与えることを規定する。

　投資を行う際の、いわゆるプレの段階の投資とは、本条においては、投資財産の「設立」、「取得」及び「拡張」を指す。これに対し、「経営」、「管理」、「運営」・「売却」及び「その他の処分」はポストの段階の投資と呼ばれる。ポストの投資の保護に加えて、プレの段階の規定が内国民待遇義務の対象に加わることにより、当該規定は単なる投資の「保護」だけでなく「自由化」の基本要素の一つとなる。

　また、第 3 項は、TPP の締約国には連邦制をとる国が複数含まれていることから、地域政府については、当該地域政府が自国の投資家・投資財産に与える待遇よりも不利でない待遇を与えなければならない旨解説する（地域政府に関する規定はオーストラリア、カナダ、マレーシア、メキシコ、ペルー、米国（TPP12）に適用される）。例えば締約国 A の国内で、B 州の方が C 州より投資家への待遇が良いような場合でも、C 州内での内国民待遇は、あくまで C 州内の A 国投資家と他の締約国投資家への待遇との比較により判断され、B 州内の A 国投資家の待遇とは比較されない。

(b) 「同様の状況において」(in like circumstances)

　従来、投資関連協定においては、「同様の状況において」内国民待遇を与える旨規定しているが、TPP ではこの「同様の状況」について、注で明確化している点が特徴的である。そして、「同様の状況」と言えるかどうかは、当該状況の全体（当該待遇が公共の福祉に係る正当な目的に基づいて投資家又は投資財産を区別するものであるかどうかを含む）によって判断するとしている。すなわち、公共の福祉に係る正当な規制により生じ得る区別は、内国民待遇義務違反を構成しない可能性があることがここでは示唆されていると言うことができる。また、TPP では、同様の文言が最恵国待遇の規定でも使用されており、こうした規定ぶりは、内国民待遇と合わせて、投資家保護と国家の規制権限とのバランスをとるための配慮の結果であると言える。

(5) 第 9.5 条 最恵国待遇

　本条の第 1 項と第 2 項は、他の締約国の投資家及び投資財産に対し、プレ及びポ

ストの双方の段階において最恵国待遇を認めることを規定する。これは、第三国の
投資家・投資財産に対し、TPP で約束した待遇よりも有利な待遇を与えた場合に
は、それを他の TPP 締約国にも与える（均霑する）義務が生じることを規定する
ものである。

　具体的な効果としては、例えば、他の締約国が第三国との関係で投資に関連して
TPP より有利な待遇を約束すれば、本条を通じて、日本を含めたその他の締約国
は、労せずに同様の待遇が得られることになると考えられる。但し、TPP では、
全ての締約国が自国の留保表（将来留保）において、TPP の発効前に署名又は発効
した国際協定に規定する待遇については最恵国待遇義務を留保することを明示して
いる（留保については (1) 参照）。したがって、最恵国待遇義務による均霑の対象は、
TPP 発効以降に締約国が第三国との間で締結した投資関連協定に基づく待遇に限
定される。

　なお、紛争解決手続に関する規定のように、手続を定める規定が最恵国待遇義務
の均霑の対象となるかどうかについては、投資仲裁において判断が分かれるところ
ではあるが、こうした背景もあり、第 3 項では、本条が ISDS や同様の国際的な紛
争解決手続・制度には適用されないことを明確化している。

(6) 第 9.6 条 待遇に関する最低基準
(a) 概要
　本条は、対象投資財産に対し国際慣習法上の原則に基づき公正衡平待遇及び十分
な保護及び補償が与えられることについて規定している。公正衡平待遇は、投資章
の内国民待遇や最恵国待遇の規定では必ずしもカバーされないような投資紛争事案
が発生した場合に、紛争解決の指針となり得るものであり、非常に重要な規定であ
る。他方、公正衡平待遇の基準については必ずしも統一した基準はなく、投資仲裁
の判断例においても、その解釈について様々なバリエーションが存在する。こうし
た状況を踏まえ、本条第 2 項では、「公正衡平待遇」や「十分な保護及び補償」が、
国際慣習法上の最低基準が要求する待遇以上の待遇を与えることを求めるものでは
ないことを確認している。また第 2 項では公正衡平待遇には裁判拒否をしない義務
が含まれていることを確認している。その上で、TPP ではさらに、附属書 9-A に
おいて、「国際慣習法」が「各国が法的義務であるとの認識により従う各国の一般
的なかつ一貫した慣行から生ずるとの理解を共有していることを確認」し、また
「外国人の待遇に関する国際慣習法上の最低基準」を「外国人の投資財産を保護す
るためのあらゆる国際慣習法上の原則」とするとの説明を付している点が特徴的で
ある。

　さらに、TPP では第 4 項及び第 5 項で、投資家の期待に反する締約国の作為・

不作為、補助金や贈与がなされない・減額されたことのみをもって、即座に本条の違反を構成することにはならないことを確認している。なお、日・アルゼンチン投資協定でも、TPP 第 5 項と同旨の確認規定が置かれているほか、締約国による規制の変更の事実のみをもって公正衡平待遇義務違反とはならない旨明確化している（第 4 条第 1 項及び同第 4 項）。このように、国際的に必ずしも解釈が一致していない「国際慣習法上の最低基準」について、TPP では附属書 9-A において追加的に説明するとともに、必ずしも本条の違反とならない場合についても明示することによって、その解釈の範囲をある程度限定しようという試みがなされている。

(b) EU による規定

ここで、EU が第三国との間で締結した協定での規定を紹介する。カナダ EU 包括的経済貿易協定（CETA）では、公正衡平待遇義務の基準として国際慣習法を引用することはせず、その代わりに、同義務の内容を、条文内に列挙された内容に限定するという手法を採用している（第 8.10 条第 2 項）。具体的には、公正衡平待遇違反を構成する要素として、「裁判拒否」、「正当な手続原則違反」、「明白な恣意性」、「ジェンダー、人種、宗教による差別等、明白に誤った理由による差別」、「強要やハラスメント等といった投資家への虐待的待遇」及び「その他締約国が追加する違反」を限定列挙した上で、定期的に本条に規定する公正衡平待遇の内容を見直すこととしているのである。このような規定とすれば、投資家側は、同条に列挙されている事実であれば公正衡平待遇違反であると主張しやすくなり、また、国家側としても、予期せぬ理由で同条に基づき仲裁を申し立てられ、敗訴するということを回避できるメリットもあると言える。ただし、従来に比較し、公正公平待遇義務に基づく投資保護の範囲が限定されてしまう可能性もあるので、その点は注意が必要である。

さらに、CETA では、公正衡平待遇義務違反があるかどうかを判断するにあたり、投資家が投資を行うことを決定するにあたって依拠した「正当な期待」を締約国が投資家に抱かせ、その後、同期待を覆すような行為をしたか否かを考慮することが規定されている（第 8.10 条第 4 項）。TPP でも投資家の期待に反する締約国の作為・不作為は必ずしも公正衡平待遇違反を構成しない旨規定しているが（第 9.6 条第 4 項）、「投資家の期待」に関し、CETA ではより具体的に公正衡平待遇義務違反の判断基準を示したものと言える。

(c) アンブレラ条項と「投資に関する合意」

投資関連協定でよく盛り込まれる重要な規定のひとつに、アンブレラ条項というものが存在する。これは、締約国は投資家に対する約束を遵守しなければならない

ことを規定するもので、投資家に対する義務を広く捕捉する「アンブレラ」のような仕組みであるということで、「アンブレラ条項」、または「義務遵守条項」と呼ばれる。

　アンブレラ条項は、従来は、「一方の締約国は、他方の締約国の投資家の投資財産及び投資活動に関して義務を負うこととなった場合には、当該義務を遵守する」（日・ウズベキスタン投資協定第3条3）のように、義務の内容の条件までは明示されていなかったが、近年では、「一方の締約国が他方の締約国の投資家の特定の投資財産に関して書面により義務を負うこととなった場合において、当該投資家が当該投資財産の設立、取得又は拡張の際に当該一方の締約国による当該義務の履行を求めることが可能であったときは、当該一方の締約国は、当該義務を遵守する」（日・モンゴルEPA第10.5条第2項）といったように、義務の条件が明示されているものも存在する。この日・モンゴルEPAの規定に沿って考えれば、例えば、日本の企業がA国の国営企業の株式の49%を所得することにつき、A国政府から書面で許可を得ていたにも関わらず、いざ株式取得の段階になって、その許可が反故にされてしまったといった場合などは、日本企業はこの条項を根拠に争う余地があるであろう。

　このようなアンブレラ条項は、個別の合意や契約に基づく私人と国家との間の権利義務関係という、国際法に依拠したものではないものを、投資関連協定という国際法の枠組みに取り込む性質を持つものであり、その法的な位置づけについては従来から議論があるが、少なくとも、投資家の目線からすれば、個別の契約違反を投資関連協定違反として、関連協定のISDS条項に従って解決できる可能性を開くものであるという点においてメリットがある。

　TPPでは、アンブレラ条項のような締約国の義務遵守を規定した規定は存在しないが、アンブレラ条項の特徴の一つである、個別の契約違反を投資関連協定の定めるISDS条項で争うことができる機能を特に抽出し規定した「投資に関する合意」規定が存在する。これは、締約国が投資家との間で結んだ「投資に関する合意」（第9.1条）に違反した場合に、投資家がTPPのISDS条項を利用して紛争解決を図ることができることを規定したものであり、複数の国が参加するTPPにおいてこれが詳細に規定されたことは特筆すべき点である。もっとも、「投資に関する合意」の規定はTPP11では凍結されているため、現時点でそれを利用できるものではない。

(7)　第9.7条　武力紛争又は内乱の際の待遇

　本条第1項は、自国内において武力紛争、内乱等の緊急事態が発生し、その結果として他の締約国の投資家の投資財産に損害を与えた場合には、当該投資家や投資

財産について、自国や第三国の投資家と比較して不利ではない待遇を与えなければならないことを規定しており、日本の投資関連協定に一般的に含まれている規定である。

本条第2項は、締約国の軍隊又は当局が対象投資財産の徴発や不必要な破壊を行った際には、(自国民に対し原状回復や補償を行っていない場合でも)必要に応じ原状回復や補償を行うことを規定しており、従来の投資関連協定より手厚い投資保護を規定していると言える。

(8) 第9.8条 収用及び補償

冒頭で触れたとおり、元来、投資関連協定の主たる意義は、投資受入国による不当な収用措置から自国投資家の財産を保護することであった。そのため、収用及び補償は投資関連協定における最重要規定の一つと言っても過言ではないだろう。TPPにおける規定は、一般的な投資関連協定における規定に概ねなっており、まずは、締約国は他の締約国の投資家及び投資財産に関し、収用や国有化、あるいはそれと同等の措置を取ってはならないとの基本原則を示す。ここで述べられている「収用と同等の措置」とは、例えば、過度な規制などを新たに導入したために、特定の企業が倒産したり、多大な損害を被ったりするといった、実体上投資財産が損なわれるような事態を指し、間接収用などとも呼ばれている。

その上で、例外的に収用が認められる条件として、「公共の目的」、「無差別」、「迅速、適当かつ実効的な補償の支払い」及び「正当な法の手続」の4点の条件を定め、これらの条件を全て満たせば、収用、国有化等の措置が許されるとしている。

投資仲裁ではしばしば、収用と補償の規定に抵触するか否かという点が論点となる。そこでは、どのような行為が収用を構成するかという点について争われることがあるが、こうした場合に備え、附属書9-Bでは、関連措置が間接収用と言えるか否かを判断する際の基準について明確化している。具体的には、投資財産の経済的価値に悪影響を及ぼすだけでは間接収用が行われたことが確定しないことや、公衆衛生や環境等、公共の福祉に係る正当な目的を保護するための差別的でない規制措置は、極めて限られた場合を除き間接収用に当たらないこと等を規定し、国家の正当な規制権限の確保にも配慮した内容となっていると言える。

(9) 第9.9条 移転

本条は、締約国に対して、投資家の投資資金や利潤等、投資活動にまつわる送金を自由に行えるように計らう義務を規定している。従来の投資関連協定と同様、本条の第1項、第2項で、送金が自由に、かつ、遅滞なく行われることについて規定しており、本条の第4項で、締約国が、例外的に投資家の投資財産に関する送金を

遅らせたり妨げたりすることが認められる条件を列挙している。

　第3項、第5項は、日本の従来の投資関連協定には見られない規定であるが、対象投資財産から得られる現物収益（例えば投資により採掘された天然資源）は、投資受入国と企業等との間で行われた書面の合意にしたがって移転が認められること、また、それを制限することが認められる場合について定めている。

(10) 第9.10条 特定措置の履行要求

　特定措置の履行要求とは、投資受入国が、他の締約国の投資家の投資活動に対して、投資の自由化に反するような何らかの義務を課すことを指し、本条はこれらの要求を行うことを禁止するものである。同条の対象となる具体的措置については、表Ⅲ4-1を参照してほしい。なお、WTOの貿易関連投資措置協定（TRIMs協定）も、物品貿易に関連する投資について、同表の (b) 〜 (d) に当たる措置と輸出制限を禁止している。国によっては、TRIMs協定の義務を超える水準の義務は引き受けることができないとの立場をとる国もあり、こうした国については、同協定を引用する形で同義務を規定している場合もある（日・マレーシアEPA、日・ブルネイEPA、日・スイスEPA等）。また、本条第2項では、補助金や減税等の利益付与の条件として特定措置の履行を要求することを禁止することが規定されており、これも表Ⅲ4-1に示した。特に同表の (h) の自国技術の使用要求等の禁止は、従来の投資関連協定には見られない新しい規定となっている。(i) のライセンス契約への介入禁止（ロイヤリティ規制の禁止等）については、日本の締結する投資関連協定では日・モンゴルEPAにおいて初めて規定され、その後日EU・EPA、日・アルメニア投資協定等でも規定されている。

　将来にわたりこうした要求を行わないとの約束が得られることは、投資家にとっての大きな安心材料となると言え、投資関連協定による投資の自由化を定める上でも最も重要視される規律の一つとなっている。また、本規定を受け入れているか否かによって、外国からの投資誘致に関する受入国の姿勢を計る明確な尺度となるとも考えられ、受入国にとっては、投資家に対する重要なメッセージとなる。

　TPPでは特定措置の履行要求を幅広く禁止する規定が置かれている一方、第3項以降は、第1項・第2項が適用されない場合などの例外について確認している。第1項 (h)、(i) の規定については、締約国が公共の福祉に係る正当な目的を保護するための措置を採用し、又は維持することを妨げるものではないとするほか（第3項 (h)）、その他複数の例外を規定する。例えば、感染症が蔓延する中、治療薬の価格が高騰し患者が購入できなくなるような状況において、特許を有する外国製薬企業の承諾を得ずにその治療薬製造の権利を政府が他の製薬企業に付与するような場合があり得るが、こうした措置がTRIPS協定の関連規定に基づいて採られれば、

第 1 項 (f)、(h) 及び (i) の規定の違反を構成することはない（第 3 項 (b) (i)）。さらに、人、動物又は植物の生命又は健康の保護のために必要な措置、天然資源の保存に関する措置などについても、第 1 項 (b)、(c)、(f) 及び第 2 項 (a)、(b) の例外としている（第 3 項 (d)）。このように、公共の目的に係る規制について必要な例外を規定することで、政府の正当な規制権限の確保が図られていると言える。

表Ⅲ 4-1　禁止されるパフォーマンス要求項目の一覧（TPP の例）

第 1 項	第 9.10 条第 1 項において 禁止される要求項目	利益付与の条件としての要求を 禁止する規定の有無（第 2 項）
(a)	輸出要求	―
(b)	現地調達要求	○
(c)	現地産品やサービスの購入要求	○
(d)	輸出入均衡要求及び外国為替による輸入制限要求	○
(e)	輸出収入又は外国為替収入に照らした国内販売制限要求	○
(f)	技術、製造工程その他の財産価値を有する知識の移転要求	―
(g)	特定の地域への供給要求	―
(h)	現地の技術の購入・利用・優先要求又は特定の技術の購入・利用・優先の妨害となる事項の要求	―
(i)	ライセンス契約における特定の使用料、期間の採用要求	―

注：協定によっては、上記 TPP で禁止される項目の他、「輸出制限の要求」が禁止される場合がある。
出典：筆者作成

(11) 第 9.11 条 経営幹部及び取締役会

　本条第 1 項は、対象投資財産である企業に対し、特定の国籍を有する自然人を経営幹部に任命することを要求してはならない旨規定している。同旨の規定は、従来の投資関連協定では、特定措置の履行要求の禁止に関する条文の一項目として規定されていることが多い。本条第 2 項では、投資家による自身の投資財産に対する支配能力を実質的に妨げないことを条件として、対象投資財産の企業に対し、取締役会又はこれに置かれる委員会の構成員の過半数に国籍・居住地要件を課すことができるとしており、日・オーストラリア EPA、日・メキシコ EPA などでも同様の規定がある。

(12) 第 9.12 条 適合しない措置
(a) 留保の基本的な発想

　内国民待遇（第 9.3 条）、最恵国待遇（第 9.5 条）、特定措置の履行要求（第 9.10 条）、経営幹部及び取締役会（第 9.11 条）の規定については、投資の許可段階についてもその義務が及んでいることは上述の通りであり、TPP 投資章がいわゆる「自由化

型」の規定であるとされるゆえんである。もっとも、これらの義務に従い外国から
の投資を幅広く認めることが結果として自国の文化や社会的基盤を破壊することに
つながってしまう可能性や、自国の産業育成上の不利益を生じさせてしまう可能性
は否定できない。そのような事態を避けるため、各国は、同条に基づき、関連の義
務が適用されない分野や事項について予め定める（留保する）ことができる（第
9.12条第1項及び第2項）。そのような留保分野や留保事項等が記載された表を「留
保表」と呼び、締約国ごとに作成される。また、留保表は、基本的には自由化して
いるものの、留保表に記載のあるものについてのみ例外的に義務が適用されないと
いう性質を捉えて、ネガティブリストと呼ばれることもある（反対に、基本的には
自由化せずに、表に列挙された分野等についてのみ義務を負うものをポジティブリストと
呼ぶが、詳細は第Ⅲ部3章参照）。

　なお、留保の仕方には2種類の手法が存在する。一つは、当該分野についての現
行の措置については留保しつつ、現行措置よりもさらに制限的な措置は留保しない
（協定上の義務を免れない）ことを規定する「現在留保」であり、もう一つは、当該
分野については現行措置のみならず、将来のさらなる規制強化も含めて協定義務を
留保する「将来留保」である。「将来留保」を行った分野については、仮に現行規
制に比べより制限的な措置を採ったとしても、こうした規制強化も含めて留保して
いるため、協定義務違反を構成することにはならない。

　なお、TPPではサービス貿易章においても同様の留保が存在しており（第10.7
条）、一つの国の投資の留保とサービス貿易の留保は、一つの表の中で記載されて
いる。このように投資とサービス貿易を分けずに記載されたものを「シングル・リ
スト」と呼ぶことがある。

(b) 現在留保

　TPPは、第9.12条第1項で現在留保について規定している。各国は、「現行の措
置」のうち、中央政府又は地域政府による措置について、附属書Ⅰにおいて記載す
ることで、一部の協定義務の適用を免れることができる。一方、地方政府による措
置については附属書に記載する必要はなく、当然に留保されることが規定されてい
る。ここで言う、「現行の」とは、この協定の効力発生の日において効力を有する
もののことをいう（第1.3条）。また、各国の中央政府・地域政府が、各国制度にお
いて具体的にどの行政機関を指すのかについても、附属書1-Aで定義が置かれて
いる。我が国の場合、「地域政府」は存在せず、「地方政府」は都道府県・市町村以
下のものを指す。

　現在留保の要は、留保の対象はあくまで現行の措置であり、将来的な規制の強化
は含まれないことにある。将来締約国が投資家に不利な形で措置を改正しないとい

うことが確保されることは、投資家の予見可能性を高め、ひいては投資の促進につ
ながることが期待される。具体的には、第 9.12 条第 1 項（c）で、現行の措置の改
正も留保の対象であるとされているものの、その改正には条件が付されており、
「改正の直前の措置と各義務規定との適合性の水準を低下させないものに限る」と
されている。言い換えるならば、規制の自由化の程度を悪化させない方向でのみ改
正することが許されていると解することができ、一度自由化した措置については、
むやみに後戻りできないということが規定されているものである。これは、一つカ
チリと動くと元に戻らない仕掛けの歯車である「ラチェット（つめ歯車）」にも似
ていることから、このような発想を引用して「ラチェット条項」や「ラチェット義
務」などと呼んだりすることがある。

　ラチェットとの対比で留保表やサービスの約束表（第Ⅲ部 3 章参照）でよく導入
されるのが、スタンドスティル（現状維持）という発想である。これは、締約国が
改正を行う場合、現行の措置、すなわち協定発効時の措置よりも自由化の程度を低
減させてはならないとするものである。ラチェットとの違いは、一度自由化する方
向で改正したものであっても、現行の（協定発効時の）措置を下回らないのであれ
ば、後戻りが可能となる点である。例えば、現行の措置として外資参入を 30％ま
で認めていた場合で、一度改正してこれを 40％まで認めたとき、ラチェット義務
がかかっている場合は今後 40％を下回る改正を行うことはできないが、スタンド
スティル義務であれば、必要に応じて、30％を下回らない形であれば参入障壁を戻
すことができるということになる。

　なお、TPP においては、ベトナムだけは効力発生後 3 年間はラチェットではな
くスタンドスティルの義務しか負わないとされている（附属書 9-I）。

（c）将来留保

　TPP は、第 9.12 条第 2 項で将来留保について規定している。これによれば、各
国は、特定の分野、小分野又は活動について附属書Ⅱに記載することで、それに
関する措置について義務の適用を免れることができる。ここに記載したものについ
てはラチェットやスタンドスティルのような制限もなく、将来の改正に制限がかけ
られていないため、締約国として特に政策的な余地を残したい分野を記載すること
が主に想定されている。たとえば、日本の場合、附属書Ⅱの自国の表において、
宇宙開発産業、武器産業・火薬類製造業、放送業、教育サービス、エネルギー産業
などを将来留保している。

　EPA 交渉において留保表の交渉を行う際には、留保の度合いが高い将来留保へ
の記載をいかに減らし、現在留保にさせることができるかが一つの重要な論点とな
り得る。現行政権肝いりの政策分野などであれば、その国が同分野についてポリ

シースペースを確保したいと思うのは当然のことのようにも思えるが、際限なく将来留保の記載が増えてしまえば、せっかく「自由化型」として投資許可段階にも義務を課した意義を大きく毀損してしまうことにもなりかねない。そのため、交渉においては、なるべく他の国の投資家・サービス提供者と同様の競争条件を確保するため、その国が過去に締結した投資関連協定で作成された留保表を一つ一つ確認した上で、既存の留保表からの明らかな後退などがあれば、その理由について時には

図Ⅲ 4-1　現在留保の例

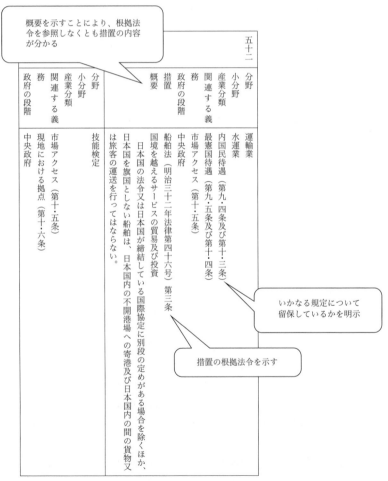

出典：TPP 附属書Ⅰの日本国の表をもとに筆者作成

厳しく追及するなど、精緻かつ根気強い作業が必要となる。加えて、日本の投資家が当該国に進出するにあたって改善して欲しいと感じていることなどの要望等を踏まえて、規制の撤廃などを含めて、更なる自由化に向けた留保表交渉を行うこととなる。

(d) 適用除外

　第9.12条は他にも、内国民待遇（第9.3条）、最恵国待遇（第9.5条）、経営幹部及び取締役会（第9.11条）の義務について、政府調達と補助金については適用除外であることを定めている（第9.12条第6項）。もっとも、政府調達については、第1.3条に定義がなされており、そのうち「対象調達」の定義（第15.2条）に該当するものは政府調達章の対象となる（第Ⅲ部6章Ⅰ節参照）。補助金についても、それが「援助」（第17.1条）その他の要件に該当する場合は、国有企業章の適用の対象となる（第Ⅲ部9章Ⅱ節参照）。

　また、政府調達については、上記義務に加えて、特定措置の履行要求（第9.10条）のうち、現地調達要求や技術移転要求などについては適用されないこととなっている（同条第3項（f））。

(13) 第9.13条 代位

　本条は、従来の投資関連協定等における規定と同様、投資家の権利や請求権を代位によって国又はその指定する機関に譲渡できるようにし、その上で、譲渡を受けた対象が、その権利・請求権を行使できるようにすることを目的とする。

　本条は、日本にとっては、国際協力銀行（JBIC）や国際貿易保険（NEXI）の支払いに関する権利の譲渡や、行使を念頭に置いたものである。通常の国内取引に比べてリスクの高い対外投資には公的機関が保険を付する場合が多い。収用や内乱などで投資資産に損害が発生し、保険金が支払われた場合、保険機関が加害者への責任追及をできるようにするには、その前提として本条文の規定が必要となる。

(14) 第9.14条 特別な手続及び情報の要求

　本条では、登録の際の居住地要件のような、投資の許可手続で求められる要件や、締約国が参考情報・統計情報として用いるために行う情報収集であって、自国の投資家に対するものとは異なる形で実施されるものについて、内国民待遇違反等とはみなされないことを規定している。これは、こうした手続や情報の要求は単なる形式的なものにすぎず、実質的に投資を妨げるものではないと考えられるからである。こうした前提を明確化する観点から、本条第1項では、対象となる手続が、投資章による投資家及び投資財産の保護を実質的に害するものではないことを条件として

いる。他の協定では、同旨の規定が内国民待遇条項の中で規定される場合もある。

　例えば、日本も、外為法において、外国会社の取引実施や登記のための手続を規定しており、ここでいう「特別な手続」にあたると考えられる。

(15) 第 9.15 条 利益の否認

　本協定の適用範囲に含まれないはずの第三国の投資家にまで、本協定の恩恵を及ぼす必要はない。その観点から、第三国が支配・所有している企業で、実質的な事業活動を行っていないいわゆるペーパーカンパニー（第1項）や、第三国が支配・所有している企業で、同第三国に対し取引禁止などの措置をとっている場合（第2項）には、締約国は本協定による「利益を否認」する措置を取り得ることを定めている。後者については、当該第三国に対して経済制裁を課しているような場合を想定しており、このような制裁の実効性を確保するために必要となる規定である。他の投資関連協定では、締約国の企業であっても、外交関係を有していない第三国の投資家が支配・所有している場合についても利益を否認できると規定していることがある。

(16) 第 9.16 条 投資及び環境、健康その他の規制上の目的

　本条は、締約国が、投資章の規定に整合的な形であれば、自国内における投資活動が環境、健康等のその他の規制目的に配慮した方法で行われることを確保するために必要な措置をとることができることを確認する規定である。環境、健康その他に関する国家の正当な規制権限を確認するための規定であり、従来の投資関連協定には見られない条文である。なお、他の日本の投資関連協定においては、環境政策を疎かにしてまで外国からの投資誘致を行ってはならないとの趣旨の規定をする場合があるが、TPP では、環境について定めた第 20 章に同旨の規定がある（第 20.3 条第 6 項）。

(17) 第 9.17 条 企業の社会的責任

　本条は、企業の社会的責任（CSR: Corporate Social Responsibility）に関する国際的基準、指針、原則であって、自国が承認したもの又は支持しているものを自発的に企業の政策に取り入れるよう奨励することの重要性を再確認している。締約国に義務を課す規定ではないが、第 9.16 条と同じく、EPA において日本では初めて規定した条文である点において注目に値する。

　CSR に関する国際的基準としては、例えば OECD[2] 多国籍企業行動指針などが

---

2) 経済協力開発機構：Organisation for Economic Co-operation Development

あげられる。なお、企業の社会的責任については、労働について定めた第19章及び環境について定めた第20章にも別途規定がある（第19.7条、第20.10条）。

　経済活動、サプライチェーンのグローバル化を背景として、多国籍企業が投資受入国の社会や環境に与える影響が増大しており、責任ある企業行動に関心が高まっていることも、本規定の背景にあると言える。なお、日EU・EPAにも、企業の社会的責任を奨励する旨規定した条文（第16.5条（e））がある（第16章（貿易及び持続可能な開発））。

（18）投資家と国との間の紛争解決（第9.18条から第9.30条）
（a）投資仲裁の意義
　投資に関して紛争が発生したとき、いくつかその解決方法が存在するが、「公正かつ衡平な待遇」（第9.6条第2項（a））に国内司法手続の利用を制限しないという義務が規定されていることからもわかるとおり、まず思いつくのは投資受入国の国内裁判所の利用であろう。しかし、これも国によっては必ずしも司法権の独立が確保されていなかったり、複雑な投資紛争についての理解が欠如していたりするなど、投資家にとっては不利な紛争解決手段となる場合がある。また、国際法上、私人の損害を回復するための手段として、国家の外交保護権というものも存在しているが、これは国家が私人を代理して行使できるものではないと解されており、あくまでその権利の行使の主体は国家であるとされる。国家は、二国間の外交的及び政治的関係をも加味してその決定を行う必要があるため、必ずしも私人への救済が十分に手当てされるとは限らない。このような背景を踏まえて、活用されてきたのが仲裁という制度である。

　仲裁とは、第三者に紛争の解決に関する判断を委任することに合意し、ひとたび判断が下れば、当事者はその決定に従うことを予め合意するものである。第三者（仲裁人）の中立性や独立性、手続の適正が確保される限りにおいては、上記のような弊害を適切に克服できるため、従来から利用されてきたものである。投資関連協定においてもこの仲裁を用いた紛争解決手続が定められており、投資関連協定に基づく仲裁を「投資協定仲裁」又は単に「投資仲裁」などと呼ぶことがある。また、いわゆる「ISDS（投資家対国家の紛争解決）」というときは、この投資仲裁を指すことが多い。なお、ISDS条項は、投資関連協定においてはほとんどの協定で規定されているが、EPAにおいては規定されていない場合（日EU・EPA、日・オーストラリアEPA等）もある。

　投資仲裁は、2000年頃から急増し、2020年1月までに累計で1000件[3]を超え

---

3) UNCTAD「IIA Issues Note」（2020年7月版）を参考とした。

る申立てがなされている。日本の投資家についても、エネルギー憲章条約に基づい
て、スペイン政府が採った再生可能エネルギーに関する政策について、当該政府を
相手取って投資仲裁に付託している例があるなど、近年、投資仲裁の利用に注目が
集まっている。もっとも、実際に投資仲裁を提起するとなれば、今後その国で操業
を続けることが困難となる可能性や、その国やその近隣国ですでに実施している他
の事業への影響等が発生する可能性も排除されず、投資家側にとっても一定のリス
クを伴う判断となると考えられる。したがって、実際に仲裁手続に付託する前段階
として、協議による平和的解決を探ることが望ましく、こうした観点も踏まえ、日
本国政府としても、企業の要望やその他必要に応じて、外交ルートを通じての情報
収集や相手国政府への働きかけなどを常々行っている。

(b) TPP における規律の概要

　第 9.18 条以下では、ISDS の手続について規定している。投資家は、国との協議
（第 9.18 条）が功を奏さない場合、投資家対国家の紛争解決手続を定めたいくつか
の国際規則、具体的には、「国家と他の国家の国民との間の投資紛争の解決に関す
る条約」（ICSID[4] 条約）及び ICSID 仲裁規則や UNCITRAL[5] 仲裁規則に基づき、
仲裁手続を申し立てることができる（第 9.19 条）。仲裁への付託自体は、こうした
協定規定が存在しなくても行うことが可能であるが、その場合は、通常、両当事者
の事前の同意を要する。この点、TPP では、投資受入国は、同協定の適用範囲内
の事案であれば、仲裁廷への付託に予め同意している（第 9.20 条、第 9.21 条）。ひと
たび仲裁手続が開始されれば、その後は、仲裁人の選定・仲裁廷の設置を経て（第
9.22 条）、仲裁が実施され（第 9.23 条から第 9.28 条）、最終的に判断が下される（第
9.29 条）こととなる。以下では、そのうち重要なものや特徴的なものについて解説
する。

(c) フォーク・イン・ザ・ロード条項

　投資紛争の解決手段としてまずは国内における司法手続が検討されるであろうこ
とは上述のとおりであるが、投資関連協定によっては、手続の重複や二重請求を回
避する観点から、いずれかの場面において、当該事案について国内手続と投資仲裁
のどちらを利用するかについて選択を行うことを規定している場合がある。このよ
うな規定を、分かれ道という意味で「フォーク・イン・ザ・ロード条項」と呼ぶ。
　例えば、日・ASEAN 包括的経済連携協定第 51.13 条第 8 項では、「紛争投資家

4）投資紛争解決国際センター：International Centre for Settlement of Investment Disputes
5）国連国際商取引法委員会：United Nations Commission on International Trade Law

が紛争締約国の司法裁判所又は行政裁判所に請求を付託した場合には、その紛争解決の場の選択は、最終的なものとする。」としており、他の手続を重複して利用することができないことを規定している。

　一方で、仲裁手続への付託の前提として、まずは国内手続の利用を義務づけている場合もある。例えば、日中韓投資協定第15条第7項は「紛争投資家が…協議の要請を紛争締約国に提出した場合には、当該紛争締約国は、当該紛争投資家に対し、…仲裁への付託に先立ち自国の法令に定める行政上の審査手続を経るよう、遅滞なく要求することができる」とし、国内手続前置を定めている場合もある。

　フォーク・イン・ザ・ロード条項に関し、TPPでは、仲裁付託に際して国内手続を利用する権利を放棄する旨の書面が求められている（第9.21条第2項(b)）。このような規定は近年増えているものであり、「ウェイバー条項」などと呼ばれることがある。

(d)　仲裁人の独立性

　やや実務的な話になるが、実際に投資仲裁を取り仕切り、判断を下すのは仲裁人であるため、仲裁人の選定は投資家にとっても国家にとっても極めて大事なプロセスであると言える。例えば、仲裁人が同時に扱う事案同士が利害関係にあるなどして起こり得る利益相反などは、仲裁人の独立性や中立性を脅かすものであって、忌避事由として典型的なものである。こうした状況を避けるため、TPPでは、仲裁人の行動規範を別途定めることで対応を図っており（第9.22条第6項）、TPP11発効直後に開催された2019年1月19日の環太平洋パートナーシップ委員会（以下、TPP委員会）にて、その具体的な内容が合意された。合意された行動規範の詳細は、内閣官房のホームページから確認することができる。

(e)　先決的問題の取扱い

　投資仲裁は、投資家に認められた紛争解決手段であるとはいえ、政府からすれば、多くの利害関係者との調整を経て実施された措置に対して、投資家から一方的に仲裁を付託され、何年にもわたる手続を続けることになるため、リソース等の観点も含めて負担が大きいと言える。また、これらの申し立てが正当なものであればよいが、必ずしも法的根拠が伴わず、政府に対する当てつけのような申し立ても実際には存在する。そのような事態によって国家が不必要な負担を強いられることを避けるため、TPPでは、明らかに法的根拠を欠いたような主張等に対しては被申立国が一定の異議を提出できる仕組みを導入しているほか、異議申し立てがあった場合には、その異議について仲裁廷が先決的問題として取り扱うこと等が定められている（第9.23条第4項から第6項）。

(f) 手続の透明性の確保

　ISDS を巡る議論のなかでよく課題として指摘されるのは、その不透明性である。商事仲裁に見られるように、仲裁手続においては原則として情報は非公開とされており、こうした仲裁特有の特徴は、当事者にとっては裁判手続においては得られないメリットとも言える。しかし、ISDS は国家が公共の利益のために採った措置が争いの対象となることが多く、こうした観点から、手続の透明性を確保する必要性が従来から指摘されていた。こうした流れを受けて、UNCITRAL ではその仲裁規則について、手続の透明性を高める方向で改訂が行われたほか、透明性に関するモーリシャス条約が採択されるなど、近年大きな動きが見られる。

　TPP では、「仲裁手続の透明性」に関する規定が設けられており（第 9.24 条）、同規定を通じて手続の透明性の向上が図られている。同規定によれば、仲裁が付託された事実や、仲裁廷に提出される書面、審理の議事録などが原則として公表の対象となっており、また、審理についても公開が原則とされている（同条第 1 項及び第 2 項）。もちろん、秘密の情報などについては一定の配慮がなされている（同条第 4 項）。

(g) 投資に関する合意

　TPP にはアンブレラ条項が存在しないものの、その機能的側面を抽出したものである「投資に関する合意」条項の存在によって、一定の契約違反に関しては TPP における ISDS の利用が認められていることはアンブレラ条項に関する解説（上記条文解説 (6)）で述べたとおりである。条文上、一定の契約違反に関して投資仲裁への付託が認められていることは、第 9.18 条第 1 項 (a) (i) (C)、同 (b) (i) (C) で規定されている。

　TPP において「投資に関する合意」とは、中央政府と投資家の間で、投資参入に関連して締結された契約のうち、TPP 発効後に締結されたものであって、天然資源やインフラ事業に関するものを指す（第 9.1 条）。特に、天然資源開発などの分野では、大規模な資本を投入する必要があり、その上長期にわたり事業が実施されることが想定されるものであることから、その紛争解決の手段として ISDS 手続を利用する道が開かれていることは、投資家にとっては投資を行うにあたって大きな安心材料となると考えられる。また、場合によっては、国家との間の交渉を有利に進めるにあたっての交渉カードにもなり得るであろう。

　一方で、このような「投資に関する合意」条項の利用については、国家に反対請求を提起する権利が認められていることも忘れてはならない（第 9.19 条 2）。これにより、投資家によるむやみな ISDS の利用を抑制する効果が期待できると考えられる。

また、「投資に関する合意」と同じ機能を持つものとして、TPPでは「投資の許可」というものが定められている。これも、「投資に関する合意」条項と同様の発想であり、投資の許可の違反をもってISDS手続への付託が認められるものであるが、その適用はオーストラリア、カナダ、メキシコ、ニュージーランドが被申立国になる場合に限定されている点に留意が必要である。

なお、TPP11において「投資に関する合意」条項及び「投資の許可」条項は凍結されているため、目下、これらの規定の利用は見込めない状況にある。

(h) その他特筆すべき点

タバコ規制措置について投資仲裁への付託を認めないとすることができること（第29.5条）、公債に関する投資仲裁については申立人に一定の立証責任が課されていること（附属書9-G）等も定められており、注意を要する。

4. 投資分野における多国間の取組み

投資分野がEPAの他の伝統的分野と異なる点として、WTOの場における法的拘束力を有するルール作りが実現してこなかった点があげられる。先進国間では1990年代にOECDの投資委員会において、多国間投資協定（MAI：Multilateral Agreement for Investment）の締結を目指し、約30の加盟国間で数年にわたり交渉が行われたが、1998年にその最終局面において挫折した。これまでの多国間の取組みにおける数少ない成果の一つとして、対象をエネルギー分野に限定したエネルギー憲章条約の締結が挙げられ、これも2020年より改正交渉が進められている。

このように、多国間の取組みにはかばかしい進展が見られない中、EPAに投資章を盛り込むことにより、投資ルールの改善について関係国間で十分に議論し、双方の産業界が利益となるような約束を交わすことは、時間も手間もかかるとは言え、重要な取組みと言えよう。

なお、その他の近年の多国間の取組みとしては、上述のエネルギー憲章条約以外にも、UNCITRALの第三作業部会において行われているISDS改革に関する議論や、OECD資本移動自由化規約の改定、WTOにおける投資円滑化交渉なども挙げられる。

5. まとめ

近年、投資関連協定及び投資仲裁について、実務的な観点と学際的な観点の双方から、活発な議論が行われている。近年投資仲裁の課題として指摘されている点としては、例えば、仲裁人の独立性及び中立性の問題、仲裁人の利益相反の問題、上訴システムが存在しないことにより、明らかに誤った判断を正す機会の欠如、同一

規定に関する仲裁判断の不一致による法的安定性の欠如、仲裁期間の長期化、仲裁費用の高額化等が挙げられ、TPP においてはこうした懸念も踏まえ、仲裁手続の透明性や仲裁人の行動規範等につき規定が設けられている。

　一方で、海外で活動する日本の投資家や日本企業を適切に保護する上で、ISDS 条項の果たす役割は大きく、日本としてもこれまで ISDS 条項の導入を支持してきている。このような中、上記で指摘されているような ISDS の手続に関する懸念も踏まえ、今後どのように投資関連協定における規定をアップデートしていけるかということが重要となろう。こうした改善努力は実際これまでも行われてきており、例えば、日本にとって初めての自由化型協定である日韓投資協定（2002 年署名）と最近の自由化型協定である日・アルメニア投資協定（2018 年署名）とでは、同じ自由化型とはいえ、それぞれの規定ぶりは異なる箇所が多く存在する。

　本章で解説した TPP は、投資家の保護と国家の正当な規制権限の確保のバランスという観点でいえば、現代における一つの到達点とも言える。もちろん投資関連協定に関するすべての課題を克服できているものではないが、締約国の投資環境が整備され、更なる投資の促進・円滑化が期待されるところである。

[コラム] 法律専門家として EPA 交渉に携わった弁護士の所感

　「この条文は定義語が適切に使われていないのでは？」「この条文とあの条文で表現が異なる理由は？」「この章の内容とあの章の内容は矛盾しているのでは？」

　EPA 交渉の担当者たちが長い年月をかけて合意してきた文書に上記のようなコメントを入れたり、片っ端から赤を入れて表現を修正していくことで、毎度「うるさ型」を演じなければならないのは、法律専門家たちである。外務省には国際法局経済条約課という組織があり、そこに所属する担当官らは法律専門家として、EPA 交渉を法的側面からサポートする。筆者も同課に任期付き職員として所属していた弁護士であるが、本コラムでは法律専門家として EPA 交渉に携わった弁護士として多少の所感を述べたい。

　法律専門家たちは基本的には交渉をサポートする立場であるものの、EPA 交渉の終盤では法律専門家会合（各国から法律専門家たちが集まって文書を精査（一般に legal scrubbing という。）する会合）が開催されるのが常となっている。これは、条約が国と国との間の約束であり、その約束の違反が国際法違反を構成してしまうため、条約が適切に履行できる形になっているかを法的な観点からしっかりと確認する必要があるという発想に基づく。

　EPA 交渉といえば、利害が対立する相手国との熾烈な交渉の模様が描写されることが少なくないが、法律専門家会合はそれとは少し趣が異なる。法律専門家会合は、その目的が「誰が読んでも法的に整った適切な文書にすること」にあるのであり、各国の利害調整の場ではないことが前提となっている。例えば冒頭の質問は法律専門家会合ではお決まりのものであるが、純粋

に法的な議論を交わすことでその解決を図る。筆者は、日EU・EPA、日ASEAN包括的経済連携協定、RCEP協定の法律専門家会合に参加してきたが、会合ではコンマの有無をめぐりその解釈方法について1時間も激論を交わすこともあり、まさにロジックとロジック、レトリックとレトリックのぶつかり合いという様相を呈する場面も多々あった。まさに国際的なルールメイキングの最前線であり、会合現場での責任の重さは相当なものであったが、これをなんとか乗り切ることができたのは、優秀で志の高い同僚たちがいたからこそである。

余談だが、日本法の弁護士としての観点からすると、国際法と国内法とでその解釈の作法はかなり異なる。筆者は、入省後もこの違いに頭を悩ますことが度々あったが、これはひとつには筆者の国際法の不勉強も原因であろう。もっとも、最近は国際法についての分かりやすい本も多い。もちろん本書も、いままで国際公法や国際経済法とあまり縁がなかった方たちにとっては多少なりとも参考になるのではと期待をしているところである。ぜひこれを機会に国際法や国際的なルールメイキングの世界に足を踏み入れてもらえたら幸いである。

5

知的財産

1. 日本の EPA における知的財産分野の合意

　知的財産とは、大まかに、①人間の創造的活動により生み出されるもの（技術的創作と文芸的創作に大きく分かれる。）と②営業標識とに分類することができ、日本では、特許法、実用新案法、意匠法、種苗法、著作権法、商標法、商法、不正競争防止法、特定農林水産物等の名称の保護に関する法律（地理的表示法）等の法律がこれらの「知的財産」に対して権利や保護を付与している（表Ⅲ 5-1 参照）。

　ところで、「知的所有権の貿易関連の側面に関する協定」（TRIPS 協定[1]）の理事会や世界知的所有権機関（WIPO）といった多数国間フォーラムでの知的財産分野の交渉は長い間膠着状態となっており、保護の強化を合意することは容易ではない。むしろ開発途上国側から、医薬品アクセス問題や遺伝資源・伝統的知識・伝統的文化表現（フォークロア）（GRTKF）などの議論において、既存の特許権の効力を弱めることや、一定の条件を満たさない特許出願を拒絶することが提案されるなど、保護を弱める方向での主張もなされている。そのため、貿易相手国の知的財産制度に問題があると考える先進国は、二国間や地域間の EPA/FTA 交渉において、権利保護の強化や制度調和を図ろうとする動きをより強化している。他方で開発途上

1）WTO 設立協定の附属協定である Agreement on Trade-Related Aspects of Intellectual Property Rights の頭文字をとった略称。

表Ⅲ 5-1　主な知的財産の分類

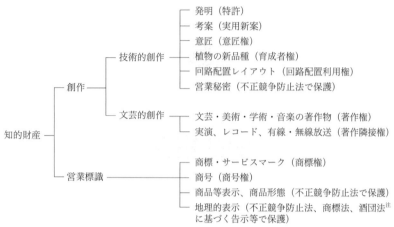

注：酒税の保全及び酒類業組合等に関する法律
出典：筆者作成

　国側も、多数国間フォーラムにおける前記のような主張を EPA/FTA 交渉におい
て行うことが増えており、知的財産を巡る国際交渉はより複雑化している状況にあ
る。

　日本の EPA の知的財産分野の交渉の基本コンセプトは、TRIPS 協定や他の国際
協定（多数国間協定）をベースにしつつ、相手国特有の知的財産制度上の改善すべ
き点や産業界からの要望も踏まえて、実体的権利の保護及び権利行使（エンフォー
スメント：国境措置や民事上の救済及び刑事上の制裁）について TRIPS 協定を上回る
規定（TRIPS プラス）の盛り込みを目指すとともに、権利取得手続の簡素化・調和
化や透明性の向上を求めるものであり、日本の二国間 EPA にはそれらの内容が含
まれている[2]。

　TPP は、日本は交渉の途中から参加する形となったが、テキストは米国の FTA
の条文がベースとなっており、医薬品の保護強化、商標・著作権等の保護強化、エ
ンフォースメントの強化、営業秘密保護の強化、衛星・ケーブル信号の保護、イン
ターネット・サービス・プロバイダ（ISP）の責任制限や国際協定締結義務といっ

[2]　小山隆史「我が国の経済連携協定（EPA）における知的財産分野の合意」（パテント、
第 63 巻第 11 号、2010 年）及び同「経済連携協定（EPA）における知的財産分野の交渉
〔1〕～〔9〕」（国際商事法務、Vol.38 No.12（2010 年）-Vol.39 No.2（2011 年）、Vol.40 No.6-11
（2012 年））参照。

た多くの米国の関心事項が含まれる一方、地理的表示（GI: Geographical Indicaton）の保護を抑制するような手続規定を含んでいる。エンフォースメントの規定には、日本が米国と主導した「偽造品の取引の防止に関する協定」（ACTA）の規定やそれをベースとした規定が多く含まれている。また、一部の参加国には経過措置が認められている（第18.83条第4項及び附属書18-A～D）。

　なお、米国がTPP離脱した後のTPP11交渉では、多くの参加国が、知的財産章について、特に米国が要求して規定された条項を凍結するよう要求した。それらの事項は各国の法制度の変更を迫るものが多く、米国の市場開放とのバーターでやむなく受け入れたとの背景もあったほか、凍結事項とすることで米国のTPP復帰のインセンティブとするとの理由もあった。交渉の結果、知的財産章では最終的に11項目が凍結されることとなった[3]。なお日本は、TPP11を国内で実施するにあたり、高いレベルの内容を維持するとの観点から、凍結項目のうちで日本が法改正を必要とした、①審査遅延に基づく特許期間延長（第18.46条）、②著作権等の保護期間（第18.63条）、③技術的保護手段（第18.68条）及び④衛星・ケーブル信号の保護（第18.79条）についても特許法及び著作権法を改正することにより実施した（④は③についての著作権法改正により担保された）。

　日EU・EPA交渉では、EU側の関心事項は、GIの国際協定に基づく保護と著作権等の保護強化（特に、保護期間の延長、レコード利用による「公の演奏」[4]、美術著作物の追及権[5]）であった一方、日本側の関心事項は、特許権（グレースピリオ

3）TPP11における知的財産章の凍結項目は以下のとおり。
　　①知的財産の内国民待遇（第18.8条第1項注2の第3文及び第4文）
　　②特許対象事項（第18.37条第2項、第18.37条第4項の第2文）
　　③審査遅延に基づく特許期間延長（第18.46条）
　　④医薬承認審査に基づく特許期間延長（第18.48条）
　　⑤一般医薬品データ保護（第18.50条）
　　⑥生物製剤データ保護（第18.51条）
　　⑦著作権等の保護期間（第18.63条）
　　⑧技術的保護手段（第18.68条）
　　⑨権利管理情報（第18.69条）
　　⑩衛星・ケーブル信号の保護（第18.79条）
　　⑪インターネット・サービス・プロバイダ（第18.82条、附属書18-E、附属書18-F）
4）EUは日本に対して、商業用レコードの「公の演奏」に対する実演家及びレコード製作者の報酬請求権を与えるよう強く求めた（日EU・EPA第14.12条参照）。なお、日本はローマ条約やWPPTを締結する際に、これらの権利に関する条文について留保宣言を行っている。

ドの適用対象の拡大、医薬品特許に係る早期解決制度）及び意匠権（スペアパーツの意匠権保護）の保護強化や、高いレベルのエンフォースメント（刑事上の制裁を含む）といった点にあった。日EU・EPAでは、GIの相互保護が約束されたが、農産品GIの相互保護は日本にとって初めてのものであった。また、著作権等の保護期間の延長が約束されたほか、営業秘密の民事上の保護について詳細に規定されている。エンフォースメントについても高いレベルの内容が合意されたが、刑事上の制裁については規定されなかった。英国のEU離脱に伴って締結された日英EPAは、日EU・EPAの知的財産章をベースとしつつ、EU側が対応できなかった事項で英国が対応していた事項など、より高い保護の規定をいくつか含むほか、エンフォースメントの刑事上の制裁についても定めている。

RCEP協定交渉は、参加国に開発途上国が多いこともあり、詳細な知的財産章を設けることに消極的な国が多かった。こうした中、日本は他の先進国と連携しつつ高いレベルの条文を提案して権利保護の強化やエンフォースメントの強化を訴えた。その結果、最終的には、エンフォースメントを中心にTRIPS協定を上回る規定が少なからず合意されたほか、WIPO著作権条約（WCT）やWIPOレコード・実演条約（WPPT）レベルの保護（両協定の締結義務を含む）、立体商標・音の商標の導入や悪意の商標出願への対応、各権利取得手続の調和や簡素化なども定めている（TPPの規定に準じた規定が少なくない）。なお、一部の参加国には経過措置が認められているほか（附属書11A）、技術援助の要請がリスト化されている（附属書11B）。

2. 条文解説

以下において、主にTPPの知的財産章に基づき、主要条文について解説を行う。なお、TPPの知的財産章は全部で83か条もあり（RCEP協定の知的財産章も83か条）、注が161項目に及ぶ非常に長大で複雑な内容であるが、本章では紙幅の関係でその一部のみ取り上げることとする（他のEPAの条文も一部取り上げる）。

(1) 一般規定
(a) 第18.7条 国際協定

EPA/FTAの知的財産章では、交渉相手国に対して知的財産に関する国際協定（多数国間協定）の締結義務を課すことがあり、相手国がかかる協定を締結することにより国際制度との調和や高いレベルの保護を期待することができる。

5）ベルヌ条約第14条の3に追及権の規定がある。また、日EU・EPA第14.15条参照（日EU間で追及権に関する問題及び各締約国における当該問題の状況について意見・情報交換を行うことに合意）。

　第1項では、各締約国が、特許協力条約（PCT）、パリ条約ストックホルム改正条約及びベルヌ条約パリ改正条約を締結していることを確認している。その上で、TPPが自国について効力を生ずる日までに、①標章の国際登録に関するマドリッド協定の議定書（マドリッド議定書）、②特許手続上の微生物の寄託の国際手続に関するブダペスト条約、③商標法に関するシンガポール条約、④1991年に改正された植物の新品種の保護に関する国際条約（UPOV1991年改正条約）、⑤WCT及び⑥WPPTの締結を義務付けている（第2項）。このうち、①マドリッド議定書と③商標法に関するシンガポール条約は、いずれか一方を締結することにより本条の義務を満たすことができる（(c)の注）。

　商標分野に関して、①マドリッド議定書（1989年採択、1995年発効）は、商標について、単一の様式で作成した願書を本国官庁経由でWIPO国際事務局に提出して国際登録簿に国際登録を受けることにより、指定した締約国において保護を受けることができることを内容とするもので、各国官庁にそれぞれ出願することに比べて出願手続が簡素化され費用も削減されるメリットがある（日本は2000年に締結）。③商標法に関するシンガポール条約（2006年採択、2009年発効）[6]は、商標法条約をベースとしつつ、各国で異なる商標登録出願等に関する手続の統一化及び簡素化を目的とし、出願人の利便性向上及び負担軽減を図る条約である（日本は2016年に締結）。

　著作権分野に関して、⑤WCT及び⑥WPPTは、インターネット等のデジタル化に対応した著作権及び関連する権利（著作隣接権）の保護を定めるものとして非常に重要なものであり、利用可能化権の付与（WCT第8条、WPPT第10条）、技術的保護手段回避への対応（WCT第11条、WPPT第18条）、権利管理情報の改変への対応（WCT第12条、WPPT第19条）等を義務付けている[7]。

　本条での規定のほか、第18.14条第4項が特許法条約（PLT）の締結について、第18.56条が意匠の国際登録に関するハーグ協定のジュネーブ改正協定の締結について考慮することの重要性に触れているほか、第18.25条が標章の登録のための商品及びサービスの国際分類に関するニース協定に適合する分類の採用を定め、第18.66条が視覚障害者等による著作物の利用機会促進マラケシュ条約に触れている。

　なお、RCEP協定第11.9条第1項は、①パリ条約ストックホルム改正条約、②ベルヌ条約パリ改正条約、③PCT、④マドリッド議定書、⑤WCT、⑥WPPT及

6）カナダは2019年6月17日に商標法に関するシンガポール条約の締約国となった。

7）TPP妥結当時はベトナムとニュージーランド以外は締結済みであったところ、ニュージーランドは2019年3月に両協定の締約国となった。ベトナムは両協定について3年の経過措置が認められている。

び⑦視覚障害者等による著作物の利用機会促進マラケシュ条約の締結義務を定めている。これ以外にも、締結努力義務（第2項、前記ブダペスト条約）や締結するための協力を他の締約国に求めることができること（第3項、UPOV1991年改正条約、ハーグ協定ジュネーブ改正協定、実演家、レコード製作者及び放送機関の保護に関するローマ条約、商標法に関するシンガポール条約）を定めている。

(b) 第18.8条 内国民待遇

　TPPの知的財産章に規定される締約国のコミットメントには内国民待遇が適用される（第1項）。注1は、第H節（著作権及び関連する権利）の規定が適用されない著作権及び関連する権利[8]については、締約国が内国民待遇の義務を免れ得ることを認めている。

　また、第1項の「保護」に付された注2は、TRIPS協定第3条（内国民待遇）の「保護」に付された注をほぼそのまま第1文とし、新たに第2～4文を追記したものである。注2の第2文は、「保護」には第18.68条の技術的保護手段の回避の禁止及び第18.69条の権利管理情報に関する規定が含まれることを明確化している。第3文は、第1文によって「保護」に含まれる「特にこの章の規定が適用される知的財産権の使用に影響する事項」には、「この章に規定する著作権及び関連する権利に基づく使用に関するあらゆる形態の支払金（利用許諾の手数料、使用料、衡平な報酬、補償金等）が含まれる」ことを規定している。第4文は、前記第3文の規定がTRIPS協定第3条第1項の注に規定する「知的所有権の使用に関する事項」についての締約国の解釈に影響を及ぼさないことを確認している。当該第3～4文は「保護」の定義を明確化するものとも言えるが、TPP11では凍結事項とされた。

　第2項は、締約国が、アナログ式の伝達及び自由に視聴することができる無線による放送（具体的には、ラジオ放送や電波によるデジタル方式のテレビ放送が含まれる）においてレコードを二次使用する場合は、相互主義をとることを可能とし、内国民待遇の例外とすることができる旨を定めている[9]。

8）例えば、第H節では、実演又はレコードの「公衆への伝達」の定義（第18.57条）に、WPPT第2条（g）第2文に規定するような「レコードに固定された音又は音を表すものを公衆が聴くことができるようにすること」は含まれておらず、そのようなレコードの使用に関しては第H節の対象外となっている（したがって、前掲脚注4の「公の演奏」についての日本の留保には影響しない。第18.62条第3項（a）も参照）。また、第H節では、「レコード」の定義に「映画その他の視聴覚的な著作物に組み込まれて固定されたもの」は含まれていない（第18.57条）ところ、テレビや映画等でのレコードの使用も第H節の対象外とされている（第18.62条第3項（a）の注2はこの点を明確化したものである）。

第3項及び第4項は TRIPS 協定第3条第2項及び第5条と同旨である。

(c) 第18.11条 知的財産権の消尽

本条は、TPP のいかなる規定も、知的財産権の消尽（exhaustion）[10] を認めるかどうか、また、どのような条件で認めるのかについての決定は各締約国の裁量に委ねられ、本章の規定がこれを妨げるものではないことを規定している。

当初は権利の国際消尽を奨励する旨の条文案が提案されており、多くの参加国が支持していた（また、商標節や著作権節でも同様の条文が提案され支持されていた）が、反対もあり、最終的には中立的な現在の条文に落ち着いた。なお本条の注は、本条の規定が、締約国が締結している国際協定における消尽規定の適用を妨げない旨を確認している。

(2) 商標

(a) 第18.18条 商標として登録することができる標識の種類

商標とは、自らの取り扱う商品やサービスを他の者の商品やサービスと区別するために使用するマークであり、伝統的には、文字、図形、記号やそれらの結合からなる。NIKE の流線型のスウッシュのロゴの商標や Adidas の三本線の商標などがよく知られている。

本条は、文字、図形、記号などにより構成される伝統的な商標に加えて、立体商標や音の商標の保護を義務付けている（第1文）。また、匂いの商標を導入する努力規定が定められている（第2文）。

RCEP 協定第11.19条は、これに加えて立体商標の保護も義務付けている。立体商標の例としてはコカ・コーラの瓶やエルメスの「ケリー」バッグの形状がある。

---

9) 本項により、国内においては無線方式によるテレビ放送におけるレコードの二次使用の場合に国内の著作権者に二次使用料を支払うが、他の TPP 加盟国においてはかかる二次使用の場合に二次使用料を支払う定めがない場合には、当該加盟国民の著作権者に対して二次使用料を支払わないこととしても、内国民待遇義務違反にはならない（第18.62条第3項(b) も参照）。

10) 消尽又は権利消尽（用尽）の概念は、権利者又はその承諾を得た者が一旦市場に置いた物については、その権利は対価の取得によって使い尽くされたものと見て、その後の他者による同じ国内における使用、販売等は侵害行為にはならないとする考え方である（尾島明『逐条解説 TRIPS 協定』日本機械輸出組合、1999 年、47 頁）。国際交渉では、並行輸入を禁止するかどうかの観点から国際消尽を認めるべきかが議論されている。TRIPS 協定第6条は、内国民待遇及び最恵国待遇の規定を除くほか、同協定のいかなる規定も知的所有権の消尽に関する問題を取り扱うために用いられてはならないと定める。

これにより RCEP 協定域内では、商品等のデザインについて、意匠のみならず立体商標による保護も可能となった。

　日本は、平成 26 年に商標法を改正して、動き商標、ホログラム商標、色彩のみからなる商標、音商標及び位置商標を導入したが、米国等で認められている匂いの商標については導入していない。

(b) 第 18.22 条 広く認識されている商標（周知商標）

　本条は、広く認識されている商標（周知商標）の保護を定める。周知商標については、商標の国内外での登録、周知商標の一覧表への掲載、周知商標としての認定を周知性の要件としてはならないと規定している（第 1 項、RCEP 協定第 11.26 条第 3 項同旨）。また第 2 項は、TRIPS 協定第 16 条第 3 項をベースとしつつ、周知商標の保護には登録の有無を問わないこととしている。開発途上国では、保護される周知商標はその国での登録が要件となっていることが少なくないため（パリ条約第 6 条の 2 及び前記 TRIPS 協定の規定参照）、第 1 項及び第 2 項はこの点で周知商標の保護を強化するものであり、締約国で未登録の周知商標を有する日本企業にとってメリットがある。

　第 3 項は、WIPO におけるパリ同盟総会及び一般総会にて 1999 年に採択された「周知商標の保護規則に関する共同勧告」[11]　の重要性を認める旨を規定する（日EU・EPA 第 14.21 条及び RCEP 協定第 11.26 条第 2 項同旨）。

　第 4 項は、周知商標と同一又は類似の商標の使用が当該周知商標との混同を生じさせるおそれがある場合、同一又は類似の物品又はサービスについて、当該周知商標と同一又は類似の商標の出願を拒絶し、登録を取り消し、及び使用を禁止するための適当な措置を定めることを規定する（第 1 文）。また、そのような商標が欺くおそれがある場合も第 1 文の措置を定めることができる旨を規定する（第 2 文）。

(c) 第 18.24 条 電子的な商標のシステム

　本条は電子的な商標のシステムの整備を義務付けるものであり、オンラインで出願できるようにすること、またインターネットで商標に関する検索ができる情報システムを整備することを定めている。RCEP 協定第 11.22 条第 2 項も同趣旨の規定である。日本では商標出願はオンラインでも可能であり、また特許情報プラットフォーム（J-PlatPat）というデータベースも整備されている。

11）WIPO のウェブサイト（https://www.wipo.int/edocs/pubdocs/en/marks/833/pub833.pdf）参照。

(d) 第 18.25 条 物品及びサービスの分類

本条は、標章の登録のための商品及びサービスの国際分類に関するニース協定に適合する商標の分類制度を採用することを定める。締約国に国際分類の採用を義務付けることで、締約国がニース協定に加入したのと同じ効果が得られ、出願時の負担や商標調査時の不便の軽減が期待される。RCEP 協定第 11.21 条が同趣旨の内容を定めている。

(e) RCEP 協定第 11.27 条 悪意による商標

RCEP 協定第 11.27 条は、例えば金銭を得る目的で他の者が保有する商標を無断で出願・登録するなどの、いわゆる悪意による商標出願について、当局が当該出願を拒絶し又は登録を取り消す権限を有することを定めている。

特にアジア地域において、日本企業の商標や商品名・社名等が無断で商標登録され、日本企業が商標登録することができない事態が多く発生しており、非常に大きな問題となっている（当該登録がある限り、日本企業による使用は商標権侵害となってしまう）。本条により、RCEP 協定締約国において、日本企業が保有する商標と同一又は類似の商標についての出願が悪意でなされた場合には、当局が当該出願を拒絶し又は登録を取り消すことが期待できる。日英 EPA 第 14.24 条も同旨の規定である [12]。

本条には、締約国の当局が規制対象となる商標が他の者の周知商標と同一又は類似のものであるかを考慮することができる旨の注が付されている。日本の商標法は、周知商標と同一又は類似の商標であって、不正の目的（不正の利益を得る目的、他人に損害を加える目的その他の不正の目的をいう）をもって使用をするものの出願を拒絶し（第 4 条第 1 項第 19 号）、登録商標を取り消し（第 43 条の 2）、又は無効とする（第 46 条）ことを定めていることから、このような条件を付すことを認める趣旨である。

(3) 地理的表示（GI）

GI は、「ある商品に関し、その確立した品質、社会的評価その他の特性が当該商品の地理的原産地に主として帰せられる場合において、当該商品が加盟国の領域又はその領域内の地域若しくは地方を原産地とするものであることを特定する表示」とされている（TRIPS 協定第 22 条第 1 項）。例えば、チーズの「ロックフォール」やワインの「ボルドー」はフランスで保護されている GI であり、日本では「神戸

---

12) 同条の注は、他者の外国周知商標と同一又は類似の商標出願が悪意の商標出願となり得ることを確認している。

ビーフ」や「日本酒」がその例である。

　TRIPS 協定第 22 条は、保護されている GI について、商品の原産地について公衆を誤認させるような表示等を禁止する法的手段を利害関係者に与えること（第 2 項）[13]、及び、原産地を誤認するような GI を含む商標を拒絶し又は無効としなければならないこと（第 3 項）を定める。他方、第 23 条は、ぶどう酒（wines）及び蒸留酒（sprits）の GI については、真正の原産地が示される場合、GI が翻訳されて使用される場合、「種類」、「型」、「様式」、「模造品」等の表現を伴う場合であっても、その使用を差し止める法的手段を与えること（第 1 項）[14]、及び、保護されている GI を含む商標を（誤認のおそれがなくとも）拒絶し又は無効としなければならないこと（第 2 項）を定める（「追加的保護」と呼ばれる）。

　TRIPS 協定発効後、ぶどう酒・蒸留酒の GI の強化された保護を全産品に拡大しようとする欧州（EU、スイス他）と、GI 保護の強化に反対する（現状維持を目指す）米国、オーストラリア、ニュージーランドといった新大陸諸国（商標制度により保護する国が多い。）との間で様々なフォーラムにおいて争いが続いている。GI 保護を巡る主戦場は、多数国間フォーラムの膠着化や対立の激化もあって EPA/FTA に移っており、GI の保護強化（TRIPS 協定 23 条を上回る保護水準及び対象産品の拡大、先行商標と後願 GI の共存、個別 GI の相互保護の約束）を求める EU と、保護レベルの強化を防止し、事前異議や事後取消手続等の導入を求める米国、オーストラリア、ニュージーランド等との間で、デファクトスタンダード化を目指す激しい駆け引きが行われている。日本は、これらの両勢力がそれぞれ主導する TPP と日 EU・EPA 交渉をほぼ同時に行うことになったため、GI 保護についての相反する要求を調整していくことになり、また交渉中に地理的表示法の立法や改正、「酒類の地理的表示に関する表示基準」[15] の制定を行いつつ対応するなど、極めて難しい交渉となった[16]。

---

13)　具体例として、「北海道産ロックフォール」は、フランスで GI として保護されているチーズ「ロックフォール」の名称を原産地とは異なる北海道のチーズに使用しているが、消費者は北海道産のチーズであることがわかるため、このような使用は（その他に誤認のおそれがある表示等がない限り）TRIPS 協定第 22 条では禁止されない。

14)　具体例として、「山梨産ボルドーワイン」や「ボルドー風ワイン」といった使用も禁止される。

15)　平成 27 年国税庁告示第 19 号。

16)　小山隆史「TPP 及び日・EU 経済連携協定（EPA）における地理的表示の保護」（LES JAPAN NEWS、Vol.62 No.1、2021 年）参照。

(a) TPP（第 E 節　第 18.30 条〜第 18.36 条）

　TPP は、そもそも GI の保護義務や保護水準を定めていない（商標で保護する場合を除く [17]）[18]。その上で、国内制度で GI を保護する場合の手続として、（事前の公示を含む）事前異議及び取消制度を義務付けている（第 18.31 条）。また、①先行商標（善意の出願を含む）と混同を生じさせるおそれがあること、及び②一般名称であることを異議・取消事由とすることを義務付け（第 18.32 条第 1 項及び第 2 項）、GI を保護した場合において、（保護した国の）保護条件を事後的に満たさなくなった場合、当該 GI の保護の取消し又は消滅の可能性を排除してはならない（同条第 3 項）。加えて、一般名称の判断指針（第 18.33 条）や、複合名称を構成する要素が一般名称である場合には当該要素を保護してはならないこと（第 18.34 条）、GI 保護の開始日を保護申請日又は登録日以降とすること（第 18.35 条）を定めている。

　交渉で最も対立が激しかったのは、国際協定に基づいて GI を保護する場合に、事前異議申立てや取消制度を義務付けるかとの点であった。国際協定に基づく GI 保護は国と国との合意であり（双方の妥協や協定全体のバランスも考慮されるのが通常である）、合意のプロセスに第三国や利害関係者を関与させることや、国家間の合意を第三者（国）が事後的に取り消すことができることを認めることは、主権国家の権能を制約するとの批判や、協定の安定性を損なうとの批判のほか、そのような可能性がある限り国際協定交渉で合意すること自体が困難になるとの懸念もあった。閣僚会合でも何度も議論された結果、最終的には事前異議手続の加重と事後取消しの削除というリバランスが行われ、新しい国際協定に基づいて GI を保護する場合には、①十分な事前異議手続を行うこと、②保護消滅の可能性を確保すること、③GI 保護の開始日を協定発効日以降とすることを義務付けることなどで合意された（第 18.36 条）[19]。

　なお、RCEP 協定の GI 規律は TPP 型である（第 D 節、第 11.29 条〜第 11.35 条）。

---

17) TPP の商標節は、商標に団体商標及び証明商標を含めることを義務付けている（但し、法令において証明商標を別の区分として定める必要はない。第 18.19 条第 1 文及び第 2 文）。また締約国は、GI として用いられ得る標識を商標制度に基づく保護の対象とすることができるよう定めると規定している（第 3 文）。さらに、商標の排他的権利が、後に GI となったものにも及ぶことを定めている（第 18.20 条第 1 文、なお注 1 及び注 2 参照）。条文上も交渉経緯からも、TPP は商標による GI の保護を重視していることがうかがわれる。

18) 第 E 節冒頭の第 18.30 条は、「締約国は、GI が、商標、特別の（sui generis）制度又はその他の法的手段（other legal means）によって保護されることができることを認める。」と定めるにとどまる。

(b) 日 EU・EPA（第 3 款 第 14.22 条〜第 14.30 条、附属書 14-A 及び 14-B）

　日 EU・EPA は、日本にとって農産品を含む GI を国際協定に基づいて相互に保護する初めてのケースとなった。

　GI の保護水準については、GI を当該 GI の明細書（生産基準）の該当する要件を満たしていない同種の商品に対して使用することは、①真正の原産地が表示される場合、② GI が翻訳又は音訳されて使用される場合、並びに、③ GI が「種類」、「型」、「形式」、「模造品」等の表現を伴う場合であっても禁止される（第 14.25 条第 1 項（a)）。これは、真正な原産地が表示される場合でも明細書の該当する要件を満たしていない産品に GI の使用を禁止する点で TRIPS 協定第 23 条を上回る規定である。

　商標との関係については、①先に商標が出願・登録されている場合において後願の GI の保護が認められるかどうか、②先に GI が保護されている場合において、後願商標の保護が認められるのかという大きく 2 つの問題がある。TRIPS 協定は、①については善意の商標権者の権利は害されないと定めているが（第 24 条第 5 項）、後願 GI がどのように取り扱われるのかは明確ではない（EU では先行商標と後願 GI は原則として共存する）。②について、ぶどう酒・蒸留酒以外の産品の GI については誤認のおそれがある場合の後願商標の出願・登録を拒絶し無効とすることを義務付けている（TRIPS 協定第 22 条 3 項、先願主義の原則）。①及び②のいずれについても、商標保護制度により GI を保護する米国等（先願主義を維持）と、GI 保護をより強化する EU 等との間で対立が続いている。

　日 EU・EPA では、①先行商標がある場合、同種の商品に関してその後の GI の保護を完全に妨げるわけではないことを確認し（第 14.27 条第 4 項）、当局がこのような場合の GI 保護について一定の条件を要求することができるとの注を置いており、先願主義を尊重する日本の国内制度と整合的である[20]。他方、②先に GI が保護される場合、商品の品質を誤認させるおそれがある後願商標の登録を拒絶し及び

---

19) なお日本は、米国との間でバーボンウイスキー及びテネシーウイスキー（米国）と山梨ワイン、壱岐焼酎、球磨焼酎、薩摩焼酎、琉球泡盛、白山清酒及び日本酒（日本）の保護に向けた検討手続をそれぞれ開始する旨のサイドレター、カナダとの間で双方の個々の酒類 GI が原産国で保護されていることを確認する等のサイドレター、チリ及びペルーとの間で各 EPA において約束された個々の GI の保護を確認する各サイドレターをそれぞれ交換している。

20) 日本では、先行商標が存在する場合には原則として GI 保護は認められず、当該商標権者の承諾がある等の場合に例外的に保護が認められる（地理的表示法第 13 条第 1 項第 4 号ロ及び第 2 項並びに第 29 条第 1 項第 2 号ロ及び第 2 項、酒類の地理的表示に関する保護基準第 3 項第 1 号及び第 4 項第 3 号並びに第 6 項及び第 10 項第 8 号ロ）。

無効とすることを定めており（同条第1項）、日本の商標法第4条第1項第16号の規定と整合している。日本の審査では、商品等の産地や販売地（取引地）を表すものと認められる外国の国家名、地名を含む商標出願は、その商標が当該国又は当該地以外の国又は地で生産された商品に使用されるときは、商品の品質について誤認を生じさせるおそれがあるものとして拒絶される[21]。なお、ぶどう酒及び蒸留酒のGIについては、誤認のおそれがない場合でも商標を拒絶及び無効とするとのTRIPS協定第23条第2項の義務を履行することになる（商標法第4条第12項第17号参照）。

　また、一方の締約国の要請があった場合には、保護されたGIの保護の継続に影響を及ぼす問題（例えば、保護されたGIが事後的に一般名称となったと判断された場合[22]）に関し、相互に受け入れ可能な解決を得るため、附属書の改正のための協議を行う義務を定めている（第14.30条第4項）。

　個別のGIについては、協定発効時に、日本側56産品（農産品48産品、酒類8産品）及びEU側210産品（農産品71産品、酒類139産品）のGIが保護された。その後2021年2月1日に、日・EU間の合意により、日本側28産品（農産品25産品、酒類3産品）及びEU側28産品（農産品21産品、酒類7産品）のGIが新たに保護され、日本側の農産品1産品（西尾の抹茶）が保護対象から除外された[23]。

(4) 特許
(a) 一般的な特許
①第18.37条 特許を受けることができる対象事項
　本条第1項は、特許は、TRIPS協定第27条の規定に従い、新規性、進歩性及び産業上の利用可能性のある全ての技術分野の発明（物であるか方法であるかを問わない）について与えられる旨を規定する。
　第2項はいわゆる用途発明について定めるもので、既知の物の新たな用途又は既

21）特許庁商標審査便覧41.103.01（第8項「国家名、地名を含む商標」）等参照。
22）日本は、地理的表示法において登録・指定されたGIが事後的に一般名称となったことを職権での取消事由と定め（第22条第1項第3号及び第32条第1項第1号）、酒類GIについても酒類の地理的表示に関する表示基準において指定の取消し又は保護の適用除外事由としている（第4項第2号及び第10項第8号イ）。
23）EUから離脱した英国については、日英EPA（2021年1月1日発効）において、日EU・EPAで保護されていた英国のGI（酒類3産品［うち2産品は北アイルランドを含むアイルランド島で生産されたものを対象とする］、農産品3産品）と日本側GI（酒類8産品、農産品47産品）を相互に保護している（附属書14-B）。また発効後の早い時期でのGI追加を想定している（第14.34条第5項）。

知の物を使用する新たな方法の発明についても特許が与えられることを定める。開発途上国の中には、特に医薬品について、既知の物質が当初想定していなかった疾病に対して有効であることが新たに分かった場合でも発明にあたらないとする国があり、本条項は用途発明として特許対象となることを定めるものである。本項はTPP11では凍結事項となっている。

　第3項は、特許対象の例外についての規定で、TRIPS協定第27条第2項（公序良俗に反するもの）及び第3項（但し、植物の例外は次項参照）と同じである。

　第4項は、第2文において、一定の条件下で「植物に由来する発明」について特許を与えることを義務付けており、TRIPS協定第27条第3項を上回る規定である。本項第2文はTPP11では凍結事項となっている。

②第18.38条　猶予期間（グレースピリオド）

　本条は、猶予期間（グレースピリオド）に関する規定であり、出願日の前の12か月以内に特許出願人等によって公衆に開示された情報については、発明の新規性又は進歩性の判断において考慮しない旨を定めている。特許出願前に発明の内容が公表された場合、当該発明は新規性を失って特許が認められないのが原則であるが、実際には、研究者による学会での発表等、公表する必要がある場合があり、グレースピリオドはそのための救済措置である（進歩性の判断においても先行技術として考慮されない）。本条により、グレースピリオドの対象及び期間の点でTPP域内の制度調和が図られることになった。

　本条の注は、特許官庁が公開等した知的財産権の出願又は登録に含まれる情報は、発明の新規性又は進歩性の判断において考慮に入れてもよいことを規定する（誤って公表された場合や、第三者が発明者等の同意なしに出願した場合は除く）。

　日本は平成30年特許法改正において、期間を従来の6か月から1年に延長した（2018年6月9日施行）。

　なお、RCEP協定第11.42条は、対象及び期間について各国の制度に少なからぬ違いがあったこともあり、新規性要件との関係でグレースピリオドの有益性を確認する規定にとどまった。

③第18.44条　特許出願の公開

　本条は、特許出願を18か月経過後に速やかに公開するよう努めることとし（第1項）、係属中の出願が速やかに公開されない場合には、当該出願又は対応する特許を実行可能な限り速やかに公開することを定めている（第2項）。これにより、特許出願状況の透明性が向上し、競合他社の研究状況を把握することにより自社の研究開発の方向を早期に変更することが可能となる。日本では、特許法第64条が

1年6か月経過後の出願公開を定めている。第3項は出願人の早期公開請求制度を義務付けており、日本では特許法第64条の2がその手続を定めている。

RCEP協定第11.44条は、18か月経過後の出願公開を義務付けるとともに、開示が自国の安全保障に関連し又は公序良俗違反となると締約国が認める情報の公開を要求されない旨の例外を置いており、18か月経過後の公開が義務である点でTPPを上回る規定となっている。

④第18.46条 当局の不合理な遅延に基づく特許期間の延長

本条は、特許審査の不合理な遅延に対する救済措置として、特許期間を調整する制度（期間補償）の導入を締約国に義務付けている（第3項、具体的な期間の定めはない）。

不合理な遅延とは、締約国での出願日から5年又はその出願の審査請求が行われた後3年のうちいずれか遅い方の時を経過した特許の付与の遅延を含む（第4項第1文）。また、特許当局による出願処理や審査の間に生じたものではない期間、天災等による手続の中止など当局が直接責めに帰せられない期間、出願人の都合で遅延した場合の期間については考慮しなくてもよい（第2文）。

特許付与の不合理な遅延に対する期間補償はTRIPS協定に定めはなく、日本にも制度がなかったため、新たに期間補償を認める特許法の改正（第67条第2項及び第3項）を行った。なお本条はTPP11では凍結事項であるが、日本は前述のとおりTPP11の実施において本改正を行っている。

(b) 医薬品に関する措置

TPPは医薬品に関する措置について定めており、①医薬品特許の期間延長（第18.48条）、②医薬品のデータ保護（第18.50条〜第18.52条）及び③パテント・リンケージ制度（第18.53条）が含まれている。医薬品に関する措置については、提案国とそれ以外の国との対立が激しく、パッケージとしての対案も提出され、閣僚レベルでの議論が何度も行われた。また柔軟性を認める観点から、各国毎に必要に応じて経過措置が設定されることになった。

①第18.48条 不合理な短縮についての特許期間の調整（医薬品特許の期間延長）

本条は、特許対象となっている医薬品について、販売承認手続の結果として生じた有効な特許期間の不合理な短縮について補償するため、特許期間の調整（具体的な期間の定めはない）を利用可能とすることを義務付けている[24]（第2項。条件や制限を定めることは可能（第3項））。また、有効な特許期間の不合理な短縮を回避することを目的として、締約国が医薬品の販売承認を迅速に行う手続を採用又は維持で

きることを確認している（第4項）。本条は TPP11 では凍結事項となっている。

　日 EU・EPA 第 14.35 条も同趣旨の保護期間の延長を定めており、延長期間は協定署名時点で 5 年としている。

　日本では、特許法第 67 条第 4 項が、販売承認手続のために実施できなかった特許期間の回復ができるよう特許期間の延長制度を定めている（最長 5 年。米国及び EU にも最長 5 年の延長制度がある）。

②第 18.50 条 開示されていない試験データその他のデータの保護

　本条は、「新規の医薬品」[25] についての非開示の試験データその他のデータ（以下「試験データ等」という）の保護等について定める。その趣旨は、新規の医薬品の販売承認を当局から取得するには、動物試験等に基づく非臨床データや臨床試験に基づく臨床データが必要となるが、そのようなデータの取得には、治験の実施等、膨大な費用及び期間が必要となる。もし、後発医薬品メーカーが先発医薬品メーカーの提出したデータを無制限に利用できるとすると、先発医薬品メーカーの開発投資意欲や投資回収を毀損することになる。TRIPS 協定第 39 条第 3 項がこのようなデータの保護を定めているが、具体的な期間は定めていない。

　本条第 1 項（a）は、新規の医薬品の販売承認を与える条件として、当該医薬品の安全性及び有効性に関する試験データ等の提出を要求する場合には、その医薬品の販売承認日から 5 年間は、他の者がその試験データ等に依拠して同一又は類似の医薬品を販売することを認めてはならないと定める。また同項（b）は、他国・地域における先行医薬品の販売承認の証拠の提出を認める場合には、当該締約国における当該医薬品の販売承認日から 5 年間は、他の者がその販売承認に依拠して同一又は類似の医薬品を販売することを認めてはならないと定める。

　また締約国は、①既存の医薬品の新規の効能、製剤又は新規の投与方法に対する販売承認に関する情報を 3 年間保護するか、又は、②（以前に承認された化学物質を一部含んでいるとしても）以前に承認されていない化学物質を含む新規の医薬品の

24）ペルーの知的財産制度はアンデス共同体（決議第 486 号）に従っているところ、同共同体が特許期間を出願から 20 年間と定めているため、附属書 18-D において、同国がアンデス共同体から第 18.46 条第 3 項及び第 18.48 条第 2 項に適合した特許期間の調整を行うことを認める免除を得られるよう最善の努力を払うことを約束するとともに、免除が得られない場合には引き続き無差別取扱義務（TRIPS 協定第 27 条第 1 項第 2 文）を確保することを規定している。

25）「新規の医薬品」とは、締約国において以前に承認された化学物質を含まない医薬品をいう（第 18.52 条）。したがって、一部でも既に承認された化学物質が含まれている医薬品は、残りの部分が新規の化学物質であったとしても、「新規の医薬品」には該当しない。

試験データ等を 5 年間保護することが義務付けられる（第 2 項）[26]。

　交渉では、他国の販売承認に依拠する場合におけるデータ保護の起算点（concurrent の問題）や、アクセスウインドウ（他国の承認に依拠して自国でデータ保護を受けるためにはその国で販売承認申請を一定期間に行わなければならない制度）についても議論された[27][28]。なお、TPP11 では本条は凍結事項となっている。

　日 EU・EPA 第 14.37 条第 1 項は、新規医薬品の販売承認手続における試験データ等の保護を定めており、期間は協定発効時点で 6 年としている。

　日本では、薬機法第 14 条の 4 第 1 項第 1 号イ及び同法施行規則第 57 条第 1 項に基づき、販売承認後一定期間（再審査期間）中に先発医薬品メーカーが実際に医療機関で使用されたデータ（副作用等）を集め、期間経過後に有効性及び安全性について再度確認する再審査制度がある。先発医薬品の再審査期間中、後発医薬品メーカーは、新薬としての承認申請に必要なデータの添付を省略した販売承認申請（後発医薬品申請）はできないとされており（薬機法第 14 条第 3 項及び同法施行規則第 40 条第 2 項）、この医薬品の再審査制度は実質的にはデータ保護期間として機能している。具体的な再審査期間は、新規有効成分を含む医薬品（生物製剤を含む）は 8 年[29]、希少疾病用医薬品は 10 年、新医療用配合剤や新投与経路医薬品は 6 年、新効能・効果医薬品や新用法・用量医薬品は 4 年とされている。米国は低分子薬については 5 年（生物製剤は 12 年）、EU は 8 年のデータ保護期間（及びその後 2 年の後発医薬品販売禁止期間等）を定めている。

26）本項柱書の注は、前項（第 1 項）の医薬品について少なくとも 8 年のデータ保護を与える締約国は、本項の規定を適用することは必要とされないと定める。

27）マレーシアは、第 18.50 条及び第 18.51 条に規定する医薬品のデータ保護を与える要件として、申請者が他国で最初に医薬品の販売承認を得た日から 18 か月以内にマレーシアで当該医薬品の販売承認手続を開始することを求めることができ、この場合のデータ保護期間の起算点は、マレーシアにおける販売承認日である（附属書 18-C）。ペルーは、第 18.50 条及び第 18.51 条に関し、他の締約国の販売承認に依拠し、ペルーでの販売承認申請手続の日から 6 か月以内に承認を与える場合には、データ保護期間の起算点を他の締約国の販売承認日とすることができる（附属書 18-D）。また、ブルネイについての第 18.50 条及び第 18.51 条の経過措置（第 18.83 条第 4 項 (a) (iv) 及び (v)）の注も参照。

28）チリについて、現行の工業所有権に関するチリ法第 91 条（公衆衛生の緊急事態に医薬品のデータ保護期間を終了させることができる等の例外措置を定めている）が第 18.50 条及び第 18.51 条のデータ保護規定によって影響を受けないこととされている（附属書 18-B）。

29）「新有効成分含有医薬品の再審査期間について」（平成 19 年 4 月 1 日薬食発第 0401001 号）。

③第 18.51 条 生物製剤

　本条は、医薬品のなかでも、特に生物製剤（biologics）の試験データ等の保護期間を他の医薬品よりも長期間とすることを義務付けている。生物製剤はバイオテクノロジーを用いた工程を経て開発される医薬品であり、その分子構造は極めて複雑なものとなる。これは、通常の（低分子の）化学物質のみで構成される医薬品に比べて、研究開発や製造に高度な技術水準や設備が要求され、販売承認の取得までに多額の先行投資が必要となるほかリスクも高い傾向がある。こうした先行投資を保護するため、生物製剤についてより長期間のデータ保護を与えることが本項の目的である。

　第 1 項は、第 18.50 条の特例として生物製剤に関連する試験データ等の保護について、①少なくとも 8 年間の保護期間を与えること、又は、②（ⅰ）5 年間のデータ保護、（ⅱ）他の措置をとること、及び、（ⅲ）市場の環境も効果的な市場の保護に寄与することを認めることにより、「同等の効果（comparable outcome）」をもたらすことを義務付けている。この②の規定があることにより、国内法上のデータ保護期間が 8 年未満であっても、実質的にその他の規制や市場の状況によって①の保護と同等であると言える状態であればよいことになる。ここでいう規制や市場の状況としては、例えば、医療保険制度（償還制度）の下での製薬会社の薬価収載手続等や市場での販売準備のために一定期間かかることが考えられる。

　本条の適用対象となる「生物製剤」は、少なくとも「バイオテクノロジーの工程を使用して生産されるたんぱく質である製品又は当該たんぱく質を含む製品で、病気又は異常の予防、治療又は治癒のために人間に使用されるもの」としている（第 2 項）。第 1 項の期間及び第 2 項の適用範囲については、10 年後に見直しのための協議を行うことが定められている（第 3 項）。

　TPP 参加国の中には生物製剤のデータ保護を明示的に定めていない国や保護を全く与えていない国もあったほか、長期の保護期間は社会保険制度との関係、医薬品アクセスを巡る政策や国民感情等との関係でセンシティブであったため、本条は知的財産章で最も対立の激しかった規定の 1 つであった。閣僚レベルでも何度も議論された結果、最終的には政治的合意として上記②の代替手段を含む現行条文で合意された。米国は生物製剤については 12 年のデータ保護を定めており、日本は、前記のとおり新規有効成分を含む医薬品について 8 年の再審査期間を設けている。なお、本条は TPP11 では凍結事項となっている。

④第 18.53 条 特定の医薬品の販売に関する措置（パテント・リンケージ）

　本条は、医薬品の販売承認に関するいわゆるパテント・リンケージについて規定する。パテント・リンケージとは、本来は特許制度とは別個の制度である医薬品の

販売承認の審査過程において、特許権侵害の有無への対処を「リンケージ」させるものであり、特許権者は自らの了知しない間にその特許権を侵害した医薬品が販売承認されて、市場に出回ることを防止するための制度である。パテント・リンケージの制度設計は各国において様々であるところ、本条は第1項と第2項のいずれかの制度を選択すればよいこととしている。

　第1項は、米国のパテント・リンケージ制度を典型的な制度として想定している。具体的には、①先発医薬品の特許権者に対し、その特許期間中に、先発医薬品の安全性・有効性に関する情報に依拠して後発医薬品の販売承認申請が行われることを通知し（(a)）、②当該医薬品の販売前に、特許権者に対し救済手段のための十分な期間及び機会を与えること（(b)）、③その救済手段として、関連特許の有効性又は侵害に関する紛争を適時に解決するための手続（司法上・行政上の手続等）及び予備的差止命令等に該当するような暫定措置等の迅速な救済措置を設けること（(c)）を内容とする制度である。

　第2項は、販売承認当局に提出された特許に関連する情報に基づき又は販売承認当局と特許官庁との間の直接の調整に基づき、特許権者の承諾等がない限り、特許の対象である医薬品について販売承認を与えないとする制度である。日本は本項を選択しており、日本の厚生労働省は、先発医薬品メーカーから報告された先発医薬品の特許に関する情報に基づき、先発医薬品の有効成分に特許が存続している場合には、原則、後発医薬品の製造販売を承認しない運用を行っている[30]。

(5) 意匠
(a) 第18.55条 意匠の保護

　意匠とは工業上のデザインを指し、例えば、自動車の形状やサングラスの形状、お菓子のパッケージなどが保護されている。日本の意匠法は、意匠を「物品（物品の部分を含む）の形状、模様若しくは色彩若しくはこれらの結合、建築物（建築物の部分を含む）の形状等又は画像であって、視覚を通じて美感を起こさせるもの」と定義している（第2条第1項）。日本は意匠の保護を重視しており、本条は日本提案をベースに交渉が行われた。

　第1項は、いわゆる部分意匠の保護について規定しており、①物品の一部に具体化された意匠（(a)）、又は、②適当な場合には、物品の全体との関係において当該物品の一部について特別に考慮された意匠（(b)）のいずれかは、意匠として保護

30）「承認審査に係る医薬品特許情報の取扱いについて」（平成6年10月4日薬審第762号審査課長通知）及び「医療用後発医薬品の薬事法上の承認審査及び薬価収載に係る医薬品特許の取扱いについて」（平成21年6月5日医政経発第0605001号・薬食審査発第0605014号）。

を受けることができることを確認している（RCEP 協定第 11.49 条第 5 項も同旨）。日本や米国においては、物品全体の意匠のみならず、物品の一部に具体化された意匠を保護対象としている。他方で、ベトナムやオーストラリアを含む多くの TPP 参加国では、物品全体の意匠を保護しているものの、物品の一部に具体化された意匠のみを保護対象とはしていない。本項は、このように交渉参加国が有する多様な意匠の保護の枠組みを反映する形で作成された。第 2 項は、本条の規定が TRIPS 協定第 25 条（保護の要件）及び第 26 条（意匠権の効力、例外及び保護期間）の規定に従うことを定めている。

日 EU・EPA 第 14.31 条第 1 項は、製品（物品）の部分の意匠も保護対象であることを定めている（但し、複合製品の構成部品の保護については第 2 項参照）。第 5 項は、意匠権の効力が「輸出」に対しても及ぶことを定めている[31]。第 6 項は秘密意匠制度の導入を定めており、第 7 項は 20 年の保護期間を義務付けている[32]。

RCEP 協定第 11.50 条は、インターネットにおいて公に利用可能とされた情報が先行意匠の一部を構成し得ることを認識することを定めており、インターネット上のデザインも新規性喪失事由となり得る旨の認識を共有している。

日英 EPA では、一の願書によって二以上の意匠の登録出願を認める複数意匠一括出願制度を導入することを義務付けている（第 14.36 条）[33]。

(b)　第 18.56 条　意匠の制度の改善

本条は、締約国が、①国内の意匠登録制度の質及び効率性の向上の重要性、及び②国境を越えて行われる意匠権の取得の手続を円滑にすることの重要性を認めるとするもので、②の重要性には、意匠の国際登録に関するハーグ協定のジュネーブ改正協定を締結することに十分な考慮を払うことを含むとされている。

ハーグ協定ジュネーブ改正協定（1999 年採択、2003 年発効）は意匠の国際登録手続を定めた協定であり、一つの国際出願手続により WIPO の国際登録簿に国際登録を受けることによって、複数の指定締約国における保護を一括で可能とするものである。出願人にとってはこの制度を利用することによって出願作業や経費を削減できるメリットがある。日本は 2015 年に締約国となっている（TPP 妥結時点では米国、日本、ブルネイ、シンガポールが締約国であったが、2021 年 8 月時点でカナダ、メキシコ、ベトナムも締約国となっている）。

---

31) 日英 EPA 第 14.35 条第 5 項は、さらに「販売の申出」に対しても及ぶことを定めている。

32) 日英 EPA 第 14.35 条第 7 項は保護期間を出願日から 25 年とした。

33) 日本は令和元年（2019 年）意匠法改正に基づき 2021 年 4 月に施行している。

RCEP 協定第 11.52 条は、意匠の分類について、ロカルノ協定が定める国際分類に適合する制度の利用に努めることを定めている。

(6)　植物新品種

日本では、種苗法に基づき全ての植物の種類の新品種を保護しており、権利者には育成者権が付与されている。国際的にも、特許による保護や特別の（sui generis）制度による保護が行われている。後者については、「植物の新品種の保護に関する国際条約」（UPOV 条約。1961 年作成、1972 年、1978 年及び 1991 年改正）があり、UPOV1991 年改正条約は、締約国に対し、全ての植物の種類の新品種の保護を義務付けている（日本は UPOV1991 年改正条約の締約国）。TRIPS 協定は、第 27 条第 3 項（b）第 2 文で、「特許若しくは効果的な特別の（sui generis）制度又はこれらの組合せによって植物の品種の保護を定める」と規定している。

TPP は、第 18.7 条で見たように、各締約国に対して UPOV1991 年改正条約の締結を義務付けている [34]。日 EU・EPA では、締約国は UPOV1991 年改正条約に基づく権利及び義務に従い、全ての植物の種類の新品種に対する保護を与えることを規定している（第 14.38 条）。RCEP では、1978 年条約の締約国やそもそも UPOV 条約の締約国ではない国があったほか、自国の農業従事者との関係で植物新品種の保護を（TRIPS 協定以上のレベルで）義務付けることはセンシティブであるとの国が少なくなかった。そのため、UPOV1991 年改正条約の締結義務や全品種の保護には合意できなかったが、いずれの国にも何らかの（特許制度とは異なる）保護制度がある実態を踏まえ、植物の新品種の保護に関する効果的な特別の（sui generis）制度によって植物の新品種に対する保護を与えることを定めた（第 11.48 条）[35]。

(7)　著作権及び関連する権利
(a)　著作者の権利（第 18.58 条、第 18.59 条及び第 18.60 条）

著作者に与えられる権利については、第 18.58 条が複製権、第 18.59 条が公衆伝達権（利用可能化権 [36] を含む）、第 18.60 条が譲渡権を定めている。日 EU・EPA 第 14.8 条がこれらに対応している。

34）ニュージーランドについては 3 年の経過措置が認められており、またマオリ族やワイタンギ条約との関係から、これに代わる特別の制度の採用でも足りるとされている（附属書 18-A）。

35）TRIPS 協定第 27 条第 3 項（b）第 2 文及び RCEP 協定第 11.36 条第 3 項（b）との関係では、本条は、特許による保護の有無を問わず、効果的な特別の（sui generis）制度による保護を義務付けるものである（本条の注参照）。

(b)　第 18.62 条 関連する権利（第 18.58 条及び第 18.60 条も関連）

　本条は、実演家、レコード [37] 製作者に与えられる権利（著作隣接権）について定めている（放送機関の権利は定めていない）。なお、複製権及び譲渡権については第 18.58 条及び第 18.60 条でそれぞれ定めている。

　第 1 項は、本章で保護される実演家及びレコード製作者の権利の対象は、①他の締約国の国民 [38] である実演家及びレコード製作者（国籍要件）、又は②他の締約国の領域において最初に公表され [39] 又は最初に固定された [40] 実演又はレコード（領域要件） [41] のいずれかの要件を満たすものであることを定めている。

　第 2 項は、実演家に対し、①固定されていない実演の放送及び公衆への伝達について（既に放送された実演を除く）、及び②固定されていない実演の固定について、排他的権利を与えることを規定している。

　第 3 項 (a) は、実演家及びレコード製作者に対し、実演又はレコードの放送（有線放送を含む。以下同じ）、公衆への伝達、利用可能化について、排他的権利を与えることを規定している。注 1 により、締約国は、WPPT 第 15 条第 1 項に従って、放送及び公衆への伝達については、排他的権利ではなく報酬請求権を与えることでも義務の履行が可能となる。

　本項 (a) 後段の利用可能化権に関し、当時の日本は、配信音源（インターネット等から直接配信される音源）の放送での使用については実演家・レコード製作者に報酬請求権（使用料請求権）を付与していなかった。日本は、本項 (a) 後段の当該義

---

36) 著作物をサーバーにアップロードして、求めがあればいつでも送信することができる状態にする行為を許諾する権利（日本の著作権法では「送信可能化権」と呼ばれる）。

37) 本節の「レコード」とは、実演の音その他の音又は音を表すものの固定物（映画その他の視聴覚的著作物に組み込まれて固定されたものを除く。）をいう（第 18.57 条）。WPPT 第 2 条 (b) の「レコード」の定義と同じである。媒体を問わず、音を最初に固定（録音）したもの（いわゆる原盤）のことを指し、CD、テープ、パソコンのハードディスクに録音された場合も「レコード」になる。下記脚注 40 も参照。

38) 本項の注 1 は、締約国は、本条に規定する適格性の基準を決定するに当たり、実演家に関し、「国民」を（第 18.1 条第 2 項の「国民」の定義にかかわらず）WPPT 第 3 条に規定する適格性の基準を満たすこととなる者として扱うことができることを定めている。

39) 本項第 2 文は、実演又はレコードが、原作品の公表から 30 日以内に締約国の領域において公表された場合には、当該締約国の領域において最初に公表されたものとみなされることを定める。

40) 本条の「固定」とは、マスターテープ又はこれに相当するものを完成することをいう（注 2）。

41) 本項の注 3 は、本項の適用において「公表」の基準と「固定」の基準いずれか又は両方を用いてもよい（その範囲において内国民待遇を適用する）ことを明確化している。

務を履行するため、著作権法第95条第1項を改正して、配信音源の放送での使用についても実演家・レコード製作者に使用料請求権を付与した（その後日本は、この点に関して行っていたWPPT第15条第1項についての留保部分を撤回した[42]）。

　第3項（b）は、「アナログ式の送信」及び「非双方向の自由に視聴することができる無線による放送」に対する本項（a）の権利は、各締約国の法令に定めるところにより制限可能としている（内国民待遇についての第18.8条第2項も参照）。

　日EU・EPAでは、実演家（第14.9条）、レコード製作者（第14.10条）及び放送機関（第14.11条）の著作隣接権について規定している。EUは日本に対し、レコードの「公の演奏」（カフェ、バー、居酒屋、レストラン等においてCD等の商業用レコードを利用して演奏等することを指し、公衆伝達の一種であり、WPPT第15条が実演家・レコード製作者の報酬請求権を規定している）に対する実演家・レコード製作者の報酬請求権を与えるよう求めた（日本は報酬請求権を与えておらず、この点に関してWPPT第15条1項の義務を留保している）。最終的には、日EU間で、公衆に対するあらゆる伝達のためのレコードの利用についての十分な保護に関し、引き続き討議することで合意した（第14.12条）[43]。

(c) 第18.63条 著作権及び関連する権利の保護期間

　本条は、著作物、実演及びレコードの保護期間を定める。TPP交渉では、国内法上の著作物の保護期間が50年の国（日本、カナダ、ニュージーランド、ベトナム、マレーシア、ブルネイ）[44]、70年の国（米国[45]、オーストラリア、シンガポール、チリ、ペルー）及び100年の国（メキシコ[46]）が参加しており、閣僚会合でも議論されるなど厳しい交渉が行われたが、最終的には70年とすることで合意された。

　保護期間は、自然人の生存期間に基づく場合、著作者の生存期間及び死後70年とする（(a)）[47]。自然人の生存期間に基づかない場合、著作物・実演・レコードの権利者の許諾を得た最初の公表[48]の年の終わりから70年とし（同項（b）(ⅰ)）、著作物・実演・レコードの創作から25年以内に公表されない場合には、当該創作の年の終わりから70年とする（(b)(ⅱ)）。なお、放送機関の放送についての保護

42）WPPT Notification No. 99: Declaration by Japan (deposited on May 27, 2019)（2019年8月27日効力発生）。

43）TPPでは、実演又はレコードの「公衆への伝達」の定義（第18.57条）に「公の演奏」が含まれていないため、商業用レコードの「公の演奏」に対する実演家・レコード製作者の報酬請求権については、そもそも第18.62条第3項（a）の適用対象外である。

44）ベルヌ条約パリ改正条約は、著作物の保護期間を著作者の生存期間及びその死後50年と定めている（第7条第1項）。

期間は定めていない。

　日 EU・EPA では、著作物については著作者の生存期間及び著作者の死後 70 年とし、自然人の生存期間に基づいて計算されない場合には、著作物が公衆に利用可能なものとされた後 70 年とし、創作後 70 年以内に公衆に利用可能なものとされない場合には当該創作から 70 年とする（第 14.13 条第 1 項）。実演家の権利については実演後 50 年とする（同条第 2 項）。レコード製作者の権利は、レコードが発行された後 70 年とし、レコードの固定から 50 年以内に発行されなかった場合には当該固定後 50 年とする（同条第 3 項）。放送機関の権利は、放送の最初の送信後 50 年とする（同条第 4 項）。

　なお、TPP 及び日 EU・EPA において著作物等の保護期間を 70 年に延長するにあたり、日本は、著作物の保護期間に関する戦時加算について、対象国（TPP では米国、カナダ、オーストラリア及びニュージーランド、日 EU・EPA では、英国、フランス、オランダ、ベルギー及びギリシャ）の政府との間で、それぞれ文書を交換して対処している [49] [50]。

　日本は当時、著作物の保護期間を著作者の死後 50 年とし（映画の著作物は公表後 70 年）、実演・レコード・放送の保護期間を起算日から 50 年と定めていたが、TPP 交渉妥結に伴い、国際的調和の観点から保護期間を 70 年に延長する等の著作権法改正が行われた（放送は 50 年のまま）。なお、本条は TPP11 では凍結事項であるが、日本では TPP11 の国会承認の際に前記著作権法改正も合わせて承認され、同協定が発効した 2018 年 12 月 30 日に保護期間の延長が実施された。

45）（1978 年 1 月 1 日以後に創作された）無名著作物、変名著作物及び職務著作物の著作権は、発行後 95 年又は創作後 120 年のいずれか先に到来するときまで存続する（米国著作権法第 302 条 (c)）。

46）メキシコでの実演及びレコードの保護期間は 75 年。

47）本条 (a) の注は、締約国が 70 年を超える保護期間（例えばメキシコのように 100 年）を自国民に与える場合、相互主義を適用可能とすることを定める。

48）本条 (b) の注は、保護期間の起算点を「最初の公表」の時ではなく「固定」の時から計算することができることを明確化している。

49）日本と関係国の政府間で文書を交換し、日本が延長する著作物の保護期間が戦時加算を含めた現行の保護期間を超えることを踏まえ、①戦時加算問題への対処のため、権利管理団体と権利者との間の対話を奨励すること、及び②これらの対話の状況及び他の適切な措置を検討するため、政府間で協議を行うことを確認している。

50）TPP12 から離脱した米国との間では、2018 年 4 月に、戦時加算について改めて同趣旨の文書を政府間で交換している。

(d) 第 18.68 条　技術的保護手段

　本条は、締約国が、著作者、実演家及びレコード製作者が用いる、いわゆるコピーコントロール（例えば、「ダビング 10」のようなコピー制御技術）やアクセスコントロール（例えば、有料放送において視聴料金を支払った者以外は番組を視聴できないようにスクランブル化して視聴制限を行う技術）等の、権利侵害行為を抑制する「効果的な技術的手段」（第 5 項 [51]）に法的保護を与え、その「回避」に対する法的救済措置を講ずることを定めている（第 1 項）[52]。WCT 第 11 条及び WPPT 第 18 条が技術的保護手段の回避を防ぐための適当な法的保護及び効果的な救済措置を定めることを義務付けているが、本条はそれらの内容を具体化するものであり、またアクセスコントロールを保護対象とすることを明確化している。

　対象となる行為は、アクセスコントロールの回避行為（第 1 項 (a)）、効果的な技術的手段の回避装置等の製造、輸入、頒布等 [53]（(b) 前段）、及び同手段の回避サービスの提供等（(b) 後段）である。ただし、(b) の回避装置等の製造等及びサービスの提供等は、以下のいずれかの要件を満たすものについて規制対象となる。

　①効果的な技術的手段の回避を目的として、販売を促進し、宣伝し、又は販売すること（第三者のサービスを通じて行う場合を含む）（(b) (ⅰ)、注）。

　②効果的な技術的手段を回避すること以外の商業上意味のある目的又は用途を有しないか、限られている場合（(b) (ⅱ)、注）。

　③効果的な技術的手段の回避を目的として主として設計、生産、又は提供されていること（(b) (ⅲ)）。

　また、前記第 1 項 (a) 及び (b) の行為について、故意 [54] により、かつ、商業上の利益又は金銭上の利得 [55] のために行った者は刑罰の適用対象となる（第 2 パラグラフ）[56]。

51）本条第 5 項が定義する「効果的な技術的手段」（effective technological measure）とは、効果的な技術、装置又は構成品であって、その通常の機能において、保護の対象となる著作物、実演若しくはレコードの利用を管理する（controls access）もの又は著作物、実演若しくはレコードに関連する著作権若しくは関連する権利を保護するものをいう（前段がアクセスコントロールを意味する）。

52）本条の見出しに付された注は、締約国は、映画フィルムの正当な物理的複製物のための市場の分割を管理することのみを目的とする技術的手段を有効化しない機器の輸入及び国内販売は本条によって禁止されないことを定めている。具体的には、例えば DVD の再生可能地域を分割するリージョンコードに反応しない DVD プレーヤーを締約国の国内で販売することは本条の対象外となる。

53）(b) の注により、製造、輸入及び頒布については、それらの行為が販売又は貸与のために行われる場合や、著作権者等の利益を害する場合に限定することが可能である。

　但し、締約国は、非営利の図書館、博物館、記録保管所若しくは教育機関又は公共の非商業的な放送機関の行為について、刑罰等の適用除外にすることができる（第3パラグラフ）。

　第2項は、電化製品等が技術的手段に対応することまでは義務付けられない旨を規定する。例えば、締約国内で発売される DVD プレーヤー等が、特定のアクセスコントロール技術に対応していないとしても問題ないことになる。

　第3項は、本条を実施するための措置の違反が、著作権等の侵害から独立していること、すなわち、現実に著作権等の侵害が生じることは要しないことを定める。

　第4項（a）は、本規制の制限及び例外として、権利を侵害しない使用（non-infringing use）を定めることを認めている。例えば、暗号化技術の発展のために大学等の研究機関において行われる、実際には著作権等を侵害するおそれのないアクセスコントロール解除やコピーコントロール解除まで、民事・刑事上の救済措置の対象とすることは妥当とは言えない。一方で、本条の主眼は、著作権そのものを侵害しないアクセスコントロール解除等についても民事・刑事上の救済措置の対象とすることにある。本項はそのような異なる要請のバランスのもと、権利を侵害しない使用を、以下の限定的な要件の下、許容することを規定している。すなわち、①第1項（a）及び（b）に基づく措置が権利を侵害しない使用に現実に悪影響を及ぼし又は悪影響を及ぼす可能性があること、②立法上、規制上又は行政上の手続によって当該制限及び例外を定めること、③上記②の立法等の手続において、提出された証拠に十分な考慮を払うこと、とされている。

　また第4項（b）は、本条第1項（b）（回避装置等の製造等や回避サービスの提供等）に対する制限又は例外は、意図された受益者（例えば研究者）のみが利用可能であり、それ以外の者が利用することは許容されない旨を規定している。

　RCEP 協定第 11.14 条は、著作物、実演及びレコードの技術的保護手段の回避に対する適当な法的保護及び効果的な救済措置を定めることを義務付けている（WCT 第 11 条及び WPPT 第 18 条同旨）。

54）ここでいう故意は、単に知覚していること（knowledge）ではなく、それよりも積極的な故意（willfulness）を意味する。

55）「金銭上の利得」の注は、本条、次条（権利管理情報）及び第 18.77 条（刑事上の手続及び刑罰）の規定の適用上、「金銭上の利得」（financial gain）を「商業上の目的」（commercial purpose）という主観的要件に読み替えることができることを定める。

56）本パラグラフの注は、本条及び次条（権利管理情報）は、締約国の国家による行為や国家に許可された第三者による行為に適用することは要求されないことを定める。例えば、安全保障等の政策に基づく国家による技術的保護手段の回避行為は、別途の一般例外に依拠することなく、本条の対象外とすることができる。

　日本は、平成 11 年著作権法改正により著作物等の無断複製など著作権等を侵害
する行為を技術的に防ぐ手段（コピーコントロール等）のうちの一部の保護技術
（「フラグ型」[57] と呼ばれる「非暗号型」技術の一種）を保護対象としたが、平成 24
年同法改正により、「技術」面ではアクセスコントロールと評価されるものであっ
ても、コピーコントロール「機能」を持つもの（一定の範囲の「暗号型」技術）につ
いて新たに著作権法の保護対象とした。TPP 交渉妥結に伴い、本条の規定に合わ
せてアクセスコントロール機能のみを有する保護技術（例えば、ゲーム機において、
実行可能信号を有する正規版のソフトのみを実行可能にする技術）も保護対象に加える
等の著作権法の改正が TPP 整備法に盛り込まれた。なお、TPP 第 18.68 条は
TPP11 での凍結事項であるが、TPP11 の国会承認の際に前記著作権法改正も承認
され、同協定が発効した 2018 年 12 月 30 日に施行された。

(e) 第 18.69 条 権利管理情報（RMI）

　本条は権利管理情報（RMI：Rights Management Information）の保護を定めている
（WCT 第 12 条及び WPPT 第 19 条参照）。権利管理情報とは通常、著作物・著作権等
を特定する事項や、利用方法・条件等を特定する情報を指す（本条第 4 項参照）[58]。
権利管理情報は、特にデジタル環境において、例えば、「電子透かし」技術を利用
して著作物等に権利管理情報を組み込んでおくことにより、海賊版にも引き継がれ
て権利侵害の発見を容易とし、また著作物等の利用者がその利用条件等を知ること
にも役立つ。
　第 1 項第 1 パラグラフは、権利管理情報を保護するための十分かつ効果的である
法的な救済措置を講ずるため、著作者・実演家・レコード製作者の著作権又は関連
する権利の侵害を誘い、可能にし、助長し、又は隠す結果となることを知りながら
又は知ることができる合理的な理由を有しながら、①権利管理情報を削除・改変す
る行為、②削除・改変されたと知りながら権利管理情報を頒布等する行為[59]、③
削除・改変されたと知りながら権利管理情報を組み込んだ著作物等の複製物を頒布
する行為について、第 18.74 条に定める民事上及び行政上の救済措置についての責
任を負わせ、及び当該救済措置に従わせることを義務付けている[60]。

---

57) 暗号化されていない著作物等に、コピー制御信号を付加して伝送し、記録機器側が信号
を検出、反応して複製制御を行うもの（SCMS、CGMS 等）。
58) 本条の見出しに付された注は、電磁的な権利管理情報にのみ保護を与えることにより第
18.69 条の義務を履行できるとしており、日本は当該注に基づき義務を履行している（著作
権法第 2 条第 1 項第 22 号）。
59) この点についての注は、この②の義務は、著作者人格権の権利行使に関する民事上の司
法手続を自国の著作権に関する法令に定めることにより履行することができると定める。

　また、それらの者が、故意により、かつ、商業上の利益又は金銭上の利得のために当該行為に従事した場合は刑罰の適用対象とすることを義務付けている（第2パラグラフ）。ただし、刑罰については、非営利の図書館、博物館、記録保管所若しくは教育機関又は公共の非商業的な放送機関（非営利目的の放送機関を含む。）については適用されないことを定めることができる（第3パラグラフ）。

　第2項は、法令の執行や重大な安全保障上の利益の目的等で行う適法な活動を規制の例外にすることができることを定めている。

　RCEP 協定第 11.15 条は、電磁的な権利管理情報の保護を義務付けている（WCT 第 12 条及び WPPT 第 19 条と同旨）。

　日本は、著作権法第 113 条第 8 項において電磁的な権利管理情報の保護を定めている（第 120 条の 2 第 5 号は刑罰を定める）。

　本条は TPP11 では凍結事項である。

(8) 不正競争

(a) 不正競争行為からの保護

　日 EU・EPA 第 14.39 条第 1 項は、パリ条約に従って不正競争行為からの効果的な保護を与えることを定めている。同項の注において、パリ条約第 10 条の 2 がサービスの提供についても適用されることを確認している。RCEP 協定第 11.54 条及び注も同旨である。

(b) ドメイン名の保護

　TPP 第 18.28 条はドメイン名（ccTLD：カントリーコード・トップレベル・ドメイン）に関する紛争を解決する手続及び法的措置について定めている。ドメイン名の紛争解決手段として、① ICANN（The Internet Corporation for Assigned Names and Numbers）の制定した「ドメイン名統一紛争処理方針」（Uniform Domain-Name Dispute-Resolution Policy）、②これと同様の指針、又は、③迅速かつ低額であること、公正かつ衡平であること、過度の負担とならないこと及び司法手続の利用を妨げないことの要素を満たす紛争処理方針を利用可能とすることを定める（第 1 項 (a)。RCEP 協定第 11.55 条 (a) 同旨）。また、ドメイン名の登録者に関する連絡先の情報を公衆が取得できるようにすることを定めている（第 1 項 (b)）。

　また、商標と同一又は混同を生じさせるほどに類似したドメイン名を登録・保有する者が、利益を得る不誠実な意図を有する場合に、適当な救済措置を設けること

---

60) ①と③は WCT 第 12 条や WPPT 第 19 条に規定されているが、②はこれらに規定されていない。

を定めている（第2項）。同項の注は、この救済措置には、抹消、取消し、移転、損害賠償又は差止めを含めることができるとしている（但し、含めることは義務ではない）。日 EU・EPA 第 14.39 条第2項及び RCEP 協定第 11.55 条（b）は本項と同旨である。

　日本では、不正競争防止法において、不正の利益を得る目的又は他人に損害を加える目的で、他人の商標と同一若しくは類似のドメイン名を使用する権利を取得し、若しくは保有し、又は当該ドメイン名を使用する行為により営業上の利益を侵害する者等に対し、差止請求及び損害賠償請求を行うことが認められている（第2条第1項第 19 号、第3条、第4条）。差止めの内容として、ドメイン名の使用禁止（特定の使用方法又は使用全般）や登録抹消も求め得る。

(c) 形態模倣／商品の登録されていない外観（日 EU・EPA 第 14.32 条）

　日 EU・EPA では、商品の外観について、意匠、著作権又は不正競争に関する法令により保護できることを確認し（第1項）、商品の登録されていない外観の複製の使用（少なくとも、販売の申出、市場への提供、輸入及び輸出を含む）を防止するための法的手段を確保することを義務付けている（第2項）[61]。また、かかる外観の保護期間は少なくとも3年とすることを定めている（第3項）。日本は不正競争防止法の形態模倣（第2条第1項第3号）で担保している。

(9) 権利行使（エンフォースメント）

　TPP の第 I 節のうち、特に第 18.71 条〜第 18.77 条は知的財産権の権利行使（エンフォースメント）について規定する。エンフォースメントは、①一般的規定、②民事上の救済（暫定措置を含む）、③国境措置、及び④刑事上の制裁を主な内容とする。TPP のエンフォースメントには、ACTA の規定やそれをベースとした規定が多く含まれており[62]、それらは TRIPS 協定を上回る規定である。

(a) 一般的義務（第 18.71 条）

　第1項は、第 I 節に規定するエンフォースメントの手続を自国の法令[63]において確保することを求めており、このような措置には、①暫定措置等の迅速な救済措置、及び②将来の侵害を抑止するための救済措置を含む。

---

61) 本項の注は、「複製」、「外観」、「申出」及び「市場への提供」を、それぞれ「模倣」、「形態」、「展示」及び「販売」と同一の意義を有するものとみなすことができるとしている。
62) TPP 交渉参加国のうちで ACTA 署名国は、日本（締約国）、米国、カナダ、メキシコ、オーストラリア、ニュージーランド、シンガポールの7ヵ国。

　第2項は、民事上の救済（暫定措置を含む）及び刑事上の制裁がデジタル環境における商標権、著作権又は関連する権利の侵害行為についても同様に利用することができることを確認している。ACTA 第27条第1項と類似の規定であるが、同項が対象となる権利を限定していないのに対し、本項の適用対象は商標権、著作権又は関連する権利に限定されている[64]。

(b) 民事上及び行政上の手続及び救済措置（第18.74条）

　本条は、民事上の救済について規定するもので、合計17項からなる長大な条文である。具体的には、①差止請求（第2項）、②損害賠償（第3項〜第9項）、③訴訟費用の敗訴者負担（第10項）、④鑑定人等の専門家の費用（第11項）、⑤廃棄権限（第12項）、⑥証拠提出命令（第13項）、⑦守秘義務違反に対する制裁（第14項）[65]、⑧権利濫用に対する損害賠償・費用請求（第15項）、⑨行政手続における民事上の救済措置（第16項）、⑩技術的保護手段及び権利管理情報についての救済措置（第17項）を定めている。以下、主な規定について取り上げる。

①差止請求（第2項）

　第2項は、自国の司法当局が、TRIPS 協定第44条に適合する差止めによる救済（締約国の法令に基づく知的財産権の侵害に関係する物品の流通経路への流入を防止するためのものを含む。）を命ずる権限を有することを定める。

②填補賠償及び損害賠償額の算定（第3項及び第4項）

　第3項は、TRIPS 協定第45条第1項と同様、自国の司法当局が、侵害者に対して、被った損害を補償するための損害賠償を命じる権限を有することを定める[66]。第4項は、この損害賠償の額を決定するにあたり、司法当局が、特に権利者が提示

63）第1項の注は、「法令」（law）は成文法（legislation）に限定されないとしているため、本節のエンフォースメントに関する規定は裁判実務や判例法理等によっても実施し得ると解される。

64）日英 EPA 第14.59条第1項は ACTA と同様に対象となる権利を限定していない。また同条第3項は、権利行使手続は、デジタル通信網における著作権又は関連する権利の侵害及び商標権の侵害（電子商取引のプラットフォーム及びソーシャルメディアを通じたものを含む。）について適用する旨を定めている（ACTA 第27条第2項同旨）。

65）RCEP 協定第11.63条は本項と同旨である。

66）本項の注の第2文は、①填補賠償（第3項）、②侵害者の利益に基づく損害賠償（第5項）、③法定損害賠償制度又は追加的損害賠償制度（第7項及び第8項）に規定する救済が同時に命ぜられる制度を設けることは求められないことを明確化している。

する合理的な価値の評価を考慮する権限を有することを定めるとし、合理的な価値
の評価には、逸失利益、侵害対象の物品・サービスの価値であって市場価格によっ
て評価されるもの又は希望小売価格を含むことができるとする（RCEP 協定第 11.60
条第 2 項及び注同旨）。ACTA 第 9 条第 1 項と同旨である。

③侵害者の利益に基づく損害賠償（第 5 項）

　第 5 項は、著作権又は関連する権利の侵害及び商標の不正使用について、自国の
司法当局が、侵害者に対し、侵害行為から生じた侵害者の利益を支払うよう命ずる
権限を有することを定める。また同項の注は、当該利益を第 3 項の損害賠償と推定
することにより本項の義務を遵守することができることを定める（RCEP 協定第
11.60 条第 3 項及び注同旨）[67]。ACTA 第 9 条第 2 項と同旨である。

　日 EU・EPA 第 14.47 条は損害賠償の算定について定めており、第 3 項は損害賠
償額を決定するための推定について定めることができるとし、同項の注に具体的な
推定方法を例示している（日本の知財関連法には損害額の推定規定が置かれている）。
これは、ACTA 第 9 条第 3 項（b）に主に対応している。

④法定損害賠償制度又は追加的損害賠償制度（第 6 項～第 9 項）

　第 6 項は著作権又は関連する権利の侵害について、第 7 項は商標の不正使用につ
いて、法定損害賠償[68]又は追加的損害賠償[69]のいずれかの制度を設けることを義
務付けている。法定損害賠償制度の具体的な内容は定められていないが、①侵害に
よって引き起こされた損害について権利者を補償するために十分な額に定めること、
及び②将来の侵害を抑止することを目的として定めることとされている（第 8 項）。
追加的損害賠償については、懲罰的損害賠償制度を含めることができるとされ（第
6 項及び第 7 項の注）、司法当局が、全ての関連する事項（侵害行為の性質及び将来に
おける同様の侵害の抑止の必要性を含む）を考慮して適当と認める追加的な損害賠償
の裁定を下す権限を有することが義務付けられている（第 9 項）。

---

67) 商標法第 38 条第 2 項及び著作権法第 114 条第 2 項参照。
68) 法定損害賠償は、権利者と侵害行為との因果関係の立証をせずに侵害者に対して侵害行
　為の類型に応じた一定の範囲の額の支払いを求めることができる制度と解されている。例え
　ば、米国商標法及び著作権法には、損害額の下限と上限を定める法定損害賠償制度が定めら
　れている。
69) 追加的損害賠償制度は、オーストラリア及びニュージーランドが採用しているような、
　侵害者の悪性、侵害者が得た利益、被害の甚大性等を考慮し、裁判所が裁量により通常の填
　補賠償に追加して損害賠償を認める制度が想定される。

　なお、ACTA 第 9 条第 3 項は、法定損害賠償制度、損害額の推定又は追加的損害賠償制度から選択することを定めている。

　日本は、民法第 709 条の塡補賠償制度の下で、法定損害賠償制度の導入を選択し、改正商標法第 38 条第 5 項（侵害された商標権の取得及び維持に通常要する費用に相当する額を損害額とする）及び改正著作権法第 114 条第 4 項（侵害された著作権又は著作隣接権を管理する事業者の定める使用規程により算出された使用料の額を損害額とする）が新設された。

⑤訴訟費用等の敗訴者負担（第 10 項）

　第 10 項は、著作権又は関連する権利、特許及び商標の侵害に係る民事司法手続が終了したときに、適当な場合には、敗訴当事者が勝訴当事者に訴訟費用及び適当な弁護士の費用又はその他の費用を支払うよう命じる権限を司法当局が有することを定める（日 EU・EPA 第 14.48 条［対象は知的財産権の侵害］及び RCEP 協定第 11.61 条［対象は著作権又は関連する権利及び商標権の侵害］同旨）。ACTA 第 9 条第 5 項と同旨である（但し、特許侵害は対象に含まれない）。

　日本の知的財産侵害訴訟では、敗訴者に全額又は（一部敗訴の場合などに）一定割合の訴訟費用の負担を命じるほか、弁護士費用については認められた損害賠償額の 1 割を損害として侵害者に負担させる実務が行われている。

⑥侵害品等の廃棄権限（第 12 項）

　第 12 項は、司法当局に対して、①著作権侵害物品や不正商標物品の廃棄権限（(a)）、及び②かかる侵害物品の製作に使用された材料及び道具の廃棄又は流通経路からの排除権限（(b)）を与えることを義務付けている。また、不正商標物品については、例外的な場合を除くほか、違法商標の単なる除去が流通経路への物品の流入を認めるために十分ではないことを定める（(c)）。（①及び②について RCEP 協定第 11.62 条第 1 項、第 2 項及びそれらに付された注同旨）。ACTA 第 10 条第 1 項及び第 2 項と同旨である。

　本項のベースとなっている TRIPS 協定第 46 条は、侵害物品については流通経路からの排除又は憲法上の要請に反しない限り廃棄することを命ずる権限を司法当局が有すべきことを定め、また使用された材料や道具については流通経路からの排除を命ずる権限を司法当局が有すべきことを定めている。したがって、本項が①の著作権侵害物品や不正商標物品について、司法当局が（流通経路からの排除権限の有無に関わらず）廃棄権限を有すべきことを明示的に定め、②の侵害物品の製作に使用された材料及び道具については、流通経路からの排除権限のほか、廃棄権限を司法当局に付与することもオプションとして規定した点は TRIPS 協定を上回る規定と言える。

(c)　暫定措置（第 18.75 条）

　第 1 項は、暫定措置に関して、迅速性の観点から、当局が、自国の司法上の規則に従い、他方の当事者に意見を述べる機会を与えることなく速やかに知的財産権に関する救済の申立てに対応することを義務付けている（TRIPS 協定第 50 条第 2 項参照）。

　第 2 項は、司法当局が、申立人に対して証拠提出や担保等の提供を命ずる権限を有することを定めており、この点は TRIPS 協定第 50 条第 3 項と同旨であるが、本項では、かかる担保等は当該暫定措置手続の利用を不当に妨げるものであってはならないとしている。ACTA 第 12 条第 4 項と同旨である。

　第 3 項は、司法当局が、著作権又は関連する権利の侵害及び商標の不正使用に関する民事上の司法手続において、①侵害疑義物品、②侵害に関連する材料及び道具、並びに③少なくとも商標の不正使用による侵害に関連する証拠書類について、差押えその他の方法で管理下に置くことを命ずる権限を有することを義務付けている（RCEP 協定第 11.64 条第 1 項及び第 2 項は本項に準じる）。ACTA 第 12 条第 3 項と同旨である。

(d)　国境措置に関する特別の要件（第 18.76 条）

　本条は国境措置の要件を定めており、TRIPS 協定第 4 節がベースとなっている。具体的には、①商標権又は著作権の侵害疑義物品についての輸入差止申立制度（第 1 項）、②申立人による侵害事実の疎明（第 2 項）、③担保提供命令（第 3 項）、④当局から権利者に対する情報提供（第 4 項）、⑤輸出入物品又は通過物品に対する職権差止制度（第 5 項）、⑥合理的期間内の侵害認定手続（第 6 項）、⑦廃棄権限（第 7 項）、⑧申立手数料（第 8 項）[70]、⑨少量輸入の例外（第 9 項）を定める。以下、主な規定について取り上げる。

①輸入差止申立制度（第 1 項〜第 3 項）

　第 1 項は、不正商標物品、混同を生じさせるほどに類似の商標を付した物品又は著作権侵害物品の疑いのあるものについての輸入差止申立制度を義務付けている（RCEP 協定第 11.65 条はほぼ同旨）。また、申立人の疎明（第 2 項）や担保の提供（第 3 項、RCEP 協定第 11.67 条同旨）について定めている。TRIPS 協定第 51 条〜第 53 条に対応している。

70）RCEP 協定第 11.73 条は本項と同旨である。

②当局から権利者に対する情報提供（第4項）

　第4項（a）は、当局が不正商標疑義物品又は著作権侵害疑義物品を差し止めた場合に、当局が権利者に対し、①荷送人、輸出者、荷受人又は輸入者の氏名又は名称及び住所、②物品の記述、③数量、④（判明しているときは）原産国についての情報を通知する権限を有することを定めることができると定める（RCEP協定第11.68条は輸出者を除いて同旨）。

　同項（b）は、上記権限を付与しない場合には、輸入物品について、当局が当該物品の差押えが行われてから又は侵害事実が認定されてから30日以内に権利者に上記①から④の情報を提供する権限を当局に付与することを義務付ける。

　これらの規定はACTA第22条（b）及び（c）と同旨である。

③職権差止制度（第5項）

　第5項は、税関管理下にある物品であって、不正商標疑義物品又は著作権侵害疑義物品に関し、①輸入された物品、②輸出されようとしている物品、及び③通過物品を対象とする職権差止制度の導入を義務付けている。なお、本項（c）に付された注によれば、通過物品については、仕向先の他の締約国が当該侵害疑義物品を特定する情報を提供するよう努めることにより、本規定の義務の履行を要しない。

　なお、RCEP協定第11.69条は、①について義務規定とし、②については一部の参加国の強い反対により任意規定とした。ACTA第16条第1項（a）は輸入貨物及び輸出貨物について職権差止制度の導入を義務付け、第2項（a）は通過物品についても職権差止制度を導入することができる旨を定めている。

④侵害認定制度（第6項）

　第6項は、差止手続開始後合理的な期間内に、侵害疑義物品が権利侵害物品であるかどうかを当局が認定できる手続を設けることを義務付けている（RCEP協定第11.71条同旨）。日本では、税関長が侵害の該非を認定するための手続を執ることが関税法に規定されている（第69条の3及び第69条の12）。ACTA第19条と同旨である。

⑤廃棄権限（第7項）

　第7項は、当局が、知的財産権を侵害しているとの認定を行った物品について、当該物品の廃棄を命ずる権限を有することを定める。また、廃棄されない場合には、各締約国は、例外的な場合を除くほか、権利者に損害を与えないような態様で当該物品を流通経路から排除することを確保することが求められる。なお、不正商標物品については、例外的な場合を除くほか、違法に付された商標の単なる除去により

流通経路への物品の流入を認めることはできないと定める。ACTA 第 20 項第 1 項及び第 2 項と同旨である。

　同趣旨の TRIPS 協定第 59 条（及び同条が準用する第 46 条）は、流通経路からの排除を行う権限が当局に付与されれば廃棄権限の当局への付与までは義務付けられないと解釈されるところ、本項は当局が廃棄権限を有することを義務付けた点でTRIPS 協定を上回る規定と言える（RCEP 協定第 11.72 条同旨）。

(e) 刑事上の手続及び刑罰（第 18.77 条）

　TPP 第 18.77 条は、刑事上の手続及び刑罰について規定しており、TRIPS 協定第 61 条の内容を拡充するものである。具体的には、①刑罰化（第 1 項～第 4 項）、②教唆・幇助（第 5 項）、③刑罰の内容（第 6 項、非親告罪化を含む。）、④価額相当資産の差押え・没収・罰金命令権限（但し、任意規定）（第 7 項）を定める。

　これに対して日 EU・EPA では、EU が欧州議会で ACTA が否決されたこともあって刑事上の制裁を規定することは困難としたため、最終的には、一般規定の第14.40 条の「救済」に関し、締約国は知的財産権が侵害された場合の他の適当な制裁（sanction）を定めることができる旨の注を置くこととなった。RCEP 協定は第11.74 条が刑事上の制裁を定めており、TPP の規定と同等又はそれに準じた内容となっている。日英 EPA は第 14.58 条が刑事上の制裁を規定しており、内容は第 8 項の法人の責任（ACTA 第 23 条第 5 項同旨）を除いて TPP 第 18.77 条と同旨である。

①刑罰化（第 1 項～第 4 項）

　第 1 項～第 4 項は、①故意により「商業的規模で行われる」商標の不正使用及び著作権又は関連する権利の侵害（第 1 項）、②故意による不正商標物品及び著作権侵害物品の商業的規模の輸入及び輸出（第 2 項）[71]、③無許諾で商標を付したラベル又は包装の故意による輸入及び国内使用であって、商業上かつ商業的規模のもの（第 3 項）、④上映中の映画を複製する行為で権利者に対し重大な損害を与えるもの（第 4 項）について、刑事上の手続及び刑罰を定めることを義務付けている（第 4 項については、刑事上の手続及び刑罰に限定することを要しない）。RCEP 協定第 11.74 条第 1 項（①）、第 2 項（②、但し輸入のみ）及び第 4 項（④）はほぼ同旨である。上記①～④は ACTA 第 23 条第 1 項～第 3 項に対応しているが、④は条文構造も含めて修正されている。

　なお、第 1 項の故意による著作権又は関連する権利の侵害について、「商業的規

---

71) 本項の注は、不正商標物品及び著作権侵害物品の商業的規模の頒布及び販売を不法な活動として定めることにより、本項の義務を履行することができることを定めている。

模で行われる」行為は、少なくとも、①商業上の利益又は金銭上の利得のために行われる行為（(a)）、及び、②商業上の利益又は金銭上の利得のために行われるのではない重大な行為であって、市場との関連において当該著作権又は関連する権利の権利者の利益に実質的に有害な影響を及ぼすもの（(b)）を含む。

②幇助・教唆（第5項）

　第5項は、本条により刑事上の手続及び刑罰が要求される犯罪については、幇助罪及び教唆罪も適用され得ることを定めている。ACTA第23条第4項と同旨である。

③罰金刑（第6項(a)及び(b)）

　第6項(a)及び(b)は、本条第1項〜第5項に規定された犯罪について、①拘禁刑及び将来の侵害行為を抑止するため十分に高額の罰金刑であって、その刑罰の程度が同様の重大性を有する犯罪に適用される刑罰の程度に適合したものを含むこと（(a)）、及び②司法当局が刑罰決定に際して状況（健康又は安全に対する脅威又は影響に関する状況を含むことができる。）の重大性を考慮する権限を有すること（(b)）を義務付ける（RCEP協定第11.74条第3項(a)は上記(a)と同旨）。上記(a)はACTA第24条と同旨である。

④差押権限（第6項(c)）

　第6項(c)は、司法当局が、①不正商標疑義物品又は著作権侵害疑義物品、②犯罪のために使用された材料及び道具、③犯罪に関連する証拠書類、④侵害活動に由来する資産について差押えを命ずる権限を有すること等を定める（RCEP協定第11.74条第3項(b)は①〜③についてほぼ同旨）。ACTA第25条第1項及び第2項と同旨である。

⑤没収・廃棄権限（第6項(d)及び(e)）

　第6項(d)は、司法当局が、少なくとも重大な犯罪について、侵害活動から生じ又はその活動を通じて取得された資産の没収を命ずる権限を有することを定める。

　同項(e)第1パラグラフは、司法当局が、①全ての不正商標物品及び著作権侵害物品、②主として著作権侵害物品又は不正商標物品の生産に使用された材料及び道具、③不正な商標が付され犯罪に使用されたラベル又は包装について、没収又は廃棄を命ずる権限を有することを定める（RCEP協定第11.74条第3項(c)同旨）。上記によって不正商標物品及び著作権侵害物品が廃棄されない場合には、司法当局

は、例外的な場合を除くほか、権利者に損害を与えないような態様でそれら物品を流通経路から排除することを確保する（(e) 第 2 パラグラフ）。

上記 (d) 並びに (e) ①及び②は、ACTA 第 25 条第 3 項及び第 4 項と同旨である。

⑥非親告罪化（第 6 項 (g) 及び注）

第 6 項 (g) は、本条第 1 項～第 5 項に規定された犯罪について、当局が、第三者又は権利者による告訴を必要とすることなく法的措置を開始するために職権により行動することができる旨を定めている（第 6 項 (g)、非親告罪化）。但し、注において、故意により商業的規模で行われる著作権又は関連する権利を侵害する複製については、「この規定の適用範囲を、市場における著作物、実演又はレコードの利用のための権利者の能力に影響を与える場合に限定することができる」と規定している。

この注の趣旨は、非親告罪化によりコミックマーケット等での二次創作活動への萎縮効果が生ずる懸念があり、その懸念に対応するため、非親告罪化の範囲を、権利者が正規の作品を販売する市場において、当該作品と競合することによって当該権利者の収入を得る能力に影響を与える場合に限定することを認めるものである。

日本は著作権法を改正して、非親告罪の原則を定める第 123 条に第 2 項を新設して対応した。すなわち、①侵害行為の対価を得る目的又は権利者の利益を害する目的があること、②有償著作物等[72]を「原作のまま」公衆譲渡・公衆送信又はそのための複製を行うこと、③有償著作物等の提供・提示により得ることが見込まれる権利者の利益が不当に害されること、の全ての要件を満たす場合に限って非親告罪の対象とすることとした。具体的には、販売中の映画や小説本の海賊版を販売する行為や映画の海賊版をネット配信する行為は非親告罪となる一方、漫画等の同人誌をコミックマーケットで販売する行為や漫画のパロディをブログに投稿する行為は親告罪のままとなる。

(10) 営業秘密の保護

営業秘密の保護は TRIPS 協定第 39 条（第 1 項及び第 2 項）が定めているが、TPP 第 18.78 条は刑罰化を規定し、日 EU・EPA 第 14.36 条及び第 14.50 条は TRIPS 協定の規定をより精緻なものとすることで保護の実効化を図っている。

---

72)「有償著作物等」とは、著作物又は実演等（著作権、出版権又は著作隣接権の目的となっているものに限る。）であって、有償で公衆に提供され又は提示されているものをいう（著作権法第 123 条第 3 項）。

(a) TPP（第 18.78 条 営業上の秘密）

　TPP 第 18.78 条は、営業上の秘密（trade secrets）（以下「営業秘密」という）の保護、特に一定の侵害行為を犯罪とすることを規定している。

　第 1 項は、営業秘密を合法的に管理する者が、公正な商慣習に反する方法[73] でその者の承諾を得ないで、他の者（国営企業を含む）が当該営業秘密を開示し、取得し、又は使用することを防止するための法的手段を有することを義務付ける。TRIPS 協定第 39 条第 1 項及び第 2 項と同旨であるが、「他の者」に国営企業が含まれることを明記している。本項の営業秘密は、少なくとも TRIPS 協定第 39 条第 2 項が規定する「開示されていない情報」（undisclosed information）を含むものとされている。

　第 2 項は、①コンピュータ・システム上の営業秘密への許諾を得ない故意のアクセス、②営業秘密の許諾を得ない故意による横領（misappropriation）[74]、又は③営業秘密の詐欺的な開示又は許諾を得ない故意の開示（コンピュータ・システムの手段を用いたものを含む）の少なくとも 1 つの行為について、刑事手続及び刑罰を定めることを義務付けている。

　第 3 項は、前項の刑事手続及び刑罰の適用を、以下のうち 1 又は 2 以上の場合に限定できることを定める。すなわち、(a) 当該行為が商業上の利益又は金銭上の利得を目的とするものである場合、(b) 当該行為が国内で又は国際的に取引される製品又はサービスに関連するものである場合、(c) 当該行為が営業秘密の保有者に損害を与えることを意図するものである場合、(d) 当該行為が外国の経済団体の指示により、当該団体の利益のために又は当該団体と共同して行われるものである場合、(e) 当該行為が締約国の経済上の利益、国際関係又は国防若しくは国家の安全保障を損なうものである場合、のうち 1 又は 2 以上の場合に限定することができる[75]。

(b) 日 EU・EPA（第 14.36 条（営業秘密の保護の範囲）及び第 14.50 条（民事上の手続及び救済））

　EU は、加盟国における営業秘密の保護についての法制度の統一を図るため、日

73）第 1 項の注は、「公正な商慣習に反する方法」は、「少なくとも契約違反、信義則違反、違反の教唆等の行為をいい、情報の取得の際にこれらの行為があったことを知っているか又は知らないことについて重大な過失がある第三者による開示されていない当該情報の取得を含む。」としており、TRIPS 協定第 39 条第 2 項の注と同じ内容となっている。

74）「横領」についての注は、かかる用語を「不法な取得」の意義を有するものとみなすことができることを定めている。

75）日本の不正競争防止法第 21 条第 1 項第 1 号との関係では、(a) 及び (c) がいわゆる図利加害目的に該当すると解される。

EU・EPA 交渉中の 2016 年に営業秘密の民事的保護に関する指令を出した。EU
の法制度が明確化されたことを受け、日 EU・EPA 第 14.36 条は営業秘密の保護の
範囲を定めている。

　具体的には、TRIPS 協定第 39 条第 2 項に従い、営業秘密の十分かつ効果的な保
護を確保することとし（第 1 項）、少なくとも以下の行為を「公正な商慣習に反す
る」行為と認めることを定める（第 3 項）。

　①不法な手段による承諾を得ない取得又は無許可のアクセス、盗取若しくは複製
　②（①の態様によって取得した場合、不正な利益を得る意図又は損害を与える意図を
　　もって秘密保持合意等の義務に違反する場合や契約上の義務に違反する場合における）
　　承諾を得ない使用又は開示
　③取得、使用又は開示の時点で、②の態様で開示した他者から直接又は間接に取
　　得したことを知っていたか、知っているべきであった[76] 者の取得、使用又は開
　　示

　第 4 項は、他者の営業秘密の使用・開示等が認められる例外として、①独立した
発見・創出、②リバースエンジニアリング、③法令上の要請・許可による取得、使
用又は開示、④通常の雇用過程で公正に取得した経験・技術の活用、⑤表現及び情
報の自由の権利行使における開示を定めているが、これは EU 側の制度を反映した
ものである。

　第 14.50 条は、営業秘密の不正取得等に対する民事上の救済について規定してい
る。第 1 項は、営業秘密の保有者が、公正な商慣習に反する方法による営業秘密の
取得、使用又は開示を防止・是正するための民事上の手続及び救済を定めることを
義務付けている。第 2 項は、司法当局が秘密保持命令を発出する権限を有すること
を定めている。第 3 項は、司法当局が、差止命令、損害賠償、秘密保全措置（記録
閲覧制限等）及び第 2 項の秘密保持命令違反に対する制裁等の権限を有することを
定めている。

(11) 衛星放送用及びケーブル放送用の暗号化された番組伝送信号の保護（第 18.79 条）

　第 18.79 条は、暗号化された衛星放送用の番組伝送信号（以下、「衛星信号」とい
う）[77] 及び暗号化されたケーブル放送用の番組伝送信号（以下、「ケーブル信号」と

---

76) 本項の注は、「知っているべきであった」を「知らないことについて重大な過失があっ
　た」と解釈することができることを定めている。

77) 関連する国際協定として「衛星により送信される番組伝送信号の伝達に関する条約」
　（ブラッセル条約、1974 年作成、1979 年発効）があるが、日本は未締結である。

いう）の保護を定めている。

　第1項（a）は、衛星信号を復号化する装置やシステム（ソフトウェア等）を製造、輸入、販売する行為等を犯罪とすることを義務付けている。具体的には、衛星信号を復号化することを補助する機能を持つ装置又はシステムであって、無許可での復号化を、①補助するために使用することを意図したもの、②主として補助するもの、又は③主たる機能が専ら補助するものであること、のいずれかに合致することを知りながら又は知ることができる合理的な理由を有しながら[78]、当該装置又はシステムを製造[79]、輸入、販売等する行為について、犯罪とすることを義務付けている。一方で、衛星信号を復号化する行為そのものは禁止行為に含まれない。

　第1項（b）は、復号化された衛星信号の「受信行為」と「再配信行為」を犯罪とすることを義務付けている。具体的には、衛星信号が復号化されたことを知りながら無許諾で故意に受信する行為[80]と、その信号を無許諾で再配信する行為が禁じられる。RCEP協定第11.12条第2項は同様の行為に対して措置を取る旨の努力規定である。

　第2項は、第1項の行為により損害を受けた利害関係者のための民事上の救済措置を定めることを義務付けている。

　第3項は、故意により、ケーブル信号について、無許諾で復号化する装置をそれと知りながら行う製造又は頒布（(a)）、及び、無許諾で行う受信や他者の受信の補助（(b)）について、刑罰又は民事上の救済措置を定めることを義務付けている。

　本条はTPP11では凍結事項となっている。

（12）インターネット・サービス・プロバイダ（第J節 第18.81条、第18.82条並びに附属書18-E及び18-F）

　TPP第J節は、オンラインの著作権侵害に対して権利者が効果的な行動をとることを可能にする目的で設けられた。そのため、①オンラインの著作権侵害に対処するため権利者が法的な救済措置を利用することができることを確保すること、②インターネット・サービス・プロバイダ（ISP）が提供するオンライン・サービスに関する適当な免責を確立し又は維持すること、③ISPが免責を受けるための条

78）注1第2文は、「知ることができる合理的な理由を有しながら」について「未必の故意」を意味するものとして取り扱うことができることを定めている。

79）本項及び第3項の機器の「製造」は、改正著作権法第120条の2第1号で担保した。

80）第1項（b）及び第3項（b）の「受信」は、「受信及び利用」又は「受信及び復号化」に限定することも可能である（注参照）。日本では、「受信」は電波法第109条第1項の「窃用」に該当する。

件を国内法によって規定すること等を義務付けている。米国の FTA で規定されている内容がベースとなっている。

　第18.81条は ISP の定義を置くほか、本節の「著作権」は「関連する権利」を含むと定義している。

　第18.82条第1項は、各締約国に対し、著作権者による法的救済措置を確保しつつ、ISP に対する適当な免責措置を定めることを義務付けている。この救済措置と免責の枠組みとして、ISP が著作権侵害を抑止するために著作権者と協力することを促す法的な奨励措置等を定めること（(a)）[81]、及び、ISP の責任制限を定めること（(b)）を義務付けている。

　第2項は、米国デジタルミレニアム著作権法（DMCA）と同様に、ISP を、①通過的デジタル・ネットワーク通信（素材の不改変・自動的な一時保存）、②自動的な処理を通じて行われるキャッシング、③ストレージ・サービス、④ハイパーリンクやディレクトリ等による所在場所の参照の4つの機能に分類し、各機能の責任制限を認める趣旨である。

　第3項は、ISP の責任制限の要件を法令に定めることを要求しており、具体的には、① ISP が著作権侵害を知った場合や通知を受けて認識した場合に、速やかに当該コンテンツの削除又はアクセス無効化をすること（(a)、第2項のストレージ・サービス及びハイパーリンクやディレクトリ等にのみ適用）、及び、②（①に基づき）コンテンツの削除・アクセス無効化した ISP が、当該削除・アクセス無効化された者に対して事前又は事後に通知を行うことを条件に免責されること（(b)）としている。

　なお、第3項の注1は、大要として、①政府の参加を得て設立された利害関係者（ISP 及び権利団体双方の代表者を含む）の組織、②当該組織が権利侵害に関する通知の適正を事前に確認する適切な手続、③ ISP が責任制限を受けるための指針、及び④侵害事実を知っていた ISP の責任についての適当な措置、が存在する枠組みを維持することで、同項の義務を代替することができることを定めている。

　第4項は、第3項に規定される通知に基づきコンテンツが削除等された場合、削除等された者が反対通知を行うことにより、ISP が削除等を行ったコンテンツを元通りに回復する義務を負う制度を設けることを定める（ただし、最初の削除通知等を行った者が合理的な期間内に司法上の救済措置を求めている場合はその限りではない）。

　第5項は、第3項の通知や第4項の反対通知に重大な虚偽がある場合で、ISP が当該虚偽の表示に依拠した結果として利害関係者に損害を生じさせることを知りな

---

81) 例えば、著作権の侵害について ISP に何らかの法的責任が生じ得る制度があることをもって、かかる法的な奨励措置が存在するものと解釈できる。

がら当該虚偽の表示を行う者を相手方とする、金銭上の救済措置を可能とすることを定める。

第6項は、責任制限を受けるために、ISP が自己のサービスを監視したり、積極的に権利侵害活動を示す事実を探すことを要件としてはならないことを定めている。

第7項は、著作者が著作権の侵害について法的に十分な主張を行った場合には、権利侵害者を特定する情報を ISP から迅速に入手可能とする司法上又は行政上の手続を設けることを定める（いわゆる発信者情報開示制度）。

日本は、プロバイダ責任制限法において、ISP が権利侵害情報について削除しなかった場合や削除した場合において一定の要件の下で被害者及び発信者との関係でISP に免責を認め（第3条）、また発信者情報開示請求権を規定している（第4条）。また、日本がもともと提案した第3項の前記注1に関し、日本のプロバイダ責任制限法の制度及びその運用は同注の代替制度と整合的と考えられるため、日本は第3項に基づく制度の導入は不要と解される[82]。また、第3項の制度を導入しない場合には第4項の義務も負わないと解される。

附属書18-E は、（カナダを念頭に）第18.82条第3項及び第4項の規定を当該附属書記載の制度によって代替可能とするものである。また附属書18-F は、第 J 節の ISP 関連規定を米チリ FTA 第17.11条第23項の規定によって代替可能とするものである。

第18.82条、附属書18-E 及び 18-F は TPP11 では凍結事項となっている。

日英 EPA では、第14.59条第2項が ISP の責任制限について一般的な規定を置いており、同条第5項が発信者情報開示制度について定めている（任意規定）。後者は ACTA 第27条第4項と同旨である。

（13）遺伝資源・伝統的知識・伝統的文化表現（フォークロア）

近年、開発途上国側が、WIPO の政府間委員会（IGC）等で議論されている遺伝資源、伝統的知識、伝統的文化表現（又は民間伝承：フォークロア）（GRTKF）の問

82）日本では、一般社団法人テレコムサービス協会が主催するプロバイダ責任制限法ガイドライン等検討協議会によって認定された信頼性確認団体が、同協議会によって策定された「プロバイダ責任制限法著作権関係ガイドライン」（初版平成14年5月、第2版平成15年11月）に則った内容で著作物等の送信を防止する措置の申出を受け付けた場合には、著作物等の送信を防止する措置の申出の確認を行い、これをプロバイダ等に対して送付する手続が定められている。また、プロバイダ責任制限法第3条は、送信防止措置が技術的に可能な場合であって、ISP が侵害について知っていた場合又は知ることができたと認めるに足りる相当の理由がある場合には、同条による免責の対象とならないものとされている。

題を EPA/FTA 交渉において取り上げることが増えている。

　生物多様性条約（CBD）は、遺伝資源へのアクセス及び利用について、事前同意（PIC）や相互に合意した条件（MAT）を要件とし、また、資源提供国と資源を利用した締約国との間で、遺伝資源の利用から生ずる利益の公正かつ衡平な配分（ABS）を行うことを定めている。しかし、開発途上国側（資源提供国）は、遺伝資源の利用から生ずる利益の公正かつ衡平な配分が十分になされていないとして、「バイオパイラシー」と批判するようになった。GRTKF を推進する開発途上国側は、遺伝資源を利用した特許出願に出所開示義務を課し、事前同意書（PIC）や利益配分契約等の提出を義務付け、そのような義務に違反した特許出願を拒絶するなどの国内制度の導入を進めている。また、IGC において、伝統的知識及び伝統的文化表現（フォークロア）を、知的財産制度又は特別の（sui generis）制度により保護する国際的な規範の制定を主張している。

　IGC 等の多数国間フォーラムでの議論の停滞を受けて、開発途上国側は GRTKF の議論を EPA/FTA に持ち込むことが増えてきているが、先進国側は WIPO で議論が継続中であるため予断を与えない観点からも EPA/FTA での規律には消極的である。

(a) TPP（第 18.16 条、第 20.13 条及び第 29.8 条）

　TPP 交渉では、遺伝資源及び伝統的知識の取扱いについて参加国の間で立場に違いがあったが、交渉の結果、最終的には、環境関連義務を知的財産制度とは直接関連させないこと（環境章など知的財産章以外で規定する）や、知的財産章には知的財産制度に影響を与えない協力事項を置くことなどで合意に至った。したがって、関係する規定も、知的財産章の第 18.16 条の他、環境章の第 20.13 条、例外及び一般規定章の第 29.8 条に分散している。

　第 18.16 条は、伝統的知識の分野における協力を規定しており、第 3 項では、締約国は質の高い特許審査を遂行するよう努めるものとし、かかる特許審査には、①先行技術決定の際に遺伝資源に関連する伝統的知識に関する情報を考慮できること、②特許付与の可否に関係し得る先行技術の開示を第三者が書面により審査当局に対し引用する機会を与えること、③遺伝資源に関連する伝統的知識を含むデータベース等を利用すること、④遺伝資源に関連する伝統的知識に関する特許出願の審査について審査担当者の訓練に協力すること、を含めることができると定める。あくまでも、質の高い特許審査目的での情報利用についての規定とすることで多数国間フォーラムでの議論に予断を与えない内容となっている。

　環境章の第 20.13 条は、「貿易及び生物の多様性」との見出しの下で CBD の定める内容を取り込んでいる。第 4 項は、遺伝資源へのアクセスについて、一部の締約

国において、PIC や ABS に関する内容を含む MAT の設定が国内措置として要求されることを確認する規定を置いている（CBD 第 15 条参照）。

　例外及び一般規定章の第 29.8 条は、自国の国際的な義務に従い、伝統的知識及び伝統的文化的表現を尊重し、保護し、及び奨励するための適当な措置を定めることができることを規定している。

(b) RCEP 協定（第 G 節 第 11.53 条 遺伝資源、伝統的な知識及び民間伝承）

　RCEP 協定交渉でも、GRTKF については参加国の間で立場に大きな隔たりがあった。最終盤になってワーキング・グループ議長の提案をもとに推進国グループと反対国グループとの間で何度も協議が行われた結果、最終的には、① GRTKF 保護についての任意規定、透明性の規定及び前記 TPP 第 18.16 条第 3 項を踏襲した規定を知的財産章に置くこと、② CBD について一般規定・例外章に規定することで合意に至った（なお、RCEP 協定には環境章は置かれていない）。

　第 G 節（遺伝資源、伝統的な知識及び民間伝承）には冒頭に注が置かれ、本節の規定が、GRTKF についての締約国の立場（WIPO の IGC 等の場を通じた二国間・多数国間の交渉におけるものを含む）に影響を及ぼさないことをまず確認している。

　第 1 項は、自国の国際的な義務に従うことを条件として、遺伝資源、伝統的知識及び民間伝承を保護する「適当な措置」を定めることができることを規定し、注において、「適当な措置」が、各締約国の決定する事項であり、当該各締約国の知的財産制度に必ずしも関係しないことがあることを確認している。

　第 2 項は、締約国は、自国の特許制度の一部として遺伝資源の出所・起源に関する開示要件がある場合、関連法令及び手続を利害関係者及び他の締約国が知ることができる方法により（可能であればインターネット上で）利用可能なものとするよう努めると規定し、内容にはフォーカスせず透明性の規定としている。そもそも、一般規定及び例外章の第 17.3 条第 1 項が、法令、手続及び一般に適用される行政上の決定について公表するなどの義務を定めており（TRIPS 協定第 63 条及びそれを踏まえた RCEP 協定第 11.77 条も透明性の規定である）、前記第 2 項はそれに含まれる内容を確認したものである（かつ努力規定となっている）。本項には、一部の締約国が、自国の特許制度において、PIC や ABS の証拠を要求しているとの事実を認識する旨の注が置かれているが、事実認識にとどまっている。

　第 3 項は、TPP 第 18.16 条第 3 項（a）～（c）と同旨の内容を定めており、同項（d）の審査官の訓練についての協力は第 11.76 条（協力及び対話）第 12 項が定めている。

　このほか、一般規定・例外章の第 17.10 条が CBD に基づく自国の権利及び責任を確認する旨を定めている（なお、最終規定章の第 20.2 条は国際協定の権利義務につ

いて定めている）。

3.　終わりに

　日本が 2002 年に日シンガポール EPA を締結したときには独立した知的財産章は含まれておらず、その後の ASEAN 各国やインド、チリ等との間で締結した EPA には知的財産章が設けられるようになった。

　その後日本は、2013 年 4 月から日 EU・EPA 交渉を開始し、2014 年 7 月には TPP 交渉に途中から参加し、RCEP 交渉は 2013 年 5 月から開始された。これらのメガ EPA における知的財産分野の交渉は、これまでの開発途上国との二国間交渉とは異なり飛躍的に複雑なものとなったが、結果的には、TPP は（TPP11 には凍結事項があるものの）知的財産分野における高いレベルの地域規範となり得る内容で合意された。また日 EU・EPA では、非常に困難な交渉を経て国際協定に基づく農産品を含む GI の相互保護が実現した。RCEP 協定は、中国及び韓国との初めての EPA であることに加え、TPP には及ばずとも TRIPS 協定を上回る内容を含む規範が合意され、TPP 非参加国の国内制度の底上げや制度調和に資する内容となっている。また、ACTA は未発効であるが、米国の FTA などに取り込まれることで相手国がその制度を導入し、また ACTA の規定を多く含む TPP や RCEP 協定が成立することにより、アジア・太平洋地域において TRIPS 協定を上回るレベルのエンフォースメントの地域規範化が進んでいると見ることができよう。

　今後は、本章の冒頭で述べたような交渉の複雑化に対応していかなければならない一方で、EPA/FTA を通じた知的財産分野のルールの地域規範化や共通ルール化を進めつつ、最終的にそれらを多数国間フォーラムでの合意や制度調和にいかに繋げていくのかという点の検討も必要になってこよう。

　日本は米国や EU とともに知的財産分野における世界の主要プレーヤーである。知的財産分野の国際交渉では、これまでの経験を活かしつつ、今後とも多数国間、地域間及び二国間の交渉や協力等を効果的に組み合せ、連携させながら、世界における知的財産分野の向上に貢献していくことが期待される。

[コラム] 奥深い地理的表示の世界へようこそ

　地理的表示（GI）は TRIPS 協定に定義が置かれているが，これに似た概念として，「原産地表示」（Indication of Source）や「原産地名称」（Appellation of Origin）があり，前者は工業所有権の保護に関するパリ条約などで，後者は原産地名称の保護及び国際登録に関するリスボン協定で用いられている。

　私たちになじみがある GI と言えば欧州のワインやチーズではないだろうか。例えば、フランスの「ボルドー」や「ブルゴーニュ」、「シャンパーニュ」などのワインのGI や、イタリアの「ゴルゴンゾーラ」や「パルミジャーノ・レッジャーノ」、フランスの「ロックフォール」や「コンテ」などのチーズの GI が有名である。

　ところで、「カマンベール」チーズはフランスの「カマンベール村」が発祥の地であるが、その後世界中で広く生産されて一般名称（generic term）となり、GI として保護されるのは「カマンベール・ド・ノルマンディ」という名称である（日 EU・EPA でも同じ）。EU では、「ブリー」、「エダム」、「ゴーダ」、「エメンタール」、「モッツァレッラ」なども一般名称とされている。日 EU・EPA では、それぞれ「ブリー・ド・モー」、「エダム・ホラント」、「ゴーダ・ホラント」、「エメンタール・ド・サヴォア」、「モッツァレッラ・ディ・ブファーラ・カンパーナ」について保護しており、一般名称部分は保護されない。

　また、チーズの「パルメザン」は米国では一般名称であるが、EU では「パルミジャーノ・レッジャーノ」を想起させるものとして使用が禁止されている。EU では、「カンボゾーラ」というチーズの商標が「ゴルゴンゾーラ」との関係で争われた。

　なお、米 EU ワイン協定は、米国で準一般名称として扱われている「シャンパーニュ」、「シャブリ」、「ポート」、「ソーテルヌ」、「シェリー」、「トカイ」などの GI を米国で引き続き使用することを認めている。そのため米国では、「California Champagne」というスパークリングワインが今でも販売されている。また、イタリアのスパークリングワインの GI「プロセッコ（prosecco）」について、オーストラリアでは「プロセッコ」というぶどう品種を栽培してワインを生産しているため、同名の表示をしたワインが販売されている（TRIPS 協定第 24 条第 6 項第 2 文参照）。

　GI は新大陸諸国間でも争いになることがある。蒸留酒の GI「ピスコ」（Pisco）を巡ってはペルーとチリとの間で外交問題にまでなった。「ピスコ」の名称はケチュア語で「鳥」を意味し、ペルーの Pisco の港町周辺で生産されていたのが起源とされる（チリの Pisco Elqui の町は 1931 年にElqui が改名されてできた）。ペルーは自国の「ピスコ」のみが正当な「ピスコ」との立場であるが、チリは自国の「ピスコ」も保護されるべきとの立場である。日本は、チリとの EPA では「チリ産ピスコ」（Pisco Chileno）、ペルーとの EPA では「ピスコ・ペルー」（Pisco Perú）を保護することで合意している。

6

政府調達・競争

Ⅰ. 政府調達

1. 日本の EPA における政府調達章

(1) 概要

　政府機関である各省庁や地方自治体等が物品やサービスを購入することを政府調達といい、通常は、各国の法令に従って一定の基準のもと、入札制度を利用して調達されている。EPA/FTA の政府調達章においては、この入札制度に、お互いの締約国の企業が公平なルールのもと相手国の入札に参加できるよう取り決めている。

　WTO 協定においては、「WTO 政府調達に関する協定（GPA）」があり、日本も受諾している。これは複数国間貿易協定といって、WTO 加盟国のうち有志の国が受諾する協定であり、この点、WTO のすべての加盟国が受諾する GATT や GATS とは異なっている。2021 年 1 月現在、GPA に加入手続中の国も複数あるものの、GPA の加盟国は 50 に満たない。GPA を受諾するには幅広い政府機関の調達制度において賄賂や入札の不正等を防止するための透明性と公平性をもった法整備とその運用が不可欠であり、新たに加入する国にとって GPA は今も高いハードルであるといえる。

　後述するように EPA の政府調達章においては、ルール規定や適用範囲など、この GPA の水準がひとつの目安となる。実際に GPA 加盟国同士である日・シンガ

ポール EPA は GPA の規定を準用しており、また日 EU・EPA においては GPA をベースにそれに付加する内容を規定する体裁をとっている。

　一方、GPA に加盟していない国との EPA においては、日本は相手国の実情にあわせて段階を追って将来的な市場開放が可能となるよう協定を結んでいる。

(2) 政府調達章の基本的な条文構成

　EPA/FTA における政府調達章の基本的な構成を、TPP を例に説明する。TPPの政府調達章は、条文構成及び対象調達機関の範囲において GPA にはない規定があり、レベルの高い内容となっている。TPP の政府調達の規定は本文 24 条と附属書にわたるため、その全体像を俯瞰してもらえるよう、ここでは便宜的にカテゴリーを以下の 4 つに分けておく。

　(a) 原則・定義

　内国民待遇、無差別待遇、安全保障例外といった原則あるいは政府調達章で使用する文言の定義を定める。

　(b) 調達手続

　政府調達計画の公示やその期間、入札に参加できる条件、入札説明書や入札の期間など具体的な調達の手続を定める。

　(c) 制度的事項

　政府調達章で定めた内容の見直しに関する規定や、政府調達に関する事項を話し合うための小委員会の規定等を定める条。

　(d) 対象機関・基準額

　政府調達章の規定が適用される範囲を定める条やその具体的な機関がリストアップされた附属書。指定した機関の調達すべてが対象となるわけではなく、物品・サービス・建築工事など分類ごとに調達機関に応じた基準額が設定されており、これら一定の基準額以上のものが政府調達章の規定の適用対象になる。

(3) 各 EPA における政府調達章の比較

　日本がこれまでに締結・署名済みの EPA の政府調達章の規定内容を比較し、その特徴を掴む上では、まずは上述の (d) において、具体的に政府調達章の対象とする機関名、基準額が各協定に附属書としてリストアップされているか否か、すなわち「市場アクセス」に関する要素の有無及びそのレベルを基準とすることが適当であろう。

　その上で、市場アクセスの要素がない協定については、調達手続に関する規定の有無により二つに分けることができる。調達手続に関する規定がない協定には、通

常、上記（a）原則・定義と（c）制度的事項に関する規定のみが含まれている。

　初期の EPA では、原則・定義と制度的事項のみの簡潔な政府調達章が設けられることが多かったが、最近のものでは、これらに加えて、調達手続に関する規定及び市場アクセスが盛り込まれるようになってきている。

　これら日本の締結済み EPA の政府調達章を一覧にしたものが図Ⅲ 6-1 である。GPA に加盟している日本としては、EPA 政府調達章を通じて日本の企業が相手国の政府調達市場により広く参入できることを重視しており、この観点から市場アクセスの拡大につながる交渉を続けている。

図Ⅲ 6-1　日本の締結済 EPA 政府調達章の一覧

市場アクセスがあるEPA

日・シンガポールEPA、日・メキシコEPA、日・チリEPA、
日・スイスEPA、日・ペルーEPA、日・オーストラリアEPA、
TPP11、日EU・EPA、日英EPA

市場アクセスがないEPA

調達手続に関する規定があるEPA

該当EPAなし

＊本文中の（a）(b)（c)を規定する。

調達手続に関する規定がないEPA

日・タイEPA、日・インドネシアEPA、日・フィリピンEPA、
日・インドEPA、日・モンゴルEPA

＊本文中の（a)（c)を規定する。

政府調達章がないEPA

日・マレーシアEPA、日・ブルネイEPA、
日・ASEAN包括的経済連携協定、日・ベトナムEPA

出典：筆者作成

2.　条文解説

　以下では、TPP を例に、主要な条文について上記 (2) での分類に沿って解説する。

(a)　原則・定義

・一般原則（第15.4条）

　ここでは EPA の政府調達章の大原則を定めており、TPP においては「内国民待遇」及び「無差別待遇」がまず規定されている。

　「他の締約国の物品及びサービス並びに他の締約国の供給者に対し、即時にかつ無条件で、次の物品、サービス及び供給者に与える待遇よりも不利でない待遇を与える」と規定されている（第1項）。ここでいう「次の物品、サービス及び供給者」は、国内及び他の締約国の物品、サービス及び供給者を指す（同項（ａ）及び

表Ⅲ 6-1　ＴＰＰ協定　政府調達の条文構成

(a) 原則・定義	(b) 調達手続	(c) 制度的事項	(d) 対象機関・基準額
定義（第15.1 条）	調達に関する情報の公表（第15.6 条）	経過措置（第15.5 条）	適用範囲（第15.2 条）
例外（第15.3 条）	調達計画の公示（第15.7 条）	政府調達に関する小委員会（第15.23 条）	附属書の修正及び訂正（第15.20 条）
一般原則（第15.4 条）	参加のための条件（第15.8 条）	追加的な交渉（第15.24 条）	附属書 15-A
中小企業の参加の促進（第15.21 条）	供給者の資格の審査（第15.9 条）		
協力（第15.22 条）	限定入札（第15.10 条）		
	交渉（第15.11 条）		
	技術仕様（第15.12 条）		
	入札説明書（第15.13 条）		
	期間（第15.14 条）		
	入札書の取扱い及び落札（第15.15 条）		
	落札後の情報（第15.16 条）		
	情報の開示（第15.17 条）		
	調達の実務における健全性の確保（第15.18 条）		
	国内の審査（第15.19 条）		

出典：筆者作成

（ｂ））。また、国内に設立された他の供給者より不利に取り扱うこと、他の締約国の物品又はサービスであることに基づいて差別することを禁止している（第2項）。

　したがって、政府調達にあたって国内産品や特定の締約国の産品であることを条件に指定したり、あるいは国内産品や特定の締約国の産品を優遇したりすることは協定違反となる。なお、ここでいう無差別待遇とは、あくまで締約国間の無差別を指すものであり、締約国と非締約国に対し同様に最も有利な待遇を与えること（最恵国待遇）が義務付けられている訳ではない。

　また、政府調達の方法は原則として公開入札によることが規定されている（第4項）。これは、政府調達が公平な競争によるものとなることを意図して規定されているものであり、公開入札によらない場合は別途の条（供給者の資格の審査（第15.9条）、限定入札（第15.10条））の規定に従わなくてはならない。加えて、国内の物品・サービスの組込みや、国内の供給者・技術の利用を要求すること等「政府調達の効果を減殺する措置」をとることも禁じられている（第15.1条定義及び第15.4条第6項）。

　さらに、政府調達に関する情報の公表、公示等につき、電子的手段により行われる機会を提供するよう努力すること（第8項）、電子的手段による場合は、一般的に利用可能な情報システム及びソフトウェアとの相互運用性及び信頼性を確保する仕組みを設け、維持することが定められている（第9項）。

　その他、物品に関する政府調達については通常の貿易において適用する原産地規則が適用されること（第5項）及び輸入に関連して課される関税や課徴金等、など政府調達に固有ではない措置については、内国民待遇及び無差別待遇が適用されないこと（第7項）について規定している。

・例外（第15.3条）

　政府調達章の規律の例外として、TPPでは、①公衆の道徳、公の秩序又は公共の安全の保護のために必要な措置、②人、動物又は植物の生命又は健康の保護のために必要な措置、③知的財産の保護のために必要な措置、④障害者、慈善団体、非営利団体又は刑務所労働により生産される物品又は提供されるサービスに関する措置の4つをあげている（第1項（a）〜（d））。ただし、これらは恣意的若しくは不当な差別の手段となるような場合や締約国間の国際貿易に対する偽装した制限となる場合は認められない。

　また、TPPでは人、動物又は植物の生命又は健康の保護のために必要な措置につき、「環境に関する措置」を含む旨、あえて明文規定を設けている（第2項）。

　なお、他のEPAやGPAでは、安全保障例外として自国の安全保障上の重大な利益の保護のための調達、例えば国防に関する調達などを適用外とすることが、政

府調達章の例外規定条文で規定されていることが多いが、TPPにおいて安全保障例外は第29章において通則として規定されて政府調達章にも適用されているため、政府調達章の中では規定されていない。

・中小企業の参加の促進（第15.21条）

現在発効済みの他のEPAやGPAにないTPP独自の規定として、中小企業の参加の促進についての規定がある。同条では、中小企業の政府調達への参加促進の重要性を確認するほか、中小企業に対する特恵的な待遇については透明性の確保を求めている（第1項、第2項）。

また、政府調達の門戸を、大企業に比べて資金力に劣る中小企業に広く開放するために、単一の電子的な窓口において、調達に関連する包括的な情報を提供すること、全ての入札説明書を無償で入手可能なものとするよう努めること、調達の規模、企画及び構成を考慮すること等を「可能かつ適当な範囲で」行うことを規定している（第3項）。

日本では、同条を踏まえて、JETROのホームページで各協定の対象調達が確認できるほか、政府電子調達（GEPS、ジープス）での情報提供を進めている。

・その他（第15.1条、第15.22条）

以上のほか、政府調達章で使用する用語の定義を定める定義条（第15.1条）及び締約国が情報交換等について協力するよう努力することを定めた協力条（第15.22条）がある。

(b) 調達手続
・調達に関する情報の公表（第15.6条）

本条では、政府調達に適用される法令等の措置や調達計画の公示、供給者の資格の審査、落札後の情報といった政府調達に関する情報を公表することを規定し、その情報を確認できる紙面や電子的手段を附属書15-A第Ⅰ節に掲載することを規定している（第1項、第2項）。これを受けて、日本の附属書では、法令については法令全書や官報等、公示等の情報については官報や外務省ホームページ等で公表することを、調達機関ごとに規定している。

・調達計画の公示（第15.7条）

調達計画の公示は、政府調達の入札への参加を希望する企業（供給者）が最初に参照する情報となる。そこで、本条においては、公示に含めるべき情報や媒体、公示する期間等を定め、誰にとっても分かりやすく、またアクセスしやすい公示が行

われることを目指している。

　公示は対象調達ごとに、各締約国が附属書15—Aに掲載する紙面や電子媒体により、①少なくとも当該調達計画の公示に応ずるための期間の満了の時まで又は②入札書を提出する期限まで、公衆が容易に閲覧できるようにすると規定されている（第1項）。調達計画の公示に含めるべき情報としては、公示された調達についての説明、入札書の提出の場所及び最終期限等が規定されている（第3項）。

　その他、調達計画の公示に英語を用いるよう努めること（第5項）、将来に予定されている調達計画の公示を各会計年度のできる限り早い時期に行うことを奨励すること（第6項）等を規定している。

・参加のための条件（第15.8条）

　本条においては、入札への参加条件が調達機関によって恣意的に定められることのないよう、対象調達への参加条件の設定に制約を課している。具体的には、参加条件として設定できるものは、供給者が対象調達の要件を満たすための法律上、資金上、商業上及び技術上の能力を有することを確保するためのものに限定される（第1項）。また、調達の要件を満たすために不可欠な場合には関連する過去の経験を要求することができるが、供給者が以前に特定の締約国の調達機関と契約を締結したこと等を調達に参加するための条件としてはならないと規定する（第2項）。

　その他、裏付けとなる資料がある場合に供給者を排除できる条件として、破産又は支払不能、虚偽の申告、過去の契約における実体的要件又は義務の著しい又は度重なる不備、租税の不払いを列挙している（第4項）。

・供給者の資格の審査（第15.9条）

　本条は供給者の資格の審査と選択入札について規定している。選択入札とは、日本でいう「指名競争入札」のことであり、契約の性質や目的により競争に加わるべき供給者が少数である入札をいう。選択入札は、後述の限定入札とは異なりあくまでも競争入札であるため、資格を有する供給者の全てが入札書を提出することを認めなくてはならない。入札制限をする場合には、供給者の数の制限や、制限された数の供給者を選択するための基準又は選択することが正当であるという根拠を調達計画の公示に明記しなくてはならない（第4項）。

　選択入札の際に、供給者を選別する仕組みとして機能するのが供給者登録制度と常設名簿である。これにより調達機関は事前に対象者を審査し登録することができるので、調達毎に全ての供給者を審査することを省くことができる。

　供給者登録制度は、特定の調達に関心を有する供給者が登録し、一定の情報を提供することを要求することができる（第1項）。これについては他の締約国の入札

参加への不必要な障害とならないよう採用又は適用するよう規定されている（第2項）。

　また、常設名簿についても、関心を有する供給者が当該常設名簿への記載を申請するよう招請するための公示が毎年行われること又は電子的手段により常に閲覧に供されることが条件とされる等、透明性を確保することや特定の供給者に差別的な待遇とならないよう規定が設けられている（第6項）。

・限定入札（第15.10条）

　限定入札とは「調達機関が、自己が選択した供給者と折衝する調達方法」をいう（第15.1条定義）。日本では、一般には「随意契約」と呼ばれ、調達機関が特定の供給者と契約を結ぶものである。競争入札ではないため、限定入札により公平で透明性のある調達が妨げられることのないよう、本条では適用にあたって以下の条件を規定している。

　すなわち、供給者間の競争を避けることを目的とし国内の供給者を保護する、又は、他の締約国の供給者を差別するように適用しないことが条件となる（第1項）。

　また、限定入札ができる場合として、条件を満たす供給者がいなかった場合、入札がなれ合いのものであった場合、美術品や特許権・著作権保護等、特定の供給者によってのみ供給可能である場合等、具体的に限定列挙している（第2項）。限定入札を用いる場合、調達機関は調達の性質に応じて、調達計画の公示や参加のための条件等の規定を適用しないことを選択することができると規定されている（第2項）。

・交渉（第15.11条）

　本条は、調達機関が入札において交渉を行うことができる条件を規定している。具体的には、調達計画の公示において当該調達機関が交渉を行う意図を明示した場合と、事前に定めた特定の評価基準により、どの供給者の提示内容が明らかに最も優れているか判断が難しい場合である（第1項）。

　また、交渉を行う場合には、交渉の対象外となる供給者の排除を事前に定めた評価基準に従って行うことと、引き続き交渉に参加する供給者に対し、再入札の共通の期限を定めることが義務づけられている（第2項）。

・技術仕様（第15.12条）

　本条は、入札時に要求される技術仕様が外国企業の参入障壁となることを防止する規定である。調達機関が技術仕様を定める際、当該技術仕様をデザイン等の特性よりも性能及び機能的な要件に着目して定めること、規格を定める場合には、①国

際規格＞②国内の強制規格＞③認められた国内の任意規格又は建築基準の優先順位
で定めることを規定している（第2項）。

　また、技術仕様を定めるにあたり、「特定の商標若しくは商号、特許、著作権、
デザイン、型式、産地、生産者又は供給者」を要件としてはならず、これらを用い
なければ調達の要件を説明できない等の場合は、「又はこれと同等のもの」という
表現を付すと規定している（第3項）。

　なお、本条の規定は、調達機関が、天然資源の保全又は環境の保護を促進するた
めの技術仕様（第6項）、政府の機微な情報の保護に必要な技術仕様（第7項）の立
案、制定又は適用を妨げるものではない。

・**入札説明書**（第15.13条）

　調達機関がどのような物品やサービスを調達しようとしているのか、公示に加え
てより詳細な情報を供給者に提供するのが「入札説明書」である。本条ではその入
札説明書に記載すべき内容（調達要件、参加のための条件、落札基準、開札日時・場所、
納入時期等）を列挙している（第1項）。また、落札の前に入札説明書の内容を変更
や修正する場合も、不公平な取り扱いにならないよう規定している（第4項）。

・**期間**（第15.14条）

　本条では、入札を希望する企業が公示や入札説明書から必要な情報を入手し、入
札書を準備し、提出するのに十分な期間を保障するための規定であり、調達の性質
及び複雑さ、電子的手段による入札ができない場合には郵送その他の手段による時
間を考慮することを規定している（第1項）。

・**入札書の取扱い及び落札**（第15.15条）

　落札が適正なものとなるよう入札書の取扱いは調達過程の公正性及び公平性並び
に入札書の秘密性を保障する手続によること（第1項）、落札の対象は、参加のた
めの条件を満たした供給者により書面によって提出され、入札説明書に定める基本
要件に適合する入札書であることが規定されている（第3項）。

　また、落札者は、「最も有利であること」、「価格が唯一の基準である場合には、
最低価格を提示すること」のいずれかの条件を満たす入札を行ったものであること
が規定されている（第4項）。

・**落札後の情報**（第15.16条）

　調達機関は、落札の決定を、入札書を提出した供給者に対し、速やかに通知する
ことが義務付けられており、その通知は、書面または、公示に落札の日が含まれて

いれば当該公示を速やかに行うことによって行うことができる（第1項）。これらの供給者への情報提供方法に関わらず、公式に指定された公表手段により、落札決定後、落札情報を速やかに公示する必要があり、公示に含める情報として、落札価額や落札した供給者の名称及び住所を含め計6つの情報を含めることと規定している（第3項）。また、調達機関は、落札後少なくとも3年間、関連する文書を保持することが規定されている（第4項）。

・情報の開示（第15.17条）

　本条は、締約国間の情報提供に関する規定である。他の締約国から要請があれば、締約国は、調達が公正かつ公平に、及び本章の規定に従って行われたかを示すために十分な情報を速やかに提供することが規定されている（第1項）。ただし、締約国は、法令による場合又は情報を提供した供給者の書面による承認がない限り、特定の供給者の正当な商業上の利益を害する情報、供給者間の公正な競争を害するおそれのある情報を開示してはならず（第2項）、秘密の情報の開示が、①法令実施を妨げることになる場合、②供給者の間の公正な競争を害する恐れのある場合、③特定の者の正当な商業上の利益を害することになる場合、④その他公共の利益に反することになる場合は、本章の規定が締約国に情報の開示を求めるものと解してはならない旨定めている（第3項）。

・国内の審査（第15.19条）

　本条では、協定の対象となる調達に対する異議申立てや苦情申立てを無差別、時宜を得た、透明性のある及び効果的な態様で審査するための、自国の調達機関から独立した公平な行政当局又は司法当局を維持し、設置し、又は指定することを規定している（第1項）。日本においては政府調達苦情検討委員会がそれにあたる。

　また、本条は、苦情申立ての解決の奨励、公平かつ時宜を得た考慮（第2項）、本章の規定の違反や不遵守があったと審査当局が決定した場合の損失又は損害に対する賠償（第4項）等を規定している。

　なお、TPPでは上記の他に調達の実務における健全性の確保（第15.18条）が規定されている。

（c）制度的事項
・追加的な交渉（第15.24条）

　締約国間の合意により追加的な交渉を行うことができる旨を定めた本条は、交渉する義務を課すものではなく、TPPのみならず、他のEPAにおいても概ね設けら

れている。他方、TPP においては、追加的な交渉のための見直しの目的として、明確に「調達機関の表の拡大並びに同附属書に規定する除外及び例外の削減により、市場アクセスの適用範囲を改善すること」と規定していること（第1項（a））は特筆すべきである。そのほか、同条では、見直しの目的として、附属書の基準額を改定すること、基準額の調整方式を改定すること、差別的な措置を廃止し、及び撤廃することの3つを規定している（第1項（b）～（d））。これらに加えて、協定の発効後3年以内に、地方政府を含む適用範囲の拡大に向けた交渉を開始することが規定されている（第2項）。

・政府調達に関する小委員会（第15.23条）

いずれかの締約国からの要請により、政府の代表者からなる政府調達に関する小委員会を設置することが規定されている。目的は政府調達章の規定の実施や運用に関する事項に対応するためとされており、協力（第15.22条）、追加的な交渉（第15.24条）についての検討が例示されている。

・経過措置（第15.5条）

TPP は多数国間協定であり、締約国間で国内制度の整備状況が異なるため、多くの国が履行する義務を協定に盛り込みつつも、直ちに履行が困難である開発途上締約国に対しては、経過措置として特定の義務について一定の期間の猶予など優遇措置が設けられている。他方、二国間協定となる他の EPA については、このような複数国間での履行能力の差を考慮する必要がないため、経過措置は設けられないことが多い。実際、日本と開発途上国の二国間での EPA において、政府調達章に経過措置を設けた例はない。

(d) 対象機関・基準額

・適用範囲（第15.2条）

政府調達章の対象となる範囲は、①附属書15-A の各締約国の表に掲載されている機関（調達機関）によって行われ、②同表に掲載されている物品・サービス又はこれらを組み合わせた調達であって、③公示を行う時点において規定に沿って見積もられた額が基準額以上であること等の条件を満たす調達であることが規定されている（第2項）。また土地、既存の建築物その他の不動産又はこれらについての権利の取得又は借入れや締約国が供与するあらゆる形態の援助などは対象外とされている（第3項）。

その他、見積りは調達の全ての期間にわたる調達価額の最大限の見積総額によるものとすることや（第8項）、最大限の見積総額が明らかでない場合には、対象調

達とみなすこと（第9項）、また金額を低くし対象調達外とすることを目的として、調達を分割することを禁止することが規定されている（第6項）。

・附属書15-A

　対象となる政府調達の具体的な範囲は締約国ごとに附属書に規定されており、TPP では第 A 節から第 J 節までの節が規定されている（表Ⅲ6-2 参照）。第 A 節から第 C 節においては対象となる調達機関とその基準額、第 D 節から第 F 節までは調達対象となるもの（物品、サービス）、第 G 節以降は基準額の調整方式（第 H 節）等が規定されている。ここでは特に重要な第 A 節から第 C 節を中心に説明する。

　対象となる調達機関とその基準額の規定は、例えば日本の中央官庁である<u>A 省</u>が物品やサービスを購入する際、調達金額の合計が<u>附属書に明記された基準額以上</u>の調達計画に関して、政府調達章のルールが適用され、同省が他締約国の企業からの入札を受け付けるということが分かる表となっている。協定上、具体的な基準額の表記には、為替の変動による混乱を避けるため、国際通貨基金（IMF）の準備資産である特別引出権（SDR）という単位が使われている。その上で、SDR と日本円等の各国通貨の換算率は、第 H 節のルールに従って、2 年毎に改訂される仕組みになっている。

　各締約国の対象機関は第 A 節〜第 C 節の 3 つの節に分けられており、日本の例でいえば、第 A 節機関は財務省、厚生労働省などの中央政府省庁、第 B 節機関は東京都、大阪府などの地方自治体、第 C 節機関は独立行政法人や国有企業など公益性の高い法人や企業である。これは締約国が自ら適用対象をリストアップし、相手国との交渉、最終的な合意のもと協定の附属書に記されている。

　ここで規定される対象範囲は、当然ながら相手国との合意内容によって異なり、例えば、日・シンガポール EPA においては、シンガポールに地方政府がないため日本側も地方政府を対象としていないが、日 EU・EPA においては、EU 側の約束のレベルに合わせ、政令指定都市に加えて法定人口 20 万人以上の中核市もその対象に加えている。

　他には、附属書の第 I 節において調達に関する情報を参照できる電子的媒体や紙面を、第 J 節において経過措置をそれぞれ規定している

表Ⅲ6-2　附属書 15-A

第 A 節	中央政府の機関
第 B 節	地方政府の機関
第 C 節	その他の機関
第 D 節	物品
第 E 節	サービス
第 F 節	建設サービス
第 G 節	一般的注釈
第 H 節	基準額の調整方式
第 I 節	調達に関する情報
第 J 節	経過措置

出典：筆者作成

（日本は、第 J 節は該当せず）。

・附属書の修正及び訂正（第15.20条）

　対象となる政府調達の具体的な範囲を規定する自国の表に関する修正は書面による通報でよいが、「既存の適用範囲の水準と同等の適用範囲の水準を維持するために必要な場合には（中略）補償的な調整を提供する」と規定されており（第１項）、他の締約国からの異議があれば、要請に応じて追加の情報を提供し、協議によって解決するようあらゆる努力を払うと規定されている（第２項〜第４項）。ただし、名称変更等の軽微な修正や、「締約国が自国による監督又は自国の影響を実効的に排除する」場合、すなわち、対象機関が政府の一部でなくなる場合にはこの規定は適用されない。

　民営化により国有企業でなくなった時点で政府調達の対象からは当然外れるべきものであり、また、より開放された民間の競争市場での取引となるため、政府調達章で規律すべきではないのは当然であるが、実際問題としては、一度リストに掲載されると相手国の理解を得なくてはならず、なかなか難しい面もある。

　実際、日本の場合、かつては GPA の付表３機関に JR 本州３社が含まれており、その民営化に伴って政府調達の付表３機関から削除しようとしたところ、各国からの指摘が相次ぎ、削除するまでに数年かかったというケースもあった。このため、TPP においては、上記のような規定を置いているのである。

3. 結び

　日本が初めて締結した EPA である日・シンガポール EPA では、両者が GPA 加盟国ということもあり、政府調達の規定が置かれているが、その後締結された二国間 EPA の中には、政府調達に関する規定がないものもあった。一方、日・メキシコ EPA（2005年発効）を皮切りに、日・チリ EPA（2007年発効）や日・ペルーEPA（2012年発効）等、GPA 非加盟国との間でも、市場アクセスを含む、充実した内容の政府調達章が設けられている。特に、近年の EPA においては必ずといって良よいほど政府調達章は設けられている。

　しかしながら、開発途上国の中には現在においても、自国の政府調達市場の参入にあたって自国企業のみの参入や自国企業との合弁企業の設立を義務付けるケースも見受けられる。それらの理由の背景には自国の産業保護や雇用維持などがあろうが、長期的に見れば、政府調達も含め、公正で開かれた市場環境の醸成が、自国企業の競争力強化にも役立つはずである。日本としては、EPA 交渉を通して、こうしたメリットを説き、粘り強く市場開放を求めていくことが肝要である。

[コラム] 入札の参加

　政府調達章は国や調達機関に対する義務を規定しているため、どうしても国や調達機関からの視点に偏りがちだが、ここでは視点を変えて、調達に参加する企業の立場から日本の政府調達のプロセスをみてみよう。

　調達に参加する企業は、多くの場合、事前に資格申請をして、競争入札に参加する資格を取得している。中央政府機関である省庁の調達への参加資格審査では、申請者の能力は、年間平均販売高、自己資本額等の数値化可能な審査項目で評価されており、物品の製造・販売等に係る競争契約への統一参加資格を取得すれば、全ての省庁において有効である。なお、資格の有効期間は一般に2年又は3年とされ、具体的な資格審査に関する内容は、12月から2月にかけての官報や県報等の公示によって公表されている。

　次に、企業は自社が提供する物品やサービスが対象となる調達情報について、官報等の入札公告や調達ポータルサイトを利用して必要な情報を入手する（写真参照）。EPA等で政府調達の対象となる調達に関する情報は、JETROの政府公共調達データベースで入手可能である。また、GEPSでは、中央政府機関の調達について、入札情報の入手にとどまらず、入札書の提出、落札結果確認、落札後の契約や代金請求を含めた一連の調達手続きを電子的に処理することが可能であり、今後の利用の拡大が期待されている。

　さらに企業は必要に応じて、より詳しい情報が掲載された入札説明書をオンライン等で入手する。入札説明会が開催されることもあり、日時や場所は、官報等に公告される。これらの情報をもとに、入札締切日までに入札書を調達機関に提出することで入札への参加が可能となる。

　各EPA締約国にもそれぞれの入札制度が存在しており、最近では、オンラインで政府調達関連の情報を入手できるよう整備している国も増えている。

JETRO 政府公共調達データベース

GEPS 調達ポータル

実際の入札公告（令和3年5月12日発行官報）

入札公告

次のとおり一般競争入札に付します。
令和3年5月12日
支出負担行為担当官
外務省大臣官房会計課長　岡野結喜子

●調達機関番号 014　●所在地番号 13

●第52号

1　調達内容
(1) 品目分類番号 73
(2) 購入等件名及び数量 令和3年度国際協力
広報動画の制作及びプロモーションに係る
一式業務
(3) 調達案件の仕様等 入札説明書による。
(4) 履行期間 令和4年3月31日
(5) 履行場所 支出負担行為担当官が指定する
場所。

(6) 入札方法 落札者の決定は、総合評価落札方式をもって行うので、入札書、総合評価のための業務実施の具体的な方法、その質の確保方法等に関する書類（以下「総合評価のための書類」という。）及びその他入札説明書等に定める入札に必要な書類（以下「その他の必要な書類」という。）を提出すること。また、入札書に記載する額は、業務に関する一切の諸経費を含めた総価を記載すること。なお、落札決定に当たっては、入札書に記載された金額に当該金額の10％に相当する額を加算した金額（当該金額に1円未満の端数があるときは、その端数金額を切り捨てるものとする。）をもって落札価格とするので、入札者は、消費税及び地方消費税に係る課税事業者であるか免税事業者であるかを問わず、見積もった契約金額の110分の100に相当する金額を入札書に記載すること。

(7) 入札書の提出方法「電子調達システム」を利用するが、入札書、総合評価のための書類は持参とする。「その他の必要な書類の提出は「紙」にて行うものとする。

2　競争参加資格
(1) 予算決算及び会計令第70条の規定に該当しない者であること。なお、未成年者、被保佐人又は被補助人であって、契約締結のために必要な同意を得ている者は、同条中、特別の理由がある場合に該当する。

(2) 予算決算及び会計令第71条の規定に該当しない者であること。
(3) 令和元・2・3年度外務省競争参加資格（全省庁統一資格）において「役務の提供」のA、B、C又はD等級に格付けされた競争参加資格を有する者であること。
(4) 外務省から指名停止を受けている期間でないこと。
(5) 入札説明会に参加した者であること。

3　入札書の提出場所等
(1) 入札書の提出場所、契約条項を示す場所、入札説明書の交付場所
〒100-8919 東京都千代田区霞が関2-2-1 外務省大臣官房会計課 和気美香　電話03-3580-3311 内線3779　FAX03-5501-8097
メール　choutatsu-service-1a@mofa.go.jp
(2) 入札説明書の交付方法 上記3(1)において電磁的に交付する。
(3) 入札説明会の日時及び場所 令和3年5月26日午前11時00分　外務省内・開札室
(4) 入札書の受領期限及び提出方法 持参は、出納事務官を令和3年5月25日午後3時00分までに上記3(1)まで、メール又はFAXにて提出すること。
(5) 開札の日時及び場所 令和3年7月12日午前11時00分　外務省内・開札室

4　その他
(1) 入札及び契約手続において使用する言語及び通貨 日本語及び日本国通貨。
(2) 入札保証金及び契約保証金 免除。
(3) 入札者に要求される事項
① この一般競争入札に参加を希望する者は、封印した入札書に「入札書番号」という。）及び、入札書、総合評価のための書類及びその他の必要な書類を提出しなければならない。

(2) 予算決算及び会計令第71条の規定に該当しないこと。
(3) 令和元・2・3年度外務省競争参加資格（全省庁統一資格）において「役務の提供」のA、B、Cは以上等級に格付けされた競争参加資格を有すること。
(4) 外務省から指名停止を受けている期間でないこと。
(5) 入札説明会に参加した者であること。

3　総合評価のための書類及びその他の必要な書類は外務省において技術審査するものと、審査の結果、採用し得ると判断したものを入札の対象とする。
(4) 入札の施設 本公告に示した競争参加資格のない者による入札、入札者に求められる義務を履行できない者による入札及び入札に関する条件に違反した入札は無効とする。また、上記3の3の契約書を提出せず、又は提出後において落札者となったときは、当該者の入札を無効とする。
(5) 契約書作成の要否 要。
(6) 落札者の決定方法 本公告に示した業務を確実に履行できると支出負担行為担当官が判断した入札者の中から、予定価格の制限の範囲内の価格をもって入札した者のうち、当該落札方法に従って算出された数値の最も高い者を落札者とする。ただし、落札者となるべき者の入札価格によっては、その者により当該契約の内容に適合した履行がなされないおそれがあると認められるとき、又はその者と契約を締結することが公正な取引の秩序を乱すこととなるおそれがあって著しく不適当であると認められるときは、予定価格の制限の範囲内の価格をもって入札した他の者のうち、次に述べる評価の方法による得点の最も高い者を落札者とすることがある。
(7) 手続における交渉の有無 無。
(8) その他 詳細は入札説明書による。

5　Summary
(1) Official in charge of disbursement of the procuring entity: OKANO Yukiko, Director of the Financial Affairs Division, Minister's Secretariat, Ministry of Foreign Affairs.
(2) Classification of the services to be procured : 73
(3) Nature and quantity of the services to be required : Publication of ODA-related PR Materials.
(4) Fulfillment period: March 31, 2022
(5) Fulfillment place : The place will be specified later.
(6) Qualification for participating in the tendering procedures: Suppliers eligible for participating in the proposed tender are those who shall : ①not come under Article 70 of the Cabinet Order concerning the Budget, Auditing and Accounting. Furthermore, minors, Person under Conservatorship or Person under Assistance that obtained the consent necessary for concluding a contract may be applicable under cases of special reasons within the said clause ; ② not come under Article 71 of the Cabinet Order concerning the Budget, Auditing and Accounting ; ③have Grade A, B, C or D "offer of services, etc" in terms of the qualification for participating in tenders by the Ministry of Foreign Affairs (Single qualification for every ministry and agency) in the fiscal years 2019, 2020 and 2021. ④attend tender explanation meeting.
(7) The person who is not been suspended from Transactions by the request of the Ministry of Foreign Affairs.
(8) Date and time of tender explanation meeting : 11 : 00 a.m. May 26, 2021
(9) Time-limit for tender : 00 noon July 1, 2021
(10) Contact point for the notice: FURUJO Hayato, Aid Policy and Management Division, International Cooperation Bureau, Ministry of Foreign Affairs 2-2-1 Kasumigaseki, Chiyoda-ku, Tokyo 100-8919 Japan. TEL. 03-3580-3311 ext. 2581

（本政府調達86号）

報　官　（水曜日）令和3年5月12日　3

Ⅱ. 競争

1. 競争章の概要

(1) EPA における競争章

　EPA の競争章は、反競争的行為に対して適当な措置をとることを規定する。これにより、私的独占や不当な取引の制限、より具体的には談合や市場の独占、寡占による不当な商品価格設定といった反競争的行為が、貿易や投資の効果を阻害しないようにすることを目的とする。

　日本では独占禁止法を運用する競争当局として公正取引委員会を設置している。近年では消費者の保護も EPA の競争章において規定されるようになってきているが、景品表示法（不当景品類及び不当表示防止法）は 2009 年の消費者庁設置に伴い、同庁の所管となっている。

　また、EPA の競争章は、締約国間、競争当局間の協力につき規定することにより、競争法の域外適用により他国との間で生じる問題等を解決することも目的としている。これを理解するために、各国の競争政策が国際的な問題に発展する場合の例として、日本が外国からある原料を輸入している場合（A）と、日本の企業が製品を外国に輸出する場合（B）とを考えてみよう。

　まず A の輸入のケースにおいては、例えば生産者が限られているある希少な原料を外国から輸入する場合に、それらの生産者が価格カルテルを結んでしまい、日本の輸入業者、ひいては消費者が不利益を被っていると公正取引委員会によって判断される場合などが想定される。国内であれば、排除措置命令を出すこともできるが、違反している企業が外国にあり、外国で取引を実施していても制裁の対象となるのだろうか。これに関し、国際法では、領域内の市場に効果や影響をもたらす場合は一定の条件のもと、属地主義の例外として当該国の法律を適用するという「効果理論」という考え方があり、競争法の域外適用も国際的に確立している。日本においても A のようなケースにおいて排除措置命令等の事例が確認できる。

　続いて B の輸出のケースはどうであろうか。例えば、外国の輸入企業がカルテル等を結んでおり日本の輸出企業の利益が損なわれている場合が想定される。この場合、相手国企業が日本の競争法に抵触する可能性がある。他方、上記のようなケースとは異なり、相手国企業の行為により、日本国内における市場価格が高騰するようなことはないので、日本の国内市場の競争環境に直接的な「効果」が生じているとは言い難い。このようなケースにおいて、他国の企業に自国の競争法令を域外適用することにつき、国際的な合意は形成されておらず、当事国間で軋轢が生じ

た例もあった。そのため、このような事態を事前に回避するべく、二国間独占禁止協力協定や、EPA/FTA の競争章により、相手国との協力を規定する動きが進んでいくこととなったのである。

(2) 競争章の基本的な条文構成

EPA における競争章の構成の一番の特徴は、「基本協定」、すなわち EPA の競争政策章と、「実施取極」の二層構造となっている協定が多い点である。

基本協定と実施取極との違いは前者が条約として、今後の改正も含め国会承認が必要なものであるのに対し、後者はすでに国会の承認を得た条約や国内法令の範囲内で行政府が結ぶ国際約束のことであり、国会承認を必要とせず、締結後も必要に応じて行政府の判断で迅速に改正等ができる点が特徴である。

基本協定と実施取極で規定される主要な内容は以下のとおりである。

(a) 基本協定
　　・各締約国が反競争的行為に対して適切な措置をとること。
　　・各締約国が反競争的行為の規制に関して協力を行うこと。
　　・基本原則（無差別待遇、手続公平性、透明性の原則）を遵守すること。
　　・競争章を紛争解決手続から除外すること。
(b) 実施取極
　　政府間（主に競争当局間）の具体的な協力内容を規定する。
　　・通報：相手国の重要な利益に関する自国の執行活動に関し，相手国側の競争当局に通報すること。
　　・執行協力：相手国側の競争当局の執行活動に対して支援を行うこと。
　　・情報提供：相手国側の競争当局の執行活動に関連する情報を提供すること。
　　・執行調整：双方に関連する反競争的行為に対する執行活動を調整すること。
　　・積極礼譲：相手国側の競争当局に対して執行活動を行うよう要請すること。
　　・消極礼譲：自国の執行活動において相手国側の重要な利益に考慮を払うこと。
　　（※その他、技術協力、透明性、協議、情報の秘密性等に関する規定が設けられる場合もある。）

この (a) 基本協定と (b) 実施取極の二層構造が二国間 EPA における競争章の基本的な構成となる。図Ⅲ 6-2 は EPA における競争章の比較表である。実施取極や当局間取決めがある EPA においても積極礼譲と消極礼譲（詳細後述）の規定があるものとそうでないものがあり、図Ⅲ 6-2 ではこれらの規定を有する EPA を実

図Ⅲ 6-2　日本の締結済み EPA 競争章の一覧

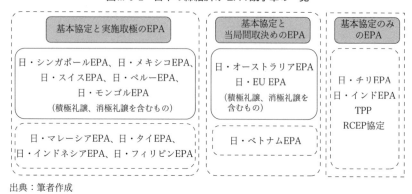

出典：筆者作成

線で示している。

　日・オーストラリア EPA 等、基本協定だけの EPA もあるが、こうした協定においても競争当局間取決め（国際法上の法的拘束力は有さない）が結ばれており、実質的には二層構造となっている。また、多数国間協定である TPP や RCEP 協定等の競争章においては、（b）の実施取極の内容を（a）の基本協定に含めており実施取極がない。日・チリ EPA と日・インド EPA においては、実施取極も当局間取決めもなく基本協定のみとなっている。

　さらに、例外的ではあるが、ブルネイ・ダルサラーム国のように、そもそも洗練された競争法や競争当局を持たない開発途上国を含む多数国間協定においては、附属書を設け、協定で定められた内容を実施するまでの適用除外期間を国ごとに規定している。

2. 条文解説

　以下、TPP を例に競争章の各条文を解説する。前述のとおり、TPP には実施取極はないが、他の EPA で実施取極として規定している内容を協定本体の競争章の中に取り込んでいる。

(1) 第 16.1 条 競争法令及び競争当局並びに反競争的な事業行為

　本条では、締約国が、経済効率及び消費者の福祉を促進することを目的として、反競争的な事業行為を禁止する国の競争法令を制定・維持し、その行為に対し適当な手段をとることを規定している（第 1 項）。また、その競争法令の執行の責任を負う国の競争当局を維持することも規定している（第 3 項）。

同時に、一定の場合には、競争法令の適用除外も認めているが、その適用除外は、透明性があり、公共政策や公共の利益に基づくものであることを規定している（第2項）。この規定に基づき、日本においては、著作権法や特許法等に基づく権利の行使のほか、一定の条件を満たした法律の規定に基づく組合等について適用除外としている。

なお、第1項で各国の国内法令において考慮すべきとされる APEC の原則（1999年9月作成）では、無差別性、包括性、透明性、説明責任、実施が挙げられている。

(2) 第16.2条 競争法令の執行における手続の公正な実施

本条は、競争法令の執行における手続の公正な実施を定める、いわゆる「デュー・プロセス条項」である。従来の二国間 EPA では、自国の法令に従い、行政上及び司法上の手続を公正な方法で実施する（日・モンゴル EPA 第11.4条）等簡潔な規定が多いのに対し、TPP も含め、最近締結された多数国間協定ではより詳細な規定が置かれている。また、TPP では実施取極がないため、多くの場合に実施取極で規定している「情報の秘密性」についても本条に規定を設けている。

第1項から第3項においては審査や是正措置の決定などの競争法令の執行の過程における手続に関する規定である。競争法令に違反した者に対し、制裁を科し、又は是正措置をとる前に、競争当局が有する競争上の懸念について情報を提供すること、弁護人により代理される合理的な機会を与えられること等を締約国が確保することを規定している（第1項）。

第4項では競争法令の違反について、違反者に対して再審理を求める機会を与えること、第5項では競争当局にその執行活動の対象となる者との間の合意により自主的に解決する権限を与えることを規定している。

さらに、競争当局がこれらの情報を執行手続において使用する場合、審査又は捜査の過程において入手する事業上の秘密の情報やその他法令により秘密として取り扱われる情報の保護について定めることが規定されている（第8項）。こうした秘密情報の保護は、日本では、公務員の守秘義務（国家公務員法第100条第1項）や独占禁止法第39条の守秘義務等で確保されている。

また、競争当局がこれら情報を執行手続で使用する場合、審査又は捜査対象となる者が競争当局の主張に対して適切な防御の準備を行うために必要な情報を適時に入手することを認めるための手続を定めると規定している（第8項）。これは日本では独占禁止法第52条及び刑事訴訟法第299条で規定されている。

そのほか、競争法令の違反に対する立証責任は競争当局が負うこと（第7項）等を規定している。

(3) 第16.3条 私訴に係る権利

　私訴に係る権利とは、「競争法令の違反により自己の事業又は財産に損害を受けた者が、独自に又は国の競争当局による当該違反の認定の後に、裁判所又は他の独立した審判所による救済（差止め、金銭的救済その他の救済を含む）を求める権利をいう」とされている（第1項）。

　つまり、ある事業者の競争法令違反行為により損害を蒙った他の事業者がその損失の補填や差止めを求める権利を指す。

　TPPでは、競争法違反に対する公的制裁のみならず、競争法違反により生じた損害の私的救済を確保する観点から、被害を受けた者が、この私訴に係る権利を独自に行使することについて定める法令その他の措置を締約国が採用し、又は維持すべきこと（第2項）、また、それができない場合には、競争当局による審査・捜査及び裁判所等による救済を求めることを認めるべきこと（第3項）を規定している。この規定はTPP独自の規定であり、他のEPA競争章には見られない。また、私訴に係る権利について自国の者に与えられる条件よりも不利でない条件で他の締約国の者が行使できることを確保することが規定されている（第4項）。この点に関し、日本では、民法第709条による不法行為による損害賠償責任に加え、独禁法第24条による差止請求が規定されており、後者については侵害の予防の請求も認められている。

(4) 第16.4条 協力

　本条では、締約国の競争当局間の協力について規定している。協力の内容については、競争政策の策定に関する情報の交換と競争法令の執行に関する問題についての協力の2点を挙げている（第1項）。また、競争当局間での相互に合意する協力の条件を定める協力に関する取決め又は合意を行うことを検討することができるとしている（第2項）。

　なおTPPは競争当局間の通報は上記の規定のみとなっているが、二国間EPAにおいては、実施取極において通報に関する条を設け、他方の締約国政府の重要な利益に影響を及ぼす可能性があると認める自国政府の活動について他方の締約国の競争当局に通報するとの内容を規定することが多い。

(5) 第16.5条 技術協力

　本条は、競争法令の策定、適用及び執行、また競争政策の策定や実施における多様な経験を締約国間で共有し、技術協力を行うことを規定している。具体的には、職員の交流を含む助言や訓練の提供、競争に関する啓発についての情報及び経験の交換、新たな競争法令を実施する締約国に関する支援を含め、利用可能な資源の範

囲内で、相互に合意する技術協力を行うことを検討する旨定めている。

(6) 第16.6条 消費者の保護

本条は、消費者の保護、特に詐欺的や欺まん的な商業活動について規定している。消費者保護は、従来は、競争章の一部として扱われておらず、EPA/FTA に関連規定が盛り込まれることもなかったが、非競争的な市場環境において生じる大きな弊害の一つが、消費者の利益の侵害であることから、徐々に双方の関連性が意識されるようになり、競争章に消費者保護に関する規律が盛り込まれるようになった。日本が締結している EPA については、日・オーストラリア EPA で初めて本規定が設けられて以降、近年、本規定を有する EPA が増えてきている。

各締約国は、消費者の保護に関する法律その他詐欺的又は欺まん的な商業活動を禁止する法令を制定し、又は維持すると規定されている（第3項）。これは刑事法だけでなく民事法も含めているとされ（同項注）、日本では消費者基本法等のほか民法、刑法に規定がある。

詐欺的又は欺まん的な商業行為とは「消費者に現実の害をもたらし、又は防止されない場合に現実の害をもたらす急迫したおそれがある詐欺的又は欺まん的な商業行為」とされ、具体例として、消費者の経済的損失に繋がるような重大な虚偽表示等を挙げている（第2項）。

その他、締約国間の協力や調整について規定されている。

(7) 第16.7条 透明性

本条には、各締約国が、自国の競争に関する執行政策をできる限り透明性のあるものとするための規定が設けられている（第1項）。

具体的には、締約国は、他の締約国からの要請があった場合には、自国の競争法令の執行に関する政策及び実務、自国の競争法令の適用除外及び免除について、当該要請を行った他の締約国に対し、これらの公開情報を入手可能なものとすることが規定されている（第3項）。ただし、競争法令の適用除外及び免除については、要請をする締約国は、物品等その対象を特定し、当該競争法令の適用除外及び免除がどのように締約国間の貿易や投資を妨げるおそれがあるか説明する必要がある（第3項）。

また、競争法令の違反を認定する最終的な決定は書面によること、刑事事件でない場合にはその事実認定及び論拠をその書面に記載することを規定している（第4項）。日本においては公正取引委員会の排除措置命令等がこれにあたる。

また、各締約国は APEC の競争法及び競争政策に関するデータベースにおいて、自国の情報を維持・更新するよう努めることも規定されている（第2項）。

(8) 第 16.8 条 協議

本条においては、競争政策章の規定の下で生ずる特定の問題に対処するため、他の締約国からの要請に応じて協議することを規定している。要請においては、適当な場合には貿易又は投資に及ぼす影響を明示するとされ、要請を受けた国は、要請を行った他の締約国の懸念に十分かつ好意的な考慮を払う旨定めている。TPP も含め、競争政策章では紛争解決章は不適用となるため（次条参照）、本協議規定を用いて締約国間の問題解決を図ることとなる。

(9) 第 16.9 条 紛争解決の不適用

競争政策章は、第 28 章の紛争解決の適用対象外となることを規定している。競争法の域外適用について様々な議論がある中、国際的にも競争当局間のトラブルについて国際仲裁手続を通じて解決を図る慣行は確立されておらず、日本が締結済みの EPA においても競争章はいずれも紛争解決章を不適用としている。

(10) 附属書 16-A

TPP 加盟国のうち、ブルネイ・ダルサラーム国については、交渉時に競争法令及び競争当局を有していなかったため、第 16.2 条（競争法令の執行における手続の公正な実施）、第 16.3 条（私訴に係る権利）及び第 16.4 条（協力）について、協定の効力発生の日の後 10 年を越えない期間、適用を除外されている。

ただし、この期間中に競争当局を設置した場合には、その設置の日より上記 3 条が適用される。

(11) 積極礼譲と消極礼譲

上述したとおり、国境を越えた反競争的な行為について、各国が自国の領域内を越えて自国の法令を域外適用することは実務上しばしば行われているが、当然のことながら、こうした域外適用は、関係国との間で少なからぬ摩擦を生むこととなる。これを未然に回避するための規定が、「積極礼譲」と「消極礼譲」である。前者は相手国の競争当局に対して執行活動を行うよう要請することをいい、後者は自国の執行活動において相手国の重要な利益に考慮を払うことをいう。EPA、特に二国間 EPA では、これらについて、実施取極の中で規定されることが多い。

TPP においては、積極礼譲と消極礼譲の規定がないため、ここでは日・モンゴル EPA の実施取極を例に解説する。

(a)〈積極礼譲〉日・モンゴル EPA 実施取極 第 3.7 条 一方の締約国における反競争的行為であって他方の締約国政府の利益に悪影響を及ぼすものに関する協力

　本条では、一方の締約国の競争当局が、他方の締約国において行われた反競争的行為が自国政府の悪影響を及ぼすと信ずる場合には、その競争当局は他方の競争当局に対し、適切な執行活動を開始するよう要請することができると規定している（第 1 項）。これは、いわゆる「できる」規定であり、要請する義務がある訳ではない。

　要請を受けた競争当局は、執行活動を開始するか否か、又は現に行われている執行活動を拡大するか否かを慎重に検討し、その決定を実行可能な限り速やかに要請を行った競争当局に通報することとし、また、要請を受けた競争当局が執行活動を開始する場合には、執行活動の最終的な結果を通報し、かつ、暫定的な進展のうち重要なものを可能な範囲で要請を行った競争当局に通報すると規定している（第 3 項）。

　なお、本条の規定は、第 1 項に基づく要請を受けた競争当局が執行活動を行うか否かに関し、競争法及び執行政策の下で有するその競争当局の裁量を制限するものでなく、また、要請を行った競争当局がその要請を取り下げることを妨げるものではないとされている（第 4 項）。「礼譲」という言葉の示すとおり、いずれも義務的な色彩の薄い規定となっているといえる。

(b)〈消極礼譲〉日・モンゴル EPA 実施取極 第 3.8 条 執行活動に関する紛争の回避

　本条では、一方の締約国政府は、自己の執行活動のあらゆる局面において、他方の締約国政府の重要な利益に慎重な考慮を払うと規定している（第 1 項）。

　また、一方の締約国政府が他方の締約国政府による特定の執行活動が自己の重要な利益に影響を及ぼす可能性があることを他方の締約国政府に通報した場合には、他方の締約国政府は、自国の法令に適合する限りにおいて、その執行活動の重要な進展について適時に通報するように努めると規定している（第 2 項）。

　さらに、両政府が利害の競合を調整するに当たり考慮すべき要素として、反競争的行為がそれぞれの締約国政府の重要な利益に及ぼす相対的な影響、各締約国の市場における競争を実質的に減殺する程度、関連する資産及び取引の当事者の所在地等を挙げている（第 3 項）。

（12）情報の秘密性と刑事手続のための情報の使用

　上述のとおり、TPP では第 16.2 条第 8 項等において情報の秘密性につき規定しているが、他の EPA では、実施取極でより詳細な内容が規定している例もある。

　日本においては独占禁止法違反には刑事罰も適用されるため、法務省等の他の法

執行当局に情報を通報する必要があり、また裁判でもそれらの情報を使用する可能性があるため、日本と相手国との法体系を踏まえながら各 EPA の実施取極を結んでいる。(11) 同様、日・モンゴル EPA 実施取極を例に解説する。

(a) 日・モンゴル EPA 実施取極 第 3.12 条　情報の秘密性

一方の政府又は競争当局から実施取極の規定に従って提供される情報については、競争法令の執行の目的のためにのみ使用することが認められている。また、政府間の場合は第三者、競争当局間の場合は第三者又は他の当局に伝達することはそれぞれ禁止されている。ただし、提供者である政府又は競争当局から別段の承認がある場合はこの限りではない（第 1 項）。

上記規定にかかわらず、情報を受領する競争当局は、他の締約国の競争当局が別段の通報を行う場合を除くほか、競争法令の執行のために関連する法執行当局に情報を伝達することができる。また、当該法執行当局は、その政府が実施取極の規定に従って情報の秘密性を保持する場合、その情報を使用することができる（第 2 項及び第 3 項）。ただし、情報を提供する側の政府がその情報を開示する場合、秘密性の保持は求められない（第 3 項）。

加えて、情報の提供を求められた政府は、秘密性又は情報の使用目的の制限に関し、自己が要請する保証を相手国政府から得られない場合は、情報の提供を限定することができると規定されている（第 4 項）。

(b) 日・モンゴル EPA 実施取極 第 3.13 条　刑事手続のための情報の使用

一方の締約国政府から他方の締約国政府に実施取極の規定に従って提供される情報は、情報の提供を受ける締約国の裁判所又は裁判官が行う刑事手続において使用してはならないと規定されている（第 1 項）。裁判所や裁判官が行う刑事手続における使用が必要な場合には、当該情報に対する要請を外交上の経路又は情報を提供する締約国の法令に従って設けられたその他の経路を通じて提出する必要がある（第 2 項）。

3. 結び

日本が EPA 交渉を始めた当初は、相手国が包括的な競争法令や競争当局を有していないこともあったが、日本の競争当局である公正取引委員会は、これらの国々に対し、技術協力や情報提供を行うことで、各国の競争法令の構築・実施に対し貢献をしてきている。現在では、こうした国々も国内競争法令や競争当局を整備しており、開発途上国において関連法令や体制整備の重要性が認識されてきた点は歓迎すべきことである。

　EPA/FTA やその他の協定に基づいて各国間の貿易や投資が拡大しても、そこに適切な競争原理が働かなければ、消費者のメリットは拡大しない。企業活動の国際化や国際的な企業の合併等が拡大するに連れて、自由主義経済を歪める反競争的行為の取り締まりに関する国際的な協力がより重要になってきていると言えよう。

[コラム] 競争は海を越え、山を越え、谷を越え、コロナ禍を越え

　2017 年の 8 月から 4 年連続、筆者は日本主催による APEC の競争章ワークショップにモデレーターとして参加する機会に恵まれた。事の発端は、RCEP 協定交渉における競争章担当交渉官として、同章の交渉に臨む中で、国有企業の規律等をアジア諸国との EPA に導入するためには、そもそも、競争章とは何か、国有企業の規律とは何かを様々なフォーラムで説明し、理解を得ていく必要性を痛感したことである。こうした思いを抱いていたところ、たまたま、APEC で競争章に関するワークショップを開催する話が持ち上がり、モデレーターとして企画段階から同議論に参加することとなった。

　第 1 回目は 2017 年 8 月にベトナムのホーチミン市で開催された。この時は、競争章の規律を入り口としつつ、国有企業の規律等を hidden agenda として取り上げた。第 2 回目はパプア・ニューギニアのポートモレスビーで 2018 年 8 月に開催され、この時は競争章自体により特化し、競争章自体の議論に含めるべき「望ましい要素」と「選択的要素」に合意することができた。第 3 回目は風光明媚なチリのプエルト・バラスで 2019 年 8 月に開催され、上記要素についてのグッド・プラクティスの紹介等を行った。コロナ禍の影響を受けた第 4 回はオンライン形式で開催され、APEC ビジネス諮問委員会（ABAC）の協力も得て、補助金及び国有企業のあり方に関する研究・取組、消費者保護、ジェンダー、中小企業（SME）など包摂性の観点からの議論、新型コロナウィルス感染症の拡大を受けて EPA/FTA の競争政策が果たしうる役割に関する議論が行われた。

　こうした一連の議論を通じて、競争章及び国有企業や補助金の規律に関する議論を EPA 交渉の場以外において広め、深められたと考える。これらワークショップの詳細について、以下のリンクを参照願いたい。

（https://www.mofa.go.jp/mofaj/ecm/apec/page24_001067.html）

7

法的・制度的事項

I. 総則

1. 概要

　総則章は、各章において別の規定が置かれる場合を除き、協定の全章に適用される規定を置いている。すなわち、本章の規定は EPA における通則規定である。もちろん、全ての章に適用される規定について、個別の章にいちいち当該規定を置くことも方法としてはあり得るが、解釈の安定性（各章に同様の規定を置く場合、それらの規定の相互関係が不明確となり得る）や見やすさ（総則章を見れば、適用関係が一見して判断できる）の観点等から、日本は、通則的な規定については、可能な限り総則章（及び最終規定章）においてまとめて規定する方針を採っている。

　総則章には、通常、協定の目的、一般的定義の他、行政手続に関する規定や司法機関に関する規定、一般的例外及び安全保障のための例外、他の協定との関係、合同委員会等の規定が置かれる。ただし、具体的な構成は協定によって様々であり、例えば、TPP は総則章が設けられず、「冒頭の規定及び一般的定義」章、「透明性及び腐敗行為の防止」章、「運用及び制度に関する規定」章、「例外及び一般的規定」章がそれぞれ設けられている。これに対して、日 EU・EPA は総則章の中に目的・一般的定義、安全保障のための例外、他の協定との関係の規定が設けられているほか、「透明性」章、「規制に関する良い慣行及び規制に関する協力」章、「制

度に関する規定」章がそれぞれ設けられている。

2.　条文解説

　以下では、TPP の冒頭の規定及び一般的定義章、例外及び一般的規定章、運用及び制度に関する規定章を中心に、日 EU・EPA の総則章も併せ、主な条文について解説を行う。

(1)　目的条（日 EU・EPA 第 1.1 条）

　目的条は、協定の目的を列挙しており、それらの目的は協定の内容と基本的に対応している。日 EU・EPA では、協定が日 EU 間の貿易及び投資を自由化及び促進し、両締約国間のより緊密な経済関係を促進することを目的とすることを規定する。なお、TPP に目的条は設けられていない。

(2)　一般的定義条（TPP 第 1.3 条、日 EU・EPA 第 1.2 条）

　一般的定義条は、協定の全体を通して適用する用語の定義を置いている。TPP（第 1.3 条）では、「ダンピング防止協定」や「APEC」のように固有名詞の略称を定義するものや、「対象投資財産」や「再製造品」といった専門的な用語の定義だけでなく、「関税」や「企業」、更には「日（days）」や「者（person）」等、広く一般的に使用されるような用語についても定義している。これらの定義によって、例えば、「者（person）」には自然人のみならず企業も含まれ、「企業」には非営利目的の団体も含まれうることになっている。

(3)　租税条（TPP 第 29.4 条、日 EU・EPA 第 1.4 条）

　租税条は、各国における租税に係る課税措置や各国が別途締結している租税条約と EPA との関係等を整理するための規定である。EPA の主な目的の一つは関税の撤廃・削減であるので、関税の賦課については EPA のルールが適用される必要がある。これに対して、例えば各国による消費税や所得税等の賦課については基本的に EPA の適用対象から外すべきとの考え方があろうが、輸入品に国産品よりも高い消費税が課されれば物品貿易における内国民待遇との関係で問題になりかねない。外国人や外資企業に対する所得税についても、サービス貿易や投資における内国民待遇や最恵国待遇との関係に留意が必要であり、加えて、国際的な二重課税の除去等を目的とする租税条約が別途締結されている場合には、そこでのルールとの関係も整理しておく必要がある。

　TPP（第 29.4 条）では、日本が締結した多くの EPA と同様、別段の定めがある場合を除き、租税に係る課税措置は適用例外とする旨定め（第 2 項）、その上で、

先に述べたような、物品貿易章、サービス貿易章、投資章、電子商取引章等における関連ルールが租税に係る課税措置に適用される場合について個別に定める構成となっている（第5項〜第8項）。なお、租税に係る課税措置に適用される個別のルールについては、総則章ではなく関連する個別の章において定めるEPAもある。これに対して、日EU・EPA（第1.4条）では、同協定が、その規定を実施するために必要な範囲において課税措置に適用される旨定め（第2項）、その上で、公平又は効果的な租税の賦課又は徴収の確保を目的とする課税措置の採用、維持又は実施を妨げるものと解してはならないと定めている（第6項）。

　租税条約との関係については、TPPと租税条約が抵触する場合には、その抵触の限りにおいて租税条約が優先すると定め（第3項）、抵触の有無の判断に関する手続きを定めている（第4項）。

（4）　一般的例外及び安全保障のための例外条（TPP第29.1条及び第29.2条、日EU・EPA第1.5条）

　一般的例外及び安全保障のための例外条は、各締約国が、分野を問わず、協定で定められる義務の例外として、一定の措置をとることを許容する規定である。そのベースとなっているのは、WTOのGATTやGATSの関連規定である。

　GATT第20条では、一般的例外として、「人、動物又は植物の生命又は健康の保護のために必要な措置」や「有限天然資源の保存に関する措置（ただし、国内の生産又は消費に対する制限と関連して実施される場合に限る。）」等の措置であって、恣意的又は不当な差別の手段となるような方法や、貿易に対する偽装された制限となるような方法で適用されない措置については、それぞれの協定における義務の例外として許容されることを定めている。GATS第14条も、対象となり得る措置はやや異なるが、同様の規定を設けている。

　TPPの一般的例外（第29.1条）は、物品貿易章、原産地規則章、SPS章、TBT章等についてはGATT第20条を、また、サービス貿易章、電子商取引章等についてはGATS第14条の一部を、それぞれ必要な変更を加えて組み込むことを定めている（第1項、第3項）。なお、「必要な変更」とは、趣旨の変更を伴わない形式的な調整等のことである。その上で、GATT第20条における「人、動物又は植物の生命又は健康の保護のために必要な措置」には環境に関する措置が含まれ、「有限天然資源の保存に関する措置」にいう有限天然資源は生物であるか非生物であるかを問わないことを定めている（第2項）。これは、WTOの紛争解決手続において示されてきたGATT第20条等の解釈を踏まえたものである。また、TPPによって、WTOや他のEPA/FTAの紛争解決手続の結果として認められた措置が妨げられることはないことも規定されている（第4項）。

　安全保障のための例外については、GATT 第 21 条及び GATS 第 14 条の 2 では、自国の安全保障上の重大な利益に反すると加盟国が認める情報の提供は求められないことに加えて、①核兵器の原料となる物質に関する措置、②武器・弾薬・軍需品の取引や軍事施設のために行われる取引に関する措置、③戦時その他の国際関係の緊急時にとる措置であって、自国の安全保障上の重大な利益の保護のために必要であると認める措置や、国際的な平和及び安全の維持のために国連憲章に基づく義務に従ってとられる措置は妨げられないことが定められている。

　TPP の安全保障のための例外（第 29.2 条）も、基本的には GATT 及び GATS と同様の規定があるが、安全保障上の重大な利益の保護のために必要であると認める措置について、上記①～③のように対象を限定していない。つまり、TPP は、GATT 及び GATS に比べて、安全保障のための例外の範囲を広く認めていると言える。

　なお、日 EU・EPA では、一般的例外については、関連する個別の章にそれぞれ置かれている関係で総則章には条文はない。また、安全保障のための例外については、GATT 及び GATS と同様、上記①～③を含めた規定が置かれている（第 1.5 条）。

(5)　他の協定との関係条（TPP 第 1.2 条、日 EU・EPA 第 1.9 条）

　この条項は、締約国の間に当該 EPA/FTA 以外の国際協定（WTO 協定を含む）が締結されている場合において、他の国際協定における権利及び義務を確認するとともに、当該 EPA/FTA の規定とそれらの協定の規定との間で抵触が生じる場合の扱いについて定めるものである。

　TPP の場合、すべての締約国は WTO 協定や様々な分野の条約の加盟国であるほか、一部の締約国の間には、貿易・投資関連以外の協定のみならず、TPP 以外の EPA/FTA が締結されている場合もある（例：日・オーストラリア EPA、日・ASEAN 包括的経済連携協定）。他の国際協定における権利及び義務を確認する（第 1 項）とは、別の言い方をすれば、TPP とそれらの協定は独立した別個の協定であることを確認するものである。日 EU・EPA では、同 EPA が、日本と EU 又は EU 加盟国等との間で締結済みの協定を代替又は廃止するものではないとの文言を用いている。したがって、例えば TPP での関税撤廃の約束が日・オーストラリア EPA での約束に置き換わるようなことはない。

　他方で、締約国の間で複数の協定が並存することにより、理論上は、一方の協定では禁止されていることが別の協定では許容されている等、協定間に齟齬が生じる可能性がある。そこで、TPP では、そのような抵触が認められる場合、関係する締約国の間で、相互に満足すべき解決を得るために協議することが定められている

（第2項）。

　なお、TPPにはないが、日EU・EPAを含め、日本が締結してきたEPAでは、当該EPAとWTO協定が抵触する場合には、その抵触の限りにおいてWTO協定が優先することを規定する場合が多い。これは、WTO協定という基礎の上にEPA/FTAが存在するとの認識を踏まえたものである。

(6)　実施取極条

　TPPや日EU・EPAにはないが、日本が締結している二国間EPAでは実施取極条が設けられていることが多い。協定によって多少の違いはあるが、締約国政府の間で、必要に応じて、EPAを実施するための詳細や手続を定める国際約束（実施取極）を別途締結することを定める規定である。実施取極では、政府間の連携・協力の具体的な内容や手続等を定めることが多く、例えば日・モンゴルEPAでは、税関手続及び貿易円滑化、競争、ビジネス環境の整備、協力に関する実施取極が締結されている。

(7)　運用及び制度に関する規定（TPP第27章、日EU・EPA第22章）

　EPA/FTAには、実施過程において各国間でやり取りしなければならない事項が多く定められている。TPPでの例を挙げれば、発効後一定期間の後に、各国は国有企業の一覧を交換することになっているし（第17.10条）、食料安全保障のために一時的な輸出制限措置をとる場合には必ず事前に各国に通報しなければならない（第2.24条）。また、EPA/FTAによっては、発効後一定期間の後に、特定の規定について再協議を行うことや、より広く協定全般を見直すことが定められている場合もある。このように明示的に規定されていなくとも、EPA/FTAを効果的に運用する上で必要な取組について締約国間で議論できるほうが良いし、更には、協定上の規定についての解釈が異なり、協議が必要になる場面も出てくるかもしれない。

　日本が締結しているEPAでは、このような協定発効後の様々な課題に対応するための制度的メカニズムが構築されている。協定によって名称は異なるが、通常、協定全体の実施と運用について締約国間で協議・意思決定するための「合同委員会」、分野別の専門的な議論を行うための「専門委員会」や「作業部会」、更に、個別の課題について日常的な情報のやり取りを行うための「連絡部局」が設置されることが多い。「合同委員会」には、EPAの一部附属書を改正する権限や、原産地証明書のフォーマット等の技術的事項を定める実施規則等を採択する権限が与えられていることが多く、協定の実施・運用に関する意思決定機関として重要な役割を担う。

　TPPでは、合同委員会に相当する機関として、大臣級のTPP委員会が設置され、

委員会の任務・権限や意思決定方式等が定められている（第27.1条〜第27.5条）。分野別の組織については、関連する個別の章において「小委員会」の設置や役割等が定められている。小委員会は必ずしも全ての分野に設置されているわけではないが、TPP委員会には「特別若しくは常設の小委員会、作業部会その他の補助機関」を設置する権限が与えられている（第27.2条）ので、TPP委員会で意思決定すれば、新たな機関を設置することができる。なお、TPP委員会の意思決定は、締約国によるコンセンサス方式が原則であり（第27.3条）、多数決方式等ではない。

日EU・EPAでも、第22章において「制度に関する規定」を設け、協定の実施・運用等に関する問題の検討等を行う合同委員会の設置及びその任務・意思決定の方式、合同委員会の下に置かれる特別委員会等の設置、日EU間の連絡を円滑にするための連絡部局の指定等の組織的事項について規定している。

3.　まとめ

総則章は、全章に適用される通則規定であり、各章との関係や協定全体の構造を規律する点において、法技術的な思考が要求される。協定に盛り込むべき内容についての立場に相違がない場合でも、規定の仕方をめぐって議論が白熱することもある。

同時に、総則章は、こうした他の章との関係にとどまらず、協定全体の実施や運用に影響を与えるものでありながら、他の章では包摂できない様々な規定を盛り込むこともでき、その意味で、他の章に比べて柔軟性を有している。最近の日本のEPAが行政手続の透明性の規定を盛り込んでいる点は、こういった柔軟性の反映といえる。

今後のEPA交渉においては、このような柔軟性を生かした総則章の活用により、新たな要素を含む協定が作られることも期待されよう。

II.　最終規定

1.　概要

EPAの最終規定章は、総則章と同様に、協定全体に適用される通則規定であり、主に、協定の効力発生、改正及び終了手続や、一般的な見直し等について定めている。TPPは多数国間のEPAであることもあり、日本の既存の二国間EPAには規定のない、加入、脱退、寄託者といった条項が規定されている。

2.　条文解説

以下では、TPP の最終規定章をもとに、主な条文について解説を行う。

(1)　第 30.2 条 改正

締約国が書面によって合意することで協定を改正することができると定めた上で、当該改正は、全ての締約国が国内での承認手続の完了を寄託者に書面で通報した日の 60 日後、又は締約国が合意する日に、発効することが定められている。なお、この改正規定は TPP11 にも組み込まれているため、TPP11 を改正する場合はこの規定に従うことになる。

(2)　第 30.4 条 加入

本条は、TPP12 への新規加入について規定している。

まず、TPP12 に加入しうるのは、TPP12 に基づく義務を履行する用意がある (a) APEC に参加する国又は独立の関税地域及び (b) 締約国が合意する他の国又は独立の関税地域とされており、実際の加入は、当該国又は独立の関税地域と締約国との間で合意する条件に従うとともに、各締約国及び当該国又は独立の関税地域における承認手続が完了した後に行われる（第 1 項）。

第 2 項以下では、新規加入に至るまでのプロセスを定めている。概略を紹介すると、次のとおりである。①加入を希望する国又は独立した関税地域（「加入候補国」）が寄託者に対して加入を求める要請を書面で提出する。② TPP 委員会が加入のための条件について交渉するための作業部会を設置する。この作業部会には、関心を有する全ての締約国が参加することができる。③作業部会が委員会に報告書を提出する。加入候補国と加入のための条件について合意した場合、当該条件等が報告書に記載される。④ TPP 委員会が加入のための条件を承認し、加入候補国に対して締約国となるよう招請する決定を採択する。⑤加入候補国が当該条件を受け入れることを示す加入書を寄託者に寄託する。⑥この加入書が寄託された日の 60 日後、又は全ての締約国が関係する国内手続の完了を寄託者に通報した日のいずれか遅い日に、加入候補国は TPP の締約国となる。なお、②及び③における TPP 委員会や作業部会における意思決定は、基本的に締約国間のコンセンサス方式となる。

以上は TPP12 の第 30.4 条に定められた規定であるが、米国を除く 11 ヵ国が署名した TPP11 では、第 30.4 条は組み込まれず、加入については別の条文が設けられた（TPP11 第 5 条）。その規定は、国又は独立の関税地域は締約国との間で合意する条件に従って TPP11 に加入することができる旨の簡潔なものとなった。上記の第 30.4 条第 2 項以下にあるような新規加入に至るまでのプロセスについては、協定に定めるのではなく、TPP 委員会が別途決定することとなり、2019 年 1 月 19

日に東京で開催された第1回 TPP 委員会において「CPTPP の加入手続に関する委員会決定」として採択された。

　EPA/FTA への新規加入の規定は、基本的に多数国間協定特有のものであり、日本がこれまでに締結した二国間 EPA にはこのような規定はない。ただし、世界的に見れば、米・シンガポール FTA や米・オーストラリア FTA のように、新規加入に関する規定を有する二国間 EPA/FTA もある。

(5) 第30.5条 効力発生

　本条は、TPP12 の発効要件を規定している。

　具体的には、次の3つの要件が定められている。①全ての原署名国（すなわち12か国）が関係する国内手続が完了したことを書面により寄託者に通報した日の60日後に発効する。②TPP12 の署名日（すなわち 2016 年2月14日）から2年以内に①が実現しない場合、原署名国のうち少なくとも6ヵ国で、それらの国々の GDP の合計が原署名国全体の GDP の合計（いずれも 2013 年数値）の 85％以上を占める国々が①にある通報を行った場合は、署名日から2年が経過した日の 60 日後に発効する。③これら①及び②のいずれも実現しない場合は、原署名国のうち少なくとも6か国で、それらの国々の GDP の合計が原署名国全体の GDP の合計（いずれも 2013 年数値）の 85％以上を占める国々が①にある通報を行った日の 60 日後に発効する（第1項〜第3項）。②及び③の場合、まずは一部の国々の間において発効することになるが、それよりも遅れて①にある通報を行う署名国については、当該通報の日から 30 日以内に TPP 委員会が当該国に協定が発効するかどうかを決定し、別段の合意がなければ、TPP 委員会が肯定的な決定を行った日の 30 日後に当該国について発効する（第4項、第5項）。

　上記の②及び③にある GDP 85％以上の要件を満たすには、日米両国が国内手続を終えた旨を寄託者に通報することが不可欠となっている。ところが、米国は 2018 年1月に TPP12 からの離脱を表明した。そのため、米国が復帰しない限り、①を含め、TPP12 の発効要件が満たされることはない。なお、日本は 2017 年1月に国内手続の完了を寄託国であるニュージーランドに通報している。

　米国の離脱表明を受けて交渉され、2018 年3月に署名された TPP11 では、前条（新規加入）同様、本条は組み込まれず、別の条文が設けられた（第3条）。TPP11 では、署名国のうち少なくとも6ヵ国又は半数の国のいずれか少ない方の国が国内手続の完了を書面により寄託者に通報した日の 60 日後に発効することが定められた。署名国は 11 ヵ国となったので、この規定により、6ヵ国の通報が要件となった。また、遅れて通報を行う国については、TPP12 のような TPP 委員会による決定のプロセスは含まれず、その通報から 60 日後に発効することとなっている。

TPP11 は、メキシコ、日本、シンガポール、ニュージーランド、カナダに続き、2018 年 10 月 31 日にオーストラリアが当該通報を行ったことにより、その 60 日後である同年 12 月 30 日にこれら 6 ヵ国の間で発効した。また、オーストラリアの通報に続いて通報したベトナムについても、翌 2019 年 1 月 14 日に発効した。その後、ペルーについても 2021 年 9 月 19 日に発効した。(その他の、マレーシア、ブルネイ・ダルサラーム、チリについては、2021 年 9 月現在未発効)。

なお、以上は多数国間協定の例であるが、二国間 EPA/FTA では、双方の国において協定の効力発生に必要なそれぞれの国内法上の手続が完了したことを相互に通告する外交上の公文を交換した後、一定期間後に効力を生ずる旨規定するのが通常である。

(6) 第 30.6 条 脱退

本条は、TPP12 からの脱退について規定している。具体的には、寄託者に対して書面により脱退の通告を行った締約国については、別段の合意がある場合を除き、通告の 6 か月後に脱退することが定められている。また、その他の締約国については引き続き協定が有効であることも定められている。

なお、二国間 EPA/FTA の場合、一方の国が「脱退」するとは当該 EPA/FTA が終了することに他ならないので、当該手続は「終了」条として規定されることが多い。

(7) 第 30.7 条 寄託者

多国間協定に特徴的な規定であり、上述の改正、加入、効力発生、脱退の際の通報や要請等がなされる寄託者を定めるものである。TPP の場合、具体的にはニュージーランドとなっており、寄託者には、協定の原本及びその改正の認証謄本を署名国や加入する国又は独立の関税地域に対して速やかに提供することが定められている。

(8) 第 30.8 条 正文

本条は、TPP12 の正文を定めている。正文とは、条約解釈の際によりどころとなる文のことである。

TPP12 は、英語、スペイン語及びフランス語を正文とし、これらの正文の間に相違がある場合には、英語の正文が優先されることを規定している。日本語については、日本が交渉に参加した時点で既に正文の言語が決まっていたこと等もあり、正文とはされていない。

なお、我が国が締結している二国間 EPA の場合は、事務負担軽減の観点から英

語のみを正文とすることが多い。これは、日本語を正文にしようとすると、対等性
の観点から、相手国の言語も正文にせざるを得ないが、これが少数言語である場合、
当該正文の内容を日本がチェックすることが極めて困難になるためである。ただし、
相手国が自国の言語を正文とすることにこだわる場合等には、英語及び両国の公用
語をひとしく正文とした上で、解釈に相違がある場合には、英語の正文が優先され
ることを規定することもある。日 EU・EPA では、EU 側の強い要望を受けて、全
ての加盟国の公用語、すなわち、ブルガリア語、クロアチア語、チェコ語、デン
マーク語、オランダ語、英語、エストニア語、フィンランド語、フランス語、ドイ
ツ語、ギリシャ語、ハンガリー語、イタリア語、ラトビア語、リトアニア語、マル
タ語、ポーランド語、ポルトガル語、ルーマニア語、スロバキア語、スロベニア語、
スペイン語、スウェーデン語が、日本語とともにひとしく正文とされており、膨大
な労力をかけてチェックが行われた。

3.　まとめ

　最終規定章は、特に協定の効力にかかる規定を多く含んでいる。また、協定の一
般的見直しの規定も最終規定章に置かれるが、かかる規定を設けるか否か、設ける
として何年毎の見直しとするかは、協定の運用をいかに実効的に行うかという点と
も関係する。協定の発効、改正及び終了に直接関わる規定を置くという意味で、ま
た、見直し規定のように協定の運用に大きく影響する規定も有するという意味で、
本章は極めて重要な内容を含む章であるといえる。

III.　透明性

1.　概要

　日本の EPA の総則章に特徴的なことは、行政手続に関する規定が多く盛り込ま
れていることである。具体的には、透明性、公衆による意見提出手続、行政上の措
置に関する手続、行政指導等の各規定である（詳細は条文解説を参照）。
　EPA/FTA は貿易及び投資の自由化や知的財産の保護等の広範なコミットメン
トを包含しており、これらの利益を締約国の国民が十分に享受できるようにするた
めには、締約国の行政機関による透明かつ効率的な上記コミットメントの実施が求
められる。しかしながら、これらを運用する行政機関の手続が恣意的であったり、
あるいは行政指導が不当であったりすれば、締約国の国民は利益を十分に享受する
ことができないことになる。実際、現地に進出している日系企業が、進出先国の政
府の行政手続が不透明であったり、法律に規定されていない条件の履行を求められ

たりすることによって不利益を被っている現実もある。総則章が行政手続に関する規定を多く盛り込む趣旨は、かかる事態を防ぎ、EPA の利益を十分に発揮させる点にある。最近の傾向としては、TPP や日 EU・EPA のように、透明性に関する規定を独立した章として規定する傾向がみられる。

2. 条文解説

以下では TPP の第 26 章「透明性及び腐敗行為の防止」をもとに、透明性に関する主な条文について解説を行う。なお、我が国が締結してきた二国間 EPA では透明性に関する規定は主に総則章の中に設けられてきたが、TPP や日 EU・EPA では、独立章として設けられる等、透明性規定を重視する傾向がみられる。

(1) 第 26.2 条 公表

本条は、協定に関連する国内法令などの公表や意見聴取（パブリックコメント）についての規定である。

まず、各締約国は、本協定の対象となる事項に関する法令、手続及び（個別事案等に関するものではない）一般に適用される行政上の決定を、利害関係者及び締約国が知ることができるような方法で、速やかに公表又は入手可能なものとすることを確保する義務が定められる（第1項）。なお、中央政府が採用する一般に適用される規則については、単一の公式ウェブサイト又は官報において（適当な場合にはその目的及び必要性に関する説明を含めて）公表することとされている（第5項）。

その上で、可能な限り、これらの措置を事前に公表し、利害関係者及び他の締約国が当該措置の案に対して意見を提出するための合理的な機会を与えること（第2項）や、これらの法令又は手続を導入・変更する場合には、可能な限り、それらが公に入手可能なものとされる日と、当該導入・変更が実施される日との間に合理的な期間を置くよう努めること（第3項）が定められている。前者は、パブリックコメントについて定めるものである。

さらに、協定の対象となる事項について一般に適用される中央政府の規則の案であって、締約国間の貿易・投資に影響を及ぼす可能性があり、かつ、事前に公表されるものについては、パブリックコメントの期限の 60 日前又はパブリックコメントのための十分な期間を設けて公表するよう努めること等が定められている（第4項）。

(2) 第 26.3 条 行政上の手続

前条同様、本条も公表や意見聴取に関連する規定だが、他の締約国の利害関係者に対する内容を定めたものである。具体的には、行政上の手続によって前条第1項

で公表の対象とされる措置を他の締約国の特定の者、産品又はサービスに適用する場合、可能であれば、当該手続によって直接影響を受ける他の締約国の者に対して、当該手続がいつ開始されるのかを通報するとともに、(当該手続の性質等に鑑みて許容される場合には)自らの主張などを提示する機会を与えることを定める。また、当該手続の手順は自国の法令に基づいたものでなければならないことも定めている。

(3) 26.4 条 審査及び上訴

本条は、行政上の行為に対する審査制度を確保するための規定である。具体的には、行政当局から独立し、事案の結果に実質的な利害関係を持たない、公平な司法裁判所、準司法的な機関又は行政裁判所が、協定の対象となる事項に関する最終的な行政上の行為を速やかに審査し、正当な理由がある場合には是正できる手続を採用・維持する義務を定める(第1項)。また、これらの裁判所、機関又は手続には、当事者に自らの立場を主張・防御するための機会を与えたり、証拠や意見、記録等に基づいて決定を行ったりする権利が与えられていることを確保し(第2項)、国内法令が定める上訴や更なる審査に従うことを条件として、当該裁判所等が問題となっている行政上の行為について示した決定が行政当局によって実施されること等を確保しなければならない(第3項)ことを定めている。

(4) 26.5 条 情報の提供

本条は、他の締約国に対する情報提供について規定するものであり、ある締約国による措置の案又は実際の措置が協定の運用に著しく影響を及ぼすおそれがあるか、他の締約国の利益に実質的に影響を及ぼすおそれがあると認められる場合、当該締約国は、可能な限り、他の締約国に当該案又は措置を通報しなければならないことを定める(第1項)。また、かかる通報がなされていたかどうかに関わらず、他の締約国から協定の運用に影響を及ぼすおそれがあるとして措置の案や実際の措置について情報提供や質問への回答の要請を受けた場合には、速やかにそれに応じなければならないとも定めている(第2項)。ただし、本条に従って提供される情報は、当該案又は措置が協定に適合しているかどうかについて影響を及ぼすものではない(第4項)。

3. まとめ

透明性関連規定は、最近のメガEPAでは独立章として設けられるケースが増えてきつつある(TPP、日EU・EPA等)。EPA/FTAの目的を十分に発揮させるためにも、透明性関連規定の重要性が認識されつつある証左といえる。

[コラム]「ウィグリーの素晴らしき仲間達」

「ウィグリー」とはWGLII、Working Group on Legal and Institutional Issues の略称で、RCEP協定交渉における法的・制度的事項作業部会のことである。RCEP協定交渉国16か国（ASEAN10か国＋オーストラリア、中国、インド、日本、韓国、ニュージーランド）の法律専門家等から構成されたRCEPの「ウィグリー」は、国益をかけた交渉にしのぎを削る他の交渉グループとやや雰囲気が異なり、文言の解釈や協定の構造等をめぐって問題が生じれば知恵を出し合って助け合うといった非常に建設的な精神にあふれた作業部会であった。RCEPの「ウィグリー」で法的精査（リーガル・スクラブ）時期も含めれば4年近くを過ごした筆者にとっては、交渉期間中各国との立場の違い等から何度となく孤立する状況に追い込まれたが、そんな自分をい

つも救ってくれたのは「ウィグリー」の素晴らしき仲間達であった。

「ウィグリー」の素晴らしき仲間達は芸達者なことでも有名である。コロナ禍以前の交渉会合期間中には、どんな忙しい時でも、必ず1回は「カラオケ・ナイト」を開き、美声を披露しあい盛り上がることでRCEP内でも有名であった。特に、ASEANの人達は日本人以上にカラオケ好きで、長時間にわたる交渉会合の後、すべての憂さを発散させるがごとく、歌いまくったものである。このような機会に形成された信頼関係及び連帯感が、交渉会合時における助け合いの精神へとつながっていったのである。RCEP交渉が妥結し、協定が署名されて半年近くが経った今でも、私は「ウィグリー」の素晴らしき仲間達のことが忘れられない。

IV. 紛争解決（DS: Dispute Settlement）

1. 概要

EPA/FTAにおける紛争解決（DS）手続とは、協定の規定の解釈及び適用に関する両締約国間の紛争を解決するメカニズムである。一方の締約国がとっている措置が協定の規定に違反すると思われる際には、他方の締約国がDS手続を通じて問題の解決を図ることができる。日本が署名・締結した全てのEPAに、DS章がおかれている。協定の義務への違反があった場合にその責任を追及する法的なメカニズムがあることは、協定の実効性を確保する上では、非常に重要である。

DS手続を利用する際は大まかに、①協議、②パネル（仲裁廷）手続、③パネルによる仲裁判断の履行、という3つのプロセスを辿ることになる。①の協議で問題の解決を図ることができれば、それ以降のプロセスに進む必要はない。他方で、解決できなかった場合は、強制的に②のパネル手続に進むことになる。そこでパネル

が、当該措置が協定に違反するとの判断を下した場合は、当該措置をとっている締約国は、当該措置を協定に整合的なものにしなくてはならない。これが③のパネルによる仲裁判断の履行である。

　この一連のプロセスは基本的に WTO の紛争解決了解（DSU:Dispute Settlement Understanding）をベースとしているが、例えば協議開始までの期間や、パネリストの選定方法等は、各 EPA によって異なる。また、EPA では、WTO・DSU と異なり上訴制度はないため、パネルが第一審かつ終審となり、仮に下された裁定に納得いかない場合であっても、締約国は同裁定に従う義務がある。

　WTO・DSU 第 21・5 条に規定される、いわゆる履行確認パネル（被申立国が、パネルに協定違反と判断された措置を協定整合的なものに是正したか、すなわち、パネルによる仲裁判断を履行したかを審査するパネル）については、ほとんどの日本の EPA に規定されている。さらには、その先のプロセスも規定した、WTO・DSU プラスの要素といえる規定も、日 EU・EPA ではみられる。

　なお、DS 章は EPA のすべての章に適用される訳ではなく、例えば日 EU・EPA では第 11 章（競争政策）、第 15 章（企業統治）、第 16 章（貿易及び持続可能な開発）、第 18 章（規制に関する良い慣行及び規制に関する協力）、第 19 章（農業分野における協力）、第 20 章（中小企業）、その他いくつかの章の一部については適用されない旨が規定されている。これは、上記に列挙した章の分野は締約国にとって機微であったり、協力の要素が強く DS 手続になじまない分野であったりするため、交渉の結果として除外されたものである。これらの章について違反があった場合は、DS 以外の方法で解決を図る必要がある[1]。

2.　条文解説

　以下では、主に二国間協定である日 EU・EPA 及び多数国間協定である TPP の DS 章をもとに、主な条文について解説を行う。

(1)　協議（TPP 第 28.5 条、日 EU・EPA 第 21.5 条）

　仮に、締約国が、他の締約国によってとられているある措置について協定違反とみなしてパネルに仲裁判断を求めたいと考えても、即座にパネルに申し立てることはできず、まずは相手国と協議を行う必要がある（協議前置主義）。日 EU・EPA 第 21.5 条は、「一方の締約国は、他方の締約国に対し、協議を書面により要請することができる。協議を要請する締約国は、その要請において、当該要請の理由（問題

1）EPA での DS 章は締約国同士の紛争に適用されるものであり、EPA の投資章や投資協定で規定される ISDS（第Ⅲ部 4 章参照）とは全く異なるメカニズムである。

となっている措置を特定すること並びに事実に係る根拠及び法的根拠（関連する対象規定を明記するもの）について記載することを含む。）を示す。」と規定する。協議要請が行われた場合、要請を受けた締約国は、一定の期間内（日EU・EPAの場合は協議要請から10日以内）に要請への回答を書面で行った上で、協議を開始しなければならない（協議要請から30日以内）。仮に、定められた期間内に、協議要請への回答がなされない、又は協議が開始されない場合、要請を行った締約国は協議を経ずに直接パネルの設置を要請することができる（日EU・EPA第21・7条第1項 (a)）。TPPの場合は、多数国間協定なので当事国以外の第三国が存在するところ、要件を満たせば第三国も協議に参加することができる（第28.5条第3項）。

(2) あっせん、調停及び仲介（TPP第28.6条、日EU・EPA第21.6条）

協議やパネル手続とは別に、締約国は、代替的な方法（あっせん、調停、仲介等）について、締約国はいつでも合意することができる（TPP第28.6条）。締約国は、いつでも当該手続を停止し、又は終了することができ、また、パネルにおける紛争解決手続の進行中においても、継続することができる。パネル手続中であっても、あっせん等の、より友好的かつ迅速な方法で解決を図ることも可能とする規定である。

(3) パネルの設置（TPP第28.7条、日EU・EPA第21.7条）

一定期間（日EU・EPAは協議要請から原則45日以内、TPPは原則60日以内）に協議で問題が解決できない場合は、申立国は、被申立国に対して書面によりパネル設置を要請することができる。その際、申立国は、自国の申立てにおいて、①問題となっている措置、②法的根拠及び③事実に係る根拠を明示的に特定する（日EU・EPA第21.7条）。

多国間協定であるTPPでは、WTO・DSU同様、他の締約国が同一の問題についてパネルの設置を要請する場合において、実行可能なときは単一のパネルを設置すべき旨規定されている（TPP第28.7条第6項）。

(4) 紛争解決の場の選択（TPP第28.4条）

申立国は、当該協定を含めて紛争当事国が締結しているWTO協定を含む他の国際貿易協定の下で、紛争を解決するための場を選択することができる（TPP第28.4条）。ただし、申立国がパネルもしくは他の裁判所の設置を要請した時、又はパネルもしくは当該裁判所に問題を付託した時以降は、一旦選択した場以外の場を利用してはならない（同条第2項）。これは、同じ案件について異なるフォーラムで重複して申立てを行えば混乱が生じるためである。

(5)　パネルの構成

　パネルは適切な技術的又は法的知見を有する3名で構成される。パネリスト（仲裁人と称されることもある）の選定方法として、多くの日本のEPAでは以下のような手続が採用されている（日・モンゴルEPA第16.6条）。

　(a) まず、当事国は一定期間内にそれぞれ1名のパネリストを任命し、その上で、パネル議長となる第三のパネリストの候補者を3人まで提案する。なお、最初に選ぶパネリストは自国民であっても構わないが、第三のパネリストはいずれかの締約国の国民であってはならず、いずれかの締約国により雇用されてはならない等の中立性が求められる。

　(b) その後、両当事国は、一定期間内に、第三のパネリストを合意により任命するよう努める。

　(c) いずれかの当事国が上記（a）の仲裁人を任命しなかった場合、又は第三のパネリストについて合意することができない場合には、これらのパネリストは、両当事国によって提案された候補者の中からくじ引きで選ばれることとなる。

　以上が大まかな選定プロセスだが、（c）については、協定毎に様々なバリエーションがあり、例えば、日・スイスEPAではくじではなく、締約国の要請により、常設仲裁裁判所の事務総長が任命することとなっている（日・スイスEPA第141条第6項）。また、日EU・EPAやTPPでは、パネリスト候補者のリストが作成され、より複雑な選定方式がとられている（TPP第28・9条、日EU・EPA第21・8条）。

(6)　パネルの手続

　パネルが設置されて以降の手続は、EPAによって規定の仕方がかなり異なるが、以下では、一応、日本のEPAで標準的と思われる規定について解説する。なお、日EU・EPAやTPPでは手続規則を協定とは別の文書で作成し、その中でより詳細な手続（意見書の提出期限等）を定めている。

(a) パネルの任務

　パネルの任務は、パネルに付託される問題の客観的な評価を行い、事案に関する認定、決定及び勧告であって紛争の解決のために必要なものを行うことである。その際、協定に組み込まれたWTO協定の規定に関して、WTO紛争解決機関によって採択されるパネル及び上委員会報告書における関連する解釈について検討することが規定されていることもある（TPP第28.12条第3項）。

(b) 会合の公開・非公開

　日本のほとんどの EPA ではパネル会合を非公開としているが、日 EU・EPA や TPP といった透明性を重視する先進的なものでは会合の公開が原則とされている（TPP 第 28・3 条 (b)、日 EU・EPA 第 21.15 条第 1 項）。その場合でも、当事国から秘密の情報として指定されている情報については非公開として取り扱われる。

(c) 当事国の権利

　各紛争当事国が最初の意見書及び反論のための意見書を提出する機会、口頭陳述を少なくとも 1 度行う権利、パネル会合に出席する機会、等が与えられる旨規定されている。上記で述べたとおり、TPP や日 EU・EPA ではこの部分についてより詳細な手続規則が別途作成されている。

(d) パネル手続の期間

　迅速に紛争を解決するため、パネル設置から最終報告書の発出までの期間が定められている。EPA によってその期間は異なるが、例えば日 EU・EPA であれば 5 ヶ月である。

(e) パネルの決定

　日 EU・EPA 第 21.15 条において、パネルの決定は、パネリストによるコンセンサス方式によって行うよう努めると規定されている（第 7 項）が、コンセンサス方式によって決定することができない場合には、パネリストの過半数によって決定を行うことができる。また、同条第 8 項において、パネルの決定は最終的なものであり上訴制度はないこと、並びに法的拘束力を持つことが明記されている。

　さらに、パネルは、締約国の要請に応じ、または自発的に、自己が適当と認める情報の提供を要請することができ、また、専門家の意見を求めることができる旨規定されている（日 EU・EPA 第 21.17 条）。SPS 等、案件によっては極めて科学的・技術的な案件を扱うこともあり、その場合、専門家の意見はパネルの判断に重大な影響を及ぼし得るため、必要であればパネルが積極的に情報収集することが許容されている。この点、日 EU・EPA や TPP では、締約国の自然人または法人は、パネルに対し、利害関係を有する第三者（アミカス・キュリイ）による意見書を提出することができる旨規定されており、他の日本の EPA にはないものとなっている（日 EU・EPA 第 21.17 条第 3 項、TPP 第 28.14 条）。第三者が意見書を出せるということは、当事国以外も手続に参加できるという点で透明性を高めるものであるが、紛争解決の観点からは、事案を複雑化させる恐れもあり、WTO・DS においても、その是非について、各国の立場が分かれている。

（7）中間報告書（日 EU・EPA 第 21.18 条）

　当事国の意見の表明に関する手続が終わった後は、パネルの判断が下される段階に移る。日 EU・EPA 第 21.18 条第 1 項で、パネルは、当事国に対してパネルの設置から 120 日以内に中間報告書（説明部分並びにパネルの認定及び結論を示したもの）を送付することが規定されている。この期限を守ることが難しい場合であっても、遅延は、当該期限の後 30 日を超えないものとすると規定されており、手続の迅速性を担保するよう設計されている。送付から 15 日以内に、当事国は、書面による意見及び当該中間報告書の特定の部分の検討を求める書面による要請を提出することができる。

（8）最終報告書（日 EU・EPA 第 21.19 条）

　パネルは、中間報告書を送付した日の後 30 日以内に、最終報告書を送付する。いかなる遅延も、当該期限から 30 日を超えてはならない（第 1 項）。また、最終報告書には、中間報告書に関する当事国の書面による意見及び要請についての十分な議論を含めることとされており、パネルは、必要な場合は、当該最終報告書の実施について、具体的な方法を示すことができる。最終報告書は、送付の日の後 10 日以内に当該最終報告書を公に入手可能なものとすることが規定されている（第 3 項及び第 4 項）。

（9）履行状況の審査（日 EU・EPA 第 21.20 条）

　最終報告書が送付された後、被申立国は、自国の措置が協定の義務に違反するとパネルに判断された場合は、当該措置を協定整合的なものに是正しなくてはならない。判断が下されてすぐさま措置を是正することは現実的ではないので、履行のための合理的な期間が与えられることになる。この合理的な期間について、被申立国、すなわち違反行為があると認定された側は、申立国に対し、最終報告書が送付された日の後 30 日以内に通報する。両当事国が合理的な期間について合意できない場合は、被申立国の通報を受領した日の後 20 日以内に、原審パネルに合理的な期間の決定を要請することができる。パネルは、当該要請から 30 日以内に、合理的な期間を通告する（日 EU・EPA 第 21.20 条第 2 項）。

　その後、合理的な期間が満了する日までに、被申立国は、申立国に対し、当該最終報告書を履行するためにとった措置を通報する。この措置が真に報告書を履行しているかどうかについて、当事国間で意見の相違がある場合（一見すると措置を修正しているが、実質的な措置の中身は変わっていないと申立国が判断する場合等）には、原審パネルに対して履行状況の審査を要請することができる。パネルは、要請から 90 日以内に、自己の決定を当事国に通告する（日 EU・EPA 第 21.21 条）。

（10）不履行の場合における暫定的な救済措置（日 EU・EPA 第 21.22 条）

上記で、被申立国が最終報告書を履行していないとパネルが判断した等の場合、申立国の要請があれば、相互に満足すべき代償その他の代替措置について合意するために協議を開始することになる（日 EU・EPA 第 21.22 条第 1 項）。当事国間で代償等に合意できなかった場合は、申立国は被申立国に対し、対象規定に基づく譲許その他の義務の適用を停止する意図を有することを通告することができ、その通告を受領した日から 15 日目以降に、譲許その他の義務の適用を停止することができる（同第 21.22 条第 2 項及び第 3 項）。代償には金銭も含む。譲許停止とは、協定の定めによって関税率をゼロとしていた場合、それを EPA 締結前の関税率に引き上げるといったことが想定される。

ただし、譲許その他の義務の適用の停止にあたっては、（i）不履行によって生ずる無効化又は侵害の程度と同等の程度であること、（ii）原則として、パネルが違反又は無効化もしくは侵害が存在すると決定した対象事項と同一の対象事項における譲許の停止を試みること、（iii）代償や譲許その他の義務の適用の停止は、最終的な紛争解決ではないため暫定的なものとし、履行がなされるまでの間のみの適用とすること、等が規定されることが多い。

（11）暫定的な救済措置の適用後の履行状況の審査（日 EU・EPA 第 21.23 条）

上記で譲許停止等が行われている期間、仮に被申立国が履行を完了したと主張しても、申立国がそれを認めず譲許停止等が継続されるのではないか、という恐れがある。この点に対応したのが、日 EU・EPA 第 21.23 条である。

日 EU・EPA 第 21.23 条では、被申立国が申立国に対し最終報告書を履行するためにとった措置を通報する場合には、当該通報から 30 日以内に譲許停止等を終了する旨規定されている。ただし、通報された措置が関連する対象規定と適合するかどうかについてその通報を受領した日の後 30 日以内に当時国が合意に達しなかった場合には、原審パネルに検討を要請することができる。パネルの決定は、当該要請が提出された日の後 45 日以内に、両当事国に通告する。通報された措置が関連する対象規定と適合するとパネルが決定する場合には、譲許停止等については、決定後 15 日以内に終了させなければならない。

TPP も含め、日本が締結している EPA でこの段階の手続が規定されているのは 2021 年 5 月現在で日 EU・EPA 及び日英 EPA のみであり、先例から一歩進んだ先進的なものであるといえる。WTO・DSU にも、このような規定はない。WTO の場では、この問題は認識されており、DSU 改正交渉でも議論されているが、現時点では合意には至っていない。

3.　まとめ

　DS 章は、その存在自体が、締約国が協定の規定を遵守を促す効果があり、EPA/FTA にとっては不可欠な規定といえる。

　他方、実際の活用のハードルは高く、事実、日本が締結している EPA において、パネル設置前の協議も含め、DS 手続が発動された事例はこれまでにない。日本のみならず、多くの国において、EPA/FTA に違反する疑いのある問題が生じた場合であっても、外交ルートを通じた二国間協議等、EPA/FTA 枠外での話し合いや、EPA/FTA の枠内であっても、DS 手続以外の、例えば、小委員会等の枠組みが選好される傾向がある。この要因としては、強制力のある法的手段に訴えることが外交関係上持つインパクトに加え、DS 手続に多額の費用がかかることや、WTO・DS と異なり、EPA/FTA の DS 手続についてはノウハウが蓄積されていないこともあろう。

　しなしながら、WTO・DS に付託される案件が増加しており、個々の手続の長期化が顕著であることや、上級委員会が機能麻痺に陥っているという状況に鑑み、今後、貿易や投資に関する紛争を解決する場として、EPA/FTA がより活用されるようになっていく可能性はある。日本としては、そうした展開を十分に想定した上で、引き続き、EPA/FTA の DS 手続の交渉に臨むとともに、必要に応じて既存の協定の見直しも進めていく必要がある。特に、EPA/FTA に含まれる章が新たに増えているにも関わらず（電子商取引章、競争章、中小企業章等）、EPA/FTA の DS の仕組みが初期のころからほとんど変化がないことの是非については、各国の最新の動向も踏まえながら、今後さらなる検討が必要であろう。

8

協力・ビジネス環境整備

I. 協力

1. 概要

日本が締結してきた多くの EPA には独立した協力章が設置されている。ここで
いう「協力」は、開発途上国に対する能力構築支援を中心とした開発協力を指す場
合が多く、TPP では、「協力及び能力開発章」という名の下に規定されている。こ
れらの章は、貿易及び投資の自由化・円滑化及び国民の生活の向上に資する分野で、
協力分野、範囲及び形態を特定し、様々な協力の実施のためのメカニズムを構築す
ること等を通じて、中長期的な協力の枠組みを設定することをその目的としている。

経済規模や発展度合いが異なる国家間で EPA/FTA を締結する場合、開発途上
国側が、貿易・投資の自由化を推進することにより、外国製品や外国資本に国の経
済が支配され、その国の地場産業の発展が阻害される可能性が生じ得るとして、交
渉そのものに後ろ向きになる場合がある。こうした場合に、当該開発途上国政府が、
EPA/FTA 締結の具体的メリットとしてこの「協力」章を持ち出すことが少なく
ない。

また、先進国側にとっても、経済規模や発展段階の異なる相手国との間で貿易・
投資のルールを定める場合に、単に言葉だけでその実施を求めるだけでなく、その
ための能力の構築や環境整備を実際に開発協力の形で支援することで、ルールの効

果的な運用を実現することができる。さらには、上述のような開発途上国側の関心
も踏まえ、協力章の存在や、それを踏まえた具体的な協力案件の実施が、交渉にお
けるレバレッジの一つとして機能してきた面もある。

このような背景を踏まえ、日・シンガポール、日・スイス、日・オーストラリア
等の高所得国同士のEPAには、各章の中に「協力」に関する規定はあるものの、
独立した協力章はない。また、日EU・EPAでも、「規制に関する良い慣行及び規
制に関する協力章」や「農業分野における協力章」といった「協力」と名前のつく
章は存在するが、その内容は、情報共有や最良の慣行の共有がメインとなっており、
上述のような能力構築支援とは、かなり趣が異なる。日EU・EPAでは、これら
の章以外にも、貿易と持続可能な開発章や中小企業章が設けられ、労働、環境、気
候変動、中小企業等の各分野で、情報の共有、情報交換も含め締約国間の広範な協
力を約束しているが、こちらは、これまで日本のEPAの射程外とされていた新た
な分野で、まずは可能な協力を行うという意味合いが強い。

TPPは、日EU・EPAと比べると、より多様な経済発展段階の国々が参加して
いることから、上述のとおり、能力構築支援についての協力章が設けられている
（TPP開発章第23.2条第2項では、「締約国は、この協定が締約国間の経済開発の水準の
相違を考慮に入れた様態（各国の開発目標の達成を支援し、及び可能にする規定によるも
のを含む。）で作成されていることを認識する。」と規定されている）。同時に、規
制の整合性章、中小企業章、競争力及びビジネス円滑化章といった章があり、これ
らの章では、日EU・EPAと同様、これら新たな分野での締約国間の協力及びそ
のメカニズムを規定している。また、能力構築支援についても、「女性と経済成長」、
「教育と科学技術、調査とイノベーション」といった分野を特定し、締約国間で情
報交換のみならず、具体的な活動を行っていくことを規定している。

2. 条文解説

ここでは、従来型の協力章を含む日本のEPAとして最新のものである日・モン
ゴルEPAの協力章（第15章）の条文を引用しつつ、必要に応じてTPPの協力及
び能力開発章（第21章）や開発章（第23章）にある条文と対比しながら、協力章
の内容をみていきたい。

(1) 基本原則（日・モンゴルEPA第15.1条、TPP第21.1条）

本条では基本原則や本章の目的を規定する。日・モンゴルEPAでは、両締約国
は、それぞれ自国の法令に従い、両締約国間の物品及びサービスの貿易並びに投資
を一層自由化し、及び円滑化し、並びに両締約国の国民の福祉及び持続可能な開発
を促進することを目的として、この協定に基づく協力であって相互の利益に資する

ものも促進すると規定する（第15.1条）。TPP では、第21.1条の一般規定において、協力及び能力開発の活動の重要性を認識し、この協定の実施及びこの協定の利益の増大を支援するための当該活動であって、経済成長及び開発を加速させることを目的とするものを行い、及び強化する、また協力及び能力開発の活動を二以上の締約国間で相互の合意に基づいて行うことができることを認め（第2項）、また、これらの活動において民間部門の関与が重要であること及び中小企業が世界市場に参加する際に支援が必要となる場合があることを認めると規定する（第3項）。

　両協定ともそれぞれの法令の範囲内や相互の合意により、協力を実施することを原則としつつ、TPP では、更に経済活動の主体である民間部門の関与の重要性に言及し、経済連携協定における協力が政府間の協力や支援に限定されないこと、また中小企業に対する支援の必要性について言及している。

(2) 協力の分野、範囲及び形態（日・モンゴル EPA 第15.1条、第15.2条、TPP 第21.2条）

　協力章に盛り込まれる協力分野や範囲、形態は EPA によって異なっており、交渉を通じて確定されていく。日・モンゴル EPA では、第15.1条で協力分野を定め、次条第15.2条（協力の範囲及び形態）で、この章の規定に基づく協力の範囲及び形態については、実施取極で定めると規定する。

　例えば、農業、林業及び漁業は、本条に規定された協力分野の一つであるが、実施取極で、協力の範囲として、食料及び農業のための遺伝資源、灌漑及び種子の生産、演示のための及び模範となる農場及び施設の設置等を例示し、更に協力の形態として、フードバリューチェーンに関する実行可能性調査の実施、開発調査、貿易見本市、セミナー等、協力の形態を詳細に規定している。

　TPP には日・モンゴル EPA のような実施取極はなく、第21.2条（協力及び能力開発の分野）において、協力及び能力開発の活動の対象を、(a) 本協定、(b) 各締約国の能力の向上及び (c) 締約国間の貿易及び投資の促進及び円滑化であることを定めた上で、活動対象の分野として、日・モンゴル EPA との比較ではかなり広範かつ抽象的であり、(a) 農業、工業及びサービスの部門、(b) 教育、文化及び性の平等の促進、(c) 災害リスクの管理を例示列挙し（第2項）、技術及びイノベーションによる付加価値に言及し（第3項）、協力及び能力開発の促進のための形態として、対話、研究集会、セミナー、政策及び手続に関する最良の慣行の共有、専門家の交流、情報交換等を規定している（第4項）。

　また、TPP の開発章では、第23.1条第6項で、第21章（協力及び能力開発章）の規定に基づいて行われる活動が開発にかかる共同活動の重要な構成要素であることを認めると規定した上で、第23.2条で開発政策の実施における各締約国の指導

的役割を認識しつつ（第1項）、この協定が締約国間の開発水準の相違を考慮に入れた様態で作成されていることを認識し（第2項）、幅広い基盤を有する経済成長（第23.3条）、女性及び経済成長（第23.4条）、教育、科学技術、研究及びイノベーション（第23.5条）等の分野の重要性について示している。

(3) 協力及び能力開発のための連絡部局の指定及び通報（TPP 第21.3条）

　TPP 第21.3条では、協力及び能力開発の活動に関する事項についての連絡部局を指定し、通報することが締約国に義務付けられており、TPP11 連絡部局を通じて、能力及び能力開発の活動の要請を行うことができることになっている。なお、日・モンゴル EPA の協力章も含め、我が国の EPA の協力章は、協力の具体的なプロジェクトの実施を約束するものではない。

(4) 協力に関する小委員会（日・モンゴル EPA 第15.4条、TPP 第21.4条）

　日・モンゴル EPA では、小委員会の機能として、この章の規定の効果的な実施及び運用について検討及び監視を行うこと、各分野における協力に関する情報を交換すること、この章の規定に基づいて設置される他の小委員会が提出した協力に関する提案について討議すること等を任務としている（第2項）。その上で、適当な場合には、この協定の規定に基づく協力活動の適時の、効果的かつ効率的な実施を確保するため、政府開発援助（ODA）その他の協力のための制度に関する両締約国の既存の協議の枠組みを認め、そのような枠組みとの間で情報を共有するとあり（第3項）、日・モンゴル EPA 協力章における協力と、既存の ODA の枠組みの連携について明示的に規定している。

　TPP では、協力及び能力開発に関する小委員会の設置を規定し、日・モンゴル EPA と同様に情報交換等を任務としている（第21.4条）。その上で、TPP11 では、適当な場合には、協力及び能力開発の活動の発展及び実施を支援するため、国際的な援助機関、民間部門の団体、非政府機関その他の関係機関を招請すること（第2項 (d)）、適当な場合には、政府の代表者、非政府の代表者又はその双方を含む特別作業部会を設置すること（同項 (e)）、適当な場合には、能力及び能力開発の活動の発展及び実施を支援するため、この協定に基づいて設置される他の小委員会、作業部会その他の補助機関と調整すること（同項 (f)）等が規定されており、政府のみならず、国際的な援助機関、民間部門、非政府機関（NGO）等、多様なドナーを巻き込んで、協力案件を検討し、実施していくことになっている。日・モンゴル EPA では、協力案件の主体はあくまでも締約国政府が想定されており、この点は、TPP の特徴といえよう。

(5) 協力の費用（日・モンゴル EPA 第 15.3 条、TPP 第 21.5 条）

日・モンゴル EPA 第 15.3 条では、両締約国は自国の法令に従い、必要な資金その他の資源を利用可能なものとするよう努める（第 2 項）、協力のための費用は、資金及び資源の効率的かつ効果的な利用により、相互に合意する方法で負担する（第 3 項）旨が規定されている。資金等の拠出は、あくまでも努力規定で、費用負担は、双方の合意する方法で初めてなされることが明記されている。

TPP 第 21.5 条では、各国が本章の目的を達成するために、適当な資金又は現物の資源を、相対的な能力の範囲内で、提供するよう努力すると規定する。こちらも努力規定である。

(6) 紛争解決の不適用（日・モンゴル EPA 第 15.5 条、TPP 第 21.6 条）

日・モンゴル EPA 第 15 章及び TPP 第 21 章は、紛争解決手続の適用外となっている。「協力」は、締約国の同意を得た上で実施していくものであり、法的強制力を伴う紛争解決という概念にそぐわない。他の EPA においても、協力章は紛争解決手続の対象外となっている。

3.　まとめ

上述の条文を見ても分かる通り、EPA における協力章は、具体的な協力案件の実施を約束するものではなく、当事国間の協力分野として潜在性があるものを特定し、それらにおける協力の方向性、あるいは、協力の場を設定するにとどまる。実際、EPA によっては、あまり活用事例がない場合もある。他方、貿易・投資の拡大を通じて当事国の経済成長を促すという EPA の効果が最大限発揮されるためには、そのための環境整備が重要であり、協力章は、運用の仕方次第では、大きな役割を果たし得る。

例えば、日・ASEAN 包括的経済連携協定では、貿易関連手続、ビジネス環境、中小企業、物流管理、農林水産業等の分野で協力活動を検討・実施することとなっており、日本は、交渉妥結直前の 2007 年 3 月に、日・ASEAN 統合基金（Japan-ASEAN Integration Fund（JAIF））に「日本・ASEAN 包括的経済連携協力基金拠出金」として 57 億 7,200 万円を追加拠出した。同 EPA 発効後は、この基金を活用して様々な協力案件が実施されており、近年の例を挙げると以下のとおりである。

・森林炭素事業が創出する低炭素開発の機会に関するワークショップ
・ASEAN 地域における、食糧及び農業のための植物遺伝資源の保全及び持続的利用に関する能力構築
・中小企業のための輸出能力構築及び向上に係る訓練
・ラオスにおける東西・南部経済回廊物流効率化支援

・ビジネス環境分野における能力強化：CLMV（カンボジア、ラオス、ミャンマー、ベトナム）における事業者登録，対外直接投資データの編集及びデータベース
・大メコン圏南部経済回廊における中小企業の競争力強化

　こうした取組みを通じて、ASEAN 域内でのルールの統一化、実施体制の効率化等を図っていくことは、日本企業にとっても、日・ASEAN 包括的経済連携協定の先にある ASEAN 統一市場の利便性を高めるものであり、同 EPA のポテンシャルを高め、ひいては、日本と ASEAN 各国の間に互恵的かつ持続可能な経済関係を構築していく上で極めて重要であるといえる。

　このことは、ASEAN との関係のみならず、日本と全ての EPA パートナーに当てはまることであり、また、開発途上国のみならず、先進国の間でも、EPA の枠組みを活用して、女性の活躍やイノベーション等、近年、貿易・投資との関係が注目されるようになってきた分野における協力を模索していく必要がある。

　また、TPP の第 21 章（協力及び能力開発）や第 23 章（開発）にあるとおり、今や開発協力の主体は、締約国政府のみならず、国際的な援助機関、民間部門の団体、NGO と多様であり、開発案件に様々なドナーを巻き込んでいくことも重要である。さらに、協定の実施に不可欠な役割を果たす税関職員や原産地証明書発給機関に対する能力構築支援提供、貿易に直接的な影響を与える国内法制度構築支援提供、民間企業の EPA 活用のベストプラクティスの共有のためのセミナー開催等、EPA 相手国が EPA を円滑に実施していくために効率的で直接的な協力のあり方、及びそれを支える枠組み作りも検討していく余地はあると思われる。

Ⅱ．ビジネス環境整備

1．概要

　多くの日本企業が海外に活躍の場を広げる中、進出先国における企業を取り巻くビジネス環境は、海外での事業活動に大きく影響するのはもちろんのこと、海外に進出するかどうかの判断に際しても重要な要素となる。

　日本の EPA は、東南アジアや中南米の国々との二国間の EPA から始められたが、これらの国々に進出していた日本企業は、日本とは異なるビジネス環境の中で事業を行うにあたって、様々な問題に直面することがあった。実際、海外に進出している日本企業から日本政府に対して、現地で事業を行うに当たってのビジネス環境に関する改善要望が多く寄せられてきた。その内容は、①進出先国政府による事業に影響を与える法令の頻繁かつ突然の変更の軽減、②行政手続の透明性の確保、③インフラ整備、④治安の改善、⑤知的財産の保護に関するもの等様々である。こ

れらには、EPA の他の章で定められている貿易の自由化・円滑化のための措置に該当しない幅広い事項も含まれる。

　EPA を通じた海外との貿易や投資の更なる促進のためには、関税撤廃をはじめとする貿易面での障壁撤廃のみならず、EPA の締約国の企業がもう一方の締約国において事業を行う際に置かれている環境、すなわちビジネス環境を企業にとってより望ましいものに整備することも重要である。

　そこで、日本が締結してきた多くの EPA では、日本のイニシアティブにより、両国のビジネス環境整備の促進を目的とした章（以下、ビジネス環境整備章）が設けられている。具体的な仕組みは各 EPA で多少異なるが、そこでは、産業界の声を踏まえつつ、幅広いビジネス環境に関する改善要望について扱う仕組みが定められている。

　ビジネス環境整備章は、新興国や開発途上国への日本企業の進出を念頭に日本が考案したものであるが、貿易や投資を促進するにあたって、企業による事業活動を円滑化するべく取り組むことは、先進国間であっても意義がある。そのため、日・スイス EPA、日・オーストラリア EPA のような先進国同士の EPA にも、経済関係の緊密化章として、同様の仕組みが定められている。なお、TPP にも、競争力及びビジネスの円滑化章が設けられている。TPP は多数国間の EPA であることもあり、その主眼は、各国ごとのビジネス環境よりも、TPP を通じた競争力やサプライチェーンの発展・強化のために効果的な取組を各国が共同で模索することに向けられているが、ビジネス環境を不断に整備することが重要との認識は共有されている。

2. 条文解説

　ここでは、二国間 EPA の代表例として日・モンゴル EPA の条文を参考に、ビジネス環境整備章がどのような条文により構成されているのかを見ていきたい。

(1) 第 14.1 条 基本原則

　本条では、ビジネス環境整備章の基本原則として、両締約国は、それぞれ自国の法令に従い、自国内での事業活動を行う他方の締約国の企業のためのビジネス環境を一層整備するために適切な措置をとり、また、ビジネス環境を一層整備するための協力を促進することが規定されている。

(2) 第 14.2 条 ビジネス環境の整備に関する小委員会

　ビジネス環境整備章は、産業界からの幅広いビジネス環境に関する改善要望について扱う仕組みを定めているが、その中心となるのが、本条によって設置されるビ

ジネス環境の整備に関する小委員会である。

　小委員会は、連絡事務所（次項にて解説）が報告する所見を踏まえつつ、小委員会が適当と認めるビジネス環境に関連する問題に取り組み、解決の方法について協議した上で、相手国に対して所見を報告し、改善を勧告したり、勧告の実施状況について検討したりすることを任務としている。

　日・モンゴル EPA では、小委員会で取り組む具体的な内容が実施取極第 4.1 条に規定されており、(a) ビジネスに関連する規則、行政上及び司法上の手続並びに行政上及び司法上の決定における透明性の向上、(b) 行政上の手続を簡素化し、及び迅速にするための措置、(c) 両締約国における事業活動を円滑化するための方法等について取り組むこととなっている。

　小委員会は、両締約国政府の代表者によって構成されるものの、討議される問題に関して、必要があれば、専門家を招請することができるようになっている。この規定により、場合によっては、民間企業代表者の参加を得て、ビジネス上の様々な問題点について、相手国政府関係者と直接議論してもらう場を設けることも可能である。小委員会が開催される時期や場所については、両締約国の合意で決められ、その開催形態は柔軟である。

　なお、日・フィリピン EPA や日・インド EPA では、小委員会の補助機関として協議グループが設けられている。

(3) 第 14.3 条 連絡事務所

　小委員会は、ビジネス環境に関連する問題についての政府に対する勧告を取りまとめる場であるが、より日常的に企業からの苦情や照会に対応し、小委員会での協議のための材料を提供するのが、本条によって指定される各締約国の連絡事務所である。

　日・モンゴル EPA では、第 14.3 条で、各締約国が連絡事務所を指定することを定め、連絡事務所の具体的な任務及びその他の詳細については実施取極第 4.2 条で規定している。その具体的任務は、まず、自国の法令等について、事業を行う上で支障が出る恐れがあるとして相手国の企業から寄せられた苦情や照会を受領することである。その上で、自国の関係省庁に連絡し、十分な説明を付した回答を求め、その回答を当該企業へ送付するとともに、必要な情報及び助言を提供することとなる。そして、連絡事務所は、こうした企業対応を通じて得た所見を小委員会に報告する。上述したとおり、ビジネス環境の整備に関する小委員会は、この所見を踏まえつつ、ビジネス環境の整備に関連する問題に取り組むことになる。

　このようにして、連絡事務所に寄せられた苦情や照会のうち、多数の企業に共通するものや、重大なものは、ビジネス環境の整備に関する小委員会で取り上げられ

る可能性があり、その場に民間企業代表者が招請されれば、相手国政府関係者に直接問題提起を行うことも可能になる。

　なお、連絡事務所があるからといって、企業が相手国政府関係者に直接接触することが妨げられたり、制限されたりするものではないことも規定されている。

（4）第14.4条 紛争解決の不適用

　ビジネス環境整備章は日・モンゴルEPAの紛争解決手続の適用外であることを規定する。本章は両国政府が協力し、また産業界とも連携しつつ、EPAの他の章に定められる義務に限られない幅広い課題の解決に取り組むためのものであり、EPAとの整合性を争点に対峙するような紛争解決のメカニズムにはそぐわないからである。他のEPAにおいても、ビジネス環境整備章や経済関係の緊密化章は紛争解決手続の適用外となっている。

3.　まとめ

　ビジネス環境整備章は、企業が進出先で直面する様々な問題の解決に取り組み、貿易や投資の更なる促進に資するビジネス環境を整備するための仕組みとして、日本が主導してEPAに取り入れてきた。これまで実際に、日本企業から寄せられた問題を取り上げ、相手国政府とともに改善に向けた取組を行ってきており、例えば模倣品の取り締まり、治安の改善、行政手続の改善などで成果を上げてきた。今後も、グローバルな貿易・投資をめぐる状況が変化していく中、小委員会や連絡事務所の取組を通じて、進出国における日本企業を取り巻くビジネス環境がより一層整備されることが期待される。

9

新たな分野

Ⅰ．電子商取引

1．電子商取引に関する国際的ルールづくりの進展

　過去20年の間に、情報通信技術を活用した経済活動が活発になり、インターネットを利用した海外からの商品やサービスの購入は飛躍的に増大した。昨今の新型コロナウィルス感染症の世界的蔓延もあり、そのような傾向はさらに加速している。このような電子商取引の利用拡大は、貿易及び投資を含む国際経済の発展に寄与する一方で、インターネットを介した顔の見えない相手との取引にはリスクも伴うことから、個人や法人が安心して活発に取引を行うことができる基盤を整えることが重要である。

　そこで、1990年代以降、多くの国際機関において、電子商取引に関する国際的なルールを整備すべく議論が重ねられてきた。電子商取引は様々な分野に関わる課題であるため、国際電気通信連合（ITU）、OECD、UNCITRAL、国連貿易開発会議（UNCTAD）、WIPO、WTOといった様々な機関で、電子認証・電子署名、プライバシー保護、ドメインネーム、知的財産権、消費者保護、租税などの幅広い論点が議論されてきた。

　WTOにおいては、1998年5月の閣僚会議で、「グローバルな電子商取引に関する宣言（WT/MIN（98）/DEC/2）」が採択され、WTOにおいて包括的な作業計画

を設けること、電子的送信へ関税を賦課しないという各国の慣行を継続すること等が盛り込まれた。この宣言に基づき、1998 年 9 月 25 日の一般理事会において、「電子商取引に関する作業計画（WT/L/274）」が採択され、WTO で電子商取引に関する議論が行われてきた。

こうした流れを受け、EPA/FTA においても、2003 年にオーストラリア・シンガポール FTA で初めて電子商取引章が設けられて以降、日本の EPA を含め、多くの EPA/FTA において電子商取引章が設けられ、規定の内容もより充実したものに発展してきた。また、2018 年の ASEAN 電子商取引協定以降、電子商取引の分野のみを対象とした協定も結ばれるようになってきている（日米デジタル貿易協定（2019 年署名）、チリ・ニュージーランド・シンガポール・デジタル経済パートナーシップ協定（2020 年署名）、シンガポール・オーストラリア・デジタル経済協定（2020 年署名）等）。

2.　日本の EPA における電子商取引章の概要

これまで日本が締結している電子商取引章（注：「章」ではなく、「節」の場合も含む。以下同じ）を含む協定（締結・署名済み）は EPA が 7 つ、その他の協定が 1 つとなっている（第Ⅲ部 1 章表Ⅲ 1-1 参照）（2021 年 9 月末現在）。

日本が EPA で電子商取引章を初めて設けた日・スイス EPA では、電子商取引を促進する観点から、電子的送信に対する関税の不賦課やデジタル・プロダクトの無差別待遇に関する規定が盛り込まれる一方で、電子商取引の利用者を適切に保護する観点から、消費者保護、個人情報保護などの規定が設けられた。日・オーストラリア EPA も同様である。

TPP では、これらの規定に加えて、事業者の海外展開の障壁を削減するための規定が盛り込まれた。すなわち、情報の電子的な手段による国境を越える移転に関する規定、コンピュータ関連設備の設置要求の禁止に関する規定、ソース・コードの開示要求の禁止に関する規定であり、「TPP 3 原則」と呼ばれることもある。協定によって違いはあるが、TPP 交渉と同時期に交渉が行われた日・モンゴル EPA 以降、これら 3 つの規定のいずれかが盛り込まれるようになった。

さらに、日米デジタル貿易協定及び日英 EPA では、TPP3 原則に留まらず、自国企業が保有する情報や技術を保護するための環境整備についても配慮し、アルゴリズムや暗号の開示要求の禁止に関する規定も置かれるようになった。

表III 9-1　日本の EPA における主要条文の規定

	日・スイス (2009年9月発効)	日・オーストラリア (2015年1月発効)	日・モンゴル (2016年6月発効)	TPP11 (2018年12月発効)	日EU (2019年2月発効)	日米 (2020年1月発効)	日英 (2021年1月発効)	RCEP協定 (2020年11月署名)
電子的送信への関税不賦課	○	○	○	○	○	○	○	○
デジタル・プロダクトの無差別待遇	○	○	○	○	—	○	—	見直し
ソース・コード開示要求の禁止	—	—	○	○	○	○	○	見直し
アルゴリズムの開示要求の禁止	—	—	—	—	—	○	○	—
コンピュータ関連設備の設置要求の禁止	—	—	○	○	見直し	○	○	○
情報の電子的手段による国境を越える移転	—	—	—	○	見直し	○	○	○
暗号の開示要求の禁止	—	—	—	○ (TBT章で規定)	—	○	○	—

注：「○」は、義務規定が含まれていることを示す。「見直し」は、見直し規定として含まれていると考えられる旨を示す。「―」は規定されていないことを示す。

出典：筆者作成

[コラム] 電子商取引を巡る議論

WTO においては、「電子商取引に関する作業計画（WT/L/274）」に基づき、電子商取引と WTO 協定との関係、サービス貿易に関する規律である GATS をどのように適用できるか等の論点が議論されてきた。まだ結論は出ていないが、電子商取引を巡る状況を理解する上で有益であるところ、簡単に紹介する。

・WTO における電子商取引とは

同作業計画では、電子商取引の作業上の定義として、「『電子商取引』は電子的な手段によるモノやサービスの生産、流通、マーケティング、販売又は提供を意味する。本作業計画は、電子商取引のためのインフラの整備に関連する問題をも含むこととする」と定めている。

・モノかサービスか

上記定義に基づくと、電子商取引には、インターネット上で契約したモノの貿易と、インターネットを経由したサービス提供の双方が含まれる。このため、電子商取引について、WTO 協定上、物品貿易のルールを定める GATT を適用させるのか、サービス貿易のルールを定める GATS を適用させるのか、両方のルールを適用するなら、どのように適用させるのかという問題が生じる。

特に、ソフトウェア等のコンテンツを無形の物品と考えるかサービスと考えるかは、GATT と GATS のいずれを適用するかに関連するため、大きな論点となる。仮に、物品に関係すると整理すれば、WTO 加盟国に対して、GATT 上の最恵国待遇及び内国民待遇を義務付けることができ、コンテンツの流通の障壁を取り払うことができるが、サービス貿易と分類する場合は、国毎に GATS で約束した範囲でしか内国民待遇の義務を負わず、また、最恵国待遇についても国毎に免除登録した措置については義務を負わないことになる。

この問題全体についての結論は出ていないものの、WTO サービス貿易理事会において、既存のサービスが電子的な手段によって提供される場合については GATS の規律が適用されるとのコンセンサスが形成された（「技術中立性の問題」といわれている）。

現在、デジタルコンテンツに適用される規律については、物品貿易として GATT を適用するかとの狭い議論ではなく、電子商取引の発展という目的に沿うことが重要であり、市場アクセスを後退させる決定は行うべきでないとの主張もある。

・GATS を適用する上での問題（第 1 モードか第 2 モードか）

WTO サービス貿易理事会は、サービスが電子的な手段によって提供される場合は GATS の規律が適用されるとしている。GATS では、サービスが提供される形態（モード）を 4 種類に分け、各国は、それらモード毎に市場アクセスや内国民待遇等を約束している。そのため、電子商取引がどのモードに分類されるかによって、GATS 上の約束、すなわち適用される義務の内容が異なりうる（サービスのモードの詳細は第Ⅲ部 3 章を参照）。

例えば、米国で展開されているオンライン・ショッピングモールを日本にいる人が利用する場合、消費者が物理的に移動していないことから、第 1 モードのように見えるが、米国のサイトにアクセスして買い物をするのは、米国のお店に旅行に行って買い物するのと似ており、第 2 モードのようにも見える。第 1 モードで内国民待遇を約

束し、第2モードでは約束していない場合には、電子商取引がどちらのモードに分類されるかによって、内国民待遇が適用されるか否かが決まることとなる。

このように電子商取引がどのモードに分類されるかは、各国がGATSで約束した義務とも密接に関連しており、WTOサービス貿易理事会ではまだ結論が出ていない。

3. 条文解説

本節では、TPPの電子商取引章を例に、具体的な規定について説明する。

TPPの電子商取引章は18の条文から構成される。それらの条は、大きく分けると、①定義や適用範囲等の協定上必要な規定に関する条文、②利用者保護のための措置を講じることや電子商取引における障壁を取り除くことを求める条文、③締約国間の協力に関する条文に分類される（表Ⅲ9-2参照）。この3分類は概ね他の協定においても該当する。

表Ⅲ 9-2　TPP 第14章（電子商取引）における3種類の条文

項目	条文
①　定義や適用範囲等の協定上必要な規定を定める条文	第14.1条（定義） 第14.2条（適用範囲及び一般規定） 第14.18条（紛争解決）
②　利用者保護のための措置を講じること、又は、電子商取引における障壁を取り除くことを求める条文	第14.3条（関税） 第14.4条（デジタル・プロダクトの無差別待遇） 第14.5条（国内の電子的な取引の枠組み） 第14.6条（電子認証及び電子署名） 第14.7条（オンラインの消費者の保護） 第14.8条（個人情報の保護） 第14.9条（貿易に係る文書の電子化） 第14.10条（電子商取引のためのインターネットへの接続及びインターネットの利用に関する原則） 第14.11条（情報の電子的手段による国境を越える移転） 第14.12条（インターネットの相互接続料の分担） 第14.13条（コンピュータ関連設備の設置） 第14.14条（要求されていない商業上の電子メッセージ） 第14.17条（ソース・コード）
③　締約国間の協力を求める条文	第14.15条（協力） 第14.16条（サイバーセキュリティに係る事項に関する協力）

出典：筆者作成

（1）定義及び適用範囲

電子商取引章の定義及び適用範囲について規定する。

（a）定義（第14.1条）

「コンピュータ関連設備」、「対象者」、「デジタル・プロダクト」、「電子認証」、「電子的な送信」、「個人情報」、「貿易実務にかかる文書」、「要求されていない商業上の電子メッセージ」等の用語の定義を定めている。

（b）適用範囲及び一般規定（第14.2条）

第1項は、「電子商取引によって経済的な成長及び機会がもたらされることを認め、また、電子商取引における消費者の信頼を促進する枠組みの重要性並びに電子商取引の利用及び発展に対する不必要な障害を回避することの重要性を認める。」と規定し、電子商取引章の意義及び目的を定めている。

第2項及び第3項は、電子商取引章の適用範囲を定めるものであり、「締約国が採用し、又は維持する措置であって、電子的手段による貿易に影響を及ぼすもの」に適用する旨規定し（第2項）、その例外として、「政府調達」及び「締約国により若しくは締約国のために保有され、若しくは処理される情報又は当該情報に関連する措置（当該情報の収集に関連する措置を含む)」には適用しない旨定めている（第3項）。

その上で、第4項以下に、電子商取引章とその他の章との関係を調整する規定が置かれている。より具体的には、電子的に納入され、又は遂行されるサービスの提供に影響を及ぼす措置は、投資章（第9章）、国境を越えるサービスの貿易章（第10章）（以下、サービス貿易章）及び金融サービス章（第11章）の関連規定に含まれる義務（例外及び適合しない措置を含む。）に従う旨定めている（第4項）。また、デジタル・プロダクトの無差別待遇（第14.4条）、情報の電子的手段による国境を超える移転（第14.11条）、コンピュータ関連設備の設置（第14.13条）、ソース・コード（第14.17条）の規定に含まれる義務については、投資章、サービス貿易章、金融サービス章の関連規定、例外及び適合しない措置に関する規定を適用することを定める（第5項）。更に、投資章、サービス貿易章又は金融サービス章において各国が当該章における特定の義務の適用を留保した措置のうち、デジタル・プロダクトの無差別待遇、情報の電子的手段による国境を越える移転及びコンピュータ関連設備の設置に関する規定と適合しない部分については、当該義務を適用しない旨定めている（第6項）。

（2）利用者保護のための措置を講じること、又は、電子商取引における障壁を取り除くことを求める条文

（a）関税（第14.3条）

　電子的な送信に対して締約国が関税を賦課しないことを規定する条文であり、ソフトウェアやコンテンツなどの販売を促進することや、インターネット上でのサービス提供を促進するために重要である。

　具体的には、他の締約国の者との間で行われる電子的な送信に対して関税を課してはならないことを定め（第1項）、TPPに適合する方法で課される限り、電子的に送信されるコンテンツに対して内国税、手数料、その他の課徴金を課すことは妨げられるものではない旨規定している（第2項）。

　先に述べたとおり、電子的送信への関税不賦課は、WTO第2回閣僚会議（1998年5月）の閣僚宣言に盛り込まれて以降、閣僚決定によって幾度も延長を繰り返してきたが、これら閣僚決定には法的拘束力がなく、また、期限付きであるのに対して、TPPでは協定上の義務としている。

（b）デジタル・プロダクトの無差別待遇（第14.4条）

　デジタル・プロダクトに関する無差別待遇について規定している。

　デジタル・プロダクトとは、コンピュータ・プログラム、文字列、ビデオ、映像、録音物その他のものでデジタル式に符号化され、商業的販売や流通のために生産され、及び電子的に送信可能なものをいうが（第14.1条定義）、これらのデジタル・プロダクトに対して、その開発者や所有者が他国の者であることを理由に、他の同種のデジタル・プロダクトに与える待遇よりも不利な待遇を与えてはならないことを規定している（第1項）。「他の同種のデジタル・プロダクト」には、非締約国のものも含まれており、デジタル・プロダクトに内国民待遇及び最恵国待遇を与えることが義務付けられている。この規定により、他の締約国において、日本で作成されたソフトウェアや日本人がプログラマーとして制作に参加したソフトウェアについてのみ販売を禁止するような差別的待遇は禁止されることとなる。また、国内のソフトウェアの購入に課される税率や税額よりも高い税率や税額の消費税を外国のソフトウェア購入に課す措置も認められない。

　ただし、本条の規定は、知的財産の権利及び義務に抵触する部分や補助金には適用しない（第2項及び第3項）。

（c）国内の電子的な取引の枠組み（第14.5条）

　第1項では、電子商取引に関してUNCITRALのモデル法や国連の関連条約が定

めた原則に適合する各国の法的枠組みを維持する義務を定める。第2項では、電子商取引に関する国内の不必要な規制を回避するとともに、法的枠組みの策定にあたっては利害関係者の関与を得られやすくするよう努めることが定められている。

(d) 電子認証及び電子署名（第14.6条）

　オンライン上での契約の締結や送金行為にはなりすましや詐欺のリスクが伴うことから、取引当事者を特定し、相手が本人で間違いないかを確認することが必要になる。そのための方法が電子認証や電子署名である。TPP以降、電子認証及び電子署名の規定には、電子的な形式による署名の法的な有効性と電子認証に関する規制の撤廃の2つの要素が含まれている。

　第1項では、署名が電子的であることのみを理由として法的な有効性を否定してはならないことを定める。

　第2項以下は電子認証に関する規定であり、電子認証の方式を当事者が決定することを妨げないことと、電子的な取引について認証の法的要件を満たしていることを証明できるようにすることを定める（第2項）一方で、電子認証においては必要な暗号化や、適正な管理も必要であることから、締約国が特定の取引について一定の要件を求めることは可能としている（第3項）。

(e) オンラインの消費者の保護（第14.7条）

　電子商取引を行う場合において、詐欺的又は欺まん的な商業行為から消費者を保護するための透明性のある効果的な措置を採用し、及び維持することの重要性を認め（第1項）、消費者に被害を及ぼし、又は及ぼすおそれのある詐欺的又は欺まん的な商業活動を禁止するため、消費者の保護に関する法令を制定又は維持する義務を規定するとともに（第2項）、消費者を保護する締約国の国家機関や国境を越える電子商取引に関連するその他機関間の協力を定めている。

　日本の国内法では、消費者基本法、消費者契約法、特定商取引に関する法律（特商法）等が消費者の保護を定めている。

(f) 個人情報の保護（第14.8条）

　消費者が安心して電子商取引をできるよう電子商取引の利用者の個人情報の保護に関する措置を規定している。個人情報の保護に関する規定は、日・スイスEPA（第80条第3項）、日・モンゴルEPA（第9.6条第3項）、日EU・EPA（第8.78条第3項）では消費者保護に関する条の一部であったが、TPPでは、独立した条を設けた。

　具体的には、電子商取引の利用者の個人情報保護が消費者の信頼向上に貢献して

いることを認め（第1項）、電子商取引利用者の個人情報の保護について定める法的枠組みを採用、維持する義務（第2項）、各締約国の管轄内で生ずる個人情報保護違反から消費者を保護するに当たっては差別的でない慣行を採用するよう努めること（第3項）、各国が提供する個人情報保護に関する情報の公表（第4項）、個人情報保護制度の一貫性促進及び関係国間での情報交換（第5項）を定めている。

　各国が個人情報の保護を確保する方法には、国が個人情報保護法を包括的法令で定める方法もあれば、包括的法令ではなく分野別の企業法で定める方法もある[1]。このため、TPPでは、脚注で「締約国は、プライバシー又は個人情報を保護する包括的な法令、プライバシーについての分野別の法令、プライバシーに関する企業の自主的な取組の実施について定める法令等の措置」を採用し又は維持することにより、第2項に規定する義務を履行できることを明記している。

(g) 貿易に係る文書の電子化（第14.9条）

　貿易実務にかかる文書を広く対象とし、その電子化について定めている。具体的には、電子的な形式での利用を可能にすることや、その文書が電子的な形式であっても書類によって提出された場合と法的に同等なものとして受け付けること等の努力義務を規定している。

(h) 電子商取引のためのインターネットへの接続及びインターネットの利用に関する原則（第14.10条）

　政策・法令に従うことを条件に、自国の消費者がインターネット上で利用可能なサービス・アプリケーションにアクセスし、利用できる利益を認めること等を規定している。

　インターネットを含む電気通信に関する規定は、電気通信章（第13章）に置かれているが、インターネットへアクセスできても、特定のコンテンツやアプリケーションへの接続が制限されると、電子商取引に支障を来すことになる。このため、電子商取引章において、消費者がインターネット上で利用可能なサービスやアプリケーションにアクセスしてこれらを利用することや、消費者が選択する端末装置をインターネットに接続することを締約国が認めることを定めている。この規定により、インターネットを利用する消費者がサービスを利用する際に、締約国政府や通信事業者による影響を受けなくなること（インターネット・アクセスの中立性）が期待されることとなる。

---

1) 米国では、連邦政府が包括的法令ではなく、分野別に定められた企業法で個人情報保護を規定しているが、近年、カリフォルニア州で包括的プライバシー法が施行された。

(i) 情報の電子的手段による国境を越える移転（第 14.11 条）

　情報の電子的手段による国境を越える移転について、締約国が規制上の要件を課すことができることを認めた上で（第 1 項）、対象者の事業の実施のために行われる場合は、情報（個人情報を含む）の電子的手段による国境を越える移転を許可する義務を定めている（第 2 項）。一方、公共政策の正当な目的を達成するための措置については、恣意的若しくは不当な差別の手段又は貿易に対する偽装した制限となるような態様で適用されず、かつ、目的の達成のために必要以上の制限を課すものでなければ認められており（第 3 項）、情報の電子的手段による国境を越える移転に関する不必要な障壁を除去することと、個人情報保護を含む公共政策の必要性を考慮した規定となっている。

　ここでいう国境を越える情報の移転の例としては、オンラインによる語学教育に際しての関連情報の移転、電子商取引を行う親会社と外国の子会社間での（顧客情報を含む）情報の移転、インターネットを経由して、外国の工場を管理するといった B2B のサービス提供を行うための情報の移転等が考えられる。

　本条の適用対象については、電子商取引章の定義（第 14.1 条）で「対象者」を定めており、金融機関や金融サービス提供者は対象とならない（但し、金融サービスにおける情報の国境を越える移転は、金融サービス章（附属書 11-B）で規定されている）。

　なお、安全保障のための措置についても、協定全体に関する安全保障例外の規定に従い、採用することは可能である。

　本規定については、TPP の他、日米デジタル貿易協定、日英 EPA 及び RCEP 協定にも同様の規定が設けられているが、適用対象や例外の範囲は、それぞれ微妙に異なるので、注意が必要である。

（j）インターネットの相互接続料の分担（第 14.12 条）

　国際的なインターネット接続を求めるサービス提供者が商業的な原則に基づき、他の締約国のサービス提供者と交渉できること等を規定している。仮に、締約国政府が、外国企業に対して不利な契約条件を受け入れさせるようなことが生じた場合、この規定に違反することになる。

（k）コンピュータ関連設備の設置（第 14.13 条）

　コンピュータ関連設備設置について締約国が自国の法令上の要件（通信の安全及び秘密確保を追及する旨の要件を含む）を課すことができることを認めた上で（第 1 項）、自国の領域において事業を遂行するための条件として、対象者に対し、当該

領域においてコンピュータ関連設備を利用し、又は設置することを要求してはならない旨定めている（第2項）。ここでいう「対象者」は、電子商取引章の定義（第14.1条）で定めており、金融機関や金融サービス提供者は対象とならない。コンピュータ関連設備とは、「商業上の利用のために情報を処理し、又は保存するためのコンピュータ・サーバー及び記憶装置」と定義されており、サーバーや記憶装置の具体的内容については特段定めがないことから、あらゆるコンピュータのサーバーや記憶装置が含まれうる。この規定は、インターネット上で国境を越えるサービス提供を行うにあたり、本国と同等のサーバー等の設備を設けずとも外国での事業活動ができる、又は、第三国にサーバーがあるクラウドコンピュータサービスを活用してビジネスを行う環境があることを背景としている。

　ただし、公共政策の正当な目的を達成するための措置については、恣意的若しくは不当な差別の手段又は貿易に対する偽装した制限となるような態様で適用されず、かつ、目的の達成のために必要以上の制限を課すものでなければ認められており（第3項）、経済活動を実施する上で不必要な障壁を除去することと、個人情報保護を含む公共政策の必要性を考慮した規定となっている。

　また、安全保障のための措置についても協定全体に関する安全保障例外の規定に従い、採用することは可能である。

　TPPの他、日・モンゴルEPA、日米デジタル貿易協定、日英EPA及びRCEP協定にも規定されているが、上述の情報の国境を越える移転に関する規定と同様、比較の際には、適用範囲や例外規定に注意を要する。

(l) 要求されていない商業上のメッセージ（第14.14条）

　いわゆる迷惑メールに関する措置について規定している。近年では、迷惑メールの形式も多様化しており、電子メールの形式だけでなくショート・メッセージ・サービス（SMS）など他の形式も対象に含める観点から、電子メッセージという用語が用いられている。

　TPPにおける「要求されていない商業上の電子メッセージ」とは、「インターネット接続サービスの提供者を通じ、又は他の電気通信サービスを通じ各国の法令に定める範囲内で、受信者の同意なしに又は受信者の明示的な拒否に反して、商業上又はマーケティングの目的で電子的なアドレスに送られる電子メッセージ」をいう（第14.1条（定義））。

　本条は、要求されていない商業上のメッセージの提供者に対し、受信者が受信の防止を円滑にできるようにするための措置、法令により特定された方法により受信者の同意を要求する措置や、要求されていないメッセージを最小化するその他の措置を締約国が維持又は採用する義務（第1項）、これらの措置を遵守しない要求さ

れていない商業上のメッセージの提供者に対する措置を定めること（第2項）、本条の対象事項に関する締約国間の協力（第3項）を定めている。

　なお、日本では、特定電子メールの送信の適正化等に関する法律及び特定商取引法が関係しており、これらの法律では、電子メールと電話番号で送信される SMS を規制対象としている。

(m) ソース・コード（第 14.17 条）

　他の締約国の者が所有するソフトウェア、当該ソフトウェアを含む製品の輸入、販売、利用等の条件として、当該ソフトウェアのソース・コード[2] の移転又は当該ソース・コードへのアクセスを要求してはならないこと等を規定している。

　例えば自社製品を輸出する際に、輸出先国政府にソース・コードの提出を求められ、当該政府にソース・コードの安全性をチェックされることとなると、その手続きがいつ終わるのかが分からず事業計画に支障が出るおそれがあり、また、当該政府が安全性のチェックを民間の専門企業に委託する場合には技術流出のリスクが生じる。迅速な取引を実現し、事業者の情報流出リスクを軽減するためにも、ソース・コード及びアルゴリズムの移転又はアクセスの要求の禁止の規定を設けることが有益である。

　同様の規定は、日・モンゴル EPA、日 EU・EPA、日米デジタル貿易協定及び日英 EPA にも設けられている。日米デジタル貿易協定及び日英 EPA では、更にアルゴリズム[3] の開示要求の禁止も併せて規定している（日英 EPA 第 8.73 条）。

(n) 暗号に関する情報の開示要求の禁止

　暗号に関する情報の開示要求の禁止は、ソース・コードの開示要求の禁止規定と同様に、秘密情報であるはずの暗号法の情報を守るための規定である。

　本規定は電子商取引に関係するものの、必ずしも常に電子商取引章に設けられているわけではなく、TPP では、貿易の技術的障壁（TBT）に関する章（第8章）附属書 8-B の A 節（暗号法を使用する情報通信技術産品）で規定されている（第Ⅲ部 2 章 V 節参照）。具体的には、暗号法を使用している商業用目的の産品を製造、販売、流通、輸入又は使用する条件として、締約国がその製造者又は供給者に対して、①産品における暗号法に関連する特定の技術、生産工程その他の情報（例えば、非公開の暗号鍵その他秘密のパラメーター、アルゴリズムの仕様その他設計の詳細）を、当

---

2) ソース・コードとは、ソフトウェア等のコンピュータ・プログラムを構成する文字列のことをいう。
3) アルゴリズムとは、ソース・コードによって実行される処理をいう。

該締約国又は当該締約国の領域内の者に移転又はアクセスを提供すること、②特定の暗号化アルゴリズム又は暗号を使用したり統合すること等を要求する強制規格又は適合性評価手続を課したり、維持してはならないことを定めている。

TPP のこれら規定は TBT 章に置かれているため、規定対象が物品貿易に限定されているが、日英 EPA で電子商取引節に置かれた規定では、物品貿易に限定されていない。日英 EPA 第 8.86 条は、暗号法を使用する商業用の情報通信技術製品の製造、販売、流通、輸入又は使用の条件として、締約国は締約国の領域に所在する者に対し、暗号法に関連する財産価値を有する情報の移転又は当該情報へのアクセスを提供すること、当該締約国に所在する者と提携し、又は協力することを求めることを行ってはならない旨規定している。

(3) 協力

EPA の電子商取引章においては、上述の電子商取引に関する各種規律に加え、締約国間の協力について規定している。

(a) 協力（第 14.15 条）

電子商取引が地球的規模の性質を有することを認め、締約国間の協力に努めることとし、具体的な分野として、(i) 中小企業の電子商取引の利用に対する障害克服のための協力、(ii) 電子商取引に関する規則、政策、実施及び遵守についての情報交換及び経験共有（例えば、個人情報保護、オンラインの消費者の保護、要求されていない商業上のメッセージ、電子的な通信の安全性、認証、電子政府など）、(iii) オンラインで提供される商品及びサービスへの消費者のアクセスについての情報交換等、(iv) 電子商取引の発展促進のための地域的及び多国間の場への積極的な参加、(v) 民間部門の自主的な規制手法（行動規範、モデル契約、指針及び実施確保の仕組み等）の開発奨励について規定している。

これらの協力を通じ、電子商取引による消費者の信頼を促進する枠組み作りや電子商取引の利用及び発展における不必要な障害を回避するための協力を通じ、電子商取引により経済的な成長及び機会がもたらされることが期待されている。

(b) サイバーセキュリティに係る事項に関する協力（第 14.16 条）

近年、サイバーセキュリティの重要性は益々高まってきており、TPP では、前述 (a) の協力規定とは別に、サイバーセキュリティに係る事項に関する協力の条を設けている。具体的には、コンピュータの安全性に係る事件への対応につき責任を負う自国の機関の能力構築、電子的ネットワークに影響を及ぼす悪意のある侵入や悪意のコードの拡散を特定し、及び軽減するための協力の重要性について定めて

いる。

4.　おわりに

　電子商取引の拡大に伴い、情報の自由な流通と、消費者保護や個人情報保護、更には、企業の情報や技術の保護等のバランスをいかに確保するかが課題となっている。

　このため、近年、電子商取引に関する国際的なルール作りのための作業が積極的に進められてきている。2017 年 12 月の第 11 回 WTO 閣僚会議で、日本、オーストラリア及びシンガポールは、71 の WTO 加盟国と電子商取引の議論を進めるための作業を始めることを含む共同声明を発表した。また、2019 年 1 月のダボス会議では、WTO 加盟国 76 カ国で、電子商取引の貿易の側面に関する交渉を開始する意思を確認する共同声明が発出され、日本は「信頼性のある自由なデータ流通（DFFT：データ・フリー・フロー・ウィズ・トラスト）」を提唱し、同年 6 月の G20・大阪サミットでは、デジタル経済に関する国際的なルール作りのための「大阪トラック」が立ち上げられた。現在、「大阪トラック」の下、80 か国以上の有志国が WTO 電子商取引交渉の進展を目指し、交渉を加速化させている。

　一方、電子商取引に関連する各国の法整備も動いており、2017 年に中国のサイバーセキュリティ法が、2018 年に EU の一般データ保護規則（GDPR）が施行された。また、2020 年には、米国が中国企業の情報通信関連製品の販売やサービス提供を禁止する措置を講じた。オンラインを巡る法整備の状況は、経済の発展状況も影響し、国によって大きく異なっていることから、電子商取引に関する国際的なルール作りを通じて、各国の制度の調和を図っていくことが肝心である。

　EPA/FTA における電子商取引に関する規定は比較的新しい分野であるが、締約国との間でオンライン利用を巡る法的安定性を確保する上で、益々重要となっていく分野である。新型コロナウィルスの感染拡大を受けて、オンラインの活用機会が増大し、電子商取引の重要性が益々高まっている。デジタル社会への移行は、感染症が鎮静した後も、後戻りすることはないであろう。オンライン利用を巡る社会的状況や技術の変化、国際的なルール作りの動き、各国の法制の変更などの目まぐるしい変化の中で、EPA/FTA の電子取引章には、電子商取引を利用する業界や消費者のニーズを踏まえ、必要な規律を確保することにより、経済連携の更なる発展に寄与していくことが期待されている。

Ⅱ．国有企業・補助金

1．EPA における国有企業・補助金に関する規律の概要

　EPA における国有企業・補助金に関する規律は、貿易・投資に関する公正な競争環境を確保することを目的として、国有企業等が物品又はサービスの購入・販売にあたって商業的考慮に従って行動することや、他の締約国企業に無差別待遇を与えること、一定の類型の補助金の禁止、情報交換等について規定する。これは、自国の国有企業に対する様々な優遇措置や過度な補助金の交付が不公正な競争の要因となるためである。日本が TPP 以前に締結した EPA には、独立した章を設けて、国有企業や補助金に関する規律を定めているものはないが、TPP 及び日 EU・EPA においては、これらに関する独立章を設けており[4]、WTO 等の既存の国際ルールを上回る内容となっている。

　TPP は、日本にとって、国有企業について独立した章（第17章「国有企業及び指定独占企業」）を設けて規律した最初の協定である。詳細は後述するが、同章では、国有企業について規律すると同時に、同章第17.6条の「非商業的な援助」において、国有企業に対する補助金等で他の締約国の利益に悪影響を及ぼすものを禁止している。このように、国有企業の規律の中に補助金に関する規律も盛り込んでいることが TPP の特徴である。

　日 EU・EPA は、TPP と異なり、国有企業・補助金について、それぞれ独立した章を設けている。国有企業は第13章「国有企業、特別な権利又は特権を付与された企業及び指定独占企業」において、補助金は第12章「補助金」において定められている。日本にとって、国有企業に関する独立章は TPP に次いで2つ目であり、補助金に関する独立章は初めてのものである。

　国有企業は、多くの国でインフラをはじめとする分野で重要な役割を担ってきたように、一国の公共政策とも密接に関連する。そのため、国有企業の役割については国によって様々な考え方があるが、貿易・投資などの国際取引の場面で問題となることもある。経済のグローバル化の加速により、企業間の競争が国境を越えて激化しており、国有企業もその例外ではないが、国有企業は公共政策実現のために政府から何らかの財政面・規制面での優遇を受けることも少なからずあり、そうした優遇は競争を歪曲するおそれがある。例えば、国有企業が物品又はサービスの購入

　4）輸出補助金については、二国間 EPA も含め、物品の貿易に規定が設けられている。詳細は第Ⅲ部2章Ⅱ節を参照。

を行う際に、自国のものを優遇し、他国のものを差別的に取り扱うことや、政府から補助金などの援助を受けた国有企業が価格面で競争優位に立つことにより、国際市場での企業間の競争が歪められる。従って、公正な競争を確保するためには国有企業に関する規律が必要である。WTO 協定等において国有企業に関する規律はほとんどなく、GATT 第 17 条において、国家貿易企業が物品の輸出入のいずれかを伴う購入又は販売にあたって商業的考慮に従うこと等が規定されているに過ぎない。しかし、サービスの提供を含め、国有企業の在り方が多様化している今日においては、国有企業に対する優遇措置がもたらす市場の歪曲を防ぎ、貿易・投資に関する公正な競争環境を確保するために、国有企業に関するより透明性の高い新しい規律が求められている。TPP、日 EU・EPA では国有企業、指定独占企業等に関する様々な規律が定められ、国有企業が民間企業と対等な競争条件で事業を行うための基盤が確保された。

　補助金も国有企業と同様に公共政策実現のための重要な役割を担っているが、過度に補助金を交付することは不公正な競争の要因となることが古くから認識されており、国際的には WTO の補助金協定をはじめ、様々な規律が設けられてきた。補助金協定では、貿易歪曲効果の大きな補助金に対する規律を強化することを目的に、一定の類型の補助金の維持・交付の禁止、対抗措置（相殺関税）をとることのできる補助金の範囲、当該措置の発動基準や調査手続き等を規定することで補助金に関するルールを明確にし、運用を行ってきた。しかし、同協定は、物品の貿易に対する補助金のみが対象となっており、サービス・投資に関する補助金は対象となっていないなど、補助金の形態も多様化している今日においては、十分な規律が定められているとは言えず、新しいルールが求められている。このような状況下、TPP、日 EU・EPA では、物品だけでなくサービス・投資にも適用されるなど、補助金協定を上回る内容の規律が定められている。

2．条文解説

　ここでは、国有企業章に補助金の規律が盛り込まれた TPP の条文について解説する。また、必要に応じて、日 EU・EPA における国有企業章及び補助金章の規律と TPP の規律の主な差異についても言及する。

(1) 第 17.1 条 定義

　本条には、本章で用いられる重要な用語についての定義が定められている。ここでは、主に「国有企業」に関連する重要な用語の定義について解説を行い、他の重要な用語については、それぞれの条文の中で解説を行う。

　まず、「国有企業」とは、主として商業活動に従事する企業であり、国が資本関

係等に基づき所有・支配（①50％を超える株式を直接所有、②持ち分を通じて50％を超える議決権の行使を支配、③取締役の過半数を任命する権限を保有、のいずれかに該当）する企業のことである。なお、①については「直接」所有する企業と規定され、間接的に所有する場合は該当しないものの、②については、①と異なり「直接」とは規定されていないため、国が間接的に議決権の行使を支配する場合についても該当することとなる。

　例えば、国がある企業A社の株式の90％を直接所有し、当該A社が別のB社の株式を70％所有している場合、国とA社の関係は直接所有、国とB社の関係は間接所有に該当するが、国はB社の株式を「直接」所有しているわけではないため、①の要件には該当しない（A社は国有企業に該当、B社は①の要件では国有企業に該当せず）。ただし、国がA社の議決権の行使の90％を支配し、A社がB社の議決権の行使の70％を支配しているのであれば、持ち分を通じて50％を超える議決権の行使を支配しているため、②の要件により、A社もB社も国有企業に該当することとなる。

　次に、「商業活動」とは、企業の営利を目的とする活動であり、この結果、物品の生産・サービスの提供が行われ、当該物品・サービスが企業の決定する量及び価格で市場において販売されることとなるものである。企業が行う活動のうち、非営利の原則（利益の獲得を目的としたものではないもの）又は費用回収の原則（収入が費用を上回らないもの）に基づいて行う活動については、営利を目的とする活動には該当しない。

　また、本章は国有企業だけでなく、指定独占企業の活動についても規律しているが、「指定独占企業」とは、国によって独占的な地位を指定される企業であり、この「指定独占企業」には、企業だけでなくコンソーシアムや政府機関も含まれる。ただし、民間企業については、TPP発効後に国によって指定された企業が対象となる一方、政府の所有・支配下にある企業についてはTPP発効後に指定されたものだけでなく、TPP発効前に指定されたものについても該当する。

　一方、日EU・EPAの「国有企業」の定義においては、「国有企業」とは、商業活動に従事する企業であり、TPPで規定する①～③の要件に加え、④当該企業の活動について法的に指示する権限の保有又は法令に従い同程度に支配、のいずれかに該当する企業である（日EU・EPA第13.1条（h））と規定されている。要件が4つとなることに加え、商業活動については、TPPと異なり、「主として」と限定されていないため、日EU・EPAでの「国有企業」の対象はTPPより広範なものとなる。

　日EU・EPAでの「指定独占企業」の定義（同条（e））はTPPの「独占企業」の定義と同じく、締約国の関連市場において物品・サービスの唯一の提供者・購入

者として指定される事業体である一方、日 EU・EPA では、「特別な権利又は特権を付与された企業」についても規定されている（同条 (f)）。これは、締約国が特別な権利・特権を付与した公私の企業（子会社を含む）のことであるが、TPP にはこのような規定はない。

(2) 第 17.2 条 適用範囲

　本条は、本章の規定が適用される範囲について定めている。本章の規定は、締約国の国有企業及び指定独占企業の活動のうち、締約国間の貿易・投資に影響を及ぼすもの（第 17.7 条（悪影響）に規定する非締約国の市場に悪影響を及ぼすものを含む）に適用される（第 1 項）。

　例外的に本章の規定が適用されないものとしては、ソブリン・ウェルス・ファンド[5]（第 5 項）、独立年金基金（第 6 項）、政府調達（第 7 項）等があり、また、本章の主要な規律である「無差別待遇及び商業的考慮」（第 17.4 条）、「非商業的な援助」（第 17.6 条）、「透明性」（第 17.10 条）の規定については、政府の権限の行使として提供されるサービスについては適用されない（第 10 項）。「政府の権限の行使として提供されるサービス」とは、GATS における定義と同一であり（第 10 項注）、GATS においては、「商業的な原則に基づかず、かつ、一又は二以上のサービス提供者との競争を行うことなく提供されるサービスをいう。」と規定されている（GATS 第 1 条第 3 項 (c)）。また、「無差別待遇及び商業的考慮」（第 17.4 条）の第 1 項 (b) 及び (c) 並びに第 2 項 (b) 及び (c) の規定は、投資・サービス及び金融サービスに関する留保表（附属書Ⅰ・Ⅱ・Ⅲ）に記載する措置については、適用しない（第 11 項 (a) 及び (b)）。

　なお、既述のとおり、本章は国有企業・指定独占企業の活動について規律するものであるが、大前提として、公的企業・国有企業の設立・維持、独占企業を指定すること自体は妨げられていない（第 9 項 (a) 及び (b)）。ここでいう「国有企業」の定義は既述のとおりであるが、「公的企業」とは、「締約国が所有し、又は持分の所有を通じて支配している企業をいう。」と定義されている（第 1.3 条）。

(3) 第 17.3 条 委任された権限

　本条では、国有企業等に委任された政府の権限の行使について規定している。国有企業、公的企業、指定独占企業が、政府の指示・委任を受けて、収用、免許の付

5）ソブリン・ウェルス・ファンドとは、特定目的の投資基金としての役割を果たす企業であり、国の金融資産を利用し、投資関連活動を行うもの等である。TPP における定義の詳細は、第 17.1 条に規定されている。

与、商業取引の許可、割当て、手数料その他の課徴金の賦課等の政府の権限を行使する場合に、当該企業が TPP に基づく締約国の義務に反することなく活動するよう各締約国が確保することを規定している。

（4）第 17.4 条 無差別待遇及び商業的考慮

本条は、国有企業及び指定独占企業が物品・サービスを購入・販売するに当たって、①商業的考慮に従って行動することや、②他の締約国の企業、物品、サービスに対して無差別待遇を与えることについて規定している。

第 1 項は国有企業について、第 2 項は指定独占企業について規定しているが、まず、各項の（a）においては、自国の国有企業及び指定独占企業が、物品・サービスの購入・販売に当たり商業的考慮に従って行動することを確保する義務が規定されている。「商業的考慮」とは、価格、品質、入手可能性、市場性、輸送等の購入若しくは販売の条件、又はその産業等において民間企業が商業的な決定を行うに当たって通常考慮する要因についての考慮のことである（第 17.1 条）。つまり、国有企業や指定独占企業であっても、物品・サービスの購入・販売時には、民間企業と同様に行動することが求められている。ただし、国有企業については、「当該国有企業がその公共サービスの任務の条件を（c）（ii）の規定に反しない態様で満たす場合を除く。」と規定されており（第 1 項（a））、公共サービスの提供を第 1 項（c）（ii）の無差別待遇の規定（後述）に従って行う場合は、商業的考慮に従って行動する義務が適用されないこととなる。

次に、各項の（b）及び（c）では、自国の国有企業及び指定独占企業が、他の締約国の企業、その物品・サービスに対して、自国、その他の締約国又は非締約国の企業又はその企業によって提供される同種の物品・サービスに与える待遇よりも不利でない待遇（無差別待遇）を与えることを確保する義務が規定されている。

より細かく述べれば、（b）（i）では、物品・サービスの購入に当たり、他の締約国（例：オーストラリア）の企業によって提供される物品・サービスに対し、自国（例：日本）、その他のいずれかの締約国（例：ニュージーランド）、非締約国（例：ドイツ）の企業によって提供される同種の物品・サービスよりも不利でない待遇（無差別待遇）を与えることを確保する義務が規定されている。

また、（b）（ii）では、物品・サービスの購入に当たり、他の締約国からの投資によって自国に設立された企業（例：日本にあるカナダ企業の現地法人）によって提供される物品・サービスに対し、自国の企業によって提供される同種の物品・サービスや、その他のいずれかの締約国（例：日本にあるメキシコ企業の現地法人）、非締約国からの投資によって設立された企業（例：日本にあるフランス企業の現地法人）によって提供される同種の物品・サービスよりも不利でない待遇（無差別待遇）を与

えることを確保する旨を規定している。

　同様に、(c)(i)では、物品・サービスの販売に当たって、他の締約国の企業に
対し、自国、その他のいずれかの締約国、非締約国の企業に与える待遇より不利で
ない待遇（無差別待遇）を与えることを確保する義務について規定し、(c)(ii)で
は、他の締約国からの投資によって自国に設立された企業に対し、自国の企業、そ
の他のいずれかの締約国、非締約国の投資によって自国に設立された企業に与える
待遇より不利でない待遇（無差別待遇）を与えることを確保する義務を規定してい
る。

　本条には例外規定も設けられており、第1項の規定は、他の企業への資本参加の
ために国有企業が行う株式等の持分の購入・売却については適用されない（第1項
注）。また、国有企業・指定独占企業が商業的考慮に従うことを条件に、価格を含
めた異なる条件での物品・サービスの購入・販売を行うことや物品・サービスの購
入・販売を拒否すること自体は妨げられていないことが規定されている（第3項
(a)及び(b)）。なお、指定独占企業については、その独占的地位を利用し、独占
的ではない自国の市場において締約国間の貿易・投資に悪影響を及ぼす反競争的行
為に直接・間接を問わず従事しないこと等が規定されている（第2項(d)）。

　なお、日EU・EPAの国有企業章においても、TPPと同様に無差別待遇及び商
業的考慮に関する規定が設けられており、物品・サービスの購入・販売に当たり、
商業的考慮に従って行動すること（日EU・EPA第13.5条第1項(a)）、他の締約国
の企業、その物品・サービスに対して不利でない待遇を与えることが規定されてい
る（同条第1項(b)及び(c)）。

(5) 第17.5条 裁判所及び行政機関

　本条は、民事請求についての管轄権について規定している。各締約国は、外国政
府が所有・支配する企業の民事請求について、自国で行われる商業活動に基づき、
自国の裁判所に管轄権を与えること（第1項）、また、自国の国有企業を規制する
機関が、規制対象の企業に対し、公平に規制上の裁量を行使するよう確保すること
が規定されている（第2項）。裁量の行使に当たっての公平性に関しては、当該機
関の慣行に基づいて評価を行う（第2項注）。

(6) 第17.6条 非商業的な援助

　本条では、非商業的な援助によって他の締約国の利益に悪影響を及ぼすことの禁
止について規定している。「非商業的な援助」とは、国有企業が政府によって所
有・支配されていることに基づく国からの直接的・間接的な援助のことである。

　ここでの「援助」とは、①贈与・債務免除、②優遇条件での貸付け、債務保証・

資金供給、③民間企業の通常の慣行に適合しない出資、のいずれかを含む直接的な資金の移転・資金もしくは債務の直接的な移転の可能性、④優遇条件での物品・サービスの提供のいずれかのことであり、いわゆる補助金のような、直接的な資金提供のみならず、より広範なものが「援助」として規定されている（第17.1条）。

「悪影響」については、次条にて規定されていることから、ここでの解説は割愛するが、本条は直接・間接を問わず、国有企業に対する補助金等の提供により、他の締約国の利益に悪影響を及ぼすことや他の締約国の国内産業に損害を与えることを禁止している。なお、非商業的な援助には、親子会社間等の企業グループ内での取引、民間企業の通常の慣行に適合する国有企業間の取引、独立年金基金に対して行う資金の移転は含まれない。

より具体的には、締約国は、①当該国有企業による物品の生産及び販売（第1項(a)）、②自国から他の締約国への当該国有企業によるサービスの提供（第1項(b)）、及び③他の締約国・その他いずれかの締約国への投資により設立した企業を通じた当該他の締約国でのサービス提供（第1項(c)）に関し、国有企業に対して直接・間接に提供する非商業的な援助により、他の締約国の利益に悪影響を及ぼしてはならない旨が規定されている（第1項）。ここでいう間接的な提供には、締約国が国有企業以外の企業に対し、非商業的な援助の提供の委託・指示をすることが含まれる（第1項注1）。また、第2項では、各締約国自身のみならず、その公的企業及び国有企業が、国有企業に提供する前述①から③の非商業的な援助によって、他の締約国の利益に悪影響を及ぼさないよう確保する旨が規定されている。

第1項及び第2項の規定の適用上、主張される悪影響は、非商業的な援助によって及ぼされたことが立証されなければならない（第1項注2）。

第3項では、自国からの投資によって他の締約国に設立された国有企業が、当該他の締約国の国内産業により生産・販売される物品を生産・販売している場合に、その国有企業の生産・販売活動に対する非商業的な援助の提供（直接か間接かを問わない）により、当該他の締約国の国内産業に損害を与えてはならない旨が規定されている（「損害」については、(9)にて後述）。ここでいう「国内産業」とは、同種の物品の国内生産者全体又は当該物品の生産高の合計が国内総生産高の主要部分を占める国内生産者のことである（第3項注）。

なお、自国の国有企業によって自国で提供されるサービスについては、悪影響を及ぼさないものとみなされる（第4項）。

(7) 日EU・EPA 補助金章

上述のとおり、TPP では、国有企業章において、国有企業に対する「非商業的な援助」を規律しているが、これに対して、日EU・EPA においては、補助金に

ついて独立した章（第12章）を設け、適用対象を国有企業に限定しない一方、国有企業章（第13章）では「非商業的な援助」に関する規定を置いていない。また、日EU・EPAでは、一定の類型の補助金の禁止や補助金に関する通報・協議に関する規定が置かれていることも特徴である。以下で日EU・EPAの補助金章について説明する。

　まず、日EU・EPA第12章の規律は、経済活動に関連する特定性のある補助金について適用すると規定されている（日EU・EPA第12.3条第1項）。一定の類型の補助金、すなわち、締約国間の貿易・投資に著しい悪影響を及ぼしている又は及ぼすおそれがある補助金で、①制度上、政府・公的機関が保証金額及び期間を制限せず企業の債務を保証するもの、及び②信頼性のある再建計画のない経営不振・破綻に陥った企業に交付するものについては、一律に禁止されている（日EU・EPA第12.7条（a）及び（b））。ただし、締約国が一時的に財務流動性の確保を支援するため、企業再建・清算の計画作成に必要な期間、経営の維持に必要な金額に限り、債務保証・貸付けによって補助金を交付することは妨げられない（同条注）。

　また、同章では、補助金（一部を除く）について、その法的根拠、形態、金額等を他の締約国に通報すること（日EU・EPA第12.5条）や他の締約国の補助金が自国の貿易・投資の利益に著しい悪影響を及ぼしている、又は及ぼすおそれがある場合に、書面により協議の要請ができる（日EU・EPA第12.6条）旨等が規定されている。

　しかし、上述の禁止される①及び②の補助金については、いくつかの例外規定も置かれている。農業並びに漁業に関連する補助金、国家的・世界的な経済上の緊急事態に対応するための一時的な補助金、地方政府が交付する補助金については認められる（日EU・EPA第12.3条第5項、第6項、第8項）ほか、公共政策目的のため、政府から一般公衆へのサービス提供を委託された企業に対する補助金、自然災害等例外的な事態により生じる損害補償のための補助金、音響・映像サービスについては、補助金章の対象とならないため、単に許容されるのみならず、補助金に関する通報・協議の義務についても免除される（同条第2項、第3項、第7項）。さらに、通報・協議の規定については、受益者ごとの補助金の金額・予算額が連続する3年において累計45万SDRを下回る場合には適用されず（日EU・EPA第12.3条第4項）、協議に関する規定は、農業並びに漁業に関連する補助金には適用されない（同条第5項）。

(8)　第17.7条　悪影響

　本条では、第17.6条（非商業的な援助）第1項・第2項における「悪影響」について規定している。「悪影響」は、非商業的な援助の影響が以下の①～⑦のいずれ

かである場合に生じると規定されている（分かりやすさの観点から、締約国の国名を
ABCで表現するともに、A国の国有企業が非商業的な援助の提供を受けた場合を想定し、
表現を単純化している）。

①A国の国有企業による物品の生産・販売が、B国からA国への同種の物品の
輸入や、B国企業のA国現地法人等が生産する同種の物品の販売を代替・妨
害する場合（第1項（a））

②A国の国有企業による物品の生産・販売が、C国企業のB国現地法人等が生
産する同種の物品のB国での販売や、C国からB国への同種の物品の輸入を
代替・妨害する場合（第1項（b）（i））

③A国の国有企業による物品の生産・販売が、B国から非締約国への同種の物
品の輸入を代替・妨害する場合（第1項（b）（ii））

④A国の国有企業が生産し、B国において販売する物品の価格が、B国から輸
入される同種の物品の価格又はC国企業のB国現地法人等が生産する同種の
物品の価格を著しく押し下げるものである場合等（第1項（c）（i））

⑤A国の国有企業が生産し、非締約国において販売する物品の価格が、B国か
ら非締約国に輸入される同種の物品の価格を著しく押し下げるものである場合
等（第1項（c）（ii））

⑥A国の国有企業が提供するサービスが、B国において、B国又はその他の締
約国のサービス提供者による同種のサービスを代替・妨害する場合（第1項
（d））

⑦A国の国有企業がB国で提供するサービスの価格が、B国又はその他の締約
国のサービス提供者による同種のサービスの価格を著しく押し下げるものであ
る場合等（第1項（e））

ただし、非商業的な援助を受けた国有企業（上記①〜⑦ではA国の国有企業）が
他の企業への資本参加の手段として行う株式等の購入・売却については、第1項に
規定する悪影響を生じさせるものと解してはならない旨が規定されている（第1項
注）。

また、第1項（a）、（b）、（d）の規定（上記①〜③及び⑥）の適用上、物品・サー
ビスを代替・妨害することには、相対的な市場占拠率の著しい変化が同種の物品・
サービスにとって不利益となるように生じたことが立証される場合を含む旨規定さ
れている。さらに、ここでいう「相対的な市場占拠率の著しい変化」には、締約国
の国有企業の物品・サービスの市場占拠率が①著しく増加すること（第2項（a））、
②非商業的な援助がなければ著しく減少したであろう状況で一定であること（第2
項（b））、③非商業的な援助がない場合の速度よりも著しく遅く減少すること（第2
項（c））を含むとされ、当該変化については、関係する市場の推移の明確な傾向を

立証するための十分な期間（通常、少なくとも1年）を通じて明らかにする旨が規定されている（第2項）。

　なお、非商業的な援助を受けた締約国の国有企業（上記①〜⑦ではA国の国有企業）によるサービス提供について、非締約国で生じる悪影響については今後の交渉の対象となっている（第17.14条（追加的な交渉）及び附属書17-C（追加的な交渉））。

(9) 第17.8条 損害

　本条では、第17.6条（非商業的な援助）第3項の「損害」について規定している。同項では、他の締約国に設立した自国の国有企業に対する非商業的な援助によって、当該他の締約国の国内産業に損害を与えてはならない旨が規定されており、本第17.8条において「損害」とは、国内産業に対する実質的な損害若しくは実質的な損害のおそれ、又は国内産業の確立の実質的な遅延と規定されている（第1項）。

　実質的な損害の決定は、実証的な証拠に基づいて行い、関連する要因の客観的な検討に基づいて行う旨が規定され、検討期間は合理的に定めるものとし、パネルの手続開始日にできるだけ近い日に終了する旨が規定されている（第1項注）。なお、本条における「損害」の定義はWTOの補助金協定におけるものと同義である。

　関連する要因には、非商業的な援助を受けた国有企業による生産量、国有企業による生産が、国内産業が生産及び販売する同種の物品の価格に及ぼす影響（第2項）並びに国有企業による生産が同種の物品を生産する国内産業に及ぼす影響（第3項）を含む旨が規定されており（第1項）、これらについては第2項及び第3項にて詳細が規定されている。

　なお、損害に関する因果関係の立証は、全ての関連する証拠の検討に基づくものと規定され（第4項）、実質的な損害のおそれの決定については、推測や可能性の低いものでなく、事実に基づくもので、特別の注意をもって検討される旨が規定されている（第5項）。

(10) 第17.9条 締約国別の附属書

　本条では、本章の規律の適用留保について規定している。

　まず、附属書Ⅳ（日本は作成していない）に掲げる企業の活動については本章の主要な規律である第17.4条（無差別待遇及び商業的考慮）及び第17.6条（非商業的な援助）の規定が適用されない（第1項）。

　また、附属書17-D（地方の国有企業及び指定独占企業についての適用）に掲げる企業については、第17.4条（無差別待遇及び商業的考慮）、第17.5条（裁判所及び行政機関）、第17.6条（非商業的な援助）、第17.10条（透明性）の規定が適用されない（第2項）。現在、地方政府を有する全ての締約国が本附属書により地方の国有企業

及び指定独占企業を適用対象外としている。

　そのほか、シンガポール及びマレーシアについては、上記に加え、それぞれ個別の附属書の規定が適用される（第3項（a）及び（b））。シンガポールについては附属書17-E（シンガポール）において、ソブリン・ウェルス・ファンドに関する留保、マレーシアについては附属書17-F（マレーシア）において、プルモダラン・ナショナル社及び巡礼基金に関する留保が規定されている。

　なお、日EU・EPAについては、地方政府を含め、政府の全ての段階におけるものについて国有企業等に関する規定が適用される（日EU・EPA第13.2条第2項）。

(11) 第17.10条 透明性
　本条では、国有企業の一覧、他の締約国の要請に応じた国有企業等に関する情報や非商業的な援助についての政策・制度に関する情報提供等について規定しており、以下が主なものである。

　まず、各締約国はTPPが自国について効力を生ずる日から6ヵ月以内に、国有企業の一覧を他の締約国に提供すること、又は公式ウェブサイトにおいて公表することが規定され、当該一覧は、その後毎年更新を行う旨が規定されている（第1項）。

　ただし、ブルネイ・ベトナム・マレーシアの国有企業の一覧については、それぞれについてTPPが効力を生ずる日から5年間は第1項の規定が適用されず、過去3年のうちいずれか1年において商業活動から得る年間収益が5億SDRを超える国有企業の一覧について、他の締約国に提供すること、又は公式ウェブサイトにおいて公表することが規定されており、当該一覧は第1項の規定が適用されるまで、毎年更新することが規定されている（第1項注1及び注2）。

　次に、各締約国は、独占企業の指定・既存の独占企業の独占範囲の拡大及び指定の条件を他の締約国に速やかに通報すること、又は公式ウェブサイトにおいて公表することが規定されている（第2項）。ただし、附属書IVのベトナムの表の留保事項9に掲げる企業については、本条第2項から第4項までの規定は適用しない（第2項注）。本稿執筆時点（2021年5月）において、日本は、同規定に基づき以下の8社をTPPの定義に合致する国有企業として外務省ホームページで公表している。
　①株式会社日本政策投資銀行
　②北海道旅客鉄道株式会社
　③日本貨物鉄道株式会社
　④日本郵便株式会社
　⑤株式会社ゆうちょ銀行
　⑥成田国際空港株式会社

⑦新関西国際空港株式会社

⑧東京地下鉄株式会社

　さらに、締約国は、他の締約国から書面で要請がある場合（国有企業・政府の独占企業の活動がいかに締約国間の貿易・投資に影響を及ぼしているかの説明を含む場合に限る）には、これらの企業についての所有株式や保有議決権の割合、直近３年間の収益及び資産総額等の情報を速やかに提供することが規定されている（第３項）。また、非商業的な援助の提供について定める政策・制度に関する情報提供についても、他の締約国から書面で要請がある場合（第３項と同様、影響に関する説明を含む場合に限る）には、速やかに書面で情報を提供することが規定されている（第４項）。締約国が、第４項の規定に従い回答する場合には、要請を行った締約国が内容を理解・評価できるように十分に明確なものとし、非商業的な援助の形態、法的根拠及び政策目的等の情報を含む旨が規定されている（第５項）。

　日 EU・EPA では、国有企業について、TPP 第 17.10 条第１項及び第２項のような国有企業の一覧の提供・公表に関する規定はないものの、TPP 同条第３項同様、他の締約国から書面で要請があった場合における国有企業等に関する情報提供について規定されている。ただし、これら情報提供については、当該要請を行った締約国の利益に及ぼす影響についての説明を含み、かつ、所有株式や保有議決権の割合や直近３年間の収益及び資産総額等の情報提供について明示する場合に限られている（日 EU・EPA 第 13.7 条）。

　また、日 EU・EPA では、補助金について、既述のとおり（上記（6）参照）、自国が交付・維持している一定額を超える一部のサービス関連補助金に関する情報について通報を行う旨規定が置かれるとともに（日 EU・EPA 第 12.5 条）、締約国の補助金が貿易・投資の利益に著しい悪影響を及ぼしている又は及ぼすおそれがあると認める場合には、書面で協議を要請することができること等が規定されている（日 EU・EPA 第 12.6 条）。

（12）第 17.11 条 技術協力

　本条では、締約国間の技術協力について、適当な場合には、利用可能な資源の範囲内で相互に合意する技術協力を行う旨が規定されている。当該技術協力には、国有企業の企業統治及び運営の改善に関する情報交換（(a)）、国有企業・民間企業間の対等な競争条件確保のための取り組みに関するベストプラクティスの共有（(b)）、国有企業の企業統治及び運営に関するセミナー等の開催（(c)）が含まれる。

（13）第 17.12 条 国有企業及び指定独占企業に関する小委員会

　本条では、各締約国の代表者により構成される国有企業及び指定独占企業に関す

る委員会（国有企業等小委員会）について規定している。

　当該小委員会では、本章の規定の運用及び実施に関する見直し及び検討（第2項(a)）、本章の規定の下で生ずる事項についての協議（第2項(b)）等を行う旨規定されている。当該小委員会はTPP発効後1年以内に会合を行い、原則として、その後は少なくとも毎年1回会合を行う（第3項）。

(14) 第17.13条 例外

　本条は本章規定の適用の例外について規定している。これらは、本章の規定によって、本来国有企業が果たすべき役割を果たせなくなることがないようにするためのもので、金融サービスに関連したものが多い。また、一定規模以下の国有企業・指定独占企業への適用も除外されている。

　まず、第17.4条（無差別待遇及び商業的考慮）及び第17.6条（非商業的な援助）の規定は、国家的・世界的な経済上の緊急事態に一時的に対応するための措置の採用・実施を妨げるものではく、当該措置の対象となる国有企業に適用するものではない旨が規定されている（第1項(a)及び(b)）。

　次に、第17.4条（無差別待遇及び商業的考慮）第1項の規定、つまり国有企業の商業的考慮の規定は、政府の任務に従って国有企業が提供する一部の金融サービス（輸出入を支援するもの、締約国の領域外の民間投資を支援するもの等）については適用しないことが規定されている。ただし、これらについては、商業的な融資の代替を意図するものでないもの、または、商業的な市場で得られる同等の金融サービスの条件より有利でない条件で提供されるもののいずれかに該当する場合に限られる（第2項(a)、(b)、(c)）。

　また、第2項で規定される金融サービスの提供において、当該サービスが提供される締約国において現地拠点（支店等）の設置が要求される場合は、第17.6条（非商業的な援助）でいう「悪影響」を及ぼさないものとみなす旨が規定されている（第3項）。加えて、第3項の規定の適用上、投資によって設立された企業による当該金融サービスの提供は悪影響を及ぼさないとみなす旨も規定されている（第3項注）。

　さらに、第2項及び第3項に規定する金融サービスの提供に関係する国有企業による債務不履行・保険金請求への支払いに関連する差し押さえ等の結果、国外の企業の所有を一時的に引き継ぐものについては、第17.6条（非商業的な援助）の規定は適用しない旨が規定されている。ただし、一時的に当該企業を所有している期間に提供される援助が、投資回収のために当該企業の売却に向けた再編・清算の計画に従って提供される場合に限られている（第4項）。

　国有企業・指定独占企業の規模については、商業活動から得る年間収益が過去3

会計年度のうち、いずれかの会計年度において附属書 17-A（基準額の算定）の規定に基づいて算出される基準額を下回るものは、第 17.4 条（無差別待遇及び商業的考慮）、第 17.6 条（非商業的な援助）、第 17.10 条（透明性）、第 17.12 条（国有企業及び指定独占企業に関する小委員会）の規定が適用されない（第 5 項）。この基準額については、附属書 17-A（基準額の算定）において、TPP 発効日において 2 億 SDR（約 313 億円）と規定されている（附属書 17-A 第 1 項）。当該基準額は、3 年ごとに調整される（同附属書第 2 項）。ただし、ブルネイ、マレーシア及びベトナムについては、TPP がそれぞれについて効力を生ずる日から 5 年間、第 17.4 条（無差別待遇及び商業的考慮）及び第 17.6 条（非商業的な援助）の規定については、上記の基準額が 5 億 SDR（約 781 億円）に設定されている（第 5 項注 2）。

　日 EU・EPA における国有企業等の基準額等については、TPP と同様、商業活動から取得する年間収益が過去 3 会計年度のうちいずれかにおいて 2 億 SDR を下回るものについては適用しない旨が規定されているが（日 EU・EPA 第 13.2 条第 5 項）、基準額に関する定期的な調整が行われない点が TPP と異なっている。さらに、日 EU・EPA では、第 13.5 条（無差別待遇及び商業的考慮）の規定の適用の例外として、政府の任務に従って国有企業が提供する一部の金融サービスのほか、日 EU・EPA 第 8.6 条第 2 項で規定する海上運送サービス（内海海運に係るもの）、航空サービス、航空サービス支援のための関連サービス、音響・映像サービス、附属書 8-B 附属書Ⅰ（現行の措置に関する留保）及び附属書Ⅱ（将来における措置に関する留保）の自国の表に記載するものについては例外的に適用されない旨が規定されている（日 EU・EPA 第 13.2 条第 6 項、第 7 項、第 8 項）。

(15) 第 17.14 条 追加的な交渉

　本条では、TPP 発効後 5 年以内に、附属書 17-C（追加的な交渉）の規定に従い、本章の規律の適用拡大について追加的な交渉を行う旨が規定されている。当該附属書においては、①地方政府が所有・支配している企業の活動で、附属書 17-D（地方の国有企業及び指定独占企業についての適用）において留保されているものに対する本章の規律（(a)）、及び、②国有企業のサービス提供によって非締約国に生じる影響に関する第 16.6 条（非商業的な援助）及び第 16.7 条（悪影響）の規律（(b)）の適用拡大について交渉を行うことが規定されている。

(16) 第 17.15 条 情報を収集するための過程

　本条は第 28 章（紛争解決）に規定する紛争における情報収集について規定している。第 17.4 条（無差別待遇及び商業的考慮）及び第 17.6 条（非商業的な援助）に関する紛争については、附属書 17-B（国有企業及び指定独占企業に関する情報を収集す

るための過程）の規定が適用される。当該附属書では、第28章（紛争解決）の規定に基づいてパネルが設置された場合に、申立てに関連する情報を入手するため、書面による質問及び回答を交換できること（附属書17-B第1項）、回答した情報を秘密情報として指定できること（同附属書第6項）等が規定され、そのほかにも質問や回答の提出期限等に関する詳細が規定されている。これは、国有企業が関わる紛争は、民間企業によるものに比べて、紛争の過程で企業等から提出される情報の取扱いにより一層慎重な取扱いが必要となるためである。

3. 今後の展望

これまで述べてきたように、国有企業・補助金に関する規律はEPAにおいては比較的新しいルールであるが、不公正な競争に対抗するルールを構築するものであり、これらのルールを構築することは、国有企業が特定国と取引を行わない等の差別的行動を取ることや、補助金等の優遇措置を与えることで他の企業との競争上有利になるという問題に対処する意義がある。今後、国有企業・補助金に関する規律が定着し、新たなグローバルスタンダードになっていくことが期待される。

また、これらの規律に関しては、EPAだけで議論されている問題ではなく、日米欧三極貿易大臣会合、G7、G20、OECD等においても議論が行われている。特に、2020年1月に開催された第7回三極貿易大臣会合においては、産業補助金について、WTOの補助金協定を強化すべく、禁止補助金が追加される必要がある旨、閣僚間で合意した。今後も上述の機会をはじめとする様々な場面で、国有企業・補助金の規律に関する議論が行われ、より公正な競争環境の構築に向けて取組が進展することが望まれる。

[コラム] 民間企業出身者も活躍

EPA交渉では、政府職員だけでなく、民間企業や法曹界の出身者など、多様な経歴を持つ人材が活躍している。

EPA交渉に民間企業の人材が携わっていることはあまり知られていないかもしれないが、官民交流の制度等を活用して、日本の民間企業から、EPAを主管する外務省内の部署に人材が派遣され、交渉に関係する業務を担う場合がある。派遣された人材は、出身企業・業界やその経歴も様々であるが、約2年間の任期で派遣され、任期中は、他の職員と同じように交渉における戦略の立案、他の省庁や国々との調整、交渉記録の作成等の業務を行う。任期終了後は出身企業に戻り、外務省での経験を活かしてキャリアアップし、ビジネスの分野で再び活躍している。

また、企業から派遣される人材とは別に、外務省では、任期付職員や経済連携協定・投資協定専門員として、民間企業・法曹界・大学院・国際機関等の他の分野で活躍していた人材も、任期を定めて多く採用されている。そのため、日本のEPA交渉に

おいては、交渉によって蓄積してきた経験だけでなく、それぞれの人材が多様なバックグラウンドで培ってきたこれまでの経験が活かされている。

　EPA 交渉とは直接関係がないと思われる分野で現在活躍している読者も、いつか交渉に携わる機会に巡り合い、他の分野で培った経験を活かせることがあるかもしれない。

Ⅲ．　労働・環境・開発

1．　労働

(1) 労働章の概要

　EPA/FTA における労働関連の規定には、労働基準を弱め又は低下させることにより、貿易及び投資の公正な競争環境が妨げられることがないようにするという目的がある。自国内で劣悪な労働条件を許容すれば、製造コストを大幅に削減でき、他国の製品に対する価格競争力が高まったり、投資誘致の材料になったりするかもしれないが、人々の労働環境をそのような目的に利用することは不当であり、そのような手段を通じて得られる貿易・投資の拡大は、日本を含む各国の望むところではない。労働関連の規定は、既に日本の複数の締結済み EPA の投資章にも規定されてきたが、日本が締結した EPA において独立した労働章が規定されたのは TPP が初めてであり、その後日 EU・EPA においても環境と労働が１つの章（貿易及び持続可能な開発章）として規定された。これは、近年の労働者の権利保護の重要性の高まりを受けて、独立章として広範な内容を規定したものである

　TPP の労働章（第 19 章）は、貿易・投資に関係して遵守されるべき労働関連の各種原則・基準や各国の労働法令の適切な執行の確保につき規定する。これに加え、本章の規定の実施を円滑にするための仕組みとして、公衆の意見の提出や締約国間の協力、また規定の遵守を確保するための協議や紛争解決の手続として、協力的な労働対話及び労働協議に係る規定が盛り込まれている。

(2) 条文解説

　以下、TPP における労働章の規定について解説する。

(a) 第 19.2 条 共通の約束の表明

　本条第１項では、労働者の権利に関し、「労働における基本的原則及び権利に関する ILO 宣言とそのフォローアップ（1998 年）」（ILO 宣言）を含め、ILO の加盟国

としての義務を確認する。第2項では ILO 宣言の5の「保護主義的な貿易のために労働基準を用いるべきでない」ことを確認しているが、これは、国内産業を守るため、労働基準を理由として、他国との貿易を不当に制限するようなことがあってはならないことを規定するものである。

(b) 第 19.3 条 労働者の権利

　ILO 宣言においては、①結社の自由及び団体交渉権の実効的な承認、②あらゆる形態の強制労働の撤廃、③児童労働の実効的な廃止、④雇用及び職業に関する差別の撤廃について述べられており、これらは労働に関する最低限の基準を定めた「中核的労働基準」の4分野である。本条第1項では、締約国がこれらの権利を自国の法令において採用及び維持することを義務付けている。中核的労働基準を扱ういわゆる ILO 基本条約の批准状況については各国により異なることから、同基本条約の批准自体ではなく、その主要な内容である中核的労働基準を各締約国が自国の法律等において採用・維持することが義務付けられている。

　また、第2項においては、最低賃金、労働時間並びに職業上の安全及び健康について締約国が受入れ可能な労働条件を自国の法令において採用及び維持することを規定している。ただし、遵守すべき基準が定められているわけではなく、いかなる国内法令を採用・維持するかについては、一義的には各締約国に委ねられている。

　なお、日 EU・EPA においては、自国が保護の水準を定める権利を有することを確認しつつも、自国の法令及び関連する政策が「高い水準の」環境及び労働に関する保護を定めることを確保するよう努め、当該法令及び保護の水準を引き続き改善するよう努める旨規定している（第 16.2 条第1項）。

(c) 第 19.4 条 逸脱の禁止

　本条では、締約国間の貿易又は投資に影響を及ぼす態様により、第 19.3 条によって義務づけられた国内法令について、適用を免除したり、基準を緩和したりするような逸脱措置をとってはならないことを規定する。労働基準を緩和させることにより投資を奨励すべきでないとする規定は、日・フィリピン EPA、日・スイス EPA 及び日・モンゴル EPA の投資章にも規定されている。

(d) 第 19.5 条 労働法令の執行

　本条では、第1項において、貿易及び投資に影響を及ぼすような作為又は不作為を継続して行うことで、労働法令の効果的な執行を怠ることを禁止している。第2項においては、労働者の権利等に関わる法令の執行に係る資源の配分について、締約国の合理的な裁量や権利を認めつつも、必要な資源を配分できないこと等を理由

に、本章の義務を免れることは認められない旨を規定する。第3項では、本章の規定が、締約国の当局に対し、他の締約国において労働法令の執行活動を行う権限を与えるものではない旨確認する。

(e) 第19.6条 強制労働

本条は、あらゆる形態の強制労働を撤廃するとの目標を認めた上で、締約国が、自発的活動を通じ、締約国からのものにかかわらず、強制労働によって生産された物品を輸入しないよう奨励することを規定する。ただし、注において、このような自発的活動が、TPP の他の規定や WTO の義務に反することを承認するものではない旨確認している。したがって輸入規制については TPP 第2.10条、また GATT 第11条において一定の場合を除き禁止されているところ、同規定に違反しない範囲での対応が求められるものと考えられる。

(f) 第19.7条 企業の社会的責任

本条は、締約国が企業に対し、労働問題に関する企業の社会的責任についての自発的活動であって、自国が承認又は支持したものを任意に採用することを奨励するよう努めることを規定する。労働問題に関する企業の社会的責任についての原則、指針を示した国際規範としては、例えば、国連のビジネスと人権に関する指導原則、OECD 多国籍企業行動指針や国連グローバル・コンパクト、ILO 多国籍企業及び社会的政策に関する原則の三者宣言等が挙げられる。これらはいずれも労働分野を含めた企業の行動指針を示すものであり、法的な拘束力は有しない。日本においても、企業活動における人権尊重の促進を図るため、2020年10月、「ビジネスと人権」に関する行動計画（2020-2025）を策定した。

(g) 第19.8条 啓発及び手続的な保証

本条は、労働関連裁判等の、労働法令の執行のための手続が、国内の公平で独立した司法手続によって解決されることを規定している。

具体的には、まず、締約国が自国の労働法令並びに執行及び遵守の手続に関する情報を公に入手可能であるよう確保する等により自国の労働法令に関する啓発を促進することを規定した上で（第1項）、締約国が、特定の労働法令に係る利害関係者に公平かつ独立した裁判所を利用する適当な機会を確保する義務を規定する（第2項）。

また、当該裁判所において労働法令の執行のために行われる手続（労働関連裁判等手続）について、公正・衡平及び透明性があること、正当な法の手続に従うものであること、不合理な手数料や期限、不当な遅延を伴わないこと（第3項）や、当

事者による主張や防御を行う機会があり、最終決定が当事者の意見による情報、証拠に基づくものであること、最終決定の理由を明示すること、公衆が当該最終決定を入手できること（第4項）の確保を求める。

さらに、締約国の法令に基づき適当な場合に、当事者が審査又は上訴を求める権利を有すること（第5項）、当事者が自己の権利の効果的な執行のため、締約国の法令に基づく救済措置を適時に受けることができること（第6項）、締約国が労働関連裁判等手続における裁判所の最終決定を効果的に執行するための手続を定めること（第7項）などを規定する。

なお、第8項において、本章の規定が、締約国の裁判所が特定の事項につき行った決定の再審理を要求するものではないことを確認している。

(h) 第19.9条 公衆の意見の提出

本条は、この章に関連する事項に係る公衆による意見の提出手続を規定する。

第1項は、締約国が、この章に関連する事項につき締約国の者から意見書を受領し、及び検討するための国内手続を定め、それを容易に利用できるようにし、かつ、公に入手可能なものとしなくてはならないことを規定する。

また、第2項において、そうした意見は、①本章の規定に直接関連する事項に関するものであること、②意見を提出する者又は団体を明確に特定していること、③提起される事項が締約国間の貿易又は投資にどのように・どの程度の影響を及ぼすかについてできる限り説明していること、という条件を満たすべきであることを定めることができる旨規定する。

さらに、第3項では、意見が提出された後、締約国が当該事項を検討し、意見の提出者に対し適時に回答すること、また他の締約国や公衆が検討結果を適時に入手できるようにすることを規定する。なお、締約国は、意見を提出した者又は団体に対し、当該意見を検討するための追加的情報を求めることができる旨についても規定している（第4項）。

本条の意見提出手続は、国内法令に係る問題だけでなく、本章の規定に直接関連する事項であれば何でも提起できる（第2項（a））点が特筆に値する。

(i) 第19.10条 協力

本条は、本章の効果的な実施のための仕組みとしての協力の重要性を認めた上で、締約国が協力を行う際に指針とする原則（第2項）、協力の分野（第6項）・形態（第7項）等につき規定する。なお、第3項では、協力の可能性のある分野を特定し、及び協力活動を行うにあたり、労働者の代表者や使用者の代表者といった自国の利害関係者の見解を求め、適当な場合にはその参加を求める旨定めており、協力

において利害関係者の意見が反映されるよう配慮がなされている。また、協力活動については、関連する地域機関又は国際機関（ILO 等）及び非締約国を関与させることができることとなっている。

(j) 第 19.11 条 協力的な労働対話

　本条は、本章の規定の下で生じる問題に関し、他の締約国との間で協力的な対話が実施できるとした上で、同対話の手続等を規定する。

　締約国は、各国が指定する連絡部局に対し書面による要請を送付することにより、当該対話をいつでも要請することができるが（第 1 項）、要請を行う締約国は、同要請に回答が可能となるよう具体的かつ十分な情報を含めなければならない（第 2 項）。また、対話は、要請を受領した日から 30 日以内に開始され、対話の一環として問題に関する利害関係者の意見を受領し、及び検討するための手段を提供する（第 3 項）。対話においては、要請において提起されるすべての事項を取扱い、問題を解決した場合には、原則としてその結果を文書に記録し、それを公に入手可能なものとする必要がある（第 5 項）。結果作成に当たっては、利用可能な選択肢を検討すべきとされ、適当と認める行動方針を共同で決定することができる。行動方針には、①当該対話を行う締約国が満足する形態の行動計画の策定・実施、②当該対話を行う締約国が選択する個人または団体（ILO 等）による遵守・実施に関する独立の検証、③当該対話を行う締約国が労働問題を特定し、及び同問題に対処することを奨励し、又は支援するための適当な奨励措置（協力計画、能力開発）を含むことができる。

　なお、第 19.15 条にも、本章の下で生じる問題を解決するための手段として、「労働協議」の手続が規定されている。

(k) 第 19.12 条 労働評議会

　本条は、本章に係る事項について検討するための組織として、各締約国が指名する大臣又は他の地位の政府のハイレベルの代表から成る労働評議会を設置することを規定する（第 1 項）。労働評議会は、TPP 発効後 1 年以内に会合し、その後は別段の決定をする場合を除いて、2 年ごとに会合することとなっており（第 2 項）、2019 年 10 月には第 2 回 TPP 委員会とあわせニュージーランドで開催され、2021 年 3 月にもオンラインで開催された。評議会の任務については第 3 項に列挙されており、本章の規定に関連する事項を検討することのほか、本章の規定に従って行われる労働に関する協力及び能力開発の活動について、優先事項の決定・見直し、同優先事項に基づく一般的な作業計画について合意し、同計画につき監督及び評価すること、連絡部局からの報告を検討すること、共通の関心事項につき討議すること、

公衆の参加及び本章の実施に関する啓発を促進すること等が規定されている。

さらに、原則として発効後5年目に本章の規定の実施につき検討してその結果及び勧告をTPP委員会に報告し（第4項）、またその後の見直しを行うこと（第5項）が規定されている。

なお、労働評議会は、各締約国が輪番制で議長を務めることとなっており（第6項）、決定及び報告は原則コンセンサス方式で、公に入手可能なものとし（第7項）、各会合の終わりに共同の概要報告書について合意すること（第8項）、適当な場合には、ILOやAPECなど本章の規定に関連する事項について関係する地域的機関及び国際機関と連絡を保つこと（第9項）となっている。

(l) 第19.13条 連絡部局

締約国は、発効後90日以内に連絡部局を指定する（第1項）。連絡部局は締約国間の定期的な連絡及び調整を円滑にし、評議会を支援し、適当な場合には評議会に報告すること、公衆との連絡のための窓口となること、協力活動を発展・実施するために協力すること等をその任務とする（第2項）。これら任務のうち、特に協力活動に関しては、第3項において、連絡部局が二国間又は複数国間で具体的な協力活動を立案・実施することができることを定めている。日本については、厚生労働省国際課が連絡部局として指定されている。

(m) 第19.14条 公衆の関与

本条は、本章の規定の実施に当たって公衆の意見を反映するための仕組みについて規定する。

具体的には、評議会がその活動実施に当たり、本章の規定に関連する事項の利害関係者の意見を受領し、検討するための手段を提供する（第1項）ほか、各締約国が、自国の公衆（労働者団体の代表者及び事業者団体の代表者を含む）が本章の規定に関連する事項につき意見を提供するため、労働に関する国内の協議機関・諮問機関等の仕組みを設け、維持した上で、同機関の意見を求めなければならないこと（第2項）を規定する。

日本では、厚生労働省設置法に基づく、労働政策審議会等が、同規定に基づく仕組みに該当するものとして整理されている。

(n) 第19.15条 労働協議

本条は、本章の規定に関する問題を解決することを目的とした、締約国間による労働協議の手続の詳細について規定している。

締約国は、他の締約国の連絡部局に対し書面で要請を送付することにより労働協

議をいつでも要請できるが、同要請には被要請国が回答することができるよう、具体的かつ十分な情報を含める必要がある（第2項）。被要請国は、原則として、要請の受領後7日以内に書面により回答するとともに、その回答を他の締約国にも送付し（第3項）、当該問題に実質的な利害関心を有し、協議に加わることを求める他の締約国を含めて、要請受領後30日以内に労働協議を開始する（第5項）。協議国は独立の専門家の助言を受け、またあっせん、調停、仲介等の手続を利用することができる（第8項）ほか、他の協議国に対し、専門知識を有する政府機関その他規制機関の職員を関与させることを要請できる（第9項）。協議国が問題を解決できない場合、評議会における協議国の代表者が会合することを要請でき（第10項）、さらに労働協議の要請の受領の日の後60日以内に問題を解決できない場合には、第28章の紛争解決手続に規定するパネルの設置を要請できる（第12項）。ただし、労働協議を行うことなく第28章の紛争解決手続を利用してはならない（第13項）。（この点、日EU・EPAでは、第21章の紛争解決手続は第16章（貿易及び持続可能な開発）には適用されないとしている点（第16.17条第1項）で異なっている。）

　本条に基づく労働協議によって問題が解決された場合には、その結果を文書に記録し、原則として、当該結果を公に入手可能なものとしなければならない（第11項）が、労働協議自体は秘密とされることとなっている（第15項）。

　なお、第19.11条の「協力的な労働対話」と、労働協議は並行して行うことができる（第14項）が、上述のとおり本条の労働協議に当たっては独立の専門家の助言を受け、あっせん・調停・仲介等の手続きの利用も可能となっている他、専門知識を有する政府機関等の職員の関与を要請できる。また問題が解決できない場合、「労働対話」と異なり労働評議会における協議国の代表者が会合することを要請でき、また第28章の紛争解決手続に規定するパネルの設置を要請できる。第19.11条が共同での行動方針の策定を含め「協力的な」問題解決を目指しているのに対し、より強力に紛争解決を進める手続であると言える。

（3）　まとめ

　貿易や投資の促進を図るに当たっては、それが労働条件の切下げ等によって行われるとすれば、公正・公平な競争とは言えず、かえって経済的格差や地域の政治的・社会的不安定を招きかねない。こういった認識のもと、詳細な労働に関する規定が、EPA/FTAに挿入されている。

　TPPでは、上記2で解説したとおり、ILO等により国際的に認められた労働者の権利を自国の法律等において採用・維持することを定め、貿易や投資の促進に影響を及ぼす態様でそれらの労働法令の執行を怠ってはならないことを定めた。日本では既に本協定において求められている労働者の権利は確保されていることから、

　これらの規定により各締約国で労働者の権利保護が進めば、公正・公平な競争条件の確保につながり、ひいては、日本企業の相対的な競争力強化につながることが期待される。

　他方において、近年耳目を集めているように、経済のグローバル化やサプライチェーンの複雑化に伴い、企業自身が必ずしも完全に把握できない中で、商品の製造工程等における労働基準や人権の問題が外部から指摘されるケースも増加している。自由な貿易・投資を引き続き推進する中で、こうした問題にどのように取り組み、関係国が折り合うことのできるルールをどのように形成していくか、依然として難しい課題が残されていると言える。

　TPPにおいて、本労働章が規定されたことは大きな成果の一つであり、21世紀型の新しい経済連携のルールとして、今後のEPA/FTAのモデルとなることが期待される。同時に、米国・メキシコ・カナダ協定（USMCA）のように、ある意味でTPPを上回る労働関連のルールを備えたEPA/FTAも既に登場しており、将来に向けて、上述のような状況も踏まえて、さらなるルールの改善・発展についても関係国で議論を進めていくことが重要であろう。さらに、ルール形成の次元を超えて、米国やEUは労働章の執行を重視するようになっており、米国とグアテマラ、EUと韓国との間で労働章上の義務の不遵守が争われた事例が存在する。また、USMCAの下ではメキシコに対する事案が取り上げられてきており、こうした労働章の執行の動向も今後注視していく必要がある。

2.　環境

(1) EPAと環境

　近年締結されたEPAでは、国連持続可能な開発目標（SDGs）が掲げる、全ての主体の参画を通じた経済・社会・環境の諸問題への統合的な取組の要請を背景として、貿易と環境に関する政策を相互に補完的なものとして促進するとの基本的な考え方に基づき、環境に関する条項が盛り込まれるようになっている。我が国の従来のEPAや二国間投資協定においては、環境に関する措置の緩和を通じて他の締約国の投資家による投資を奨励することが適当でないことの確認や、投資を奨励する手段として環境に関する措置の適用の免除その他の逸脱措置を行うべきではないといった、投資の奨励と環境関連措置を対置して両者の調整を図る規定の設置に留まり、環境に関する独立した章は設けられていなかった（第Ⅲ部4章参照）。また、WTOでは、製品や製造工程に関する基準・規格や輸出入制限又は補助金といった貿易制限的な効果を持つ環境関連措置が、貿易歪曲的な行動の隠れみのとならないよう、例外規定に基づいて一定条件の下において例外的に貿易ルールとの整合性が認められ、また、漁業補助金規律の策定や環境関連物品の自由化など関する交渉が

行われてきたものの、貿易と環境に関する協定は存在していない。他方、我が国が最近締結した EPA では、TPP において環境、日 EU・EPA 及び日英 EPA において持続可能な開発（環境及び労働）に関する独立した章を設置し、環境に関する多数国間協定（MEAs）に関連するものも含む環境法令の効果的な執行を義務付け、そのための各国間による協力の方法を定めている。さらに、締約国間の協議及び紛争解決手続に加えて、企業に対して社会的責任に関する原則の採用を奨励する条項や、環境章の実施に関する問題についての公衆による意見の提出手続を定める条項等、政府以外の多様な関係主体の関わりについて規定していることが特徴的である。

(2)　条文解説

　本項では、TPP 環境章（第 20 章）を中心に、また必要に応じて日 EU・EPA 持続可能な開発章（第 16 章）に含まれる環境関連の条項を紹介する。

(a)　第 20.2 条 目的

　TPP の環境章は、①相互に補完的な貿易及び環境に関する政策を促進すること、②高い水準の環境の保護及び効果的な環境法令の執行を促進すること、③貿易に関連する環境問題に対処するための締約国の能力を高めることという三つの目的を定める（第 1 項）。また、締約国は、自国の優先事項及び事情を考慮しつつ、環境を保護・保全し、自国の天然資源を持続可能な方法で管理するために協力を推進することによって、持続可能な開発に貢献し、環境の管理を強化し、及びこの協定の目的を補完できること（第 2 項）、締約国間の貿易又は投資に対する偽装した制限となるような態様により、自国の環境法令その他の措置を定め、又は用いることが適当ではないことを認める（第 3 項）。日 EU・EPA の持続可能な開発章においても同様に、持続可能な開発を促進する方法で日本と EU の間の貿易関係及び協力を強化することを目的としている（第 16・1 条第 2 項）。

(b)　第 20.3 条 一般的な約束

　一般的な約束として、締約国は、各締約国が自国の環境保護の水準及び環境政策を定める主権的権利を認め（第 2 項）、自国の環境法令及び環境施策が高い水準の環境の保護について定め、その水準を引き続き向上させるよう努める（第 3 項）。「環境法令」とは、締約国の法律又は規則若しくはその規定（MEAs の義務を履行するものを含む）であって、a) 環境汚染物質の流出、排出又は放出の防止、低減又は規制、b) 化学物質その他の物質又は廃棄物であって環境上有害な又は毒性を有するものの規制及び当該規制に関連する情報の周知、c) 野生動植物（絶滅のおそれのある種を含む）、野生動植物の生息地及び特別に保護された自然の区域の保護又は保

全を主たる目的とするものであると定義されている。

　また、各締約国が自国の環境法令の執行に関する資源の配分や調査・訴追等について裁量と決定権を持っていることを確認しつつ（第5項）、いずれの締約国も、一連の作為又は不作為を締約国間の貿易又は投資に影響を及ぼす態様で継続し反復することで自国の環境法令の執行を怠ってはならず（第4項）、締約国間の貿易又は投資を奨励する目的で、自国の環境法令において与えられる保護を弱め、又は低下させる態様で当該環境法令からの逸脱措置をとってはならないことを定める（第6項）。これらの TPP 第 20.3 条の規定は、日 EU・EPA の持続可能な開発章にも含まれている（日 EU・EPA 第 16.2 条）。

(c) 第 20.4 条 環境に関する多数国間協定

　締約国は、自国が締結している MEAs が環境保護にとって重要な役割を果たし、当該協定の実施が当該協定の目的達成に不可欠であることを認め、MEAs を実施することについての自国の約束を確認する。また、締約国は、貿易及び環境に関する共通の関心事項（特に、関連する環境及び貿易に関する MEAs の交渉及び実施）に係る締約国間の対話を通じ、貿易に関する法令及び政策と環境法令及び環境に関する政策との間の相互補完性を高める必要性を強調する。

　ここでいう MEAs とは、天然資源管理、野生動植物の保護、オゾン層の保護、気候変動対策、生物多様性保全、有害物質規制など一か国では解決できない課題への対処のため、国際連合や地域的国際機関等の枠組の下で、個別に交渉を経て締結された多国間協定の総称である。それぞれの MEAs では、定期的に締約国会議を開催し、問題に関連する科学上の情報の検討、締約国の義務の履行状況の検討及び規制内容の評価及び見直しに係る決定を行う手続並びに開発途上国に対し当該協定を実施するための資金協力及び技術支援の制度等が設置されている。本条は、こうした MEAs のうち、既に締約国が締結している協定が環境保護にとって果たす役割の重要性を認め、当該協定を実施することについての約束を確認するものであり、締約国に対し、新たな MEAs の締結や追加的な措置をとる義務を課すものではない。

　その上で、TPP 環境章においては、下記 (d) のとおり、全 TPP 交渉参加国が締約国となっている MEAs のうち、オゾン層を破壊する物質に関するモントリオール議定書（モントリオール議定書）、船舶による汚染の防止のための国際条約（MARPOL）及び絶滅のおそれのある野生動植物の国際取引に関する条約（CITES）について、これらの条約に関連する措置をとることを義務づける。また、一部の TPP 交渉参加国が締結していないため、協定の名称に言及はないが、生物の多様性に関する条約、生物の多様性に関する条約の遺伝資源の取得の機会及びその利用

から生ずる利益の公正かつ衡平な配分に関する名古屋議定書（名古屋議定書）及び
国連気候変動枠組条約に関連する規定も含まれている。これらの協定は、いずれも
100 か国以上の締約国を擁する普遍性の高い協定であり、汚染防止基準、特定物質
の生産・消費・排出規制、輸出入規制、資源の提供・利用のための措置等、貿易・
投資にも関連の深い事項について定めている。

　なお、日 EU・EPA の持続可能な開発章にも MEAs に関して同様の規定があり、
締約国は、特に、気候変動枠組条約の究極的な目的及びパリ協定の目的を達成する
ことに向けて気候変動に対処するため行動をとるために協働することを約束してい
る（日 EU・EPA 第 16.4 条第 4 項）。

(d)　個別の分野及び手続に関する規定

①第 20.5 条 オゾン層の保護

　締約国は、モントリオール議定書によって規制される物質に関連し、オゾン層を
破壊する物質の生産、消費及び貿易を規制する措置をとる。具体的には、環境章の
附属書 20-A に掲げられた各締約国の国内法令又はその措置（日本については、「特
定物質の規制等によるオゾン層の保護に関する法律」）と同等かそれ以上の保護を与え
る措置を締約国がとっていれば、この規定も遵守しているとみなされる。また、締
約国は、オゾン層の保護に関する措置に関する公衆の参加及び公衆との協議の重要
性を認め、オゾン層の保護に関する活動についての情報を公に入手可能なものとし、
当該物質に関連する相互に関心を有する事項について取り組むために第 20.12 条
（協力の枠組み）の規定に従い協力すること等を規定する。

②第 20.6 条 船舶による汚染からの海洋環境の保護

　締約国は、MARPOL によって規制される汚染に関連し、船舶による海洋環境の
汚染を防止するための措置をとることを規定する。この規定は、環境章の附属書
20-B に掲げられた各締約国の国内法令又はその措置（日本については、「海洋汚染等
及び海上災害の防止に関する法律」）と同等かそれ以上の保護を与える措置を締約国
がとっていれば遵守していると見なされる。また、上記①と同様に、締約国は、船
舶による海洋環境の汚染の防止に関する自国の計画及び活動についての適切な情報
を公に入手可能なものとすること、また、船舶による海洋環境の汚染に関連する相
互に関心を有する事項について取り組むために協力すること等を規定する。

③第 20.7 条 手続事項

　締約国は、自国内の利害関係者が、自国の環境法令の違反の容疑を調査するよう
当局に要請することができるようにすること、また、当該環境法令の執行のための

司法手続、準司法的な手続又は行政上の手続を利用可能にすること、これらの手続が公正であり、衡平であり、透明性があり、及び正当な法の手続に従うものであることを確保すること、さらに、当該環境法令の違反に対する適当な制裁又は救済措置を定めること等を規定する。

④第 20.8 条、第 20.9 条 公衆の参加及び意見提出

　締約国は、この章の規定の実施に関連する事項について意見を求めるため、協議の仕組みを設け、自国の者から書面による意見を受領し検討すること、当該意見に対し書面により及び国内手続きに従い回答を行い、ウェブサイトに掲示することにより公に入手可能なものとすること等を規定する。また、ある締約国がこの手続きに基づき意見を受領し書面による回答を行ったときは、他の締約国は、環境章の規定の実施を監督する目的で設置される環境小委員会において当該意見及び回答についての検討を要請することができること等を規定する。日 EU・EPA の持続可能な開発章では、関連する規定として、同章の規定の目的を追求する措置が透明性のある態様で実施されること（公衆が意見を述べるための適当な機会及び十分な時間の提供、当該措置の公表を含む）の確保（日 EU・EPA 第 16.10 条）、市民社会の組織との共同対話の招集（日 EU・EPA 第 16.16 条）について規定する。

⑤第 20.10 条 企業の社会的責任

　各締約国は、自国の領域内又は管轄内で活動する企業に対し、自国が承認又は支持した国際的に認められた基準及び指針に従い、環境に関する企業の社会的責任に係る原則を当該企業の経営及び慣行において自発的に採用することを奨励すべきであることを規定する。企業の社会的責任に係る原則を定めた国際的な指針の例としては、OECD 多国籍企業行動指針等があり、当該指針では環境に関する原則として環境管理制度の設置・維持、企業活動による環境への影響に係る情報公開及び関係者との協議並びに環境影響評価等を掲げている。TPP では、企業の社会的責任に関して、投資について定めた第 9 章及び労働について定めた第 19 章にも別途規定がある（第 9.17 条、第 19.7 条）。また、日 EU・EPA では、同 EPA の下に設置された持続可能な開発に関する専門委員会等の場を通じて企業の社会的責任を奨励すること等を規定している（日 EU・EPA 第 16.5 条 (e)）。

⑥第 20.11 条 環境に関する実績を向上させるための任意の仕組み

　締約国は、自国の法令又は政策に従い、任意の監査及び報告、市場に基づく奨励、情報及び知識の任意の共有、官民間の連携などの柔軟な及び任意の仕組みを天然資源及び環境の保護に用いることを奨励することなどを規定する。この規定は、事業

者が環境負荷の低減のために自主的に取組を行うことを推進するものであり、日本については、エコマークの制度等がある。

⑦第 20.12 条 協力の枠組み

　締約国は、環境を保護し、及び持続可能な開発を促進する能力を強化するために協力が重要であることを認め、本章の規定の実施に関する締約国間の共通の関心事項に取り組むために協力すること、当該協力は、現行の協力の仕組みを補完・利用し、国際機関の関連する活動を考慮するよう努め、対話、会議、協力計画及び協力事業、技術援助などの方法により協力することができること等を規定する。第 20.5 条（オゾン層の保護）、第 20.6 条（船舶における汚染からの海洋環境の保護）、第 20.13 条（貿易及び生物の多様性）及び第 20.15 条（低排出型の及び強靱な経済への移行）において、それぞれの事項に関し、本条に従い共同の又は共通の関心事項について取り組むために協力することを規定し、協力の分野の具体例を挙げている。本条の規定に基づき、締約国間では各国の関心分野をテーマとしたセミナーの開催などが行われている。

⑧第 20.13 条 貿易及び生物の多様性

　締約国は、生物の多様性の保全及び持続可能な利用を促進し、及び奨励する旨を規定する。また、締約国は、その国際的な義務に従い、自国の管轄内にある遺伝資源の取得を容易にすることの重要性を認めること、一部の締約国においては国内措置により、遺伝資源の取得に際しては、事前の同意や利用者と提供者が相互に合意する条件（利益の配分に関するものを含む）の設定が要求されることを認めること等を規定する。また、上記①のオゾン層の保護及び②の船舶による汚染からの海洋環境の保護と同様に、生物の多様性の保全及び持続可能な利用に関する措置の策定及び実施における公衆の参加及び公衆との協議の重要性を認め情報を公に入手可能なものとすること、また、相互に関心を有する事項について取り組むために協力すること等を規定する。なお、本条では、条約名に言及はないものの、我が国は本条に関連する MEAs として生物多様性条約及び同条約の名古屋議定書を締結している。

⑨第 20.14 条 侵略的外来種

　環境小委員会は、侵略的外来種がもたらす危険及び悪影響について評価し、対処するための努力を強化することを目的とした情報共有並びに侵略的外来種の管理に係る経験を共有するため、SPS 小委員会と調整すること等を規定する。

⑩第 20.15 条 低排出型の及び強靱な経済への移行

　締約国は、低排出型の経済に移行するため共同の行動が求められることを認識するとともに、第 20.12 条（協力の枠組み）の規定に従い共同の又は共通の関心事項について取り組むために協力すること、及び低排出型の経済への移行に関する協力活動及び能力開発の活動を行うこと等を規定する。個別の協定名に言及はないものの、国連気候変動枠組条約を念頭に置いた規定である。

⑪第 20.16 条 海洋における捕獲漁業

　締約国は、漁業の保存及び持続可能な管理を目的とした措置をとることの重要性を認め、不十分な漁業管理、漁業に関する補助金であって濫獲等に寄与するもの並びに違法な漁業、報告されていない漁業及び規制されていない漁業（IUU 漁業）が貿易、開発及び環境に著しい悪影響を及ぼし得ることを認識し、海洋における野生の捕獲漁業を規制する漁業管理のための制度を運用するよう努めること等を規定する。特に、漁獲に対する補助金であって濫獲された状態にある魚類資源に悪影響を及ぼすもの及び IUU 漁業に従事する漁船に対して交付される補助金を交付し、又は維持してはならないこと等を規定する。なお、濫獲された状態及び当該補助金の悪影響は、入手可能な最良の科学的証拠に基づいて決定する旨を規定する（第 5 項）。また、締約国は、乱獲及び過剰な漁獲能力に寄与する補助金を撤廃するとの目的を達成するため、環境小委員会の会合において第 5 項の規律を検討するとともに、TPP の効力発生の日の後、定期的に、WTO の補助金協定第 1.1 条項に規定する補助金であって、自国が漁業又は漁獲に関連する活動に従事する者に交付し、又は維持しているものを他の締約国に通報すること等を規定する。なお、この条の規定は、養殖については適用されない。日 EU・EPA でも、漁業資源の貿易及び持続可能な利用並びに持続可能な養殖について、関連する国際協定の遵守の奨励、日本及び EU が参加する地域漁業管理機関を通じた漁業資源の保存及び持続可能な利用の促進、IUU 漁業への対処のための効果的な措置の実施及び養殖の発展の促進等を規定している（日 EU・EPA 第 16.8 条）。

⑫第 20.17 条 保存及び貿易

　締約国は、野生動植物の違法な採捕及び取引に対処することの重要性を確認し（第 1 項）、CITES に基づく義務を履行するための法令その他の措置を採用し、維持し、及び実施する（第 2 項）。また、野生動植物の保存を促進し、並びにその違法な採捕及び取引に対処することを約束する（第 3 項）。さらに、締約国は、自国の領域において危険にさらされている野生動植物を保護し、及び保存するための適当な措置をとることを約束すること（第 4 項）、野生動植物の保存等を主たる目的と

する自国の法令又は他の関係法令に違反して採捕され、又は取引された野生動植物の取引に対処するための措置をとり、及びその防止のために協力すること（第5項）等を規定する。

⑬第 20.18 条 環境に関する物品及びサービス

　環境小委員会は、環境に関する物品及びサービスに関連する事項について検討すること、また締約国は、環境に関する物品及びサービスの貿易に対する潜在的な障害に対処するよう努めるとともに、協力事業を立案することができること等を規定する。

(e) 第 20.20 条～第 20.23 条 協議、紛争解決等

　締約国は、他の締約国に対し、本章の規定の下で生ずる問題に関する協議を要請することができる。この協議により問題を解決することができない場合には、上級の代表者による協議を要請することができ、それでも問題を解決することができない場合には、閣僚による協議を要請することができる。これらの三段階の協議手続によっても一定期間内に問題を解決することができなかった場合には、第 28 章（紛争解決）の規定に基づく協議又はパネルの設置を要請することができる。TPP では、この規定により、自国の環境法令を執行する義務も含め、環境章の規定の解釈及び適用に関する締約国間の問題が TPP の下で紛争解決手続の対象となる。なお日 EU・EPA では、持続可能な開発章において独自の政府間協議及び専門家パネルの設置を定め、紛争解決章の手続は利用しないことを規定している（第 16.17 条、第 16・18 条）。

(3) まとめ

　冒頭で述べたとおり、貿易・投資の促進と環境問題への対処の両立は各国にとって長年の課題であったが、近年、SDGs の策定等を背景に全ての主体の参画を通じた経済・社会・環境の課題への統合的な取組の必要性が浸透し、経済界においても企業の社会的責任や ESG 投資の重視等の機運の盛り上がりを見せている。こうした中で、TPP、日 EU・EPA 及び日英 EPA は、日本が締結した EPA としては初めて環境に関する独立した章を設けることとなった。日本を含め世界経済において主要な位置を占めるこれらの国々が、貿易と環境に関する政策を相互に補完的なものとして促進することの重要性を認識し、貿易・投資ルールに関する EPA の枠組において MEAs に基づくものも含む環境法令の効果的な執行の義務を位置付けたことの意義は、環境保全や社会的課題への対処との調和を志向する経済秩序の構築という観点から、小さくない。

　今後、各締約国が環境章の規定を実施することにより、各締約国の環境保護の水準が全体として底上げされるとともに、環境に配慮した事業を積極的に展開する企業にとって相対的に競争条件が有利になり、またそうした企業に対する投資が一層促進され、長期的に経済的効果が得られること等も期待される。さらに、締約国が、環境章の規定に基づく各国の環境法令や自国が締結するMEAsの実施等に関連する共通の関心事項について情報交換や協力活動を行うことによって、EPAの枠組が個別の環境問題への対処における各国間の連携を補完する機会を提供することともなろう。

　本章の規定の実施を促進・監督する手続としては、国民の参加や締約国間の協議及び紛争解決手続が設置されており、将来の運用次第ではあるが、例えばTPPの下での公衆の参加の手続に従い締約国の国民によって本章の実施に係る提起がなされたり、本章に関して生じる問題について協議や紛争解決の手続に従って締約国間で議論がなされる可能性もある。

　今後は、先進国が中心となって締結したTPP、日EU・EPA及び日英EPAにとどまらず、WTOにおける議論やEPA交渉の機会を捉えて、より多様な発展段階の国々ともこうした貿易・投資に関連する環境分野のルールを形成していくことが求められる。

[コラム] 労働と環境の交渉

　本節で述べたように、EPAの労働及び環境分野の規定の主な目的は、締約国間での公正で衡平な競争条件を確保するとともに、貿易及び投資の促進と持続可能な開発を調和させることである。貿易及び投資においては、もはや経済的価値のみの優先は許容されず、プレイヤーである企業や投資家にとっても、規制権限を行使する政府としても、EPAを通じて人権や環境などの社会的価値に関する国際的に確立したルールや基準の実施を後押しすることが益々重要になっている。EPAに高い水準の労働基準や環境対策に関する約束を盛り込むことによって、締約国が公正・衡平な共通のルールの下で国内における企業活動の促進や投資誘致を行い、それにより持続的な経済成長にも資するというメリットが期待される。

　とはいえ、実際の交渉では、各国政府は、それぞれが置かれた政治的及び経済・社会状況を背景として、また相手国に応じて、労働及び環境に関するルールをどのようにEPAに規定するかで立場に違いが現れ、厳しい交渉となることがある。

　交渉参加国が労働又は環境関連の規定を盛り込むことに合意した場合、約束を行う実体的義務の内容について交渉することになる。そこでは、各国が既に締結している条約で約束した内容や関連国内法令の執行を改めて確認する内容にとどめるか、そこから一層踏み込んで個別の具体的な措置をとることや自国がまだ締結していない条約の批准に向けた努力を行うことを規定するかなど、どの程度野心的な義務とするかが

論点となり得る。また、労働及び環境関連の規定の解釈や適用に関する争いについて、政府間の協議を経て、最終的に協定上の紛争解決手続を採用するか否か、または、労働及び環境については協定上の紛争解決手続を適用せずに専門家パネルによる検討などの独自の手続きを設けるかといった、履行確保のアプローチの違いが表面化することもある。更に、盛り込む規定の内容に応じて、独立した章とするか、又は投資章などの中の条項とするかなども論点となり得る。基本的な交渉スタンスについて、国内の関係団体や市民の高い関心を背景として労働及び環境に関するルールを盛り込むことは必須であると強く主張する国がいる一方で、ILO加盟国又は多国間環境条約（MEAs）締約国として、環境及び労働基準の重要性については一致するものの、政策余地を確保するための考慮や国内調整の困難などの事情を理由として、そもそもEPAで労働及び環境に関する措置を規定することに慎重な立場を崩さない国が出てくる場合もあり得る。

EPAの他の論点と同様、合意はコンセンサスに基づくため、最終的には全ての交渉参加国にとって受入れ可能な内容となるように調整することが原則である。労働及び環境分野の重要性が増す中、交渉では、首席交渉官級の協議、作業部会での担当交渉官による調整及び二国間協議などにおいて、異なる立場を粘り強くすり合わせていくことになる。

3. 開発

（1）概要

TPPには、本稿執筆時点（2021年5月）における日本の署名・発効済みEPAとしては唯一、開発に関する独立した章（第23章）が設けられている。

TPP交渉において、各国は「分野横断的な貿易課題」を重視し、規制制度間の整合性、競争力及びビジネス円滑化、中小企業、開発の4つの課題をTPPに取り込むことでAPECや他のフォーラム等で行われている取組を発展させることを目指していた。これらの課題について、交渉では「分野横断的事項」作業部会が設置され、その成果を複数の章に盛り込むことも想定しつつ議論が行われた。「開発」については、経済開発とガバナンスに関する制度の強化や、TPPを通じた各国間の開発格差の縮小等について議論され、独立した章が設けられるに至った。

同章では、開発を支援するための福祉の向上、貧困の削減、生活水準の向上及び新たな雇用機会の創出を目指す開かれた貿易・投資環境を促進、強化するという約束を確認し、開発・経済成長と協定の関係、幅広い基盤を有する経済成長（broad-based economic growth）の重要性、女性の経済参加・能力向上や教育・科学技術等による開発への寄与等に関する締約国の共通認識を規定している。また、開発に関する締約国間の共同活動や開発に関する小委員会の設置についての規定も盛り込ま

れている。

(2) 条文解説
以下、TPP 第 23 章（開発）の規定について解説する。

(a) 第 23.1 条 一般規定
開発や経済成長について及び開発・経済成長と協定の関係について、締約国の共通認識をまとめた規定である。第 1 項では、締約国は、開発を支援するための福祉の向上、貧困の削減、生活水準の向上及び新たな雇用機会の創出を目指す開かれた貿易・投資の環境を促進・強化するという約束を確認すると規定している。協定の前文では協定の理念や目的が示されており、そのなかで「貿易及び投資を自由化し、経済成長及び社会的利益をもたらし、労働者及び企業のための新たな機会を創出し、生活水準の向上に寄与し、消費者に利益をもたらし、貧困を削減し、並びに持続可能な成長を促進するため、経済統合を促進する包括的な地域的協定を作成すること」と掲げているように、TPP は貿易・投資の自由化を通じて開発を促進し、締約国間の開発格差を埋めることを 1 つの目的としている。本条第 1 項ではその点を改めて確認していると言える。

第 2 項から第 4 項では、包摂的な経済成長を促進する上での開発の重要性、経済成長及び開発が地域的な経済統合を促進するという本協定の目的の達成に寄与すること、貿易・投資・開発に関する国内政策の効果的な調整が持続可能な経済成長に寄与し得ること等を締約国の共通認識として定めている。また、開発に関する締約国間の共同活動が、持続可能な開発の実現に向けた努力を強化する可能性があること、第 21 章（協力及び能力開発）に基づく活動が開発に関する共同活動の重要な構成要素であることも締約国の共通認識として定めている（第 5 項及び第 6 項）。

(b) 第 23.2 条 開発の促進
開発政策の実施において各締約国が果たす指導的役割の重要性（第 1 項）、透明性、良い統治（good governance）及び説明責任が開発政策の実効性に寄与すること（第 3 項）を締約国の共通認識として定めている。

第 2 項では、本協定が締約国間の経済開発の水準の相違を考慮に入れた態様で作成されていることを共通認識として定めている。前文に「締約国間の開発の水準の相違及び経済の多様性を認めること」とあるように、TPP 締約国間では経済体制や経済規模・経済発展の度合いが異なっており、また、先進締約国と開発途上締約国の間では協定の実施に必要な国内法令の整備状況や能力等にも違いがある。そのため、TPP では、ある義務の履行に関して特定の締約国には猶予期間を設けたり、

第21章（協力及び能力開発）を含む複数の章において開発途上締約国に対する技術援助・協力、能力開発に関する規定が設けられている等、各国の事情を踏まえた規定が存在している。

(c) 第23.3条 幅広い基盤を有する経済成長

　本条は、幅広い基盤を有する経済成長がもたらすもの、及び幅広い基盤を有する経済成長を創出し、持続・拡大させるために必要とされる取組等についての共通認識に関する規定である。具体的には、幅広い基盤を有する経済成長が、貧困の削減、基礎的なサービスの持続的な提供、人々が健康的及び生産的な生活をする機会の拡大に資すること（第1項）、平和、安定、民主的な諸制度、魅力的な投資の機会や地域及び地球規模の課題に対処する上での実効性を増進すること（第2項）を共通認識として定めている。また、幅広い基盤を有する経済成長を生み出して持続させるためには、自国政府による公的機関の効果的・効率的な運営や、公共インフラ・福祉・保健及び教育の制度への投資等について、各締約国が持続的にかつ高いレベルで約束することが要求されることを認める（第3項）とともに、締約国は、持続可能な開発及び貧困の削減に寄与するために、協定によって生み出される貿易・投資の機会を利用する諸政策を通じて、幅広い基盤を有する経済成長を拡大させることができるとしている（第4項）。

(d) 第23.4条 女性及び経済成長

　第1項では、女性による経済への参加の機会の増大が経済開発に資することや、女性の経済への参加を奨励するための計画を立案・実施・強化するに当たり、締約国の経験を共有することが利益となることを共通認識として定めている。第2項では、締約国が、協定によって創出される機会にアクセスして十分に利益を得るための女性の能力向上を目的とする、助言又は訓練の提供や情報・経験の交換を含む協力活動を行うことを検討すると規定している。

(f) 第23.5条 教育、科学技術、研究及びイノベーション

　教育・科学技術・研究・イノベーションの促進及び発展が、成長の加速、競争力の向上、雇用創出、締約国間の貿易・投資の拡大に重要な役割を果たし得ることを共通認識として定めている（第1項）。さらに、教育・科学技術・研究・イノベーションに関する政策は、協定から生じる利益を最大化することを支援し得ると認めたうえで、当該利益を一層増大させるために、締約国が協定から生じる貿易・投資の機会を考慮に入れたこれらの分野における政策の策定を奨励することができると規定している（第2項）。

(g) 第23.6条 開発に係る共同活動

　協定から生じる開発上の利益を最大化するための開発に係る共同活動（以下、共同活動）に関する規定である。締約国間の共同活動が、各国の開発戦略の強化に資することを認めたうえで（第1項）、2か国以上の締約国が相互に合意する場合には、協定から生じる利益によって各締約国の開発目標がより効果的に推進されるよう、当該締約国は、関係する政府、民間や多数国間の機関の間で行う共同活動の円滑化に努めるよう定めている（第2項）。この共同活動には、①締約国の開発援助及び開発融資の計画と各国の開発上の優先事項との調整を促進するために締約国間で討議すること、②科学技術の革新的利用の助長、開発促進、能力形成のための科学・技術・研究の関与を拡大するための方法を検討すること、③開発目標を支援する政府機関との協力事業に、中小企業を含む民間企業が専門知識及び資源をもたらすことができるように官民の連携を円滑にすること、④慈善団体や企業を含めた民間部門及びNGOを開発支援活動に関与させることが含まれる（第3項）。第1項は確認規定、第2項は共同活動の円滑化に努めるという努力義務規定であり、本条は締約国が共同活動に従事することを義務付けるものではない。

(h) 第23.7条 開発に関する小委員会

　各締約国の政府の代表者によって構成される開発に関する小委員会（以下、開発小委員会）を設置すること（第1項）、開発小委員会は協定の発効日から1年以内に最初の会合を行い、その後は必要に応じて会合を行うこと（第3項）、任務遂行に当たり、協定に基づいて設置される他の小委員会、作業部会その他の補助機関と協力できること（第4項）を定めている。

　開発小委員会の任務は、①協定から最大限可能な利益を引き出すための国内政策の作成・実施に関する締約国の経験や、共同活動を通じて得られた締約国の経験・教訓についての情報交換の円滑化、②貿易・投資に関連する開発政策を支援する将来の共同活動についての提案の討議、③必要に応じて共同活動の発展及び実施を支援するために国際的な援助機関・民間部門の団体・NGOその他の関係機関を招請すること、④本章の規定の実施・運用に関連する問題の検討等である（第2項）。

　以上の規定に加え、本章の規定と他の章の規定が抵触する場合には、他の章の規定が優先すること（第23.8条）、本章の規定の下で生じる事項については、第28章（紛争解決）の規定による紛争解決を求めてはならないこと（第23.9条）を定めている。

(3) まとめ

　開発章は、開発や経済成長の重要性、貿易・投資の自由化の促進・強化を通じて開発及び経済成長を促進していくこと、各締約国が経済開発を進めていくうえで踏まえるべき理念について共通認識としてまとめた確認規定が多い。協力活動や共同活動についての規定はあるものの、具体的な取組の実施を義務付ける内容とはなっていない。今後、開発小委員会の場等を活用し、共同活動や協力活動の成果を挙げていくことが重要である。

Ⅳ

交渉経緯を見る

1

日本政府内の交渉体制

　EPA の一般的な交渉体制としては、大使級の「首席交渉官」の下に各分野の交渉官と、そのサポートを行う担当官が割り当てられ、交渉に臨むこととなる。交渉には、物品市場アクセスや原産地規則、投資、サービス、知的財産、ビジネス環境整備等、経済に関する幅広い分野があり、外務省のみならず、財務省、農林水産省、経済産業省等、省庁間を跨いだ交渉体制が敷かれることとなる。

　交渉会合では、首席交渉官が出席し、交渉の全体のスケジュールや、今回の交渉会合はどのような内容を重点的に扱うのか等が話される全体会合と、それを受けて、各分野の交渉官と担当官が担当するワーキング・グループが開かれることが一般的である。交渉参加国は相互に（複数の国が参加する場合には順番に）交渉会合を主催する。また、新型コロナウイルス感染症の拡大以降、テレビ会議方式での交渉会合も増えている。

2

交渉の一般的な流れ

　次に、前述の交渉体制が組まれた EPA 交渉はどのような交渉過程を経て妥結するのか、一般的な流れを紹介した上で日 EU・EPA を例に説明していくこととする。

　EPA の検討は、相手国政府から提案されることもあれば、日本の経済団体等から要望が出ることもある。いずれの場合も、まずは政府間で意見交換を重ね、その上で、必要と判断した場合には、「共同研究」を相手国と立ち上げる。「共同研究」が行われる場合、必要に応じて各国の産業界や学界の代表の参加も得て、交渉において扱うべき分野の特定や想定される課題等を交渉参加国の経済の概況を踏まえて検討し、その結果を各国政府への報告書としてまとめる。共同研究も踏まえつつ、政府間で交渉開始が望ましいとの結論になれば、交渉開始に正式に合意することとなる。この交渉開始の合意は、首脳会談等の外交機会を活用して行われることが多い。

　交渉参加国間で交渉開始の合意がされると、交渉会合が重ねられることになる。交渉の期間や頻度は協定により異なるが、例えば、RCEP 協定では、2013 年 5 月の交渉開始後、約 8 年の間に 31 回の交渉会合及び 19 回の閣僚会合、4 回の首脳会議を経て 2020 年 11 月に署名に至っており、何年もかけて交渉が行われることも少なくない。分野毎の交渉会合を通じて、各分野に盛り込むべき大まかな要素や交渉の進め方について議論が行われた後、市場アクセスについてはリクエスト・オファー交換を踏まえた交渉、その他のルールについては具体的な条文に即した文言ベースの交渉が行われる。日本を含め、各国とも様々な EPA/FTA を締結してい

るため、互いに相手の締結している協定を事前に良く研究した上で、市場アクセスについても、その他のルールについても、自国にとってより有利な内容を確保しようと交渉が行われる。分野毎の交渉会合の進捗状況は、首席交渉官が主催する全体会合に逐次報告され、重要な問題については、首席交渉官同士で直接交渉が行われる。交渉が中盤を過ぎ、残された論点が絞り込まれてくると、異なる論点について、互いが一定程度譲歩する形で一括して解決する「パッケージ・ディール」の試みも見られるようになり、時には分野を超えてディールが成立することもある。交渉が条文の形でまとまると、次にリーガル・スクラビング（法的精査）と呼ばれるプロセスに入る。ここでは、交渉で合意された内容を条文が正確に反映しているかどうかや、協定全体を通じた規定の整合性等を国際法の観点から厳密に精査していく。問題が発見された場合には、交渉経緯を確認しつつ、条文の書きぶりを再度検討することになる。EPA については、国内への説明責任の観点から、このリーガル・スクラビングに入る前の段階で、「大筋合意」等と称して、協定の大まかな内容を対外公表する場合も少なくない。このプロセスが終わると、いよいよ条文を確定するための署名が参加国の間で行われることになる。日本の場合は、EPA の署名には閣議の決定が必要とされており、その閣議決定を行うにあたり、国内法令との整合性を中心に、内閣法制局による厳密な条文審査が行われることになる。協定が署名された後は、その締結に向けた国内手続が各国で行われることになるが、日本の場合には、国会において協定を審議し、その締結について承認を得ることが必要とされている。あらかじめ定められた一定数以上の署名国（二国間 EPA であれば、両国）において国内手続が完了し、これらの国々が協定締結の意思表示を行うと、ようやく協定が発効することになる。

3

日 EU・EPA 交渉

次に、前章において説明した EPA 交渉の流れを、日 EU・EPA を例に解説していく。

1. 交渉の経緯

(1) 交渉開始まで

EU は、日本にとって、民主主義、法の支配、市場経済といった基本的価値を共有するパートナーであり、経済面では、日本にとって第 3 位の貿易相手、第 2 位の投資先で、日本企業の進出も進んでいた。こうした中、2009 年 10 月、EU は韓国と FTA を妥結した。この FTA により、日本の工業製品、特に自動車及びその関連部品の欧州市場での競争力が、韓国製品よりも低下することが危惧された。日本の産業界からは、欧州市場で韓国に劣らない待遇を求める強い要望が示され、その声に応える形で、日 EU・EPA の締結を追求することとなった。

2010 年 4 月に日・EU 定期首脳協議で「合同ハイレベル・グループ」の立上げを決定し、2010 年 7 月から 2011 年 5 月まで検討作業を実施した。その後、2011 年 5 月の日・EU 定期首脳協議で交渉の範囲及び目標を定める作業（スコーピング作業）の開始を決定し、1 年間かけてスコーピング作業を完了させた。2012 年 11 月に欧州委員会が加盟国から日 EU・EPA の交渉権限を獲得したことによって欧州委員会側の交渉に向けた準備が整い、2013 年 3 月の日・EU 首脳電話会談で安倍総理大臣（当時）とファン＝ロンパイ欧州理事会議長（当時）及びバローゾ欧州委員会委員長（当時）の間で日 EU・EPA の交渉開始に合意し、同年 4 月から交渉が開始さ

れることとなった。

（2）交渉開始から交渉妥結まで

　本 EPA については、交渉開始から 2017 年 12 月の交渉妥結までに合計 18 回の交渉会合が開催された他、様々なレベルで、間断なく交渉が行われてきた。

　2016 年 11 月には、日本国内において、本 EPA の早期妥結に向けた総合的な方針の検討等のため、「日 EU 経済連携協定交渉に関する主要閣僚会議」が設置され、閣僚レベルで政府一体となって本 EPA の交渉を推進するための体制が確立された。岸田外務大臣（当時）が日 EU・EPA 交渉に関する総合調整を担当する国務大臣を兼務することになり、同主要閣僚会議の下には、萩生田内閣官房副長官（当時）を議長とし、関係省庁幹部が参加する「日 EU・EPA 交渉推進タスクフォース」が立ち上げられた。

　こうして強化された交渉体制の下、2016 年 12 月の岸田外務大臣とマルムストローム欧州委員（貿易担当）（当時）との電話会談以後、首脳・閣僚レベルでも、可能な限り早期の大枠合意実現を目指すとの認識が繰り返し確認された。2017 年 6 月末から 7 月初めにかけてはマルムストローム欧州委員（貿易担当）が来日し、岸田外務大臣と集中的に直接交渉を行った。

　こうした政治レベルでの後押しも得て交渉を加速化した結果、2017 年 7 月 5 日、ブリュッセルにおいて岸田外務大臣とマルムストローム欧州委員（貿易担当）との間で大枠合意を確認し、翌 6 日、第 24 回日・EU 定期首脳協議において、首脳レベルで大枠合意を確認した。

　その後も、年内の交渉妥結を目指して精力的に詰めの協議が進められ、同年 12 月 8 日に河野外務大臣（当時）とマルムストローム欧州委員（貿易担当）との間で電話会談を実施、さらに同日夜に安倍総理大臣とユンカー欧州委員会委員長（当時）との間で電話会談を実施し、本 EPA の交渉妥結が確認された。

（3）交渉妥結から発効まで

　日・EU 双方の努力の結果、4 年 9 か月程に及ぶ交渉を経て、日 EU・EPA は2017 年 12 月に妥結した。2018 年前半にはテキスト確定の作業を集中的に行い、同年 7 月 17 日に開催された日・EU 定期首脳協議の際、安倍総理大臣とトゥスク欧州理事会議長（当時）及びユンカー欧州委員会委員長の間で日 EU・EPA への署名が行われた。本署名は、当初 EU 本部が所在するブリュッセルで実施予定であったが、西日本の豪雨災害への対応に万全を期すため安倍総理の訪欧が中止されたことを受けて、トゥスク欧州理事会議長及びユンカー欧州委員会委員長が急遽予定を変更して訪日し、東京で署名式が実現した。

　署名後は、早期発効を目指し日・EU双方で精力的に国内手続を進めた。日本では、2018年秋の臨時国会で承認され、EUでも同年内に手続を終えた結果、12月に日・EU間で国内手続完了の相互通告が行われ、同協定は2019年2月1日に発効した。

2.　日EU・EPAの意義

　日EU・EPAの締結により、世界GDPの約3割、世界貿易の約4割を占める（発効当時）世界最大級の自由な経済圏が誕生した。内閣官房TPP等政府対策本部の試算（2017年）によると、日EU・EPAにより、日本の実質GDPは約1%（約5兆円）、労働供給は約0.5%（約29万人）増加することが見込まれている。また、このような経済的意義に加え、本協定は、自由で公正なルールに基づく、高いスタンダードの自由貿易協定であり、保護主義的な動きの高まりの中で日・EUが自由貿易の旗手として世界に範を示すという意義も有している。

3.　日EU・EPA協定の成果・特徴

　次に、本協定における協定の成果及びその特徴について、説明することとする。

（1）市場アクセス交渉の主な内容

　物品貿易の市場アクセス交渉は、物品関税の削減・撤廃を進める交渉であり、EPA交渉の重要な柱である。日本政府は、5億人を超えるEU市場への日本産品のアクセスを確保するよう努めるとともに、国内の農林水産業の再生産が引き続き可能となる国内措置を確保できるよう交渉を行った。交渉の結果、本協定により、日本の消費者には、欧州の衣料品やバッグ、ワインやチーズ、チョコレート等の嗜好食品などショッピングの幅が広がった。また、農林漁業者・食品業者にとっても、5億人のEU市場に向けて、日本の安全でおいしい農林水産物・食品に、輸出拡大の新たなチャンスが生まれることとなった。

（a）物品市場アクセス
〈EU市場へのアクセス〉

　EU市場へのアクセスについては、EUの関税の撤廃や、規制の緩和・撤廃により、日本産品の輸出拡大や市場開拓が期待される。

　農林水産品については、牛肉、茶、水産物等の輸出重点品目を含め、ほぼ全ての品目で関税撤廃（ほとんどが即時関税撤廃）を獲得した。また、全ての酒類、たばこ、塩の関税の即時撤廃も実現し、5億人を超えるEU市場への日本の農林水産品の輸出促進に向けた環境が整備された。さらに、例えばワインについては、日本ワイン

（国産ブドウのみを原料とし、日本国内で製造された果実酒）の醸造方法を EU が容認
することになったため、EU 域内での日本ワインの自由な流通・販売が可能となる
他、日本ワインであることの証明について事業者の自己証明が導入されることで、
日本ワイン輸出のための金銭的・時間的な負担が大幅に軽減されることが見込まれ
る。また、本協定において単式蒸留焼酎の容器容量規制が緩和されたことにより、
焼酎の四合瓶や一升瓶での輸出が可能となり、日本酒・焼酎等の輸出促進が期待さ
れる。さらに、本協定においては、農産品や日本酒等の酒類に係る GI の相互保護
が導入され、日本産品のブランド価値の向上及び高いレベルで日本産品の GI の保
護が実現した。

　工業製品については、品目数及び輸出額（EU 向け約 5.8 兆円）で 100% の関税撤
廃を実現した。主力分野である乗用車について、EU は 10% の高関税を課してい
たが発効から 8 年目に撤廃され、自動車部品に関しても、貿易額ベースで 92.1% が
即時関税撤廃された。工業製品の EU への輸出増加が期待されるとともに、EU で
現地生産を行う自動車メーカー等に部品を納入する日本の中小企業にも裨益するこ
とが期待される。

〈日本市場へのアクセス〉

　日本市場へのアクセスのうち、農林水産品（農林水産省所管品目）については、
コメについて関税削減・撤廃等からの完全な「除外」を確保したほか、麦・乳製品
の国家貿易制度、砂糖・でん粉の糖価調整制度、豚肉の差額関税制度といった基本
的な制度を維持した。また、関税割当てやセーフガード等の有効な措置を獲得し、
農林水産業の再生産が引き続き可能となる国境措置を確保した。

　乳製品のうち、ソフト系チーズについては、TPP で関税撤廃や関税削減となっ
たものも、日 EU・EPA では横断的に関税割当てを設定し、枠数量については、
国産チーズの生産拡大と両立できる範囲に留めた。脱脂粉乳・バターについては国
家貿易を維持した上で、限定的な民間貿易枠を設定するに留めたほか、TPP で関
税撤廃となったホエイについては関税削減に留めた。

　豚肉については、差額関税制度を維持したほか、長期の関税削減期間と輸入急増
に対するセーフガードを確保した。牛肉についても、長期の関税削減期間と輸入急
増に対するセーフガードを確保した。

　他方、工業製品（経済産業省所管品目）については、品目数及び輸入額（日本向け
約 5.6 兆円）で、100% の関税撤廃を行った。日 EU・EPA 発効時点で、工業製品の
無税割合が 77.3% から 96.2%（品目数ベース）に上昇した。化学工業製品、繊維・
繊維製品等については、即時関税撤廃とした。皮革・履物（本協定発効前の実行税
率は最高で 30%）については、発効後 11 年目又は 16 年目に関税撤廃することと

なった。

(b) サービス・投資

　サービス貿易には、金融、運輸、電気通信等様々な分野の国境を越えたビジネスが含まれ、日・EU双方でその内外差別等をなくすことにより、双方の交流が活発化することが期待される。本協定では、原則全てのサービス貿易・投資分野を自由化し、自由化を留保する措置や分野を列挙するネガティブ・リスト方式を採用した。これにより、日本企業のEU市場獲得を支援する観点から、自由化義務に適合しない措置や分野が明確化され、透明性が向上すると期待される。

(c) 政府調達

　GDPに占める政府調達市場の比重が高い（11〜12%。日本は6〜7%）EU側は、鉄道分野を始め、政府調達に強い関心があり、日本側も鉄道分野を中心にEU政府調達市場に関心がある中で[1]、日・EU双方がGPAに加入していることから、GPAでの各々の約束内容を基本とし、日・EU双方の事業者による互いの政府調達市場への参加を促進するため、双方が市場アクセスの改善を実現した。例えば、EUは、フランス等13の国レベルの調達機関を日本に対し新たに開放した。日本側は、都道府県・指定都市が設立する地方独立行政法人等に対象を拡大したほか、中核市の一般競争入札による一定基準額以上の調達（建設サービスを除く）に限り、従来どおり入札参加者の事業所の所在地を資格要件として定めることを可能としつつ、EU事業者も参加できるようにした。また、日・EU双方が競争力を有する鉄道分野の政府調達については、日本側は安全注釈[2]を撤廃し、EU側は、GPAでは日本企業を除外できるとしている車両を含む鉄道産品の一部の調達市場を日本に対して開放した。

(2) ルール分野の主な内容

　本EPAは、21世紀の経済秩序のモデルとなる質の高い協定として、自由で公正なルールについても幅広く規定している。

1）西村聞多「日EU経済連携協定（日EU・EPA）の大枠合意について〜財務省所管品目の市場アクセス交渉等に関する結果を中心に〜」（『ファイナンス』2017年9月号）
2）GPAにおいて運転上の安全に関連する調達を自由化約束の対象外とすることができる注釈。

(a) 電子商取引

電子的な送信に対する関税賦課の禁止、ソースコード開示要求の禁止等、電子商取引の安全性・信頼性確保のための先進的なルールを規定している。

(b) 国有企業章

物品・サービス売買の際の商業的考慮、相手方民間企業に対する無差別待遇の付与を確保した。さらに、独立した章としては本協定で初めて設けられた補助金章において、一定の条件を満たす補助金について、日・EU 間の通報義務及び協議要請手続について定めた他、一定の類型の補助金の禁止等を規定している。

(c) 知的財産章

日・EU 双方とも既に高いレベルの知的財産保護制度を有していることから、営業秘密の保護や、著作権保護期間を著作者の死後 70 年へ延長する等、TRIPS 協定よりも高度な規律を定め、十分かつ効果的な保護を確保している。さらに、農産品及び酒類に関して、GI を高いレベルで相互保護することとしている。例えば、「神戸ビーフ」、「夕張メロン」、「薩摩」、「日本酒」等、計 56 件の日本側 GI が EU において保護されることにより、日本産品のブランド価値がしっかり守られることになる。EU 側の GI としても、「カマンベール・ド・ノルマンディ」や「トカイ」等が日本国内で保護されることになる。

(d) 企業統治章

日・EU 双方の既存の制度等を踏まえ、健全なコーポレートガバナンス（企業統治）が行われるよう、株主の権利や取締役会の役割、企業買収等に関しての基本的要素について確認するものであり、上記の基本的要素や、企業統治の枠組や経営者及び取締役会の説明責任の重要性等の一般原則等について規定されている。

(e) 貿易及び持続可能な開発章

持続可能な開発と貿易における、環境や労働分野について努力規定が定められている。具体的には、環境や労働に関する国際約束の重要性の確認、労働における基本的な権利（結社の自由・団体交渉権、強制労働の撤廃、児童労働の廃止、雇用・職業に関する差別の撤廃）の尊重、日・EU 間での環境技術の促進における協力や市民社会との共同対話の開催等が挙げられる。

(f) 規制協力章

貿易・投資に関する規制措置について、日・EU 双方が、事前公表、意見提出の

機会の提供、事前・事後の評価、グッドプラクティスに関する情報交換を行う等の
日・EU 間協力を定めている。これにより、効果的で透明性のある予見可能な規制
上の環境、一貫性のある取組を促進し、不必要に負担となる要件を削減することで、
日・EU 間の貿易及び投資の拡大に資することが期待される。また、日本が締結し
てきた EPA では初めてとなる、動物の福祉に関する規定が、日・EU 双方が動物
の福祉に関するそれぞれの法令への理解を深めることを目的に設けられた。本規定
は、EU が近年締結した EPA/FTA（カナダ、ベトナム及び韓国）にも含まれている。

(g) 農業協力

　日・EU 間の農産品及び食品の貿易促進及び持続可能な農業に係る協力の促進を
目的とし、日・EU 間の協力の枠組み及び特別委員会の設置を規定している。具体
的には、日・EU がそれぞれの法令の範囲内において、農産品及び食品の貿易促進
や、農業経営、生産性及び競争力の向上に向けた協力、農業及び食品の生産及び技
術に係る協力、農産品の品質に係る政策における協力、農村振興の成功事例に関す
る情報交換等を含む協力を行うことを規定している。本規定は、日本産食品の輸出
拡大の一助にもなると考えられる。

(h) 中小企業

　自国のウェブサイトに中小企業にとって有用であると考える情報を含めることや、
連絡部局を通じて中小企業が本協定による新たな機会を利用することを可能とする
方法を特定すること等を規定している。これまでにも、日本が締結している EPA
の中では、日・シンガポール EPA において、中小企業に関する両国間の協力につ
いて独立章を設けて規定した例はあるが、日 EU・EPA においては、より具体的
な規定を置き、中小企業が本協定をより積極的に利用しやすくなるような工夫が施
されている。

　このような高いレベルのルールは、日・EU 間の貿易・投資の拡大に寄与し、ま
た、貿易・投資に関するルールのスタンダードを高い次元に引き上げるのみならず、
国際社会に対しても 21 世紀型のルールのモデルを示すとの意義がある。
　なお、本協定においては、個人データの越境移転について規定されていないもの
の、日・EU 当局間で日・EU 間における相互の円滑な個人データの越境移転を実
現するべく対話が続けられた結果、本協定の署名と同日（2018 年 7 月 17 日）に、相
互の個人データ保護の制度が同等であると認定された。

(4) 日 EU・EPA 発効後の動き

　2019 年 2 月の発効後も、日 EU・EPA を効果的に運用するとともに、更なる改善を図るための取組は続いている。日 EU・EPA では、そのための仕組みとして、双方の代表者から構成される日 EU・EPA 合同委員会が設置され、その下に分野別の専門委員会や作業部会も設置されている。

　日 EU・EPA 合同委員会は、これまで、2019 年 4 月と 2021 年 2 月に閣僚級で会合を開催した。第 2 回合同委員会では、EPA の運用や実施の状況について意見交換が行われるとともに、本 EPA に基づく保護の対象となる双方の GI を追加するための附属書の改正が行われたことを確認し、また、電子商取引の分野においてデータの自由な流通に関する規定を追加する必要性を検討するための予備的な協議を行っていくことで意見が一致した。

　2019 年 2 月～2020 年 1 月の 1 年間で、日本から EU への輸出は、乗用車で 14％、衣類等で 15％、牛肉で 35％、清酒で 5％伸びている。EU からの輸入についても、例えばワインは 13％伸びている。このように日 EU・EPA の発効を受けて、日 EU 間の経済関係はより一層深まってきているが、上記の合同委員会や専門委員会・作業部会、更には日 EU 当局間の政策対話、官民合同の枠組みを通じた重層的な取組によって、その効果が更に高まることが期待される。

特別寄稿　経済連携協定と民間セクターの役割

1. はじめに

日本は第二次世界大戦後一貫して貿易政策の根幹に GATT・WTO のルールに具現される多国間主義（multilateralism）を据え[1]、これと相反する地域主義（regionalism）とは距離を置いてきた。多国間主義が最恵国待遇（most-favoured-nation treatment、以下 MFN）に基づく無差別原則を掲げるのに対し、地域主義は関税同盟や自由貿易地域のように域内関税のみを撤廃して域外に対しては関税を残すことから必然的に差別的にならざるをえず、日本は差別性のある地域統合（regional integration）には与しない姿勢を取り続けた。

他方、世界経済の趨勢は 1990 年代以降地域統合に傾斜する。EC（欧州共同体、今日の EU）の深化と拡大で統合が進んだ欧州、その欧州の動きに触発された米国も 1989 年には米加自由貿易協定を締結し、さらに 1994 年にはメキシコを含めた形で北米 3 か国による北米自由貿易協定（NAFTA）を発効させた。欧州には EU 以外にも欧州自由貿易連合（EFTA）が存在していることから[2]、先進国で何らの地域統合にも参加していない国は日本のみという状態が 20 世紀の終わりまで続くことになる。

このような状態に変化が訪れたことを象徴的に示したのは平成 11 年版の『通商白書』である。それまで地域統合について一貫して批判的な論調を維持してきた同白書において初めて地域統合のメリットについて言及したのだ[3]。その背景には 1985 年 9 月の「プラザ合意」以降円高・ドル安を警戒した日本の産業界が積極的に ASEAN（東南アジア諸国連合）諸国を含む東アジアに直接投資を行い、自動車や

---

1) GATT（関税と貿易に関する一般協定）は第 1 条第 1 項で無条件最恵国待遇を規定し、全ての締約国に無差別待遇を与えることを求めている。この原則の例外として GATT 第 24 条では一定の条件のもとに関税同盟や自由貿易地域、そしてこれらに至る中間協定を容認している。この一定の条件には当該地域協定が「実質的に全ての貿易」をカバーすることや「妥当な期間内に」当該地域協定を完成させること等が含まれている。
2) European Free Trade Association には、アイスランド、ノルウェー、スイス、リヒテンシュタインが参加している。

エレクトロニクス関連の部品製造を現地で行うようになったことがある。この「プラザ合意」をいわば引き金として日本企業の海外進出が加速し、東アジア全域で国境を越えた生産ネットワークが構築されていく。この生産ネットワークがグローバル・ヴァリュー・チェーン（GVC）としてさらに発展していくわけだが、それをさらにメリットあるものにするために日本企業から自由貿易協定（FTA）を求める声が次第に高まってくる。

　本稿ではこのような流れの中でCPTPPや日EU・EPAなどのいわゆる「メガFTA」に至る日本の経済連携構築のプロセスにおいて日本の民間企業や諸団体がどのような役割を演じたのかを明らかにする。

2. FTAを模索する経済界－幻の「日米FTA」構想－

　日米貿易摩擦が激化した1980年代から1990年代前半にかけて日米の間で自由貿易取極めを求める声は日本の産業界からも上がっていた。その中心に元三菱商事会長で経団連副会長もつとめた槙原稔氏がいた。同氏は1954年6月にハーバード大学政治学部を卒業、1972年から1981年まで米国三菱商事ワシントン駐在員（首席）、1986年10月から米国三菱商事取締役副社長などを歴任した文字通り「米国通」として知られていた。その槙原氏は日本にとって安全保障上の同盟国である米国は同時に最も重要な経済パートナーでもあり、米国とのFTAは日本にとっても大きな利益をもたらすと考えていた。

　槙原氏のように米国とのFTAを構想する人は日本政府の中にもいた。2000年当時外務省経済局長の任にあった田中均氏である。田中経済局長はその論文の中で「日本経済の再生のためにも米国との経済関係を強化していくことは必須となる」と述べたうえで、「それでは、米国との自由貿易協定は視野に入れられるのであろうか」と問いかける[4]。しかし、日本の政治的現実を知る熟達した外交官はこう続ける。「しかしながら、日米間の農業貿易の比重と大きさや日米の多角的貿易体制における重みを考えれば、（日米FTAは）将来の検討課題として考えていくべきであろう。」

3）『通商白書』平成11年版、通商産業省（当時）。第3章第3節で「日本としては、…（WTO次期交渉に向けた一層の貢献が重要であることは言うまでもないが、）これに加えて多角的通商システムを補完する観点から、世界の中で唯一地域統合／地域連携の動きの乏しい北東アジア地域等において、域内の相互交流・相互理解を深めつつ、より積極的に地域連携に取り組み、多角的通商システム強化に積極的に貢献するモデルを示していくことが必要である」としている。新書版115頁参照。
4）田中均、「日本経済外交の新展開－自由貿易協定に向けて」、『中央公論』2000年11月号。

田中均氏の構想はWTO体制との緊張関係を招来するというよりはむしろこれを補完し強化するものと考えている。「現在のWTOのルールではカバーされていない分野において、一層の政策の調和や共通のルールの構築をはかっていくべきであり、これをWTOを通じてより普遍的なものに高めていくことに努力を傾注すべきであろう」と述べ、具体的には規制緩和、投資促進措置、競争政策、電子商取引法制その他の制度のハーモナイゼーションなどを挙げている。このような分野は今日のCPTPPや日EU・EPAの中に盛り込まれている。田中均氏の構想はまさに時代を先取りしていると言えよう。

槇原稔氏と田中均氏の二人も参加して日本の産業界を代表する経団連が外務省、大蔵省（現財務省）、通商産業省（現経済産業省）と共催したFTAシンポジウムが開催されたのはこのような先駆的な議論を受けてのことだった。日米FTA自体はすぐには実現しなかったものの、FTAについての理解とその緊急性についての認識は産業界を中心に高まっていくことになる。

3. 官民合同のFTAシンポジウム－2000年10月－

日本の経済連携協定の歴史で重要な一里塚となったのがこの初のFTAシンポジウム「自由貿易協定と日本の選択」であった。以下ではそこで行われた議論の中で特に産業界からの主要論点を紹介する[5]。

(1) 團野廣一氏（経団連貿易投資委員会総合政策部会長・三菱総合研究所副社長）

日本の通商政策は大きな転機を迎えている。日本はこれまでWTOを中心とする自由で多角的な貿易体制の維持・強化を通商政策の中心に据えてきたが、二国間あるいは地域との自由貿易協定はむしろ多国間協定と相対するものであるという立場をとってきた。

しかし、近年、全地球規模の市場化と情報技術の進展によって、グローバリゼーションの動きが加速されつつある。このような流れの中、1990年代に入ってからASEANではASEAN自由貿易協定（AFTA）が成立、北米ではNAFTA、南米でもメルコスールの創設があり、さらに欧州においてもEUの拡大があって、自由貿易協定のネットワークも国際的に広がることになった。

このような動きに接する中で、日本の経済界も自由貿易協定が果たしうる重要な役割に対して、認識や理解を深めてきた次第である。加えて日本が二国間あるいは

---

5)『報告書　シンポジウム「自由貿易協定と日本の選択」2000年10月23日』、文責　外務省経済局国際機関第1課、2000年11月を参照。

地域との自由貿易協定を締結しないことによる不利益も次第に顕在化してきた。そこで産業界では 1999 年春以来、通商政策の新たな柱として自由貿易協定への取り組みを強化するよう、日本政府に対して求めてきた。

かかる背景のもと、2000 年 10 月 22 日、日本・シンガポール首脳会議において、両国間の貿易や経済交流を優遇する経済連携協定の締結に向けて 2001 年 1 月からの交渉開始が合意されたことはたいへん意義深いことであると考えている。日本においても、諸外国のように、WTO と自由貿易協定を車の両輪とする通商政策の確立に向けて大きく一歩を踏み出したと理解する次第である。

これを契機として、日本は今後さらに様々な国との間で自由貿易協定を検討していく必要があると思うが、しかし、そのためには国内で解決すべき課題も多く残されている。従って、日本が自由貿易協定を積極的に推進していく上で、国民的なコンセンサスを形成していくことが大切である。今回のシンポジウムをきっかけとして様々な場で自由貿易協定をめぐる議論が活発に展開されることを祈念するものである [6]。

(2) 川本信彦氏（経団連日本メキシコ経済委員会委員長・本田技研工業取締役相談役）

①自由貿易協定（FTA）を締結していないことで具体的な不利益が日本企業に発生している。FTA はまさに世界のメガトレンドになっており、FTA に参加していない日本はこの大きな潮流から取り残されつつあると認識している。自動車業界では部品や完成品の輸出入に関係する FTA は企業戦略を立てるという意味で極めて重要である。製造業の中でも自動車は総合産業ということもあり、各国で現地生産する場合、巨額の投資や技術の移転による部品調達など、重い条件を背負っている。

具体例をあげると EU と関税同盟となったトルコは 1996 年から EU との関税を撤廃しており、EU からトルコへの自動車輸出は関税ゼロでトルコ市場に入るが、日本車は 21％という高い関税をかけられており、これは日本車にとっては大きなコストとなっている。同様に EU との FTA が 2000 年 7 月に発効したメキシコにおいても日本車は競争上不利な状況に置かれている。在メキシコの日本商工会議所が現地日本企業にアンケートをとったところ 80％の日系企業が「日墨 FTA がないことによるデメリットが既に生じている」と回答している。製造業だけではなく、IT、通信機器、大型の発電プラントの政府調達においても優遇されるのはメキシコと FTA を締結した EU や NAFTA のパートナーである米国やカナダだけでFTA 関係にない日本企業だけが不利な状況に置かれている。

---

6) 前掲『報告書』7-8 頁。

②FTA 推進については民間の観点からはやはり米州とアジアが最優先テーマであると思っている。米州ではメキシコとのFTA が一番先にくるのではないかと考えている。メキシコは二国間FTA の推進に極めて積極的で、政府・民間共にFTA 交渉について十分な経験を積んでおり、交渉におけるスキルや全体の話のもっていき方、別案件とすべきものはどうやって処理するかといった点に高いスキルを持っている。このような国との交渉をすることで、日本にとっても将来に向けて広く世界におけるFTA というものの勉強にもなると思う。

アジアについては、FTA のニーズは高まっている。アジアでは既に日本とのあいだでは実態ベースでかなりの貿易、投資関係が緊密化しており、逆に順調であったがために制度面での統合化の進展が遅れたという面もあるかもしれない。IT 化に歩みを合わせながらアジア各国に受け入れられるFTA の構築に取り組んでいく必要がある。

③FTA の課題として最大のものは農林水産品の扱いである。従来は一種のタブーとしてあまり正面から取り上げられることがなかったが、FTA を締結するという前提で考えると農林水産品を討議の対象から外すということはWTO の精神に反する。FTA による全体的な大きなメリットを勘案すると、少なくとも農林水産品についても、誰がどの程度被害を受けるかというデメリットを客観的に論議する場を設けていくことが必要ではないだろうか。このような場を設けることで相手国と対等に話し合ってゆく素地ができるのではないかと考えている。

今後の方向性としては、円高は定着し、日本に生産拠点を持つことが製造業そのものにとって21 世紀にも成り立つかどうかということも疑問視されるほど難しい状況にある。FTA を締結していないことによる関税や政府規制での不利益な扱いを受けて、堂々と企業活動を続行できるほどの余裕がないというのが産業界の本音である。このような状況を背景に、日本のFTA 交渉にはスピードが何よりも大切である[7]。

(3) 槇原稔氏（経団連副会長・貿易投資委員会委員長、三菱商事会長）
①FTA に取り組む意義は、企業が加速するグローバル化に迅速に対応するための環境を整備することにある。対応できない企業は市場から淘汰されると言っても過言ではない。産業界にとって最も望ましい姿は国境の存在を感じさせないような体制である。戦後、関税や非関税障壁を削減してきたGATT の多国間交渉は高く評価しているが、発展段階が大きく異なる140 か国超（当時、現在は164 か国）を抱えるWTO では交渉に長期間を要し、投資ルールのような新たなルール作りにお

---

7) 前掲『報告書』、15-18 頁。

いては加盟国間のコンセンサス形成が困難であり、WTOによる多角的貿易体制には大きな限界があることも事実である。そのような状況の中で自由化のモメンタムを維持して行くためには、WTOを二国間や地域レベルのFTAで補完していくことが今後ますます重要となる。

　日本がFTAに取り組む意義は以下の4点に整理できる。第1に、FTAは特定の国や地域との間で双方向のビジネス・チャンスを拡大していくための有効なツールになるという点。第2に、日本が既に他国とFTAを締結している国とビジネスを行う際に置かれている「競争上の不利益」を解消できるという点。第3に、相手国との間で貿易・投資上の障害を相互に除去し、規制制度の調和等を行っていくことにより、日本における経済構造改革を促し、高コスト構造を是正していく効果があること。そして第4に、WTOにおける貿易・投資の自由化やルール作りを補完するという効果があること、である。

②日本が目指すべきFTAについては、まず第1に日本はWTOに整合的なFTAを目指すべきということがある。同時に日本はWTOに対する信頼性を損なわないような内容のFTAを締結して行く必要がある。WTOで「優等生」である日本は、FTAでも「優等生」を目指すべきで、GATT第24条に規定されているように当該FTAが相手国との間で「実質上すべての貿易」(substantially all trade)に関して関税を撤廃する必要がある。日本としてはこの規定を満たす上で、国際競争力が弱く、自由化が困難な品目をどのように扱っていくのかが一つの課題である。

　日本が目指すべきFTAの第2のポイントは、包括的であるべきということである。モノ、サービスの貿易の自由化に留まらず、多様化するビジネスを反映した包括的な内容であるべきだ。その中には「日本・シンガポール新時代経済連携協定」に関する報告書にあるように、貿易関連手続きの簡素化、基準・適合性評価などの相互承認、アンチ・ダンピング、緊急セーフガード及び原産地規則等の通商ルールの整備・規律強化、専門家の移動の円滑化、電子商取引関連法制に関する協力などが含まれる。

③FTAを推進していく上での課題としては、第1に通商政策の「グランドデザイン」の必要性がある。シンガポールとの協定を交渉することは日本の通商政策の「新たな1ページ」を開いたことになるが、重要なのはシンガポール以降、FTAを戦略的にどのように活用していくかということを真剣に検討することである。

　アジア太平洋地域は日本と地理的に近く、経済関係も緊密である。日本の産業界にとってとりわけ関心が強いのはASEAN諸国や韓国である。アジア企業と日本企業間の戦略的提携関係の強化や、分業関係の深化や拡大などを通じて、世界市場におけるアジア産業全体の競争力の強化に寄与することになる。

　次に米州地域については、北米のNAFTA、南米のメルコスールを包含する全

米自由貿易圏（FTAA=Free Trade Area of Americas、2006年以降中断）が構想される中、日本としても戦略的な取り組みが急務となっている。特にメキシコとチリは、米州という地域ブロックを超えて、非常に積極的にFTAを推進しており、日本企業が被っている不利益の解消という意味からも優先的に検討して行くべき国々と思われる。

　また、日本にとって貿易・投資上の最大の相手国である米国とのFTAについても検討してみる価値があると思う。本シンポジウムの参加者の一人であるブルース・ストークス氏（ジャーマン・マーシャル財団上級フェロー）が提唱している「日米オープン・マーケットプレース」構想を含め、21世紀に向けて日米関係を緊密化して行く上で、日米FTAの可能性などについて経団連としても検討して参りたいと考えている。

　FTAを推進する上で第2の課題は、グローバル化に対応した国内の規制改革である。FTAやWTOの自由化交渉を通じて、貿易や投資に関わる様々な障壁を除去しても、国内の規制が煩雑で不合理なものであれば、経営資源の国境を越えた円滑な移動は実現しない。経営に益々スピードが求められる今日、関連する国内制度の改革が不可欠であると考える。

　最後にFTAは今後の日本の通商政策において益々重要な政策手段になってくると思われる。一部の産業にとって痛みを伴う可能性があっても、国全体としての利益を念頭に置きながら、FTAについて戦略的な検討を行っていくことが肝要である[8]。

（4）経済界からのインプットの評価

　このシンポジウムから20余年の歳月が経った。その間、2002年11月に発効したシンガポールとの「新時代経済連携協定」を皮切りに日本は16件の経済連携協定（EPA）を発効させ、さらにCPTPP、日EUEPAという2件のメガFTAを発効させ、物品貿易に限ったものではあるが日米貿易協定（JUSTA）も発効している。さらにインドは脱落したがASEANプラス5（日中韓、豪州、ニュージーランド）から構成されるRCEPでも合意にこぎ着けた。

　20年以上の時が流れた今日でもこのシンポジウムにおける民間企業を代表するスピーカー達の発言内容に古さはない。今でも十分通用する内容と主張が読む者の心に迫ってくる。彼らに共通する論点をいくつかを取り上げてみよう。

　一つは、貿易パートナーとの間でFTAが締結されていないことによる日本企業にとっての不利益の問題である。これはFTAがもつ「差別性」の結果であり、当

8）前掲『報告書』、37-40頁。

該貿易相手国がその主要な貿易パートナーとの間で複数の FTA を締結している場合には、まさに日本企業のみが差別され、関税や非関税障壁の対象となり競争上不利な条件に置かれることになる。このような FTA さえあれば不利益が発生しなかった状況を解消するために FTA を求める声が日本の産業界に高まってきた。このようないわゆる「逸失利益」(「うべかりし利益」)の問題を解消するために FTA 交渉には「スピード」が必要との認識も顕著であった。

　企業関係者に共通する第 2 の論点は、FTA の包括性である。つまり、伝統的な貿易交渉のテーマである関税や非関税障壁の削減・撤廃だけではなく、サービス貿易はもちろんの事、投資、貿易関連手続きの簡素化、基準・適合性評価などの相互承認、ビジネスパーソンの移動の円滑化、電子商取引、政府調達など広範なイッシューをカバーするべきという主張である。さらに FTA を推進する中で、相手国の市場開放を進めるだけではなく、返す刀で日本国内の構造改革や規制改革を加速するべきとの論点も興味深い。

　産業界の識者に共通する第 3 の論点は、WTO との整合性である。これは FTA が WTO 体制を損なうようなものになってはならないという問題意識と同時に、日本が GATT 第 24 条の規定に従い、FTA を締結するなら「実質的に全ての貿易」をカバーするものでなくてはならないという決意表明であった。これは後に「FTA の貿易カバー率」とか「質の高い FTA」といった問題意識に繋がっていく。

　この第 3 の論点と密接に関連しているのが第 4 の論点である農林水産品の問題である。産業界の識者が従来ほとんど「タブー視」されてきた農林水産品についても議論のテーブルに載せることを提案していたことは特筆に値する。たとえば、[9] 槙原氏は、農業との名指しは避けつつも、「国際競争力が弱く、自由化が困難な品目」についても議論するべきであり、「基本的にはこうした産業は自助努力により生産性を高め、競争力の強化を図っていく必要があると思われる」と言い切っている。

　さらに産業界を代表するスピーカーに共通している第 5 の論点は通商政策の「グランドデザイン」が必要だという視点で、それはアジア太平洋地域に留まるものではなく、北米・南米を含む米州地域、EU やトルコを含む欧州地域も射程距離に入れていることである。そこには従来の受け身的な在り方から脱して、戦略的に FTA を活用していくべきという主張が込められている。

　今日日本が達成した CPTPP や日 EU・EPA、RCEP などのメガ FTA の構成要素や WTO 体制に対するポジティブな影響を考えると、20 年前に日本を代表する民間企業の識者たちが既に時代を先取りしていたことが明確に読み取れるのである。

---

9) 前掲『報告書』39 頁。

4. 経済団体の果たした役割

日本には民間企業の利益を代表する組織として 1500 を超える大企業の連合体である日本経団連、中小企業の連合体である日本商工会議所、企業のトップが個人の資格で参加する協議体である経済同友会がある[10]。いずれの経済団体も FTA については積極的に関与していたが、本稿では特に経団連が 2000 年 7 月に発表した提言「自由貿易協定の積極的な推進を望む―通商政策の新たな展開に向けて―」を手掛かりとして民間のインプットを分析することとする[11]。(表 -1 参照)

(1) FTA の内容

経団連によるこの提言は FTA の意義と目的を明らかにした上で、極めて具体的にありうべき FTA の内容に言及している。その概要は以下の通りである。
①物品及びサービス貿易の自由化：物品の関税・非関税障壁の撤廃は日本からの輸出を促進し、また、輸入コストを低下させていくうえで重要である。同時に、輸入自由化を進める中で、日本の経済安全保障を確保していくため、域内の輸出禁止・

日本経団連の EPA への取り組み

年 月	名 称	具体的取り組み
2001 年 6 月	「通商立国」日本のグランドデザイン	① WTO における自由化・ルールの強化、②二国間・地域協定の推進など
2003 年 1 月	経団連ビジョン「活力と魅力溢れる日本をめざして」	①グローバルとリージョナルバランスをとる、②自らの力で行う「第 3 の開国」
2004 年 3 月	緊急提言「戦略的な EPA の推進」	①東アジア自由貿易圏の実現、②モノの貿易・投資・人の移動、農業
2006 年 10 月	経済連携協定の拡大と深化	①多国間 EPA と二国間 EPA の並行・迅速な推進、②包括的、質の高い EPA の推進
2006 年 11 月	日米経済連携協定に向けた共同研究の開始を求める	
2007 年 1 月	経団連ビジョン「希望の国　日本」	①アジアと共に世界を支える、② WTO 体制の維持強化 FTA/EPA 促進
2007 年 6 月	日 EU 経済連携協定に関する共同研究の開始を求める	
2007 年 10 月	対外経済戦略の構築と推進を求める	①東アジア経済共同体の構築に向けた検討推進、②日米・日 EUEPA 推進

10）かつては経営者の団体として日本経営者連盟（日経連）があったが、経済団体連合会（経団連）と合併して今日の「日本経団連」となった。
11）（社）経済団体連合会、『自由貿易協定の積極的な推進を望む―通商政策の新たな展開に向けて―』、2000 年 7 月 18 日を参照。

制限措置を取れないような形で規律を強化することも重要な検討課題である。

　また、サービス貿易の自由化についても、特に電気通信、流通、金融等の自由化が遅れている国との協定の締結を通じ、当該諸国の自由化を促し、日本企業の進出を支援していくことが重要で、そのために免許や資格証明等の相互承認も進めていく必要がある。

②**投資ルールの整備**：WTO におけるルールがまだ確立されていない分野であり、協定締結を通じて日本からの投資の自由化、投資保護の強化が図られるべきである。特に、外資制限の撤廃、投資関連制度の透明性・安定性の確保、パフォーマンス要求の廃止、経営幹部・役員等の国籍要求の禁止、紛争解決メカニズムの整備等の実現が望まれる。

③**基準・認証の統一化、相互承認の推進**：基準・認証制度が不必要な貿易障壁とならないよう家電製品、機械機器、食品、医薬品等の基準及び適合性評価方法の調和、評価結果の相互承認を進めていく必要がある。同時に、電子認証制度等、情報技術分野における諸制度の調和も図っていく必要がある。

④**アンチ・ダンピング等の貿易ルールの規律強化**：アンチ・ダンピング（AD）措置は、WTO の基本原則である無差別原則、譲許税率を超える関税賦課の禁止の例外規定であるにもかかわらず、一部の国で保護主義的な運用が行われている。そこで、WTO 協定を基本としつつ、同協定における規律を強化するような内容を FTA に盛り込んでいくことで AD 措置の濫用を防止することが望ましい。こうした議論をさらに広げ、競争法的な観点を取り入れながら、AD 措置の相互不発動の可能性を検討することも重要である。

　また、原産地規則については、日本が従来より主張している関税分類変更基準（change in tariff classification=CTC）を基本として構築していくことが望まれ、付加価値基準は予見性・安定性に欠けるため採用すべきではないと考える。

⑤**政府調達市場の開放**：WTO の GPA は参加国が限られていることから、特に GPA の非締結国との間で締結される FTA に政府調達に関する規定を盛り込んでいくことは極めて有効である。

⑥**知的財産権の保護**：特許、ノウハウを守るため知的財産権の高度な保護を可能とするような制度を確立すると共に、途上国については国内制度の整備、強化に向けた協力を求めていくことが必要である。

⑦**ビジネス関係者の移動の円滑化**：社員による長期滞在や急な出張などが必要になった際の、ビジネス関係者の移動にかかる手続きを簡素化していく必要がある。

⑧**競争政策、電子商取引等のルール整備**：WTO に先駆けて新しいルールを盛り込むことは、企業活動に資するのみならず、WTO における今後の議論を日本が主導していく一助となる。

⑨紛争処理制度の整備：二国間での迅速な紛争処理が可能となるような制度の構築が望まれる。

⑩その他、技術協力、研究協力、文化交流といった新たな項目を加えた協定を検討していく。

(2) FTA の優先的な対象国・地域

① FTA 締結対象国の条件：日本が FTA のメリットを最大限に享受すると共に、ブロック化に対する懸念を払拭するためには、出来るだけ多くの国との FTA を検討していくことが望ましいが、当面優先的な FTA 締結相手国を以下の判断基準に従って検討する。

（イ）日本と相互補完的な経済関係にあり、互恵的な協定が結べる国・地域

（ロ）自由化が遅れており、高関税や煩雑な規制が維持されている国・地域

（ハ）既に他国と FTA を締結しているため、日本企業が相対的に不利な立場に置かれている国・地域

（ニ）法制度が確立し政治が安定しており FTA の遵守が期待できる国・地域、を相手に交渉する。

②優先的対象地域：上記①の条件に照らしてより緊急性の高い国・地域は以下の通りである。

（イ）アジア：例えば ASEAN 諸国や韓国は地理的に近く、日本との経済関係も緊密で、今後の更なる成長が見込まれる。日本とアジアとのパイプをより太いものにすることは双方の産業界に大きな利益をもたらすものと期待される。できるところから FTA の締結を具体的に検討していく必要がある。また、アジアには、自由化が遅れている国も多く、FTA を通じて貿易・投資面での自由化を促していくことは日本企業にとっても現地企業にとっても極めてメリットが大きい。

（ロ）米州：既に域内で網の目のような FTA が締結されている米州地域における拠点作りも重要である。EU は同地域において、既にメキシコと自由貿易協定を締結したほか、メルコスール（南米南部共同市場）との FTA 締結に向けた動きを加速する等、着々と布石を打っている[12]。また、韓国もチリとの FTA 締結交渉を進めている[13]。米州地域における日本企業のビジネスチャンスを喪失することがないよう、迅速な対応が望まれる。

また、米国は世界最大の市場であると共に、日本にとって最大の貿易・投資相手

---

12) EU とメルコスールはその後数回の交渉中断はあったものの、2019 年 6 月に FTA について政治合意に至った。しかし本稿執筆の段階ではまだ発効していない。

13) 韓国・チリ FTA は 2004 年 4 月に発効した。韓国にとっては初の FTA となった。

国である。将来 FTA が締結されれば両国にとって大きなメリットをもたらす可能
性がある [14]。

**（3）検討対象になっていた対象国（当時）：シンガポール、韓国、メキシコ、チ
リ、カナダ等との間の FTA 締結について官民の様々なレベルで検討が行われて
いた。**

①シンガポールについては産官学の共同研究会が行われているが、単に二国間の関
係強化に留まらず、ASEAN へのゲートウェイとしてのシンガポールの役割も期待
されている。経団連ではシンガポールとの FTA について別途タスクフォースを設
置し、検討を重ねている。

②韓国は日本と地理的に最も近く、域内の貿易・投資の拡大を通じた分業の高度化
といった経済的メリットは非常に大きい。さらに、政治的、社会的及び文化的な関
係強化といった非経済的効果も期待できる [15]。

③メキシコ、カナダは NAFTA（北米自由貿易協定、1994 年発効）のメンバーであ
り、チリはメルコスール等との FTA を締結していることから、こうした国々との
FTA は単に各国の国内市場向けビジネスの活発化のみならず、米州全体における
戦略的拠点作りという意味からも重要との認識が示されている [16]。

5.「産官学」共同研究会の活用

　日本の FTA である EPA の特徴の一つは正式に政府間交渉が始まる前に「産官
学」、つまり産業界、政府、そして学識経験者の代表からなる共同研究会が行われ
たことである。日本にとって最初の EPA 交渉となったシンガポールとの交渉にお
いてもこの産官学の共同検討会合が 2000 年 3 月から 9 月にかけて 5 回にわたって
開かれた。

　この共同作業は日本とシンガポール双方の外務省の局長ないしは課長が共同議長
と総合調整役を務め、直接的に関係する所管官庁の局長ないしは課長が共同議長に

14）その後、物品貿易に限ったものではあるが、「日米貿易協定」はトランプ政権下で交渉
され、「日米デジタル貿易協定」と共に 2020 年 1 月 1 日に発効している。

15）1998 年 10 月訪日した金大中韓国大統領と日本の小渕首相は「21 世紀に向けた新たな日
韓パートナーシップ」に署名、これを受けて日韓 FTA 構想についての産官学合同研究会が
1999 年－2000 年に行われた。日本側は JETRO が、韓国側は対外経済政策研究院（KIEP）
が事務局となって議論が行われ、筆者もメンバーの一員だった。その後 2003 年から FTA
交渉が開始されたが 1 年で中断され、FTA が締結されないまま今日に至っている。

16）その後日本はメキシコとの EPA を 2005 年 4 月に、チリとの EPA は 2007 年 9 月に発
効させている。

名を連ねるが、民間企業や学識経験者からも参加者があり、総勢25名の研究会となっていた。

　何故このような勉強会を交渉に先立って立ち上げたのか、そこにどのような意図があったのか？　このような「仕掛け」は誰が考えたのか？　当時外務省の経済担当の外務審議官であった野上義二氏が前述のシンポジウムの中で次のように明快に語っている[17]。

　「今度の勉強会の過程で従来考えられなかったことは、まず第1に役人だけではないということです。伊藤元重先生（東京大学経済学部教授）のように学者の方にも入って頂いております。ビジネス界からも入って頂いています。従って、役人同士が頭を突き合わせてやる話ではなくて、当初から学会、ビジネス界の参加を得て議論を始めたのです。（中略）シンガポールについては最初から三者体制で行こうと考えていました。また当初の段階から、通常ここに出てくるような役所に加えて、まず農水省に入ってもらっています。」

　つまり、このような仕掛けを作ったのは交渉当事者の政府であり、政府としてはFTAについて賛否両論を含めた幅広い議論を様々なステークホルダーにさせようと試みたようである。これは後にたいへん賢明なアプローチだったことが明らかになる。筆者自身も首席交渉官として日本・メキシコのEPA交渉を担当し、その後チリとのEPAやモンゴルとのEPAの共同研究会のメンバーを務めたが、約1年間の議論のおかげで両国の経済構造から市場の特徴、産業の競争力や脆弱性などをより深く理解することができ、関係者の間に共通理解のプラットフォームが構築され、その上に立ってEPA交渉を進める準備ができたと考えている。

　さらにEPAに反対の立場を代表する関係者も発言の機会を与えられることから、日本の農業セクターのように市場開放に消極的なステークホルダーは相手国の関係者に直接EPA反対論を主張することが出来る。もちろん「話せば分かる」というほど単純ではないが、少なくとも自分の主張を相手に聞かせることができ、また相手側もEPAに消極的な農業セクターのセンシティビティーがどのようなもので、どこまでなら押すことができ、どこから先はいわゆる「レッドライン」かということも理解できるようになる。一言で言えば国境を越えてコミュニケーションが成立するのである。

　こうして双方にくすぶっていたフラストレーションは解消しないまでも軽減される。いわゆる「ガス抜き」の手段としてこの「産官学合同研究会」は極めて重要な機能をもっていたのである。同時にこの「ガス抜き」プロセスは本格交渉に先立っての「事前交渉」（pre-negotiation）の機会を政府関係者に提供することになる。あ

---

17) 前掲『報告書』44-45頁を参照。

くまでも正式の政府間交渉の段階ではないから双方とも将来の自国の立場を予断しない形での、いわゆる「ノン・コミッタル・ベース」での協議ないしは意見交換となるが、双方の立場について理解を深める絶好の機会となることは間違いない。

このように産官学合同研究会は日シンガポール EPA を皮切りに、メキシコ、チリ、マレーシア、タイ、インドネシア、フィリピン、インド、モンゴルなどほとんどすべての EPA 相手国との間で設立され、約 1 年間の討議を通して賛成・反対を含め民間セクターの各部門について専門的な議論が行われた。

6. 日 EU 経済連携協定に向けての産業界の貢献

(1)「日本・EUEIA 検討タスクフォース」の設立

産業界の活躍が顕著であった事例に日・EU 経済連携協定（EPA）へ向けた準備プロセスがある。日 EU 間には「日・EU ビジネス・ダイアローグ・ラウンドテーブル」（BDRT[18]）があり、2007 年 6 月にベルリンで開催された会合で、日 EU 間の「経済統合協定」（EIA ＝ Economic Integration Agreement）の実現可能性を調査するためのタスクフォース設立が提唱され、2008 年の BDRT の年次会合までに何らかの結論を出すことが期待された。

この EIA という FTA でもなく EPA でもない名称に落ち着いたことにも実は理由がある。日本側としては EPA という名称にしたかったのだが、EU 側が FTA の日本式呼称である EPA を嫌ったという背景がある。既に EU と韓国の FTA が締結されており、韓国車が EU 市場に輸入される場合には EU の自動車関税 10 パーセントが免除されることになっていた。これに対し、日本車には 10 パーセントが賦課されるので、この競争上の不利を EPA を結ぶことで韓国車と同じ競争環境にしたいという強い思惑が日本側にあった。韓国の自動車関税は 8.6 パーセント（当時）で 10 パーセントの EU とはトレードオフが成立するが、日本の自動車関税はすでにゼロで、EU の 10 パーセントとはバランスが取れなかった。このため EU 側、とりわけ欧州の自動車産業は日本との FTA を嫌い、関税撤廃以外のところで経済関係を深化させるような協定を望んでいた。そこでこの「経済統合協定」という GATT 条文にも国際経済学のテキストにも出てこないような耳慣れない表現に

---

18) BDRT は、1999 年 6 月に「日欧産業人ラウンド・テーブル」と「日・EU ビジネスフォーラム」が合併して発足した。1999 年 10 月からほぼ毎年、東京とブリュッセルで交互に会合を開催している。日欧産業界トップ約 50 人で構成され、日 EU 双方から共同議長を出すことになっている。2008 年当時は、日本側は岡村正（株）東芝取締役会長、EU 側はジョルジュ・ジャコブス・UCB 会長が共同議長を務めた。政策立案に効果的な提案をすることが BDRT の目的となっており、討議の結果を踏まえ、「共同提言書」を日欧首脳に提出することが慣例となっている。

なったのである。

　2007年10月には前述のBDRTの提言に基づき、日本側のEIA検討タスクフォースが発足し、東レ（株）顧問の大川三千男氏が座長に就任、産業界を中心に筆者を含む13名のメンバーが参加することになった。事務局は日本貿易振興機構（JETRO）が担当することになり、2008年2月までに5回の会合を開催、日本側の「中間報告」をまとめた。その後同年3月から4月にかけて2回EU側タスクフォースとの合同会合をブリュッセルで開催、7月のBDRT年次総会での検討結果の報告に臨んだ[19]。

(2)「日本・EU EIA検討タスクフォース」議論の概要

　前述の「中間報告」では日EUの経済関係深化についてその「理念」をやや詳しく述べている。

(i) 日本とEUは自由、民主主義等「共通の価値観」を有しており、オープンな国際経済システムの維持・強化に貢献する重要なパートナーであり、日本とEUの産業界にも大きな責務がある。

(ii) 日本が欧米と、EUがアジアとの経済連携強化を打ち出している今、日EU経済関係を、世界経済への貢献も視野に入れた、より緊密な次のステージへ推し進める時期が来たと確信している。

(iii) 日本・EUともにイノベーションを軸に国際競争力の強化を目指しており、日EU間の経済統合推進は、双方の国際競争力向上に資するものであり、アジアをはじめとする第三国市場での関係強化にも寄与する。

(iv) 日・EU EIAは、モノとサービスの貿易における高度な自由化をWTOルールに準拠して達成することは当然として、WTOでカバーされていない分野での新制度の共同構築協力などを通じて、環境対策をはじめとするグローバルな課題への対応に貢献する内容も含む、世界の模範となるものを目指すべき。

(v) 以上の考え方に基づき、先進国同士の経済統合に相応しい柱として、以下の4点を提示し、これらを包含する日本・EU間のEIA検討を日本・EU両政府当局に求める。

　日本の産業界が求める日EU協定の4本柱とは以下の通りである。

① **世界最高峰のイノベイティブ社会の共同構築**（特許制度改革、知的財産権保護の執

---

19) 大川三千男、「『日本・EU EIA検討タスクフォース』」について」、経済財政諮問会議、グローバル化改革専門調査会　FTA・農業ワーキンググループでのプレゼンテーション資料、2008年2月15日。

行強化、著作権補償金制度の見直し・適正化、イノベーション促進のための技術標準化に向けた協力、次世代ネットワークに関する協力、人的交流の拡大、異分野技術交流など）

②**新次元の環境親和社会の共同構築**（環境規制、環境関連ルール策定・調和に向けた協力、環境親和性物品の関税撤廃、化学物質の管理における相互協力、気候変動・環境対策における相互協力など）

③**安全な社会インフラの共同整備**（貿易の安全確保、相互承認の対象範囲拡大、生活用品・食品安全についての規則の共通化・協力、電子商取引における個人情報保護など）

④**相互の貿易投資環境の改善**（関税撤廃、アンチダンピング措置の運用の適正化、投資交流の促進、EU 域内で安定した法制度環境の実現、日・EU 間の国境を越えた事業再編の容易化、公正かつ自由な競争の促進、資本市場インフラの整備、租税協定・社会保障協定締結など）

　この４本柱を記載する際の順序について、日本側タスクフォースはFTA/EPA を嫌う EU 側の思惑を考慮し、EU 側でより関心の高い①から③までを先に並べ、EU との共通項を強調したうえで、最後に日本側として最も重要視していた④を置いた。日本の民間側には終始このように相手方に対する深謀遠慮があった。その背景には1970 年代後半以降1990 年代中頃まで続いた日欧経済摩擦で苦労した民間企業の足跡がある。

　以上のような日本産業界からの具体的インプットを受けて EU 側産業界も「対立」よりも「協調」の路線を選択、日本との高いレベルの経済連携を模索するようになる。その動きは日本が TPP 交渉参加に舵を切った 2013 年 3 月に奇しくも重なっている。ほぼ同じタイミングで当時の安倍晋三首相は電話会談で欧州委員会のファン＝ロンパイ欧州理事会議長及びバローゾ欧州委員会委員長と電話で会談、正式に政府間交渉に入ることを確認し、その翌月（4 月）に交渉の初回会合が開催される。幾多の交渉会合を経て、2017 年 12 月に交渉妥結、2018 年 7 月の署名を経て、2019 年 2 月に発効した。

7. 結びにかえて―官民協力の成果としての経済連携協定（EPA）―

　日本は、まだ発効していない RCEP も含めれば、産油国を除く主要な貿易相手国との間で EPA/FTA 等を締結した状態にある。国際条約としての EPA を交渉した政府関係者の献身的な取り組みがあってこその賜物であるが、その交渉に民間セクターからのさまざまなインプットがなければ条文交渉の中身や市場アクセス交渉の「出し入れ」は出来なかった。

　民間企業はある時には経団連や商工会議所などの経済団体を通じて、また、ある時には個々の企業の関係者が直接陳情や協議という形で、日本企業が海外で困って

いる事情やその原因となっている当該国の規制や法制度などについて交渉を担当している政府関係者に問題意識を共有してくれた。このようなインプットは交渉する側としても極めて重要であり、交渉官たちはこれを「交渉の弾（タマ）」と呼ぶ。自国にとって良い合意、つまり国益にかなったルールや市場アクセス状況を作り出すためには「守り」よりも「攻め」が重要で、そのためには民間から輸出先や進出先での困難な状況の具体例が有難い「交渉の弾」となるのである。

　2001年からの日本の経済連携協定（EPA）交渉の歴史は同時に我が国における産官学協力の歴史でもある。日本のEPAは数も増えたし、EPAがカバーする対外貿易の比率も高まった。しかし、まだ日本のEPAは完成したという状況からは程遠い状況にある。これは日本の国内についても当てはまるし、EPAの相手国や地域についても該当する。どちらにも例外や除外品目が多く残されているからである。

　日本のEPA戦略をさらに高度化し深化させていくためには更なる民間からのインプットが必要である。民間セクターには自らがEPA戦略の「ステークホルダー」であるとの認識をもってもらい、既存EPAの更なる改善とメルコスールやアフリカ諸国との新たなEPAのために政府への不断のインプットを願うものである。

渡邊　頼純

索引

国内法令・条約については、《》は正式名称、［］は略称・別称。

356

362

執筆者略歴

秋田 裕子（あきた ゆうこ）
横浜国立大学経済学部卒業、韓国・東亜大学国際専門大学院修士課程修了（国際学修士）。1993年外務省入省。2005年〜2008年、経済連携課で譲許表、物品一般ルール、原産地規則等を担当。2020年11月から経済連携課に配属し、競争、政府調達、国有企業・補助金、電子商取引等を担当。

石田 麻有佳（いしだ まゆか）
国際基督教大学大学院行政学研究科博士後期課程単位取得退学。2009年より外務省地球環境課に勤務。2012年外務省入省。2019年1月より経済連携課に配属。RCEP協定交渉、日英EPA交渉、日中韓FTA交渉等で主に投資章及び環境章等を担当。

岩﨑 陽介（いわさき ようすけ）
慶應義塾大学法学部法律学科、同大学院法務研究科修了（法務博士）。弁護士（日本。シドリーオースティン法律事務所・外国法共同事業）。2014年から都内法律事務所及び民間企業法務部を経て、2017年10月から2020年6月まで外務省国際法局経済条約課に勤務。EU、ASEAN、トルコ、中韓とのEPAの投資及びサービス貿易分野の交渉、RCEP協定の法的精査取りまとめ、二国間投資協定交渉（EU、中央アジア、中東）、エネルギー憲章条約近代化交渉を担当。経済局国際経済紛争処理室（当時。現在は国際法局経済紛争処理課）における業務も兼任し、WTO紛争等にも従事。

宇川 優（うかわ ゆう）
大阪外国語大学（現大阪大学）外国語学部卒業。2006年外務省入省。2017年8月から2021年1月まで経済連携課に配属。主に地域的な包括的経済連携（RCEP）交渉や日中韓FTA交渉等において物品市場アクセス（MA）交渉に携わったほか、譲許表の作成等を担当。

川島 大樹（かわしま だいき）
東日本旅客鉄道株式会社入社後、2015年にサンダーバード国際経営大学院にてMBAを修了。帰国後は同社国際事業本部にて海外鉄道プロジェクトに携わる。2020年7月より外務省に出向し、経済局経済連携課で国有企業・補助金分野等を担当。

工藤 博（くどう ひろし）
上智大学法学部国際関係法学科卒業。1992年外務省入省。2016年10月より経済連携課に経済連携協定交渉官として配属。RCEP協定交渉で法的・制度的事項、競争章、日・トルコEPA交渉で競争章、国有企業章、補助金章、日中韓FTA交渉で法的・制度的事項、競争章の交渉等にあたった。

小山 隆史（こやま たかし）
神戸大学法学部、同大学院法学研究科（法学修士）、Franklin Pierce Law Center(LL.M. in Intellectual Property)、ロンドン大学大学院修了。弁護士（日本、米国ＮＹ州）・弁理士。比嘉法律事務所勤務後、留学を経て2005年4月から2007年6月まで外務省経済局経済連携課に勤務。阿部・和田・渡辺法律事務所を経て、2015年5月から2020年5月まで外務省経済局知的財産室長兼内閣官房TPP政府対策本部交渉官。TPP12/TPP11、日EU・EPA、RCEP協定等の知的財産分野の交渉を担当。2020年12月より大江橋法律事務所勤務。

榊原 基樹（さかきばら もとき）
2019年10月、民間企業より出向し、経済局経済連携課に配属。政府調達を中心に競争、国有企業、電子商取引、労働分野を担当。RCEP協定、日英EPA等に係る。

佐々川 華奈（ささがわ かな）
慶應義塾大学経済学部、パリ政治学院卒業。2019年外務省入省後、2021年3月まで経済連携課に在籍し、総務及びTPP11の法的制度事項を担当。

鈴江 文子（すずえ あやこ）
横浜国立大学国際社会科学府（国際経済法専攻）修士課程修了。2017月1月より在ジュネーブ日本政府代表部にて WTO 紛争処理を担当。2019年4月より外務省経済局経済連携課勤務、RCEP 協定の総則・紛争解決分野、投資協定及び UNCITRAL などを担当。現在は新エネルギー産業技術総合開発機構（NEDO）勤務。

高橋 亜紗美（たかはし あさみ）
東京大学公共政策大学院、清華大学大学院卒業（MPP、MSc）。2020年外務省入省。2020年5月より、経済連携課に配属。日トルコ EPA 交渉と TPP11 の法的・制度的事項を担当。

武田 幸子（たけだ さちこ）
上智大学法学部卒業。2001年外務省入省。2014年8月から2016年5月、2019年4月から2021年1月まで経済連携課に勤務。日・ASEAN 包括的経済連携協定、RCEP 協定、日中韓 FTA 交渉等の投資分野の他、EPA に係る調査分析業務等を担当。

津田 英章（つだ ひであき）
一橋大学経済学研究科博士課程単位取得満期退学。専門分野は、電子商取引に関する国際租税。2016年から2020年まで外務省経済局経済連携課にて RCEP 協定及び日英 EPA を含む EPA 及び WTO の電子商取引分野を担当。その他、日 EU・EPA 及び TPP11 の交渉及び国内手続を担当。2017年から2020年まで投資政策室に併任し、二国間投資協定交渉、ISDS 関連の国際会議及び WTO 投資円滑化交渉を担当。

中秋 真太郎（なかあき しんたろう）
2011年外務省入省。2019年12月より、南東アジア経済連携協定交渉室に配属。RCEP 協定交渉等で原産地規則を担当。

中原 尚子（なかはら なおこ）
一橋大学経済学部卒業。2004年から2009年まで経済連携課にて日・インドネシア EPA、日・シンガポール EPA 改正交渉及び日・スイス EPA の物品市場アクセス分野を担当。2019年12月から再び経済連携課に在籍、EPA の活用促進や EPA に係る調査分析業務を担当。

中村 江里加（なかむら えりか）
一橋大学法学研究科（国際法専攻）博士課程修了。2019年6月より外務省経済局経済連携課に勤務。日・フィリピン EPA の物品貿易分野、日・マレーシア EPA、日・インドネシア EPA の原産地規則分野、日英 EPA、RCEP 協定の SPS・TBT 分野などを担当。帝京大学法学部助教。

疋田 剛史（ひきた つよし）
2005年外務省入省。南部アジア部南西アジア課を経て、2018年7月〜2020年9月経済局サービス貿易室で WTO サービス貿易理事会や日・インドネシア EPA 改正交渉、日・ASEAN 包括的経済連携協定等を担当。現在は在インドネシア日本国大使館勤務。

星野 久美（ほしの くみ）
上智大学法学部卒業。民間企業勤務を経て、2015年12月から EPA 専門員として外務省勤務。RCEP 協定や日 EU・EPA の物品ルールなどを担当。

監修者略歴

渡邊 頼純（わたなべ よりずみ）

1976年3月上智大学文学部哲学科卒業、ベルギー政府留学生として College of Europe（経済学専攻）に学ぶ。帰国後上智大学大学院国際関係論専攻で修士号取得（1981年）、博士課程後期を単位取得満期退学（1990年）。職務経験としては、1985－1988年在ジュネーブ国際機関日本政府代表部（専門調査員）、1988－1990年GATT事務局関税部（経済問題担当官）、1990－1995年南山大学経済学部（助教授）、1995－1998年欧州連合（EU）日本政府代表部（専門調査員）、1998－2002年大妻女子大学比較文化学部（教授）、2002－2004年外務省経済局参事官・外務省参与、2005－2019年慶應義塾大学総合政策学部（教授）、2019年4月より現職。2015年4月より三菱ふそうトラック・バス株式会社監査役。

詳解 経済連携協定

2022年1月14日　第1刷発行

定価（本体2700円＋税）

監 修 者	渡 邊 頼 純
編 著 者	外務省経済連携協定研究会
発 行 者	柿 﨑 均
発 行 所	株式会社 日本経済評論社

〒101-0062 東京都千代田区神田駿河台1-7-7
電話 03-5577-7286　FAX 03-5577-2803
E-mail：info8188@nikkeihyo.co.jp
印刷・製本／中央精版印刷

装丁・渡辺美知子　　　　　組版／フレックスアート

落丁本・乱丁本はお取り換え致します　　Printed in Japan